►ナイフ形石器・搔器《そうき》(所沢市中砂《なかすな》遺跡出土)　旧石器時代を通じて主体的に用いられたのがナイフ形石器である。県内では縦長の石刃《せきじん》や横長の石刃で製作したナイフ形石器がある。獣の皮をなめす際に用いた搔器も多い。

▼柄《え》鏡形《かがみがた》住居跡(寄居町樋《ひ》ノ上《うえ》遺跡)　縄文時代中期末～後期には，円形や方形の竪穴住居に張り出し部(柄部)の施設が設けられたものがある。この住居は床面に石を敷き，柄部に土器を埋めるなど祭祀性が強い。

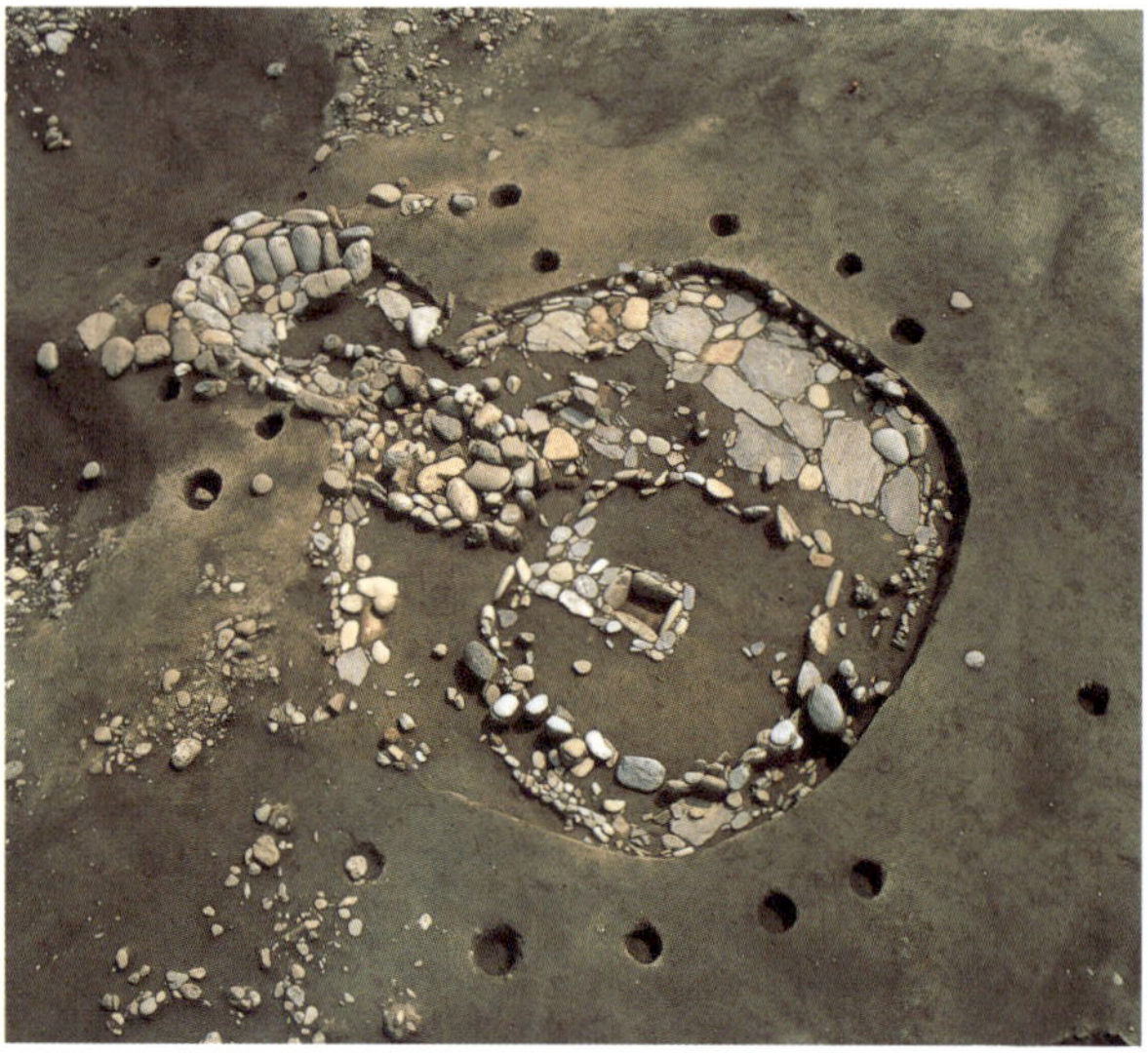

►『太平記絵巻』(第２巻)　鎌倉幕府の大軍は，楠木正成《まさしげ》が籠もる河内国の千剣破《ちはや》(千早)城を攻撃した。「熊谷家文書」によると，このとき熊谷直経《なおつね》は幕府軍の一員として参陣し，家来たちが負傷したという。

▲埼玉《さきたま》古墳群(行田市)　計画的に築造された稲荷山《いなりやま》古墳など８基の前方後円墳と日本最大の円墳丸墓山《まるはかやま》古墳などからなる。発掘調査をもとに昭和42(1967)年から整備が始まり現在も続いている。近年将軍山古墳が整備された。

►▲辛亥銘《しんがいめい》鉄剣・神獣鏡《しんじゅうきょう》・勾玉《まがたま》・耳環《みみわ》・帯金具《おびかなぐ》(埼玉稲荷山古墳出土)　辛亥年(471年)で始まる115文字の金象嵌《きんぞうがん》銘文鉄剣，全国に６面の同型・同笵《どうはん》鏡の一つ画文帯環状乳神獣鏡など。出土品の一括は国宝。

▲中宿《なかじゅく》古代倉庫群跡(深谷市中宿遺跡)　調査区域内に３列に整然と並んだ総柱式の建物跡。７世紀後半から９世紀前半まで存続した。税として徴収された稲を保管する武蔵国榛沢《はんさわ》郡の正倉《しょうそう》と推定されている。

▼灰釉《かいゆう》陶器(上里町中堀《なかぼり》遺跡出土)　平安時代の新しい村の遺跡で，農民・職人・僧・役人が用いた道具や容器が出土している。なかでも三河・遠江国産の陶器が多い。これは一棟の建物跡出土の長頸壺《ちょうけいこ》・椀・皿・三足盤《みつあしばん》・耳皿《みみざら》である。

◀▼慈光寺の木造千手観音立像と墨書銘(ときがわ町)　平成6(1994)年に行なわれた解体修理の際，頭部内側から墨書銘が発見され，同像は天文18(1549)年に大仏師法眼長慶によって造立されたことが判明した。しかし修理終了後，墨書銘はふたたび闇に閉ざされた。

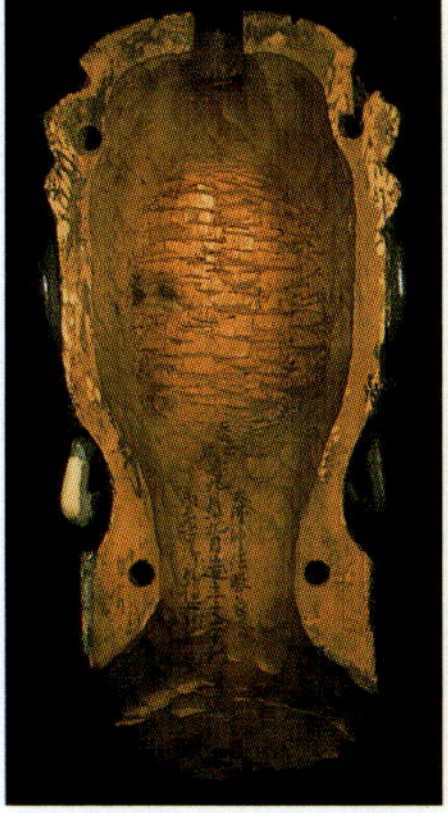

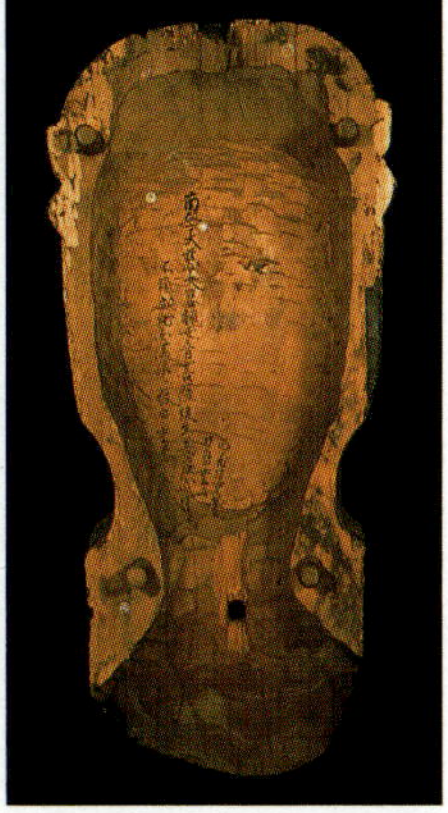

▲『太平記絵巻』(第 2 巻) 鎌倉幕府軍に加わった73歳の人見四郎入道恩阿は，楠木正成が籠もる赤坂城を攻撃する前日，討死を覚悟して四天王寺の石の鳥居に辞世の和歌を書きつけた。

▼『太平記絵巻』(第 7 巻) 延元 2 (建武 4 ＝1337)年，陸奥国司北畠顕家にしたがった長井斎藤別当実永《さねなが》と弟の豊後次郎は，渡河点をさぐるため濁流渦まく利根川に馬を乗り入れ，あえなく溺死した。

▲『太平記絵巻』(第７巻)　ゲリラ戦法を得意とする畑時能《ときよし》は，甥の所大夫房快舜や中間《ちゅうげん》の悪八郎とともに，犬獅子《けんじし》という犬の先導で敵城内に忍び込むなど，神出鬼没の活躍をしたという。

▼『太平記絵巻』(第７巻)　畠山重忠の後裔と伝える篠塚伊賀守は，興国３(康永元＝1342)年に伊予国世田城が落城したとき，取り囲む200余騎の敵兵を追い散らし，小歌を歌いながら悠然と退却したという。

元禄の町と村――

元禄期の県内各地の様子を

絵図からさぐる

►川越御城下絵図面(17世紀末,川越市) 画面の右手上部の「東」と書かれた部分が川越城，白色部分が武家地，城の西大手から直進するのが本町で，札の辻で東西南北の大路が交差して十カ町・四門前の町並みが広がる。国の重要伝統的建造物群保存地区に指定され，多くの観光客を集めている。

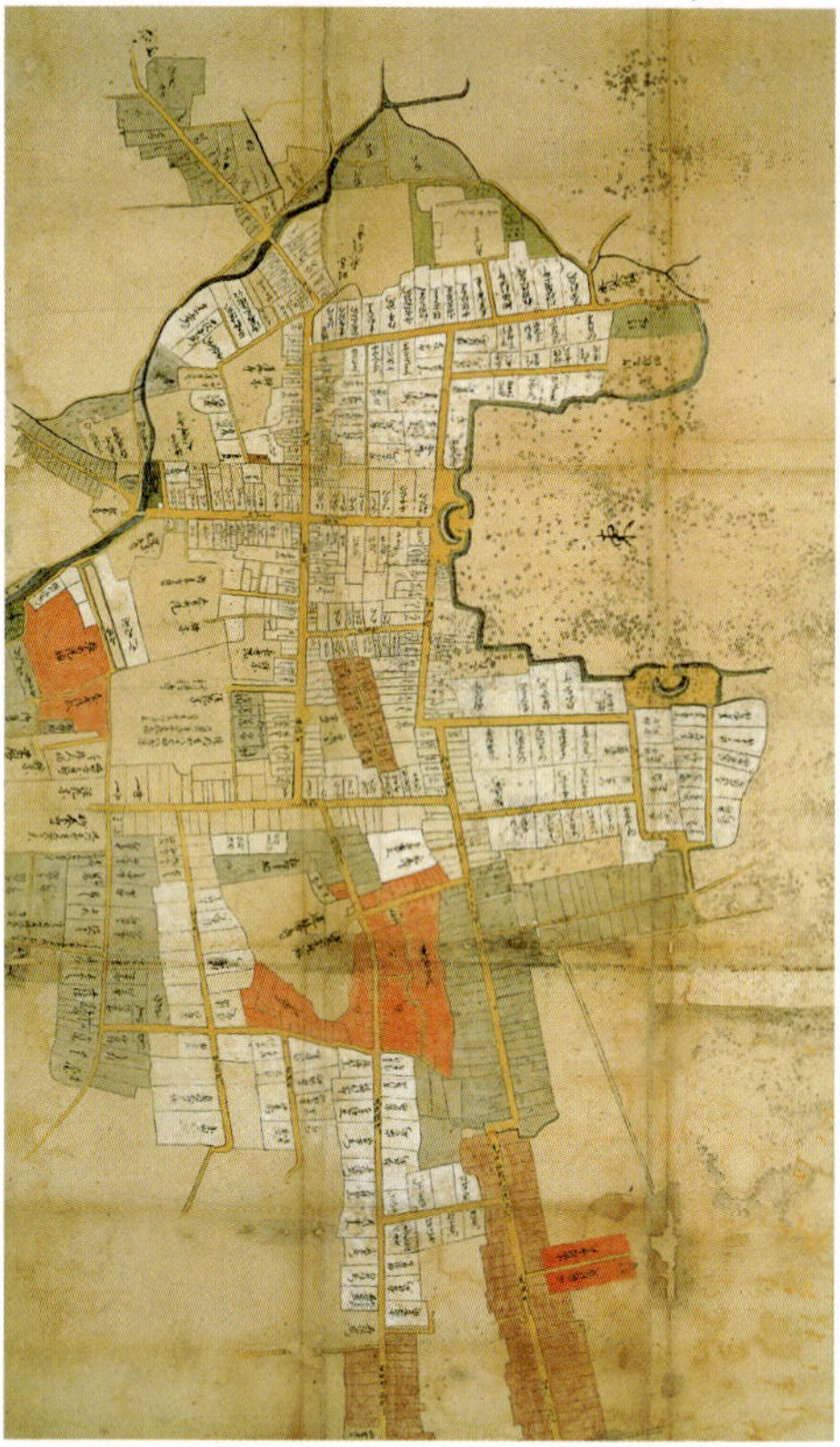

▼足立郡羽貫《はぬき》村絵図(元禄11年11月,伊奈町) 綾瀬川沿いの平地の村。黄色の畑地に民家が建ち並び，青色の水田部分は隣村との入会地として開発されている。当村が旗本知行地と幕府領に分割されたときに作られた絵図で，農家は領主ごとに色分けされている。

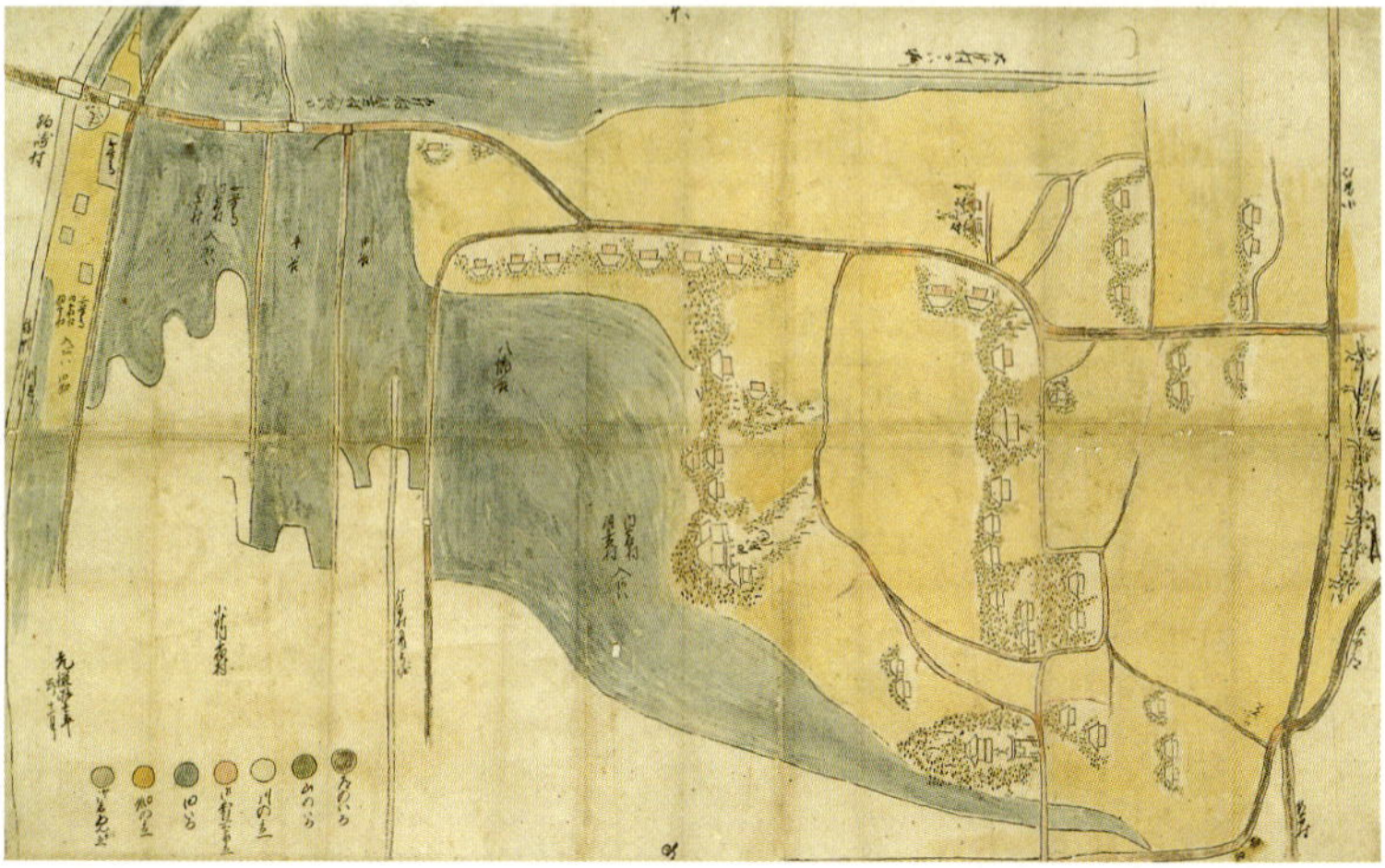

▲比企郡大塚村絵図(元禄 3 年 2 月，小川町)　小川盆地の村。画面中央から右手上部にかけての丘陵地が古くから開発された村の中心で，寺社や名主家が集まり，小さな谷間には溜池を水源とした帯状の水田がみられる。しっかりと書き込まれた村絵図である。

▼秩父郡矢納《やのう》村絵図(元禄 8 年 6 月，神川《かみかわ》町)　上野国との国境に位置する山村。重層する山岳の間を，川に沿って街道が走り，8 つの集落(字地)を結んでいる。画面上部の金沢城・王城などは古城跡。村中央の「かミ山」は標高732m。昭和23(1948)年に児玉郡へ編入。

▲日本煉瓦製造株式会社のホフマン輪窯６号窯　渋沢栄一らが設立した日本煉瓦製造株式会社の洋式工場には，明治22(1889)年から40年までに６基の近代的煉瓦焼成窯が設置された。このホフマン輪窯６号窯は，明治40年に設置されたもの。

▼「さいたま新都心」完成予想図　建設プランは，与野・大宮・浦和にまたがる47.4haの区域で，首都機能の一翼を担いつつ，自立性の高い，人・物・情報の交流による新しい価値をはぐくむ都市圏の実現をめざしている。

地方史研究協議会名誉会長
学習院大学名誉教授
児玉幸多　監修

埼玉県の歴史 目次

田代脩―塩野博―重田正夫―森田武

企画委員　熱田公―川添昭二―西垣晴次―渡辺信夫

埼玉県の歴史

風土と人間——変貌する北武蔵

地形的特徴●

埼玉県は、関東地方のほぼ中央部の西側に位置する内陸県で、東西約一〇三キロ、南北約五二キロの広がりをもち、総面積はおよそ三八〇〇平方キロになる。地図でみると、その形は特産物のサツマイモに似ているが、地形的な特徴からいえば、県内は三つの地域に大別される。すなわち、急峻《きゅうしゅん》な山々をひかえた西部山地、中央部に展開する台地・丘陵地、荒川《あら》（旧入間川《いるま》）や中川《なか》（古利根川《ふるとね》）の流域に広がる東部の沖積《ちゅうせき》低地である。

西部山地は、本庄《ほんじょう》市児玉《こだま》・小川《おがわ》町・越生《おごせ》町・飯能《はんのう》市などを結ぶ標高二〇〇メートルほどの八王子《はちおうじ》構造線を境として、その西側一帯を占めている。そしてそのなかはさらに、甲武信《こぶし》岳・雲取《くもとり》山などの高山がつらなる奥秩父《おくちちぶ》山地、秩父市を中心とする秩父盆地、その東側に低山がひろがる外《そと》秩父山地にわけられる。なかでも秩父盆地は、この地域の人々の生活の中心地であり、古代末期には桓武平《かんむへいし》氏の流れをくむ秩父氏がここに勢力を扶植《ふしょく》し、その系統から畠山《はたけやま》・河越《かわごえ》・江戸《えど》氏などの豪族的な武蔵武士が輩出した。また周囲を山々に囲まれたこの地域には、独自の文化がはぐくまれた。

中央部の台地・丘陵地は、八王子構造線の東側に張り出した丘陵とそれにつながる台地からなりたっている。ここにはかつて広大な原野が広がっていたが、古代末期から中世にかけて開発が進められ、武蔵七《むさししち》党《とう》に属する多くの中小規模の武蔵武士をうみだす基盤となった。そして、これらの台地・丘陵の上を鎌倉街道上道《かみつみち》が南北に貫通しており、沿道にはいくつもの城館跡や古戦場が点在している。また、東部低地のなかに大宮台地が島状に存在するが、近世になるとこの台地上を中山道《なかせんどう》がとおり、沿道には浦和《うらわ》・大宮《おおみや》・上尾《あげお》・桶川《おけがわ》・鴻巣《こうのす》などの宿場町《しゅくばまち》が形成された。

荒川および中川流域に展開する東部の沖積低地は、河川の流路からもわかるように、南東にむかってゆるやかな傾斜をみせている。そのなかには古墳《こふん》や条里《じょうり》制の遺構なども残されているので、自然堤防上の微高地ではかなり古くから部分的な開発が行なわれていたとみられる。ただし河川の氾濫や乱流などのために、下流域の本格的な開発は近世以降にもちこされた。

ところで奥秩父の山中に源を発した荒川は、西部山地を流れ下って台地・丘陵地を抜け、やがて向きを大きく変えながら東部低地を流下する。県域のほぼまんなかを貫流するその流域面積は、県の総面積のほぼ三分の二にあたる二五〇〇平方キロにもおよんでいる。その名が示すように、荒川はたびたび氾濫をくり返す「荒れ川」で

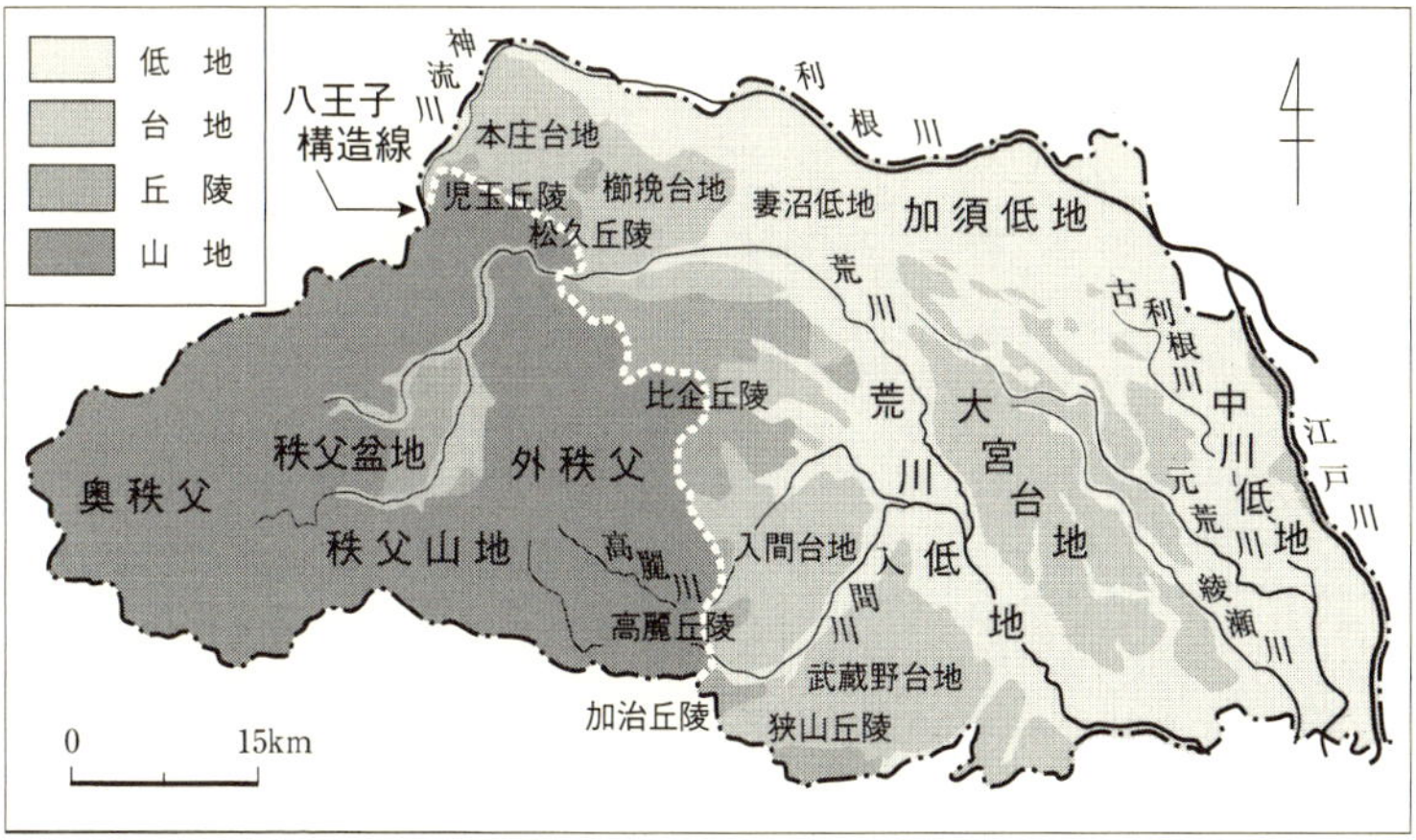

埼玉県の地形区分（堀口萬吉原図，一部改変）

あったが、流域に肥沃な土壌やさまざまな恵みをもたらすとともに、河川交通や物資流通の大動脈の役割をはたす、埼玉県にとってはまさに〝母なる川〟であった。

武蔵武士のふるさと●

かつての武蔵国は、東京都や神奈川県の一部も含むが、埼玉県はそのうちのほぼ北半分を占めている。また県の東部地区はかつて下総《しもうさ》国に属していたが、近世初頭に葛飾《かつしか》郡の一部が武蔵国に編入されたので、明治期以降、その地域も埼玉県の管轄下におかれた。つまり現在の埼玉県の県域は、かつての北武蔵の地であったのである。

県名は埼玉郡埼玉村（行田《ぎょうだ》市埼玉）に由来するが、「今土人は郡をさい玉と唱へ、村名をさき玉といへる」（『新編武蔵風土記稿《ふどきこう》』）とあるように、郡名は「サイタマ」、村名は「サキタマ」と訓《よ》んで区別された。同地には『延喜式《えんぎしき》』所載の前玉《さきたま》神社が鎮座するが、それに隣接して稲荷山《いなりやま》古墳をはじめとする埼玉《さきたま》古墳群が所在する。同古墳群は武蔵国 造《くにのみやつこ》笠原《かさはら》氏とのかかわりが推定され、このあたりは古くから北武蔵の中心地であったと考えられる。いかにも県名発祥の地にふさわしいといえよう。

『和名類聚抄《わみょうるいじゅうしょう》』によれば、武蔵国には二一郡一二一郷がおかれていたが、そのうち一五郡七三郷は埼玉県域に所在していた。かなり多くの郡や郷が北武蔵に集中していたことが知られるが、それらの郡のなかには狭小なのに郷数が多いものがあり、たとえば男衾《おぶすま》郡や幡羅《はら》郡はいずれも八郷で構成されていた。それはこれらの地域の生産性の高さを示すと思われるが、武蔵国分寺《こくぶんじ》の七重塔を独力で再建した男衾郡大領《だいりょう》の壬生吉志福正《みぶのきしふくまさ》のような郡司《ぐんじ》クラスの豪族たちの経済力は、そうした生産性にささえられていたのであろう。

ところで十二世紀頃になると、台地・丘陵地に広がる広漠とした原野を切り開き、多くの武蔵武士が登場した。彼らは武蔵七党と総称される同族的な結びつきをもとに北武蔵の各地に分布を広げ、治承《じしょう》・寿永《じゅえい》の内乱などで活躍した。また彼らのなかには、西国方面に新恩地《しんおんち》を獲得して移住したものもいる。一方、秩父氏の流れをくむ畠山氏・河越氏などの豪族的武士も、北武蔵の一画に館《やかた》を構えて割拠したが、畠山重《しげ》忠《ただ》が北条時政《ほうじょうときまさ》に謀殺されたりして、彼らは武蔵武士全体を統轄するような求心的な存在にはなれなかった。しかし、北武蔵が多くの武蔵武士を輩出した地であることは、人々に広く認識されていたと思われる。だからこそ、フィクションとはいえ、武士たちの生活ぶりを描いた『男衾三郎絵詞《えことば》』の物語の舞台が北武蔵に設定されたのであろう。

十四世紀後半に伝統を誇る河越氏が平一揆《へいいっき》の乱をおこしたが、敗れて没落すると、はえぬきの武蔵武士が活躍する時代は過去のものとなった。以後、北武蔵は戦略的な要地として重要視され、関東管領《かんれい》上杉氏や古河公方《こがくぼう》足利氏などの外部勢力の角逐の場となり、たびたび戦禍に見舞われた。そしてやがて戦国大名後北条《ごほうじょう》氏の勢力拡大の過程で鉢形《はちがた》（寄居町）・河越（川越市）・松山《まつやま》（吉見町）・忍《おし》（行田市）・岩付《いわつき》（さいたま市）などに支城が配置され、北武蔵はその支配下に完全に組み込まれた。

北武蔵は武蔵武士のふるさととして多くの武士をうみだしたが、結局、彼らはみずから統一的な支配権力を構築することなく、外部から進出してきた勢力に屈服したのである。

江戸の後背地●

江戸幕府が開かれ、江戸という巨大都市が出現すると、隣接する北武蔵は、否応なしにそれを背後からささえる役割をになわされることになった。こうして北武蔵は、それまでの草深い辺境の地から江戸近郊の後背地へと大きく変貌したのである。

　江戸時代初頭、北武蔵には中世以来の諸城が残っていたが、幕府はそれらを整理して廃城とし、由緒ある川越・忍・岩槻の三城だけを存続させた。江戸の北郊に位置するこれらの三城には、軍事的・政治的な重要性にかんがみ譜代大名《ふだいだいみょう》が配置されたが、彼らの多くは幕閣の一翼をになう上級官僚であり、転封《てんぽう》による藩主交替がひんぱんに行なわれた。そのため、いずれの藩においても藩主と領民との結びつきは稀薄であり、独自の藩風を形成するには至らなかった。これらの藩領（大名領）のほか、北武蔵には幕府直轄領（天領《てんりょう》）や旗本《はたもと》領（旗本知行地《ちぎょうち》）が多く所在したが、それらはいずれも分散的であり、また支配関係も錯綜していた。したがって、前者を管轄する郡代《ぐんだい》・代官や後者を領する旗本に対する領民たちの帰属意識は、概して低調であった。連帯意識が乏しく、全体としてのまとまりを欠くといわれる埼玉県の県民性は、こうしたことにも起因するのであろうか。

　北武蔵の地域整備の一環として、関東郡代伊奈《いな》氏による利根川・荒川の瀬替《せが》え工事や葛西《かさい》用水の開削などの大規模な河川改修が行なわれ、現在のような河川水系の原型がほぼ形づくられた。その結果、それまで開発が遅れていた東部の沖積低湿地の本格的な開発がようやく促進され、多くの新田をうみだした。また川越藩主松平信綱《まつだいらのぶつな》や柳沢吉保《やなぎさわよしやす》による野火止《のびどめ》用水の開削や三富《さんとめ》新田の開発は、雑木林におおわれた広大な武蔵野台地の原野を豊かな耕地に変えていった。さらに八代将軍徳川吉宗《よしむね》に登用された井沢弥惣兵衛《いざわやそべえ》為《ため》永《なが》は、見沼溜井《みぬまためい》の干拓や見沼代用水《だいようすい》の開削を行ない、新田開発ばかりでなく、見沼通船堀のような江戸と北武蔵を結ぶ流通路の確保にも寄与した。こうして北武蔵は、江戸という大消費地を背後からささえる重要な穀倉地へと、その性格を大きく変えていったのである。

幕府は江戸に通じる街道を整備して五街道の制度を設け、それぞれの街道には人馬《じんば》継立《つぎた》ての宿駅《しゅくえき》を配置した。五街道のうち、北武蔵を通過するのは中山道と日光《にっこう》街道（奥州《おうしゅう》街道）であるが、前者には蕨《わらび》・浦和・大宮・上尾・桶川・鴻巣・熊谷《くまがや》・深谷《ふかや》・本庄《ほんじょう》の九宿が、また後者には草加《そうか》・越谷《こしがや》・粕壁《かすかべ》・杉戸《すぎと》・幸手《さって》・栗《くり》橋《はし》の六宿がおかれた。これらの宿駅を核として形成された宿場町は、やがてそれぞれの地域の中心となる地方都市に発展することになる。また川越街道や甲州《こうしゅう》裏《うら》街道のほか、いくつもの脇往還《わきおうかん》が縦横に通じていたが、主要な街道は江戸と北武蔵を結ぶルートであった。

首都圏の課題――人口急増問題●

明治四（一八七一）年の廃藩置県《はいはんちけん》で忍・岩槻・浦和の三県が統廃合され、あらたに埼玉県が誕生した。「埼玉県」という名称の始まりである。同時に誕生した入《いる》間《ま》県は、同六年に群馬県と合併していったん熊谷県になったが、同九年に群馬県と分離して改めて埼玉県に統合された。こうして現在の埼玉県の県域がほぼ確定

復元された見沼通船堀

したが、当時の県内の戸数は一六万八九六五戸、人口は八八万六一〇五人であったという。

ところで明治以降の埼玉県は、首都東京に隣接するという地理的条件に規定され、さまざまな面で東京の強い影響をうけてきた。たとえば人口増加をめぐる問題もその一つである。

高崎線・東北線の開通をはじめとする県内の鉄道網の整備・充実は、輸送の大動脈として県内の農業や産業の発展に大きく貢献したが、東京を起点として放射状に伸びるこれらの鉄道網は、沿線の人々にとっても便利で重要な交通手段であった。そのため、関東大震災などを機に、緑に恵まれた静かな環境を求めて東京から移り住む人々がしだいに増え、交通便利な県南地域の衛星都市化が進んできた。

しかし、埼玉県の人口増加が大きな問題となるのは、日本の高度経済成長がはじまる昭和三十年代後半からであり、それは急速な人口膨張のために過密化した東京を脱出した転入者が激増した結果である。たとえば昭和三十五（一九六〇）年の人口は二四三万人（全国一〇位）であったが、同六十年には五八六万人（全国五位）となり、二五年間に埼玉県の人口は二・四倍にふくれあがった。ちなみに、最近のデータによれば、平成二十二（二〇一〇）年三月末の人口は七一二万人となっている。

とくに県南地域に顕著なこうした人口激増は、「東京県民」「埼玉都民」といった新語をうみだしたが、平成十七年の統計によれば、埼玉県の昼夜間人口の比率は八七・八％で、一〇〇万人以上もの人々が昼間は県内にいないことになる。その大部分は東京に通勤・通学している人たちであり、交通機関の朝夕のラッシュも当然のことであろう。県内には七〇の市町村があるが、そのうち市は半数強の四〇を占めており、市の数は全国で断然トップである（二位は千葉県の三六市）。これも人口激増がもたらした結果であり、とくに県南地域の都市化は加速度的であった。最近の人口増加率は一時期ほどではないが、それでも全国的にみればいぜんとして高いものがある。

人口増加は、宅地や大型住宅団地、あるいは工場団地の造成などを必至なものとし、農地などの土地利用景観を大きく変容させ、また交通公害・産業公害などのさまざまな社会的ひずみをうみだしてきた。さらに最近では、産業廃棄物やダイオキシンによる環境破壊、ゴルフ場造成などによる自然破壊などもさまざま問題となっている。

東京に隣接する首都圏に立地している以上、埼玉県の人口増加は今後ともさけられないであろう。しかし一面では、人口の社会増は働きざかりの若さあふれる活力を確保する源泉でもある。統計によれば、一五〜六四歳の人が県民のなかに占める割合は、埼玉県が全国一であるという。埼玉県では新しい二十一世紀にむけて、東京の首都機能の一部を分担するための「さいたま新都心」構想を具体化させている。これまでのように東京の影響を一方的にうけるだけでなく、若い活力を背景として埼玉県から東京、そして全国にむけてさまざまな問題を提起し、影響を与えられるような、そのような埼玉県に大きく変貌することが期待される。

1章

狩猟・採集の時代と農耕の時代

馬場小室山遺跡出土の人面画土器(さいたま市)

1　土器のない時代の生活

火山灰のなかに野獣を追う●

日本列島で人類が生活しはじめたのは、約三万五〇〇〇年前ごろと考えられている。旧石器時代は、約一万二〇〇〇年前の縄文《じょうもん》時代の開始まで続いた。旧石器時代の遺跡がほぼ全国に展開し、数も増えるのは約三万年前以降である。旧石器人は水をえやすいことと、狩猟の場として格好な条件を備えている、谷津や河川に臨む台地を生活の場とした。

県内では、大宮台地・武蔵野台地・江南台地・下総台地・秩父盆地周辺の山地帯で約五〇〇カ所の遺跡が確認されている。大宮台地の芝川・綾瀬川・元荒川・荒川、武蔵野台地の黒目川・柳瀬川・砂川堀、江南台地の吉野川・和田川・和田吉野川流域は遺跡の密集地域である。

旧石器時代の遺構・遺物が発見されるのは、厚い関東ローム層のなかでも上層の立川ローム層や、大里ローム層からである。立川ローム層は、放射性炭素による年代測定によると、今から三万〜一万二〇〇〇年前の古富士・箱根山の噴火による降灰が堆積した層である。大里ローム層は、浅間山や榛名《はるな》山などの噴火による火山灰である。ローム層には、火山活動の休止中に、植物が繁茂し腐食してできた黒色の地層（黒色帯）があり、武蔵野台地では立川ローム層の上部に一層（第一黒色帯）、下部に一層（第二黒色帯）の二層がある。

生活の跡は、石器や石屑のまとまった石器製作場の「石器集中区」、狩猟で捕獲した野獣の肉などを焼いて食べた焚き火の跡に赤く焼けた石が集中した「礫群《れきぐん》」として残る。武蔵野台地の中砂《なかすな》遺跡（所沢市）では、石器集中区と礫群が一〇カ所で対となって発見されている。人々は野獣を追ってキャンプ生活をくり返していたが、大宮台地の赤山《あかやま》遺跡（川口市）では、石器集中区の周囲に一二本の柱穴が発掘され、動物の皮などを利用したテントのような簡単な覆屋《おおいや》をもつイエの存在が想定されている。

県内最古の石器は、刃を部分的に磨いた局部磨製石斧《きょくぶませいせきふ》で、立川ローム層の第二黒色帯下部から発見される約三万年前のものである。藤久保東《ふじくぼひがし》第二遺跡（三芳町）では、局部磨製石斧のほか、ナイフ形石器・掻器《そうき》・削器《さっき》が出土した。また、末野《すえの》遺跡（寄居町）で、一カ所にまとまってナイフ形石器とともに出土した局部磨製石斧は、石を打ち割って楕円形の形に整えた大型品で、国内最大級のものである。風早《かざはや》遺跡（春日部市）の局部磨製石斧は、武蔵野台地の第二黒色帯に対比される黒色帯下部から単独で出土している。

ナイフ形石器と尖頭器●

局部磨製石斧が登場してまもなく、原石から石器の素材を剝ぐ石刃《せきじん》技法によるナイフ形石器が出現した。東日本では、縦長の石刃を用いたナイフ形石器、西日本では横長の石刃を用いたナイフ形石器が

末野遺跡の局部磨製石斧　長さはともに17.8センチ。

久保山遺跡の最下底面石器出土状態(伊奈町)

製作され、一万数千年間にわたって存続する。

縦長石刃のナイフ形石器を出土した砂川《すながわ》遺跡（所沢市）は、県内を代表する遺跡である。六地点の遺物散布地が確認され、そのうち二地点でそれぞれ三カ所の石器集中区が確認されている。ナイフ形石器は、先端が鋭角に尖って外形が柳葉《りゅうよう》形と、先端が鋭角にならず剝片の一端に調整加工をほどこした石器の二種類がある。また、縦長の石刃は、母岩を打撃する面（打面）を上下に設けた両設打面からつくりだされるという。また、一個の母岩からナイフ形石器が製作される一連の工程が知られ、「砂川型刃器技法」が提唱された。さらに、各石器集中区の石器群の内容の比較、同じ母岩に属する個体別資料の詳細な分析が行なわれ、各石器集中区の性格と相互の関係が考察され、その後の旧石器時代研究の進展におおいに寄与している。

縦長の石刃に対して、「瀬戸内技法」による横長石刃を用いたナイフ形石器は、国府《こう》型ナイフ形石器とよばれ西日本に分布の中心がある。国府型ナイフ形石器は、砂川遺跡などの石器群の下層から出土することが西久保《にしくぼ》遺跡（狭山市）などで確認されている。殿山《とのやま》遺跡（上尾市）の国府型ナイフ形石器は、すべてチャート製で、一緒に出土した他型式のナイフ形石器とは石材を異にするという特徴がある。提灯木山《ちょうちんぎやま》遺跡（桶川市・北本市）では、同一母岩から、縦長石刃と横長石刃からつくられた石器が出土している。

旧石器時代を特徴づけたナイフ形石器も、終末期には形態も全盛期の砂川遺跡や国府型のナイフ形石器に比較すると幅が広く、基部があまり尖らないものとなり、方形や台形をしたナイフ形石器と共存し、やがて、槍先形尖頭器《せんとうき》が盛行する。

尖頭器は、槍先として柄《え》に装着して用いられたもので、突き刺す機能を高めた石器で、打越《おっこし》遺跡（富士見市）、西武蔵野《にしむさしの》遺跡（入間市）などから出土している。また叺原《かますはら》遺跡（川口市）では、一つの石器集中区で同一母岩から製作された尖頭器五点を主体とする石器群が発掘されている。

彫器と細石刃●

今から約一万二〇〇〇年前後、ナイフ形石器にささえられて長いあいだ続いてきた旧石器時代も終わりに近づいた。この頃、北海道および九州地方に、大陸で発達した長さ三センチ、幅五ミリほどの細石刃《さいせきじん》を用いた石器文化が伝わり、短期間に全国に広まった。

小さな石器のため単独での使用は不可能で、彫刻刀形石器などを用いて木や骨などに溝を掘って軸をつくり、同大同形の細石刃を刃として埋めこんで槍のような道具に仕上げて使用した。細石刃は、細石核《さいせっかく》から同じような形のものを連続して剝がしてつくるため、高度な技術が必要であった。その細石核の形は、北方の「船底形」、南方の「角柱形」との違いがある。この北と南の細石器文化は南下、北上し、日本列島中央の関東地方でまじわっている。したがって県域には、船

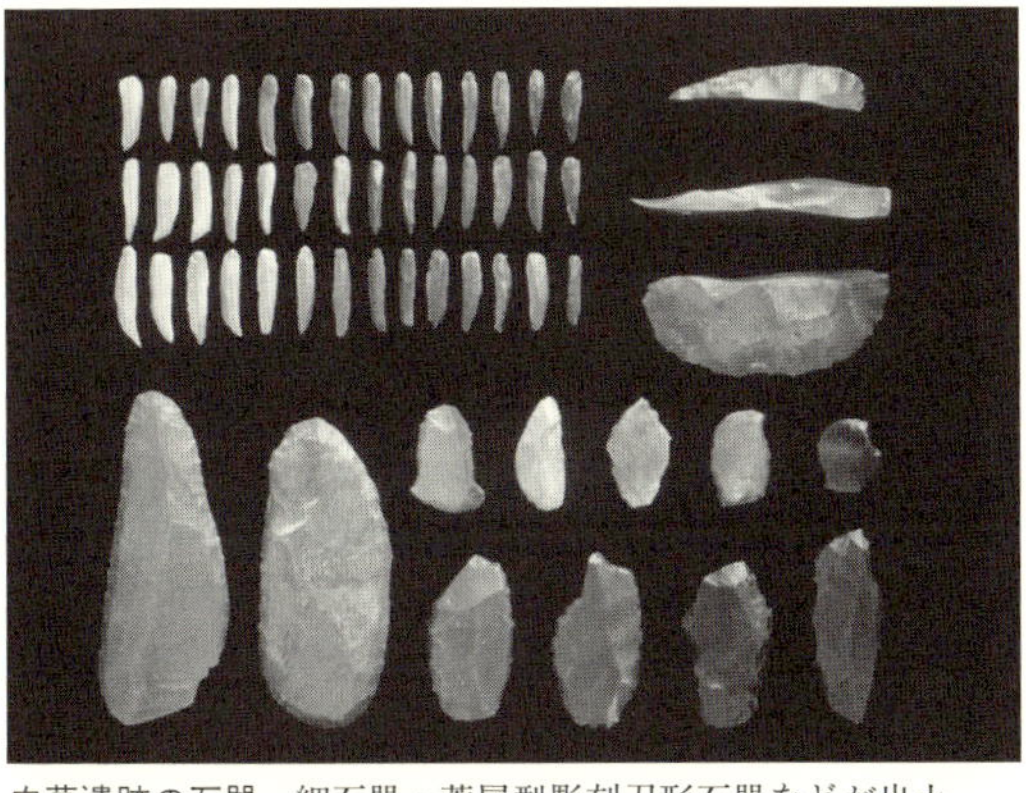

白草遺跡の石器　細石器・荒屋型彫刻刀形石器などが出土。

底形の石核と角柱形の石核を出土する遺跡がみられる。

江南台地の白草《しらくさ》遺跡（深谷市）は、東北から北陸にかけてみられる珪質頁岩《けいしつけつがん》を用いた船底形の細石核から「湧別《ゆうべつ》技法」を用いて剥離した細石刃四七八点をはじめ、細石刃石核原形一点、スキー状削片一点などが発掘されている。この細石器群とともに、新潟県地方に盛行した荒屋《あらや》型彫刻刀形石器とよばれている彫刻刀形石器二一点が発見されている。白草遺跡の人々は、新潟方面から山をこえてこの地にやってきたのであろう。また、入間台地の大谷《おおや》川に面する横田《よこた》遺跡・柳戸《やなぎど》遺跡（鶴ケ島市）からは、黒曜石を用いた角柱形の細石核と細石刃が多数発掘されており、南の方からやってきて、この地で一時期狩猟生活をいとなみ、やがてつぎの水場と狩猟の場を求めて移動していった。

2　海の幸・山の幸を求めて

県内最古の縄文土器●

今からおよそ一万年ほど前、氷河時代が終わり、地球全体が温暖化にむかいはじめたころ、溶けた氷河は海水面を上昇させ、日本列島と大陸とは完全に切り離された。そして、しだいに自然環境が現在と近いものになってくる。それと時を同じくして、土器と弓矢が登場し、一定の場所に定住する集落が出現する。この新時代のなによりも大きな変革は、土器の発明である。世界の文明に先駆けて、いち早く土器の使用をはじめたのが、縄文人《じょうもんじん》であった。科学的な年代測定によると最古の縄文土器の絶対年代は、今から一万二〇〇〇年前以上にまでさかのぼる。

最古の土器は、細い粘土紐を貼りつけた「隆線文《りゅうせんもん》系土器」である。薄くて堅く焼きあげられた丸底の土器で、小岩井渡場《こいわいわたっぱ》遺跡（飯能市）では、縄文時代草創期特有の有舌尖頭器《ゆうぜつせんとうき》とともに出土している。その後、爪痕のような文様をほどこした「爪形文《つめがたもん》系土器」や、縄を回転させたり押圧して文様をつけた「多《た》縄文《じょうもん》系土器」がつくられ、同時に用いられた。宮林《みやばやし》遺跡（深谷市）や打越《おっこし》遺跡（滑川町）では竪穴《たてあな》住居跡が発見されている。

縄文時代早期には、縄を回転する文様に加えて、棒に撚《よ》り紐《ひも》をまいた絡条体《らくじょうたい》を回転させて施文した「撚糸文《よりいともん》系土器」や、刻みをほどこした棒を回転させて、楕円形や山形、格子目文《こうしめもん》などの文様を描出した「押型文《おしがたもん》土器」が台頭する。荒川の右岸に所在する萩山《はぎやま》遺跡（熊谷市）は、撚糸文系土器を用いた前半期の数少ない集落である。竪穴住居跡、屋外の食材加熱調理施設の集石土坑《しゅうせきどこう》や炉跡が発掘され、多量の土器や、スタンプ形石器・石鏃《せきぞく》・礫器《れっき》・礫斧・剝片石器・磨製石斧《せきふ》・有溝石製品・磨石《すりいし》・石皿《いしざら》など、この時期の主要な道具類がそろって出土している。また、西方約三キロに、後半期の撚糸文系土器を用いた竪穴住居跡八軒が発掘された四反歩《したんぶ》遺跡（深谷市）などがある。このように集中して早期前半期の遺跡が所在することは、県内でも例をみない江南台地の特色である。また、向山《むかいやま》遺跡（日高市）では、石囲い炉をもつ竪穴住居跡から押型文土器が多量に発掘されている。なお前原《まえはら》遺跡（宮代町）では、有舌尖頭器とともに祭祀に用いられた岩偶《がんぐう》が発掘されており、この時期に縄文人の精神文化の萌芽がみられる。

この後、早期の終わり頃までは、文様に縄を用いず、貝殻の腹縁やヘラなどで施文した「貝殻沈線文《かいがらちんせんもん》系土器」、「貝殻条痕文《じょうこんもん》系土器」と続く。この頃は温暖化がいよいよ進み、海水面も上昇し、奥東京湾とよばれる内海が県の東南部にまではいりこんできた。この頃の集落は、豊富な海産物を求めて海浜部に集中する傾向があるが、内陸部にも緑山《みどりやま》遺跡（東松山市）、金平《かねひら》遺跡（嵐山町）など主として漁撈に頼らない集落も形成されている。

荒川の支流、三沢《みさわ》川右岸の妙音寺《みょうおんじ》洞穴《どうけつ》遺跡（皆野町）は、山間部に野獣を追う縄文人のキャンプ地である。この洞穴は、間口の高さが約三メートル、奥に四メートルほど伸びている。岩の庇で保護され厚く積もった包含層は、上層の縄文時代中期から下層の早期の遺物を含んでいる。洞穴前の斜面地には、早期初頭の層が広がっている。また、洞穴の入口付近には厚さ一メートルをこえる灰が堆積しており、石で組んだ炉がいくつもつくられ壊されている。洞穴の奥には、持ち運びに不便な大型の石器や、わずかな土器が置き去りにされていた。アルカリ質の灰層には、動物の骨類や淡水陸生貝類が散乱しており、さらに少量の海水産貝類が発見され、往時の食生活の一端が復元できる。また灰層から、かがんで埋葬された身長一五〇センチほどの壮年男子の遺骸が発掘されている。この埋葬人骨の層位と上下の層から出土した土器から早期後葉、およそ七〇〇〇年前に葬られたものであることが判明し、現在確認できる埼玉県最古の古人骨である。

埼玉の海と貝塚●

温暖化が進み、氷河が溶けて海面が上昇した。縄文時代前期の頃には、現在よりも五メートル前後も海面が高くなった。これが「縄文海進」の時代で、今から約六〇〇〇〜五二〇〇年前までの約八〇〇〇年間である。この頃は、現在の荒川、元荒川、利根川の下流域は海底に没し、海水は栃木県藤岡町まで進んだ。これを「奥東京湾」とよんでいる。この奥東京湾に接する大宮台地・武蔵野台地・下総台地に居住した人々は、遠浅の海岸が続く台地の縁辺に住居をもち、魚類・貝類を食料として生活していた。これらの残りかすを捨てた所が「貝塚《かいづか》」で、現在も標高約一〇〜二〇メートルのラインを中心に残っている。この時期の貝塚は、本来の役割を終えた竪穴住居跡や土坑に貝殻を破棄するものが多く、大規模な貝塚がある。土器は、「羽状《うじょう》縄文系土器」とよばれる縄文を多く用いた土器が盛行した。

貝塚は当時のいわばゴミ溜めであり、当時の人々の食生活の一端をうかがい知ることができる。国史跡の水子《みずこ》貝塚（富士見市）は、前期中葉の黒浜《くろはま》式土器をともなう環状貝塚で、竪穴住居跡約六〇カ所に形成された地点貝塚が直径約一六〇メートルの環状に分布する。地点貝塚のほとんどは、竪穴住居が少し埋まった後に形成されたものである。

この水子貝塚は、汽水生の貝を主とし、淡水生の貝から海生の貝まで多様な環境の貝がまじっている。獣・魚骨は乏しいが、シカ・イノシシのほか、スズキやコイ科の魚などがある。貝層中には、その場で火を焚いた灰層・焼土ブロックがあり、炭化物や堅果殻も出土している。土器は貝層の直下から出土し、古《こ》入間《いるま》渓谷の特色ある土器が発掘されている。また、甲信や東北南部、東関東系の土器片も出土しており、地方との広い交流もあった。石器は石鏃《せきぞく》・石匙《いしさじ》・磨製石斧・石皿・磨石などがある。装飾品は、イタボガキ製の貝輪、猪牙加工品、犬牙製の垂飾《すいしょく》、鮫歯化石製の垂飾、玦状《けつじょう》耳飾りなどが出土している。また、一五号住居跡の貝層下部から屈葬《くっそう》姿勢の人骨が発見されている。さらに、主柱穴の一つに葬られたイヌの骨があり、狩りを共にしたであろう愛犬を丁寧にあつかった縄文人の心情が察せられる。

気候の温暖化は、内陸部に落葉広葉樹の広大な森林を形成し、動植物の宝庫となった。前期後半になると、いろいろな半截竹管文《はんさいちくかんもん》をほどこした諸磯《もろいそ》式土器をもった平松台《ひらまつだい》遺跡（小川町）、上郷西《かみごうにし》遺跡（寄居町）、東光寺裏《とうこうじうら》遺跡（深谷市）など、内陸の丘陵部はもとより広く山間部にまで分散して集落が形成された。

広場を囲む住居と土器●

縄文時代中期は、前期から引き続き木の実が豊かに実る雑木林やそこに集まる鳥や獣も豊富で、生活環境に恵まれ、人口・住居数ともに最高に達した。

住居がもっとも増大するのは、勝坂《かっさか》式土器から加曽利《かそり》E式土器の、彫刻的で装飾性に富んだ華やかな土器が用いられた時期である。集落は幾世代かにわたって形成され、中央の広場を囲み環状や馬蹄《ばてい》形に住居を配置する大規模なものとなった。荒川の支流、吉田川の河岸段丘上にいとなまれた塚越《つかごし》向山《むこうやま》遺跡（秩父市）では、環状列石や配石遺構が形成されている。住居跡は七軒（うち敷石住居四軒）あり、このうち敷石住居の石囲い炉に埋設された注口《ちゅうこう》土器のなかに、上部に三点の黒曜石塊が乗り、その下に黒曜石剥片一三点、チャート片三点と、一〇点の磨製石斧が納められていた。磨製石斧に加え、石器の原材料が一緒に収められていた例はきわめて珍しく、縄文人の価値観や心理状態がうかがえる。

都幾《とき》川の右岸に形成された行司免《ぎょうじめん》遺跡（嵐山町）は、

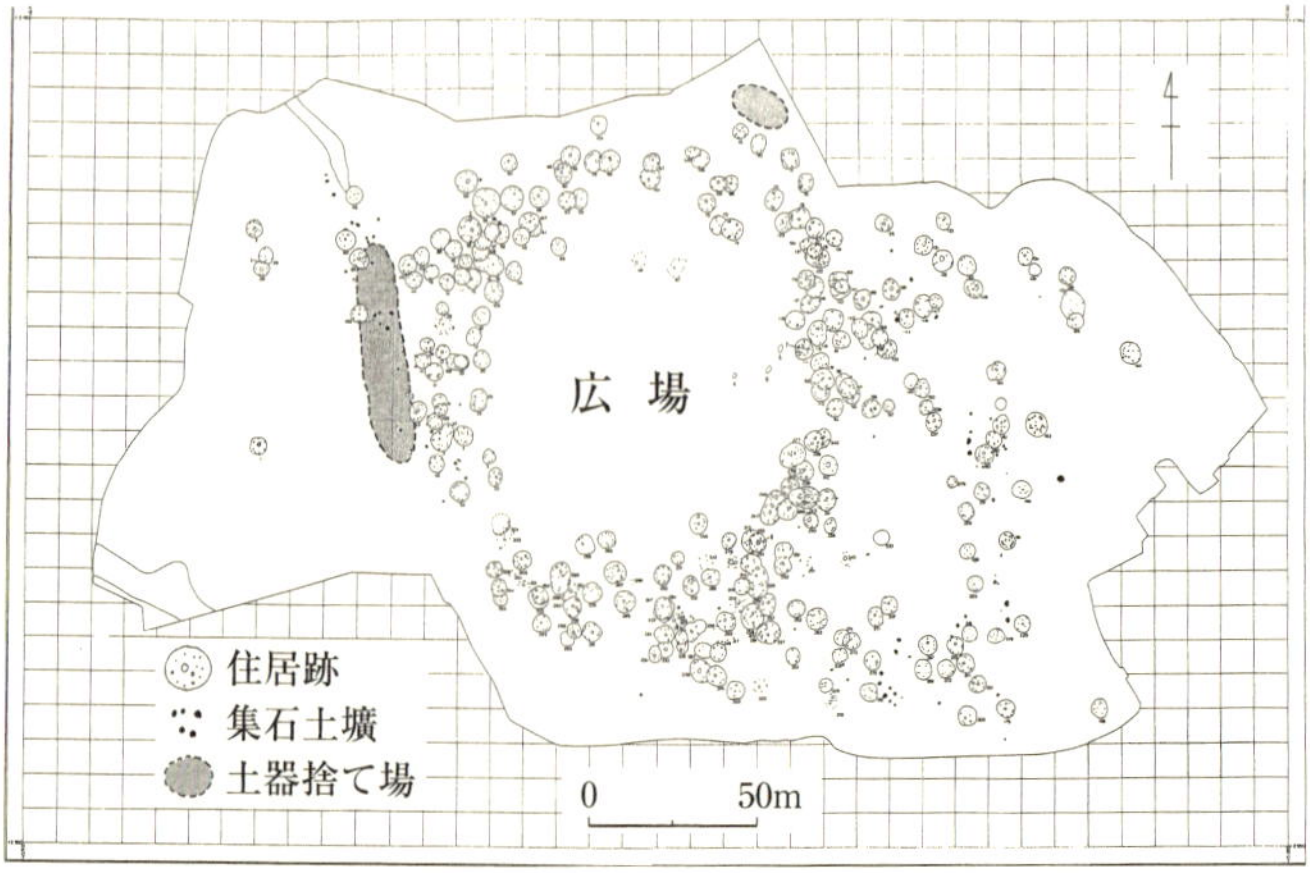

行司免遺跡の全体図（『行司免遺跡』より，一部改変）

広場の周囲に竪穴住居跡が二六二カ所も配置された大規模な環状集落である。もちろん、これらの住居が同時に存在したのではなく、およそ一七期にわたってムラが維持され、一時期に存在した住居は数棟から一〇数棟である。もっともムラが活況を呈した時期には、三〇棟余の住居が建ち並んだようである。土器の量も多く、復原された土器は一〇〇〇点をこえている。石器は、大型の平石に小さな窪みがつけられている多孔石、自然石に小さな窪みを残す凹石、平らな石を深くくぼませた石皿などが多く、すべて木の実などを製粉加工する道具である。

また、県北部の将監塚《しょうげんづか》・古井戸《ふるいど》遺跡（本庄市）では、二つの環状集落がたがいに接するようにならんでおり、両者が結びついて集落を形成していた。坂東山《ばんどうやま》遺跡（入間市）も、縄文中期前半から後期初めにかけていとなまれた集落跡で、小さな谷をはさんで環状に連なる竪穴住居跡群や土壙《どこう》群が発見されている。とくに南側では、一三九軒の住居跡で構成された環状集落が二つ、メガネ状に東西に接してならんでいる。また、二つの集落の内側には共同で食料をたくわえ管理した貯蔵穴や、バーベキューの跡であろう集石土坑も存在する。さらに、西側集落の西側からは、熟年男子の骨がはいった後期初頭の甕棺墓《かめかんぼ》が発見されている。

縄文時代中期の土器は、縄文土器を代表する土器といわれるほど、美術的にみても優れた土器が製作されているが、不思議にも一つとして同じ文様の土器がな

羽沢遺跡の獣面把手付土器

い。土器の器面全体に隆帯を貼りつける立体的な文様をほどこし、把手《とって》も大きく発達し、動物などが意匠的に表現された土器もある。羽沢《はねさわ》遺跡（富士見市）から出土した獣面把手付土器は、ムササビが羽を広げて飛翔する姿を写したもので、立派な土器である。

この時期、新潟県の糸魚川《いといがわ》に産する硬玉を用いた「大珠《たいしゅ》」とよばれる貴重な装飾品が盛行する。北塚屋《きたつかや》遺跡（寄居町）の勝坂式土器をともなった二基の土壙から、大珠がそれぞれ一個ずつ発見されている。このうちの一つは、長さ一二センチ、重さ一三五グラムの大型品であり、遺体はないが副葬されたものであろう。このように集落構成員の亡骸《なきがら》を埋葬する行為は、身内意識の形成に役立つ儀礼であり、花積《はなづみ》貝塚（春日部市）で発掘された完全な屈葬人骨も丁重に埋葬されていた。

縄文中期後半から気候がふたたび冷涼化にむかいはじめ、人々をとりまく生活環境は、しだいに劣悪なものとなっていく。そして、後期初めには丘陵や台地上に無数に展開していた住居の数が一気に激減してしまう。もはや森林からは十分な食糧の供給をうけられなくなった。こうした生活不安のなかで土偶《どぐう》や石棒《せきぼう》などの呪術的な道具が増え、柄鏡《えかがみがた》形の敷石住居がつくられるなど、精神生活上にも大きな変化がおこっていた。

沼端の生活と木製工芸品●

寒冷気候は、縄文時代後期末から晩期にかけてピークに達した。これにともない関東平野の奥深く進入していた海もしだいに遠のいていった。しかし海辺に住む人々は、奥東京湾を囲むように下総台地西縁から大宮台地のさいたま市岩槻区・川口市へと続く台地の東縁に点々と貝塚を残している。神明《しんめい》貝塚（春日部市）は、最大径一六〇メートルの環状貝塚で、淡水産の貝もまじる。また、石神《いしがみ》貝塚（川口市）からはボラ・スズキなどの魚骨が発見されており、旺盛な漁撈生活の実態が目に浮かぶようである。

一方、海がしりぞいた跡に多くの湖沼が残り、沖積低地が出現し、丸木舟《まるきぶね》が盛んに用いられた。さいたま市と、伊奈町のあいだの芝川流域の通称「見沼《みぬま》たんぼ」やさいたま・蓮田市の西方に広がる綾瀬《あやせ》川流域の低地は、その代表的な地域である。水辺において展開された生活の一端が、寿能泥炭層《じゅのうでいたんそう》遺跡（さいたま市）、後谷《うしろや》遺跡（桶川市）で垣間見ることができる。これらの遺跡は、粘土やマコモ・ヨシなどが積もり遺跡をパックしてしまったものである。この二つの遺跡では、台地上の集落から水辺に降りる斜面から湿地に設置された木道や、水辺の窪地にうたれた杭列がみられる。後谷遺跡の杭列内側の窪地には、最大一メートルの厚さにトチを主体とした木の実の殻が堆積していた。これは、縄文人の食糧として重要な位置を占めていたトチの実の処理にかかわる遺構である。後期後半の赤山陣屋跡《あかやまじんやあと》遺跡（川口市）では、台地直下のせまい低湿地の水場に、内部が五区画にわかれた長方形のトチの実加工場や長方形の板囲い施設、その近くにはトチの種皮が大量に投棄されてできたトチ塚が二カ所で発見されている。また、近年発掘された三ノ耕地《さんのこうち》遺跡（吉見町）で発見された井戸状の遺構を湧水点とした水場《みずば》遺構の最下層から、クルミやトチの実とともに植物繊維で編んだザル六点が出土している。

後谷遺跡では、「祭り」にかかわるミミズク土偶・土版《どばん》・人面付土器や、赤く塗られた耳飾りや漆塗りの櫛、翡翠《ひすい》製の玉類が大量に出土している。また、寿能泥炭層遺跡でも木製品が多く出土している。そのなかに木製椀や木胎漆器《もくたいしっき》がある。また、漆液を貯蔵していた後期・晩期の土器や、土器の外面に赤漆が付着しているものもあり、その場で顔料を加え調合していたものとみられ、漆が当時の生活のなかに定着していたことがうかがえる。

縄文の丸木舟

縄文中期以降、埼玉から海が遠のいた跡地は湿原や草原となり、あちこちに湖沼ができ、沖積低地での生活も活発になった。とくに芝川《しば》流域の低湿地（見沼《みぬま》たんぼ）は活況を呈した。それを証するかのごとく、平成九（一九九七）年、さいたま市の芝川北宿《きたじゅく》大橋の上流約五〇〇メートルの大道東《だいどうひがし》遺跡で、標高二メートルのところからムクの木で製作された長さ約四・五メートル、幅約〇・八メートルの丸木舟が発掘された。舟首および側板が壊れているが、しかし、舟体は刳り抜かれ一見して丸木舟であることがわかる。放射性炭素による年代測定では、縄文中期前半の年代値がえられ、同じ層から出土した土器の型式と矛盾しない。

埼玉県における丸木舟の出土は、昭和三十三（一九五八）年頃に綾瀬《あやせ》川沖積地で湿田の土地改良事業によって発見された膝子《ひざこ》遺跡（さいたま市）で、南北一キロの地域から長さ四〜七メートルのカヤ材の丸木舟一四隻が最多である。うち一隻からは、縄文後期の安《あん》

大道東遺跡出土の丸木舟

❖コラム

行《ぎょう》II式の深鉢形土器が発見されたという。

近年では、東北新幹線の工事にともなう伊奈氏屋敷跡遺跡（伊奈町）の発掘調査で、縄文後期末から晩期前半の丸木舟が発見されている。大小二隻のうち大きい方はカヤ材で長さ四・八五メートル。小さい方はケヤキ材で長さ三・七メートルで、舟底が焦げてその部分がうすくなっている。

また、かつて、川越市の入間川左岸の老袋《おいぶくろ》でもカヤ材の長さ五・四メートルの縄文後期の丸木舟が発見され、県指定文化財として保存されている。

伊奈氏屋敷跡遺跡出土の丸木舟

赤城遺跡のミミズク土偶

東北原遺跡の亀形土製品

発戸遺跡の土面

神秘な土偶と石棒の祀り●

荒川の左岸に展開する広大な駒形《こまがた》遺跡（皆野町）は、中期・後期の集落遺跡で、敷石住居や組石棺・配石などの遺構が発見されている。山形土偶や石剣、独鈷石《とっこいし》の未製品をはじめとした特殊な石器や磨製石斧などが発掘され、遺跡の特異性が指摘されていた。その遺跡の中央、荒川寄りに四個の頭の尖った石がある。この四個の石は両端に蛇紋岩《じゃもんがん》、中央にチャートの巨石二個をおき、南北に一列に配した立石《りっせき》遺構である。両端に配された蛇紋岩の巨石には、秩父地方で特徴的に製作される蛇紋岩製の磨製石斧でつけたと考えられる線状の研磨痕や窪み孔がある。この立石の周囲には敷石住居跡・竪穴住居跡・配石墓・集石土坑、そして全域に配石が展開する。そのなかで四個の立石は、この地に居住した縄文人の精神的支えとなる信仰の対象物の役割をはたしていた。

縄文時代後期・晩期の人々は、実り豊かな森林の減少など気候の寒冷化にともなう生活環境の変化を敏感に感じとり、豊饒の祈りや祭りを懸命に執り行なった。祭りの場には、巨大な石を配したり、赤城《あかぎ》遺跡（鴻巣市）や下平《しもだいら》遺跡（小鹿野町）では、配石の中央に石棒を立て、土偶や土版・石剣・石棒・耳飾り・人面付土器などの祭器を手向けている。

見沼の低湿地を見下ろす馬場小室山《ばんばおむろやま》遺跡（さいたま市）の土壙から土偶装飾土器や人面画土器（一一頁の写真参照）が出土した。おそらく豊饒の願いをこめて神像で飾った土器が製作されたのであろう。豊饒の祈りは土製の動物にもこめられた。東北原《ひがしきたはら》遺跡（さいたま市）、久台《きゅうだい》遺跡（蓮田市）の亀形土製品のほか、狩りの成功と獲物となる動物の繁栄を多産のイノシシに託した入耕地《いりごうち》遺跡（白岡町）や三ノ耕地遺跡などのイノシシ形土製品、黒谷田端前《くろやたばたまえ》遺跡（さいたま市）や南原遺跡（越生町）のイヌ形土製品がそれである。

モニュメントや神像・神獣に託した祈りから、現代にも続いている「化身の祭り」、すなわち「仮面の儀礼」があった。利根川の堤防に近い発戸《ほっと》遺跡（羽生市）から出土した縄文晩期の土製の装飾仮面（高さ一七・三センチ）がある。この仮面を額に着けた呪術師が「この世ならぬ人の姿」に変身し、豊饒の霊をよぶ祭りを盛大に執り行なった。

3　稲作にいそしむ人々の暮らし

環濠のあるムラと墓地と水田●

紀元前三〇〇年頃、朝鮮半島から先進的な大陸の文化が北九州に渡来した。その新しい文化は、イネ・アワ・ムギ・ヒエ・ダイズ・キビなどの穀物の栽培技術や石庖丁《いしぼうちょう》・石鎌《いしがま》・木製農耕具、紡織技術、それに金属器などであった。このうちイネの栽培すなわち水田稲作農耕は、最新の弥生土器とともに、またたくまに西日本一帯に広がった。また、日本海沿いに北上し青森県にまで到達している。瀬戸内海沿いには近畿地方をへて、やがて伊勢湾地方にまで波及する。従来、これより東の太平洋側では、縄文時代の伝統的な生活様式が強く残ったため、稲作の開始は弥生中期からとされてきたが、西日本の前期を代表する遠賀《おんが》川《がわ》式土器が静岡県や神奈川県、近年では埼玉県や福島県で出土している。

妻沼《めぬま》低地の上敷免《じょうしきめん》遺跡（深谷市）で、遠賀川式系の土器片が縄文晩期終末の土器とともに出土している。この土器は県内初の発見であるが、土器とともに稲作が伝播したとはいえ、これが定着するまでにはなお期間を要した。県北部の如来堂《にょらいどう》C遺跡（美里町）、四十坂《しじゅうざか》遺跡（深谷市）などで前期末葉の土器が発見されているが、水田跡や竪穴住居跡は発見されていない。一方、県南部の白幡《しらはた》中学校内遺跡（さいたま市）では、竪穴住居跡が発掘されており、埼玉県への弥生文化の伝播は前期の段階であったことは明らかである。

弥生時代中期（紀元前一〇〇～後一〇〇年）の中頃、須和田《すわだ》式土器とよばれる土器群が関東地方に広く盛行した。県内では、須和田式土器の器形および文様の特徴から、前半期と後半期にわけられている。前半期の土器は、上敷免遺跡（深谷市）、横間栗《よこまくり》遺跡（熊谷市）などおもに再葬墓《さいそうぼ》から出土し、後半期の土器は集落跡からの出土が多い。

この時期のムラは、低地部に存在するのが特徴で、しかも農耕集落として整備された姿をしている。その代表的な池上《いけがみ》遺跡（熊谷市）は、荒川と利根川のあいだに広がる微高地にあり、環濠《かんごう》とみられる三本の溝と、竪穴住居跡一一軒、土壙三六基が発掘されている。住居跡は、二本の環濠に画され、東側九軒、西側二軒の二グループにわかれる。住居跡の平面形は、隅丸方形か隅丸長方形で、中央に地床炉があり四本の柱穴がある。東側九軒の竪穴住居跡のなかに火災に遭遇した大型の住居跡があった。この住居跡の床面には上屋に用いられたキハダ・エノキなどの建築材が遺存し、炭化した米（ジャポニカ種）が多量に発見された。出土した土器はきわめて多く、また環濠からは鬚《ひげ》をたくわえた土偶形容器が出土している。そのほか木製農工具の製作などに使用された太形蛤刃《ふとがたはまぐりば》石斧、耕耘用の打製石斧、穂積み用の打製や磨製の石庖丁などが出土しており、稲作農耕の展開を物語っている。隣接する小敷田《こしきだ》遺跡（行田市）には、西日本で成立した方形周溝墓《ほうけいしゅうこうぼ》が受容され、東日本に盛行した再葬墓にかわり新しい墳墓が築造された。

池上遺跡全景

小敷田遺跡の方形周溝墓

弥生時代の中期後半にはムラの数が増大し、本格的な農耕社会にはいった。この時期のムラは、枝わかれした台地の裾から湧きでる豊富な清水と、水田として耕作できる谷に臨む台地上に立地している。土器は地方色が豊かになり、県北部には長野・群馬県の影響をうけた櫛描文《くしがきもん》土器、県南部は南関東地方に広くみられる宮ノ台式土器が分布する。明花向《みょうばなむかい》遺跡（さいたま市）では、環濠のV字溝や、墓域が設定され方形周溝墓がつくられ、小規模ながら一定地域を掌握した拠点集落が形成され、周辺の集落を包括した。周辺の集落では、御蔵山中《みくらやまなか》遺跡（さいたま市）で五軒の住居跡が単一集団で環濠を備えていることが確認されるなど、防御機能をもつ環濠を備えた小さな集団が成立した。

黒目川に臨む台地にいとなまれた向山《むかいやま》遺跡（朝霞市）では、大型の竪穴住居跡から、砂鉄系の原料を用いて中国でつくられた二条凸帯鋳造鉄斧、ほかの住居跡からも鍛造袋状鉄斧が出土している。この二点の鉄斧は、東日本で中期の集落からの出土ははじめてであり、まして砂鉄系の原料を使用した鉄斧は、日本初の出土である。さらに、石器と鉄器が同じ住居から出土していることから石器と鉄器が併用されており、埼玉県内も、まさに弥生時代中期が石器から金属器に変わる時点と確認された。

弥生町式土器を主体とする後期の中頃、県南部地域の大宮台地や武蔵野台地に大規模な集落がつくられた。馬場北《ばんばきた》遺跡（さいたま市）は見沼の谷に面する台地上の環濠集落である。住居跡は一三〇軒以上発掘され、環濠内以外にも住居跡が存在する。中里前原《なかざとまえはら》遺跡群（さいたま市）の中里前原遺跡や隣接する中里前原北遺跡の環濠集落では、住居の入口にむかって右側に貯蔵穴と、これに接するように祭壇施設をもつ竪穴住居跡が確認されている。また、特異な遺物として「双角有孔土製品《そうかくゆうこう》」がこの両遺跡の竪穴住居跡から一点ずつ出土した。この土製品は、小型で動物の顔面を表現しており、その数はきわめて少なく特殊で、用途は不明である。しかし、県南部の後期中葉から後葉を中心とする遺跡にだけみられ、県南部地域の各集落間に共通した護符《ごふ》のようなもので、たがいに強いつながりをもった各ムラの族長が所有したのであろう。また、向山遺跡（朝霞市）や新倉午王山《にいくらごぼうやま》遺跡（和光市）からは、族長の祭器として注目される銅鐸《どうたく》型土製品が出土している。三崎台《みさきだい》遺跡（さいたま市）の青銅製小型仿製鏡も祭祀に用いられたものである。

この族長の成長を物語るものに方形周溝墓とその副葬品がある。井沼方《いぬまかた》遺跡（さいたま市）では一七基の方形周溝墓が発掘され、鉄剣、ガラス製の小玉、石器が出土している。このほか、翡翠《ひすい》製の勾玉《まがたま》や、ガラス製の小玉が出土した方形周溝墓がある。また、向山遺跡（朝霞市）の方形周溝墓の溝と埋葬施設から鉄剣が出土し、観音寺《かんのんじ》遺跡（東松山市）の大型方形周溝墓には四個の青銅製釧《くしろ》を着けた人物が埋葬された。これら勾玉や小玉、まして鉄剣は集落内できわめて特異な人物、すなわち外部の集落との交渉権をもった族長の所持品であり、権威と権力の象徴となっていた。

台地の土器と丘陵地の土器●

弥生中期後半の土器は地方色が豊かになり、県北部には長野県や群馬県の影響をうけた櫛描文《くしがきもん》土器、県南部には南関東地方の宮ノ台式土器が分布したが、この二つの土器分布圏は、後期になると新しい局面を迎えた。県南部の大宮台地や武蔵野台地では南関東系の弥生町式土器が引き続き分布し集落の拡大をみる。ところが県北や県西部において、せまい範囲に小さな文化圏をもつ、きわめて地域性の強い土器が盛行した。とくに丘陵部を中心とした比企地方一帯では、丘陵南部の低地には「岩鼻《いわはな》式土器」が、その北部の丘陵上に「吉ケ谷《よしがやつ》式土器」がみられる。それぞれ低地と丘陵で住みわけているかのような状態で集落をいとなんでいる。近年、大宮台地や妻沼低地で弥生町式土器にまじって吉ケ谷式土器が発掘されており、吉ケ谷式土器の分布が、比企地方だけではなく県の北東部から群馬県東部に連なる地域に存在することがわかってきた。しかしやがて、これら自主的な展開をみせた地域色豊かな土器群は姿を消し、それにかわって、五領《ごりょう》式土器とよばれる土師器《はじき》が盛行する。

人々の交流と地方の土器●

三世紀中頃を中心に、尾張・美濃を出自とするS字状口縁付甕《かめ》を主体とした土器が東京湾を中心に流入し、荒川・古利根川水系に沿って北上して、積極的な文物と人々の交流が広範囲に広がった。また、畿内系の土器や北陸系・山陰系の土器も頻繁に移動し、在地の土器と共存している。これら外来の土器は、搬入品として直接集落にはいった搬入土器と、在地の粘土で地方の土器を模倣してつくった模倣土器も多い。また、畿内地方で盛行していた「手焙《てあぶり》形土器」とよばれる特殊な土器が、東海地方を経由して元荒川流域の馬込八番《まごめはちばん》遺跡やささら遺跡（ともに蓮田市）などに搬入されるなど、県内もこの時期には畿内・東海の影響下にはいり、やがて古墳時代へと突入していった。

手焙形土器（ささら遺跡・馬込八番遺跡出土）

2章

辛亥銘鉄剣と武蔵国の隆盛

埼玉稲荷山古墳の武人埴輪（行田市）

1　大王と東国の豪族

前方後方墳と埼玉の初期古墳●

東海地方との交流が密になった四世紀の初頭、利根川・荒川水系に沿った拠点地域で卓越した勢力が台頭してきた。その地域では、南志渡川《みなみしどがわ》遺跡（美里町）や三《さん》ノ耕地《こうち》遺跡（吉見町）などに、前方後方形《ぜんぽうこうほうがた》の周溝《しゅうこう》墓《ぼ》に十数基の方形周溝墓を配した新しいタイプの墳墓群が築かれている。

県域における古墳の築造は四世紀前半にはじまり、前方後方墳とこれに付属する方墳が出現する。女《おんな》堀《ぼり》川流域の丘陵上に築造された鷺山《さぎやま》古墳（本庄市）は、全長六〇メートル、前方部が撥《ばち》形に開く古いタイプで、出土土器は口縁部に透し孔をもつ底部穿孔《ていぶせんこう》壺形土器や椀形土器がある。比企丘陵の山《やま》の根《ね》古墳（吉見町）は、全長五四・八メートル、くびれ部から高坏《たかつき》形土器・甕形土器・鉢形土器がならべられた状態で発見されている。なかでも高坏形土器は、東海地方の元屋敷《もとやしき》式高坏形土器である。都幾《とき》川を望む高坂《たかさか》台地にある全長四六メートルの諏訪山《すわやま》二九号古墳（東松山市）で出土した土器は、壺形土器・器台形土器・高坏で、畿内や東海地方南部の外来系土器である。近年、高坂神社境内で三角縁神獣鏡《さんかくぶちしんじゅうきょう》が発見された。

つづいて、四世紀後半から五世紀初頭にかけて、前方後円墳や円墳・方墳が築造される。県内最古の前方後円墳は、高坂台地に築造された全長七五メートルの諏訪山古墳である。荒川の左岸、大宮台地の熊野《くまの》神社《じんじゃ》古墳（桶川市）は、径四五メートルの円墳で、墳丘に底部穿孔壺形土器が配置されている。また、埋葬施設の粘土槨《ねんどかく》からは、ヤマト王権から賜わった巴形《ともえがた》石製品、玉杖《ぎょくじょう》に使用された筒形《つつがた》石製品や紡錘車形《ぼうすいしゃがた》石製品など、関東地方ではもっとも多くの碧玉《へきぎょく》製品が出土している。山崎山丘陵西裾にある径五〇メートルの円墳長坂聖天塚《ながさかしょうでんづか》古墳（美里町）は、墳頂に粘土槨三基、木棺直葬《もっかんじきそう》の土壙《どこう》三基の埋葬施設をもつ多槨墓《たかくぼ》である。うち一基は長さ七メートルに達する粘土槨で、菱雲文縁方格規矩鏡《しうんもんふちほうかくきくきょう》（一二・五センチ）や櫛《くし》などが出土している。また、比企地域には、雷電山《らいでんやま》の山頂に円筒埴輪《はにわ》や朝顔形埴輪を配置した、全長七六メートルの帆立貝式古墳である雷電山古墳（東松山市）が築かれた。

四世紀中頃から五世紀初頭に築造された古墳の副葬品は、宝器的・呪術《じゅじゅつ》的な色彩が濃く、各地域の首長は、ヤマト王権や東海地方の首長と深くかかわり、卓越した政治的・軍事的統率者であると同時に、呪術的宗教的な権威をもっていたことが知られる。

また、五世紀中頃に築造された古墳の状況をみると、まだ地域首長の力が強い状態が続いていたようである。県北部の児玉地域では、竪穴式石室と箱式石棺をもつ円墳生野山将軍塚《なまのやましょうぐんづか》古墳（本庄市）や、叩き目のある円筒埴輪をもつ金鑽《かなさな》神社古墳（本庄市）などが築造されている。県南部の荒川下流域左岸では捩文鏡《ねじりもんきょう》と獣形鏡《じゅうけいきょう》をもった江川山《いがやま》古墳（上尾市）や、横ハケ目のある朝顔

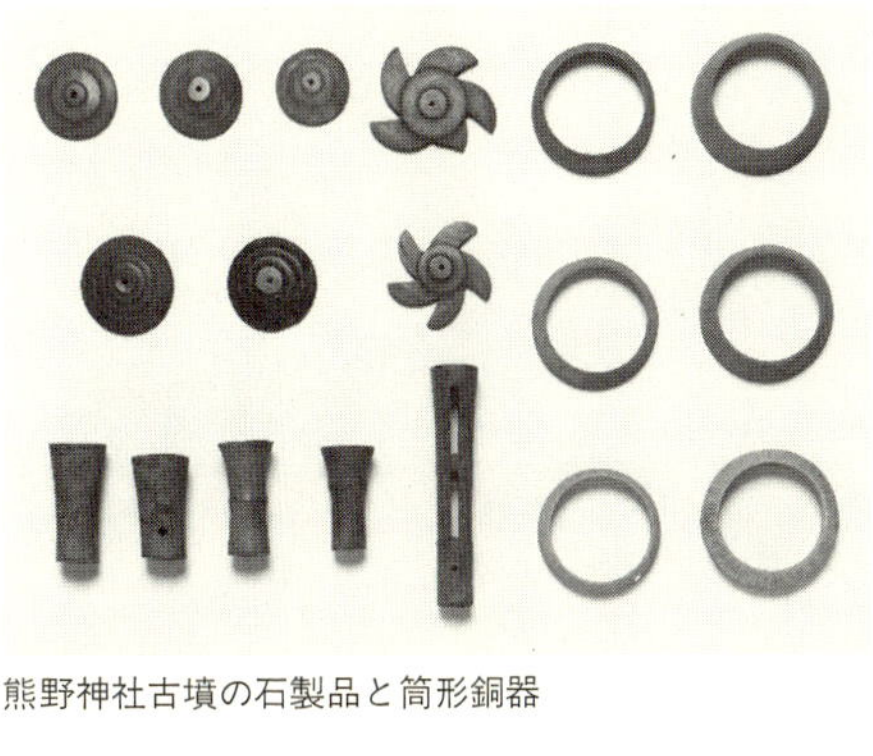

熊野神社古墳の石製品と筒形銅器

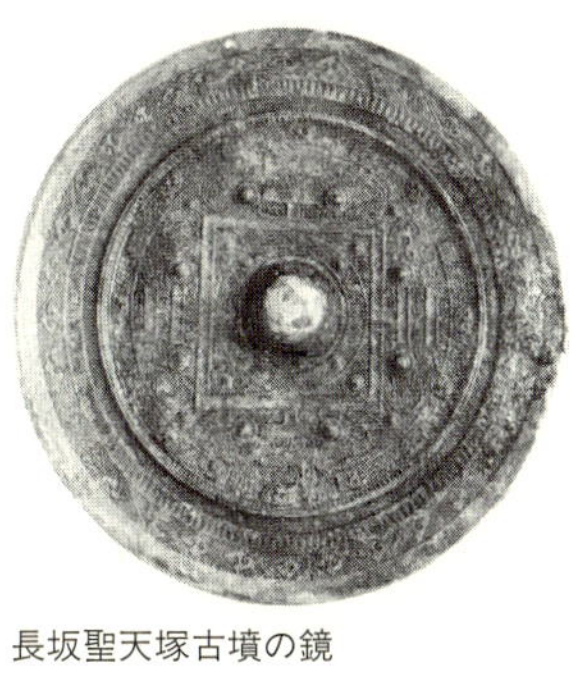

長坂聖天塚古墳の鏡

形埴輪が発掘されている白鍬塚山古墳《しらくわつかやま》（さいたま市）などに代表される円墳や帆立貝式古墳がその中心的存在である。

獲加多支鹵大王と乎獲居臣●

ところが、五世紀後半期頃、ヤマト王権は地方の首長との直接の結びつきを廃し、中央の有力氏族との関係を強力にして、地方支配を行なう政治的改革を進めた。その結果、ヤマト王権と深いつながりがあった多摩川流域地方は勢力が弱まった。かわって、荒川・利根川にはさまれた広大な地、埼玉《さきたま》（行田市）に出現したのが埼玉稲荷山古墳《いなりやま》である。

埼玉稲荷山古墳は、典型的な前方後円墳であったが、昭和十三（一九三八）年に前方部が埋土用の土取りのため破壊された。その後、「さきたま風土記の丘」の整備事業にともない、昭和四十三年に後円部の埋葬施設二基、昭和四十七年に周溝《しゅうこう》が発掘され、全国的にも類例の少ない特異な長方形の二重周溝をもち、西側中堤に造り出しを設けた全長一二〇

埼玉稲荷山古墳の礫槨と副葬品

埼玉稲荷山古墳(昭和10年頃)

メートルの前方後円墳と確認された。遺物は、周溝から大型円筒埴輪のほか、巫女《みこ》や武人などの人物埴輪が出土している。土器類には須恵器《すえき》・土師器《はじき》があり、近年の調査では名古屋市の東山《ひがしやま》窯産の有蓋長脚《ゆうがいちょうきゃく》短頸壺《たんけいこ》が発掘されている。

埋葬施設は、木棺直葬に近い粘土槨と、舟形をした礫槨《れきかく》である。礫槨からは、埋葬時の状態で画文帯環《がもんたいかん》状乳神獣鏡《じょうにゅうしんじゅうきょう》・勾玉《まがたま》・銀環・鉄剣・直刀・鉄鏃《てつぞく》・挂甲《けいこう》・矛《ほこ》・刀子《とうす》・砥石《といし》・f字形鏡板轡《くつわ》・三環鈴《さんかんれい》・鞍橋《くらぼね》金具・壺鐙《つぼあぶみ》・素環雲珠《そかんうず》・素環辻金具・金銅辻金具・鈴杏葉《すずぎょうよう》・帯金具、槨外から鉄斧・鉄鉗《かなはし》・鉇《やりがんな》・鑷子《けぬき》が出土した。これら副葬品の組み合わせは、前期古墳の特徴もあるが、挂甲や馬具類に後期古墳の要素が認められ、呪術的要素をもつ宝器にかわって、帯金具など金銀色に輝く装飾品が権威の象徴となっている。

しかも、昭和五十三年に一振の鉄剣から「辛亥年《しんがいねん》七月中記」ではじまる金象嵌《きんぞうがん》の銘文が、X線撮影で発見された。つぎのような釈文が完成され、「百年に一度の発見」と、世を驚かせた。

（表）辛亥年七月中記乎獲居臣上祖名意富比垝其児多加利足尼其児名弖已加利獲居其児名多加披次獲
居其児名多沙鬼獲居其児名半弖比

（裏）其児名加差披余其児名乎獲居臣世々為杖刀人首奉事来至今獲加多支鹵大王寺在斯鬼宮時吾左治
天下令作此百練利刀記吾奉事根原也

まず、作刀依頼者の乎獲居臣《おわけのおみ》に至る八代の系譜をのべ、その乎獲居臣が杖刀人《じょうとうじん》の首《おびと》として獲加多支鹵《わかたける》大王に仕え、大王の天下統一に奉事してきたことを明示するためにこの剣をつくらせた、それが辛亥年である。以上が一一五文字の内容である。

辛亥銘鉄剣の長さは七三・五センチ、拵《こしらえ》はあまり遺存せず、木製鞘《さや》・把木《つかぎ》が薄く全面に付着している。

象嵌に用いられた金條は、金七〇％、銀三〇％の材料と金九〇％、銀一〇％の材料の二種類が用いられているとの蛍光X線分析結果をえている。また、地金の製作地は中国の江南地方と推定されている。

礫槨に埋葬されたであろう鉄剣作刀の依頼者「乎獲居」なる人物像の想定は、興味のつきないところである。まず、銘記されている「獲加多支鹵大王」は、『古事記』の大長谷若建《おおはつせのわかたける》、『日本書紀』の大泊瀬幼《おおはつせのわか》武《たける》に対応して、のちの雄略《ゆうりゃく》天皇が通説になっており、熊本県江田船山《えたふなやま》古墳出土の鉄刀銀象嵌銘中にも同様の大王名がみられる。剣の製作年「辛亥年」は、伴出した副葬品の考古学的検討などから西暦四七一年と判明した。東国の埼玉稲荷山古墳や西国の江田船山古墳は、その地方にあって有力な首長墓を構成する前方後円墳であり、五世紀後半に東と西の首長のもとに金象嵌銘鉄剣・銀象嵌銘鉄刀が存在した事実は、この時代のヤマト王権の勢力範囲を考えるうえで重要である。さらに、その銘文の内容から地方出身者を上番《じょうばん》させ、職掌を与え、支配機構の一翼をになわせている。つまり、稲荷山古墳の被葬者乎獲居が「杖刀人」（武官）、江田船山古墳の被葬者无利弖《むりて》が「典曹人《てんそうじん》」（文官）である。

「杖刀人」の首として獲加多支鹵大王（雄略天皇）に仕えた「乎獲居」についての論議は今だ定まらず、(1)「畿内の有力豪族で礫槨の被葬者が下賜され剣を保有するに至った」とする説、(2)「東国豪族であり礫槨の被葬者」とする説、(3)「畿内の豪族であったが東国に派遣されて礫槨の被葬者となった」とする説、(4)「東国出自の豪族で、大和王権に出仕した上番武人の一人」とみる説がある。しかし、考古学的には、(2)・(4)説が有力である。つまり、①周溝の形態が特異で、長方形の周溝であること。これと似た周溝は、東国では千葉県の舟塚原《ふなづかはら》古墳・殿塚《とのづか》古墳などに確認されているだけで、畿内にはみられない強い地域性を示している。②埋葬施設の礫槨は、群馬県の白石稲荷山《しろいしいなりやま》古墳をはじめ北関東や利根川流域に分布していること。③首長権を象徴する画文帯環状乳神獣鏡の同じ鋳型でつくられた同型・同笵鏡《どうはんきょう》が全国に六面存在し、二面が埼玉と群馬（高崎市八幡観音塚古墳）の有力首長によって保有されていたこと。さらに、伴出した武器・武具をあわせて検討すると、被葬者は、畿内からの派遣官ではなく、埼玉で生まれ育った人物の可能性が高い。

「辛亥年七月中記」ではじまる一一五文字で表された豊富な内容は、五世紀末の古代社会の画期における同時代資料であるとともに、伴出した装身具・馬具・武具・武器・工具類も鉄剣の銘文と関連して古墳時代遺物の編年研究の基準資料となるもので、「武蔵埼玉稲荷山古墳出土品」として国宝に指定された。

埼玉古墳群の輝き●

六世紀前半、武蔵国で政治的混乱＝内紛のあったことを伝える記事が、『日本書紀』安閑《あんかん》天皇元（五三四）年閏十二月の条にある。それは、「武蔵国 造《くにのみやつこ》の笠原 直《かさはらのあたい》使主《おみ》は、ヤマト王権から国造の地位を承認されて、武蔵国の国造という最高の地位についていた。国造の地位にあるのを当然とする笠原直使主に対して、使主の同族である小杵《おき》が、隣国の上毛野君《かみつけののきみ》小熊《おぐま》の支援をえて国造の地位を奪おうとした。使主はこれに気づき、朝廷に経緯を訴えて援助を求め、内紛を終結できた。その代償に、武蔵国内の横渟《よこぬ》・橘花《たちばな》・多氷《おおひ》・倉樔《くらす》の四カ所を、ヤマト政権が管掌する屯倉《みやけ》として設置することにした」というのである。これはヤマト王権の東国支配の展開を象徴的に示すできごとであり、東国の首長層に対するヤマト王権の政治的支配を確立することとなった事件であった。なお、横渟は比企郡吉見町付近、橘花は川崎市住吉から横浜市日吉付近、多氷は多摩郡、倉樔は横浜市付近が想定されている。

しかし、埼玉《さきたま》古墳群内には、西暦五〇〇年前後に稲荷山古墳が築造されて以来、一〇〇メートルをこす四基の前方後円墳と一基の円墳が、稲荷山→二子山《ふたごやま》→丸墓山《まるはかやま》（円墳）→鉄砲山《てっぽうやま》→将軍山古墳の順に四〜五世代の首長墓が一群をなし、西暦六〇〇年前後までの約一〇〇年間、南北方向にならんで築造された。これら大型古墳の西および南側には、全長八〇〜五〇メートル級の前方後円墳、愛宕山《あたごやま》・瓦塚《かわらづか》・奥の山・中《なか》の山《やま》古墳の四基が連なる。このような企画性のある大型古墳の配置については、「同じ血筋のなかで首長権が継承されたことを意味する」との見解がある。

　このほど、埼玉古墳群内の大型前方後円墳の一基、将軍山古墳が復元された。将軍山古墳は、明治二十七（一八九四）年に地元の人々が発掘した。このときに発見された銅鏡・銅鋺《どうわん》・銅鈴・環頭大刀《かんとうのたち》など多量な副葬品のうち、注目すべき遺物に蛇《だ》行状《こうじょう》鉄器と馬冑《うまかぶと》がある。

　蛇行状鉄器は、朝鮮半島の新羅《しらぎ》で七例、伽耶《かや》で一〇例出土しているという。なかでも伽耶に属する玉田古墳群の一古墳からは、二例の蛇行状鉄器が出土しており、これに馬冑・馬具・挂甲が二セット存在している。このことは、伽耶でも具装の一部として蛇行状鉄器、すなわち馬の尻部に立てられた装飾物であ

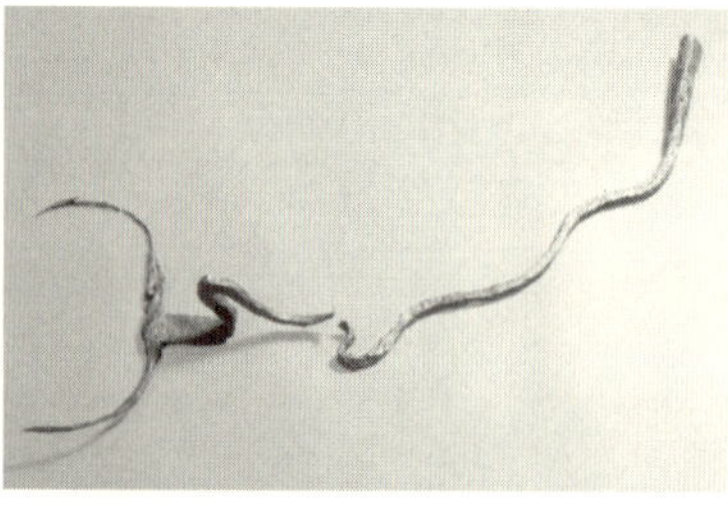

将軍山古墳の蛇行状鉄器（左）と馬冑（右）

る柄が使用されていたのである。日本国内では、将軍山古墳の二例を含め九例あり、六世紀中葉から後半の古墳から出土している。なお、将軍山古墳の蛇行状鉄器は、日本国内で馬冑と共伴していた唯一の例である。

馬冑は、昭和四十八（一九七三）年に埼玉県立さきたま資料館が、寄贈をうけた将軍山古墳出土品のなかから、面覆《めんおお》い部の右眼前方破片・左眼前方破片・右眼上方破片を発見した。また、東京国立博物館所蔵の一片（面覆い部天井後端破片）が右眼上方破片と接合して、庇部付け根の帯金《おびがね》となることが判明した。この将軍山古墳の馬冑は、面覆い部の主要部分が遺存し、形態が韓国釜山市の福泉洞一〇号古墳出土の馬冑と類似することから、国内外の研究者の意見を参考に、庇部・鼻先部・頬頭部を推定し、ほぼ完全に復元された。

朝鮮半島の伽耶文化を彷彿させる遺物の数々があり、被葬者の卓越した性格を具体的に知らせてくれる将軍山古墳の規模は、全長九〇メートル、後円部径約四〇メートル、前方部幅六八メートルで、墳丘の中段に円筒埴輪をめぐらしている。また、墳丘くびれ部に対応する位置の中堤外側に台形の造り出しが設けられ、周溝から六世紀後半の須恵器 𤭯《はそう》をはじめ、円筒埴輪、靫《ゆき》・盾《たて》・大刀などの形象埴輪が発掘されている。

埋葬施設は、後円部に安房石《あわいし》を用いて構築された片袖形《かたそでがた》の横穴式石室と、前方部の墳頂につくられた竪穴系の木棺直葬墓《もっかんじきそうぼ》の二基である。横穴式石室は破壊が著しく、復元された玄室《げんしつ》の規模は、長さ三・二メートル、幅二メートル、羨道《せんどう》幅一メートルで東南の方向に開口している。玄室の棺床面には多くの副葬品の断片があった。前方部の施設は、東西約二・二メートル、南北一・五メートルの長方形の土壙を掘り、木棺が直葬されている。将軍山古墳の築造年代は、これら一連の発掘調査で六世紀後半と確定された。

埼玉古墳群内では、将軍山古墳を最後に大型の古墳から埴輪が消える。しかしながら、墳長七九・二メートルの中の山古墳は、周溝から焼成前に底部を穿孔した須恵質の壺形土器、すなわち須恵質埴輪壺と、朝顔形埴輪を想定させる須恵質朝顔形円筒が多量に出土した。これらは墳丘や中堤上に樹立されていたものである。しかも、この須恵質朝顔形円筒も、口縁部にほどこされた波状文《はじょうもん》や肩部の叩き整形、回転台の使用などから須恵質埴輪壺と同様に須恵器工人の関与が想定された。埼玉古墳群内の前方後円墳がいずれも埴輪を備えているのに、中の山古墳は、埴輪消滅後に築かれた最後の前方後円墳であろう。しかも、埴輪の代替品に特殊な仮器《かき》を採用し、かたくななまでに埴輪祭祀の伝統を堅持した。近年、須恵器生産を主体とする末野《すえの》窯跡群（寄居町）で、中の山古墳出土の須恵質埴輪壺と同じ製品が発掘され、その生産地が明らかになった。

群集墳の盛行と古墳の終末●

近年行なわれた「埼玉県古墳詳細分布調査」によると、破壊された古墳を含め四六九六基の古墳が確認されている。その大部分は群集墳《ぐんしゅうふん》で、山腹、丘陵尾根上、台地上、平地など、いたるところに築造された。しかも古墳の形状はいろいろで、もっとも多いのが円墳である。長沖《ながおき》・高柳《たかやなぎ》古墳群（本庄市）では、一五〇余基の古墳のうち前方後円墳は五基で、ほかは円墳である。広木大町《ひろきおおまち》古墳群（美里町）でも八四基以上の古墳が確認されたが、前方後円墳は一基、小規模な墳形相似形の周溝をもつ帆立貝式古墳が二基である。ところが、飯塚《いいづか》・招木《まねき》古墳群（秩父市）では一二四基のすべてが円墳である。また、鹿島《かしま》古墳群（深谷市）は五〇基以上の円墳のみで構成された群集墳であった。

これら円墳を中心とした群集墳が築造されていた時代、六世紀代を中心に各地で大小一三〇余基の前方後円墳が築造された。利根川流域には全長七八メートルの永明寺《ようめいじ》古墳（羽生市）、元荒川流域に全長一〇七メートルの天王山塚《てんのうやまづか》古墳（久喜市）がある。さらに、荒川をこえた東松山市に全長一一五メートルの野《の》本将軍塚《もとしょうぐんづか》古墳が、その威容を誇った。

群集墳は、生出塚《おいねづか》・新屋敷《しんやしき》古墳群（鴻巣市）など、五世紀末に出現し、六世紀後半から七世紀中頃に最盛期を迎え、前方後円墳を含む群構成が認められる。ところが七世紀後半には、飯塚・招木古墳群にみる累々と築造された古墳には、大きな差が認められず、すべて円墳である。そして、七世紀末から八世紀初頭に古墳の築造が終了する。これら群集墳は、家長《かちょう》の死を契機として、同一墓域内に、それぞれ一世代一古墳ずつ何世代かにわたって築造された。しかも、横穴式石室の採用によって追葬《ついそう》が簡単に行なえることから、一般に家族墓ともいわれている。

県内の横穴式石室をみると、県北部の児玉・大里地域では、他の地域より早く六世紀中頃に出現して盛行する。北塚原《きたつかはら》古墳群（神川町）や黒田古墳群・小前田《おまえだ》古墳群（ともに深谷市）にみられる、河原石を積みあげた狭長な無袖形《むそでがた》石室や片袖形石室である。そして六世紀後半以降、胴《どう》張《ば》りのある石室が盛行する。利根川流域の北埼玉地域には、水田下に埋没した酒巻《さかまき》古墳群（行田市）がある。ここでは、六世紀中頃の石室は河原石で築かれ、六世紀後半には利根川系の角閃石安山岩《かくせんせきあんざんがん》で胴張りのある石室を構築している。角閃石安山岩を用いた石室は、前方後円墳の酒巻一号古墳、中条《ちゅうじょう》古墳群の大塚古墳や肥塚《こいづか》古墳群内の古墳（熊谷市）、遠く箕田《みだ》古墳群の宮登《みやと》古墳（鴻巣市）にみられる。

県西部の比企丘陵地域では、凝灰岩《ぎょうかいがん》を四角に切り出し、積みあげた石室が六世紀中頃以降に出現する。

諏訪山《すわやま》五号古墳（東松山市）は平面が長方形の石室である。ところが、七世紀代には、玄室の中央に見事に丸味をもたせた石室が構築され盛行する。附川《つきかわ》七号・八号古墳（東松山市）、かぶと塚古墳（吉見町）の石室は、その典型である。入間川流域では、牛塚《うしづか》古墳（川越市）の片袖形石室が物語るように、六世紀末から横穴式石室が採用されたようである。六世紀中頃までは、下小坂《しもおさか》古墳群（川越市）や一夜塚《いちやづか》古墳（朝霞市）でみられた木炭槨《もくたんかく》や粘土槨を埋葬施設としてつくる伝統があった。なお、比企丘陵地域や武蔵野台地の縁辺に築かれた吉見百穴《よしみひゃくあな》横穴墓群・黒岩《くろいわ》横穴墓群（ともに吉見町）、岸町《きしまち》横穴墓群（川越市）、川崎《かわさき》横穴墓群（ふじみ野市）、吹上《ふきあげ》横穴墓群（和光市）、滝之城《たきのじょう》横穴墓群（所沢市）など横穴墓の盛行もこの頃である。

　県南部の荒川下流域、元荒川流域の大宮台地でも、凝灰岩の切石を用いた石室が構築される。川田谷《かわたや》古墳群のひさご塚古墳（桶川市）の石室は無袖形で、この地域では古い形態を呈し六世紀後半の築造である。以

かぶと塚古墳の横穴式石室

北塚原古墳群７号古墳の横穴式石室

後、胴張りのある石室が行なわれるなかで、川田谷古墳群の西台《にしだい》七号古墳や側ケ谷戸《そばがやと》古墳群の台耕地稲荷《だいこうちいなり》塚《づか》古墳（さいたま市）にみられる大形の凝灰岩の切石を用い、玄室の平面が方形に設計された石室がある。

秩父地方の古墳は、荒川の河岸段丘上に飯塚・招木古墳群、大野原《おおのはら》古墳群（秩父市）、金崎《かなさき》古墳群・大《おお》塚《つか》古墳（ともに皆野町）など大規模な古墳群や古墳があるが、いずれも六世紀後半から七世紀代の古墳で片岩や河原石を用いて横穴式石室が構築されている。

六世紀中頃以降、横穴式石室が一般的になると、副葬品は従来のものとは大きく変わった。もっとも普遍的な副葬品は、玉類をはじめ装身具と大刀や鉄鏃などの武器である。このほか馬具類（轡《くつわ》・雲珠《うず》）、そして須恵器である。須恵器は、死後の世界で生前と同じような生活ができるための什器《じゅうき》として副葬されたものと、墳丘外の墓前祭祀《ぼぜんさいし》に用いられたものがある。墓前祭祀の供献儀礼に用いられた須恵器は、石室の前庭部《ぜんていぶ》や墳丘・周溝から出土する。帆立貝式古墳の鎧塚《よろいづか》古墳（熊谷市）には、後円部をめぐる埴輪列の外側二カ所で大型器台や高坏を用いた墓前祭祀が行なわれている。

埼玉古墳群の古墳築造が終焉をむかえたころ、埼玉《さきたま》の北方に小見真観寺《おみしんかんじ》古墳や、八幡山《はちまんやま》古墳・地蔵塚《じぞうづか》古墳（ともに行田市）などが築造された。小見真観寺古墳は、墳長一一二メートルの前方後円墳で、後円部に二基の埋葬施設がある。南面する第一の埋葬施設は、寛永十一（一六三四）年に露出した巨大な緑泥片《りょくでいへん》岩《がん》を用いた横穴式石室で、玄門が一枚板石の刳り抜きでつくられているところに特徴がある。第二の埋葬施設は、明治十三（一八八〇）年に発掘された緑泥片岩の板石を組み合わせた全長二・八メートルの箱式石棺で、蓋石は二枚の緑泥片岩が用いられている。出土した圭頭《けいとう》大刀・頭椎《かぶつち》大刀・脚付有蓋銅鋺《きゃくつきゆうがいどうわん》・鉄鏃は、六世紀末から七世紀初頭と考えられている。

八幡山古墳は、径約八〇メートルの大型円墳であった。昭和九（一九三四）年に墳丘が取り除かれ、後室・中室・前室の三室で構成された巨大な横穴式石室が露出し、以来「関東の石舞台」とよばれてきた。副葬品や漆塗棺《うるしぬりかん》から七世紀中頃の築造と考えられ、被葬者は、石室の巨大さから埼玉古墳群終焉後の新興の豪族で、しかも畿内においても特定の階層（皇族クラス）に使用が限られていた漆塗棺などから、中央政権と親密な関係をもっていた人物であろう。あるいは、六二三年に武蔵国造に任命された物部連兄《もののべのむらじえ》麻呂《まろ》（『聖徳太子伝暦』）との見解がある。また、その北西約五〇〇メートルにある方墳地蔵塚古墳は、横穴式石室の側壁に人物や水鳥などの線刻画をもつ埼玉県唯一の装飾古墳である。このほか周辺には愛宕山《あたごやま》古墳・三宝塚《さんぽうづか》古墳などの前方後円墳や多くの円墳が築造され、若小玉《わかこだま》古墳群を形成していた。おそらく埼

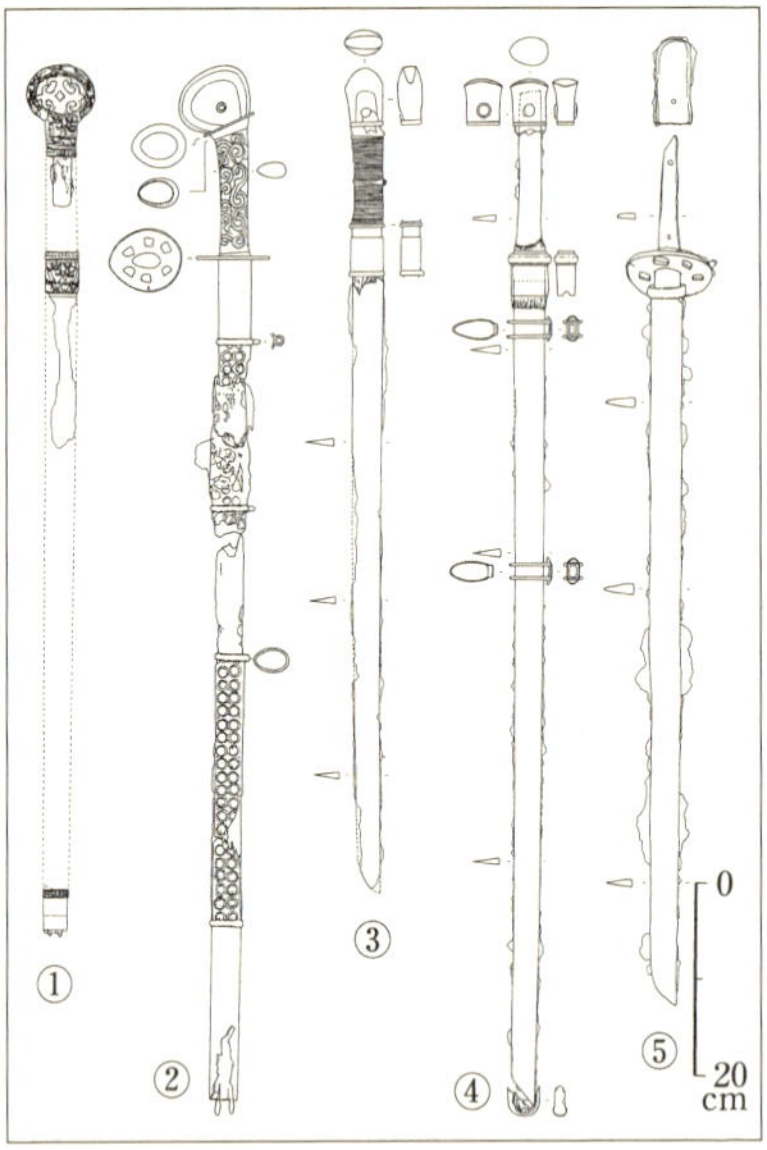

栫付太刀の実測図　①は環頭大刀（将軍山古墳），②は頭椎大刀（小見真観寺古墳），③は圭頭大刀（かぶと塚古墳），④は方頭大刀（西原1号古墳），⑤は円頭大刀（大河原2号古墳）。瀧瀬芳之「埼玉県の栫付太刀」『研究紀要』第8号より。

銀象嵌がほどこされた鐔　美里町の広木大町20号古墳から出土したもの。

玉古墳群の後に台頭した新興勢力の奥津城《おくつき》が、この辺りにあったことは確かであろう。

埴輪祭祀と埴輪の生産●

五世紀初頭から古墳の墳丘に埴輪が立てられはじめ、六世紀代に盛行する。県内出土の埴輪には、熊谷市上中条《かみちゅうじょう》出土の短甲《たんこう》を着た「埴輪武装男子像」や「埴輪馬」（ともに重要文化財）、江南町野原《のはら》古墳の埴輪「踊る男女像」など、日本の埴輪中の傑作品がある。

埴輪の出現は県内各地域によって時期が若干異なる。比企丘陵地域では、雷電山《らいでんやま》古墳（東松山市）に立てられた円筒埴輪・朝顔形埴輪・器台形埴輪が五世紀初頭でもっとも早い。児玉地域では、五世紀前半の金鑚《かなさな》神社古墳（本庄市）などに朝鮮半島の土器と共通した格子目叩きのある野焼きの円筒埴輪がみられる。また利根川流域では、五世紀末築造の前方後円墳とやま古墳（行田市）の円筒埴輪が知られている。荒川下流域では、白鍬塚山《しらくわつかやま》古墳（さいたま市）の円筒埴輪や朝顔形埴輪、器財埴輪の破片が五世紀中頃である。

五世紀中頃から武器や武具類を含めた器財埴輪が出現する。この時期に築造された公卿塚《くげづか》古墳（本庄市）には格子《こうし》目叩《めたた》きのある円筒埴輪とともに盾《たて》形埴輪がみられる。そして五世紀後半に人物埴輪や馬形埴輪が出現し、六世紀代をつうじて表現豊かな人物埴輪を中心とする各種の形象埴輪が登場する。その始まりは、西暦五〇〇年前後に築造された埼玉稲荷山古墳（行田市）の中堤造り出しに配列されていたとみられる、鈴鏡を下げた巫女、盾持ち人、靫負《ゆげい》人、眉庇付《まびさしつき》冑《かぶと》の武人（2章扉写真参照）、円頭の男子、鯨面《げいめん》で二叉《ふたまた》冠《かんむり》の男などの人物埴輪である。

埼玉古墳群の全長七一メートルの瓦塚《かわらづか》古墳で、西側の中堤上から円筒埴輪や形象埴輪（人物・家・盾・馬・鹿・犬・水鳥など）が多量に発掘されている。これらの埴輪は単体で存在したものではなく、数種類

埴輪配列の意義

六世紀末に築造された酒巻《さかまき》一四号古墳（行田市）の墳丘中段テラスから出土した埴輪は、円筒埴輪七八、朝顔形埴輪二、形象埴輪一四であった。これらの埴輪は、内側に形象埴輪を、外側に円筒埴輪を並べた二重の配置をとる。形象埴輪は、石室開口部の西側に馬曳《うまひ》きと馬の四セットが連なり北に続く。東側は人物六体が配列されている。

北側の「馬曳き・馬」のセットのうち三セット目に配置された馬形埴輪が注目される。この埴輪は、壺鐙《つぼあぶみ》をつけた飾り馬で、鞍《くら》の後輪《しずわ》の後ろにパイプ状の筒が突き出て、そこに別造りの小旗が差しこまれる。パイプ状の筒の基部は、後輪の背中の中央でU字状にわかれ、後輪の両脇に伸びて尻懸《しりがい》に結びつく。パイプ状の筒は、埼玉《さきたま》古墳群の将軍山古墳出土の「蛇行状鉄器《だこう》」とよばれる鉄製品を表現したものである。この馬形埴輪の造形から、長いあいだその機能が種々論じられてきた蛇行状鉄器が、「鞍に取り付けた旗竿《はたざお》」であることが、国内の資料からはじめて確認され、具体的な使用状況が示されたのである。

東側の人物埴輪は、①正装男子立像、②正装女子座像、③正装男子立像、④正装女子半身像、⑤褌《ふんどし》をした男子立像、⑥正装女子半身像の順に配列されている。二体の正装男子立像は、手先の隠れる長い筒袖の衣装を身にまとっており、千葉県市原市山倉一号古墳の埴輪に類例がある。褌をした男子立像は「力士《りきし》」の埴輪である。しかも、この力士像は、円襟《まるえり》の上衣を着し、耳環・首玉のほか、腰の両脇には鈴をつけている。また、足の甲に突起がある履物をはいており、通常の力士埴輪と異なった過剰な装飾がみられる。力士埴輪像をともなう埴輪配列は「墓守集団」、「首長権継承儀

❖コラム

礼を執り行なう集団」あるいは「殯葬《ひんそう》の参列者の一集団」とみて、力士の役割を(1)守護、(2)鎮魂、と大きく二つにまとめられるが、酒巻一四号古墳の力士埴輪については「首長権継承の場を守る役割を果たしていた者」であろうと推察されている。

旗をたてた馬の埴輪(酒巻14号古墳)

人物埴輪の配列図(酒巻14号古墳)『酒巻古墳群』より改変。

の埴輪群像を配列して、被葬者の日常的な行為・行動の場面を表現しているという。出土した位置や埴輪の種類から埴輪配列の意図を復元することはむずかしいが、瓦塚古墳の場合は、(1)儀式をつかさどるグループ、(2)三棟の家と弾琴《だんきん》埴輪を中心とした音楽グループ、(3)一棟の寄棟《よせむね》造りの家を厳重に警護するグループ、(4)狩りの場と馬列からなるグループ、と解釈され、四つの場面に復元されている。

墳丘を囲む埴輪列は、被葬者が眠る聖域を区画して遺体を悪霊の侵入から守り、霊の安息を願ったものである。その埴輪には円筒埴輪が一番多く用いられたが、要所に人物・器財・動物の埴輪が配置された。墳長四六メートルの帆立貝式古墳である女塚《めづか》一号古墳（熊谷市）には、古墳の屈曲する位置に左右対称的に盾持ち人埴輪が単独に配置されていた。おくま山古墳（東松山市）では、周溝の外側に四体の盾持ち人埴輪がならんで配置され、ほかの群像から離れて警護の役割をにない、悪霊の侵入から聖域を防御していたようである。

埴輪の製作は、これを専業とする工人集団により一貫した生産体制で行なわれた。六世紀代にはいると特定の墳墓だけではなく、県内各地に築造される古墳での需要が増え、それに対応する供給体制がとられた。県内で発見されている埴輪製作遺跡は、生出塚《おいねづか》・馬室《まむろ》（ともに鴻巣市）、桜山《さくらやま》（東松山市）、権現坂《ごんげんざか》・姥ケ沢《うばがさわ》（ともに熊谷市）、割山《わりやま》（深谷市）など、現在一二カ所で窯跡一〇〇基以上を数え、粘土採掘坑や工房跡・埴輪集積場・住居跡があり一大工場の観がある。また、窯跡から滑石《かっせき》製の有孔円盤・刀子・剣・臼玉や、手捏《てづく》ね土器などの祭祀遺物が出土することから、火神への供献など祭事が行なわれていた。

四〇基以上の埴輪窯跡が確認されている生出塚埴輪製作遺跡は、六世紀初頭から六世紀末までの約一〇〇年間にわたって操業された。とくに埼玉古墳群の一〇〇メートル規模の古墳にのみ用いられた大型の円筒埴輪は、生出塚で生産されている。また、六世紀中頃から、人物や動物などの形象埴輪が生産される。そのうち、武人埴輪一体と正装男子埴輪二体は、生出塚埴輪工人集団の窯業技術や造形技術レベルの高さを示す傑作である。

生出塚で生産された埴輪の供給先は、周辺の古墳をはじめ、北方の埼玉古墳群や利根川沿いの酒巻古墳群（ともに行田市）、南方の東浦《ひがしうら》古墳（久喜市）や側ケ谷戸古墳群（さいたま市）、西方の南大塚古墳群（川越市）などである。遠く千葉県市原市の山倉《やまくら》一号古墳出土埴輪に生出塚製作埴輪に酷似した人物埴輪があり、元荒川を下って東京湾にでる広域への供給や、工人の派遣も考えられる。

東国農民の暮らし●

古墳時代の集落は、埼玉稲荷山古墳の築造された西暦五〇〇年前後を境として、前期（四～五世紀）と後期（六～七世紀）にわけられる。前期の集落は、広い沖積地（低地）に臨む台地上や低湿地をひかえた自然堤防上、大きな河川の沖積微高地に多く立地している。後期の集

生出塚埴輪窯跡から出土した人物埴輪

落は前期から引き続いていとなまれたものや、あらたに成立した大規模なものがある。自然堤防上の集落は、さらに下流に進出し沖積地の開発が進んだ。また、台地の奥深い所、山間高地に至る所まで集落がつくられている。これは、この時期に水田耕作のほか、畑作を行なうようになったためである。

前期前半の代表的な集落である五領《ごりょう》遺跡（東松山市）は、市野川の沖積地を眼下にひかえた松山台地にいとなまれ、一七八軒の竪穴住居跡が発掘されている。このうち前期の竪穴住居跡は一三四軒で、四期にわたっていとなまれている。この遺跡で出土した土器群は、古い型式の土師器《はじき》ではあるが未知の土器も含まれており、遺跡名にちなんで「五領式土器」と命名された。なお、前期前半の集落には、在地の五領式土器にまじって畿内・東海・北陸で盛行していた土師器、いわゆる外来系土器が交通の要衝に立地した拠点集落に搬入されるなど、古墳出現前の活発な人々の動きがみられる。また、各地の集落では墓域が設定され、鍛冶谷《かじや》・新田口《しんでんぐち》遺跡（戸田市）では一〇〇基余の方形周溝墓が構築された。

入間台地の最南端、小畔《こあぜ》川右岸にいとなまれた御伊勢原《おいせはら》遺跡（川越市）は、前期後半の集落として著名である。竪穴住居は広

五領遺跡の土器

場を中心に、大型の竪穴住居を囲んで二〜三軒の小単位でまとまっている。広場では、勾玉・有孔円板・剣形品・臼玉などの滑石《かっせき》製模造品が多量に発見されており、集落全体の祭祀が執り行なわれていた。このほか三九軒の竪穴住居跡から合計六四八個の臼玉が発見されている。また、一軒の住居跡から和泉《いずみ》式土器とともに、五世紀中頃に大阪府の陶邑《すえむら》窯でつくられたカップ形の須恵器が出土し、この頃に須恵器が搬入されたことが知られる。

この時期の生業は、湿田農耕が主体である。農耕に欠かせない鋤《すき》や鍬《くわ》などの農耕具が、小敷田《こしきだ》遺跡（行田市）や東沢《ひがしざわ》遺跡（熊谷市）などで発掘されている。また、人工灌漑による農耕地の開発も行なわれている。東五十子城跡《ひがしいかっこじょうあと》遺跡（本庄市）の一軒の竪穴住居跡から、和泉式の土器、滑石製の玉類、滑石製の紡錘車《ぼうすいしゃ》、砥石《といし》とともに、鉄斧二、鋤先四、鉄鎌三、鑿《のみ》一、用途不明鉄器が出土している。その量から農耕などに用いた鉄器が普及していたことの一端がうかがわれる。

後期を代表する集落跡の一つ、今井川越田《いまいかわごえだ》遺跡（本庄市）は、集落の周囲には幾重もの溝がめぐり、内部に三〇〇軒をこえる住居が新旧重なりあっている。河川跡の辺りにある水たまりからは、ミニチュア土器や完全な土器がまとまって発見され、ここで祭祀が行なわれていた。また、ムラの南を流れる川に沿って道路が発見されている。この道路は工事に先立ち、銅に銀箔を貼った耳環や土器を用いて地鎮《じちん》が行なわれた本格的な道路である。

六世紀前半から七世紀中頃に盛行した土師器は、鬼高《おにたか》式土器である。この時期は、カマドが竪穴住居に付設されたことにより土器の器形も胴の長いものが主流になった。また、須恵器が伝播してきたが、用いられた階層はかぎられており、須恵器を模倣した土師器坏《つき》や甑《こしき》などがこれにかわった。県内では須恵器の生産が、六世紀前半に高坂丘陵の桜山《さくらやま》窯（東松山市）で開始され、六世紀末に舞台《ぶたい》窯と根平《ねだいら》窯（ともに東松山市）が、同じ丘陵で操業している。製品は、器肉が厚く赤褐色で、酸化焔焼成《さんかえんしょうせい》に近い地域性の強い個性的なものであった。

2 律令体制と交通路の整備

律令体制の整備と武蔵国●

埼玉古墳群に代表される古墳時代が終わりにむかう六世紀末から七世紀前半頃、利根川・荒川に開析された肥沃な平野を経済的な基盤として、埼玉古墳群の北方を中心に、中央の物部《もののべ》氏一族が国造《くにのみやつこ》笠原氏にかわって大きな力を保持していた。

しかし七世紀中頃の中央では、大化《たいか》元（六四五）年六月の蘇我《そが》氏打倒にはじまる政治改革が行なわれた。氏姓《しせい》制度を打破し、中国からうけついだ成文法、すなわち律令《りつりょう》により国家のさまざまな制度や機構を定め、天皇を頂点とした中央集権国家の建設がはじまった。中央に政府がおかれ、都城《とじょう》（藤原京・平城京）が建設された。地方では、国・郡・里（霊亀元〈七一五〉年に郷と改称）を単位とした地方行政組織がはりめぐらされ、それぞれ役所がおかれた。この「大化の改新」とよばれる一連の改革は、地方豪族の支配に大きな影響を与えた。

武蔵国が国の行政区画と定まったのは、天武天皇十四（六八五）年に伊勢王《いせおう》を東国に派遣して国々の境界を定めたとあり、飛鳥浄御原令《あすかきよみはら》の施行にあたって諸国の国境を画定したこのときである。国の下部機構として設置された「郡」は、もと「評《ひょう》」と表記され、国・評・里の地方行政区画が実施されていた。武蔵国の「評」は、飛鳥京跡から、「无耶志国仲評中里布奈大贄一斗五升」や「横見評」と記された木簡《もっかん》が発見されている。この「仲評中里《なかのひょうなかり》」はのちの那珂《なか》郡、すなわち児玉郡美里町中里付近、「横見評《よこみのひょう》」はのちの横見郡、比企《ひき》郡吉見町付近と考えられる。また、藤原宮跡出土の瓦片に二行にわけた「□玉評」「□大里評」の墨書《ぼくしょ》があり、のちの埼玉《さいたま》郡と大里《おおさと》郡である。「評」は、かつての国造支配地を対象に、あるいはその地を分割して設置されたものである。その旧国造支配地は、さらに五〇戸を単位に「里《り》」として再編成された。五〇戸を単位とした背景には、国家財政の基幹となる租税徴収をもれなく処理するうえで欠かすことのできない戸籍《こせき》をつくり、税の徴収台帳である計帳《けいちょう》の作成を考慮したためであろう。

八世紀にはいると、大宝三(七〇三)年七月五日に引田朝臣祖父《ひけたのあそんおおじ》が武蔵守に任命された(『続日本紀』)。武蔵国府は、旧勢力のあった埼玉地方から離れた多摩地方、現在の東京都府中市におかれた。郡は、文武天皇二(六九八)年に諸国の郡司を任命したときに武蔵国に足立・入間など一九郡をおき、霊亀二(七一六)年に、駿河・甲斐・相模・上総・下総・常陸・下野の七カ国の高麗《こま》人一七九九人を武蔵国に移して高麗郡をおき(『続日本紀』)、天平宝字二(七五八)年に、新羅《しらぎ》の僧三二人、尼二人、男一九人、女二一人を移住させて新羅郡(のち新座郡)を建郡して二一郡となった。武蔵国には高麗郡や新羅郡にかぎらず、かなりの渡来人が各地に定住帰化しており、県内各地で近年まで盛んに行なわれた養蚕と絹織物生産の技術を広めた。

十世紀の『和名類聚抄《わみょうるいじゅうしょう》』によると埼玉県域の郡は、足立・新座・入間・高麗・比企・横見・埼玉・大里・男衾《おぶすま》・幡羅《はら》・榛沢《はんさわ》・那珂・児玉・賀美《かみ》・秩父郡である。また、郷の数は、武蔵国全体で一二一、県域で七五郷である。各郡には、その地方の豪族から選任された郡司《ぐんじ》が、戸籍をもとに郡内一円から租税（稲）をとりたて、兵役につかせたりするなど、人民の生活と密接する業務をになった。

郡司が政務をとる郡衙《ぐんが》は、施設として郡庁・正倉《しょうそう》・館《たち》・厨家《くりや》など、大規模な建物で構成され、それぞれ機能別に配置された。郡衙に関連する遺跡でもっとも壮観なのは、大規模な柱穴が整然とならんで発掘される正倉の倉庫群跡である。県域内の各郡衙所在地については不明な点も多いが、中宿《なかじゅく》遺跡（深谷市）で発掘された倉庫群は、七世紀末に形成された榛沢郡の正倉跡である（口絵参照）。この正倉跡に沿って流下する河川跡が発見されているが、これは人工的な水路で、舟で稲束を輸送した運河的な機能が考えられている。

正倉は、地方財政の要となる租税や、出挙《すいこ》の利息としてとりたてた稲を納めた倉庫で、郡衙の各施設のなかでもっとも重要な施設であった。そのため、有力な地方豪族が終身制である郡司の追い落としの手段として正倉に放火する「神火《じんか》」が、東国において八世紀後半から九世紀に集中して発生している。神護景雲三（七六九）年九月十七日に入間郡の正倉四倉が焼け、穀一万五一三斛《こく》、死傷者一二人をだした。原因は、雷火による天災か人災か不明であるが、国司は雷火と報告し、出雲伊波比《いずもいわい》神社が、近年、幣帛《へいはく》（神にささげる品）が途絶えたことを怒り、雷神を率いて火災をおこしたという。朝廷で調べたところ、武蔵国の四社が幣帛をささげる社になっているのに行なわれておらず、規定どおり行なうことを命じ、翌年に入間郡司などを解任した。しかしこの事件は、入間郡司物部《もののべ》氏と大伴部《おおともべ》氏との権力闘争とも考えられている。

租税制度は、律令のなかの「田令《でんりょう》」「賦役令《ぶやくりょう》」「軍防令《ぐんぼうりょう》」という法令で規定されている。田令は、わけ与えられた口分田《くぶんでん》に関する租税で、田租《でんそ》・出挙の規定がある。賦役令は、労役およびそれにかわる物納を規定したもので、おもなものに調《ちょう》・調副物《ちょうのそわつもの》・庸《よう》・雇役《こえき》・雑徭《ぞうよう》・仕丁《しちょう》の六つがある。軍防令には、兵士などの軍役《ぐんえき》が決められていた。

田租は、人を単位に課せられ、一段ごとに稲二束二把、収穫量の約三％（籾にして当時の二斗二升。一升は現在の四合ぐらい）であり比較的軽いものであった。しかし、ムラ人の負担は、労働や、都へ送付して政府の財源となった手工業品、山野・川・海での生産物に比重がおかれた。調は、成人男子一人一人に課せられ、繊維製品（麻布）の納入を中心とし、そのほか地方の特産物であった。庸は、年間一〇日間徭役に服する義務であるが、実際は労働力のかわりに物品で納めた。

調庸は郡ごとに集められ、国府をへて、農民から運脚《うんきゃく》を徴発して、武蔵国は、上り二九日間の行程で十二月三十日までに納めさせられた。当時、⑴調として天平六（七三四）年に一人分の白布一端、⑵庸として天平勝宝五（七五三）年に布二人分を一段として納めた墨書のあるつぎの資料が、正倉院の宝物にある。

⑴武蔵国男衾郡𤢖倉郷笠原里飛鳥部虫麻呂調布一端　天平六年十一月

⑵武蔵国加美郡武川郷戸主大伴直牛麻呂戸口大伴直荒当庸布一段〈主当国司史生従八位下佐味朝臣比奈麿、郡司少領外従八位上宍人直石前〉　天平勝宝五年十一月

このほか養老元（七一七）年から中男作物《ちゅうなんさくもつ》（武蔵国は麻・紙・木綿・紅花・茜）が課された。時代は九世紀になるが、当時の農民の調庸・中男作物の負担の実態を示す『類聚三代格』巻八の記事がある。それは、承和八（八四一）年男衾郡榎津郷《えなつごう》に居住し、外従八位上の位階をもっていた武蔵国男衾郡の郡司大領壬生《みぶの》吉志福正《きしのふくまさ》が、二人の息子の生涯納めるべき調・庸・中男作物を一括納入を申し出て官より許可された。こ

のとき福正が納入したのは、「壬生吉志継成　年十九　調庸料布冊端二丈一尺　中男作物紙八十張　壬生吉志真成　年十三　調庸料布冊端二丈一尺　中男作物紙百六十張」であった。

このほか食料品を中央政府（天皇）に貢納する「贄《にえ》」があった。長屋《ながや》王邸《おうてい》跡（奈良市）から出土した木簡に「（表）武蔵国策覃郡宅□駅菱子一斗五升　（裏）霊亀三年十月」とあり、菱子《ひし》の実が貢納されている。なお、「策覃郡」は「さきたま」郡と推定されている。埼玉郡地内は、利根川や荒川の開析低地が広がっており、湖沼に菱子の実が生育していたのである。また、平城京二条大路出土の木簡に「（表）武蔵国足立郡土毛蓮子一斗五升　（裏）天平七年十一月」がある。また平城京跡出土の木簡「武蔵国秩父郡大贄豉一斗　天平十七年」、「武蔵国男衾郡余戸里大贄豉一斗　天平十八年十一月」、「武蔵国男衾郡川面郷大贄一斗鮒背割　天平十八年十一月」は、豆を原料とした発酵食品の「豉《くき》」と、漁撈で捕らえた「鮒《ふな》」の背割りを貢納したもので、男衾郡余戸里や秩父郡で畑作物の豆を栽培し、荒川をひかえた男衾郡川面郷《かわもごう》の人々はおもに漁撈に従事していたことが知られる。

毎年、役所が春と秋に稲を農民に強制的に貸し付ける制度「出挙」が行なわれた。この出挙は、役所が

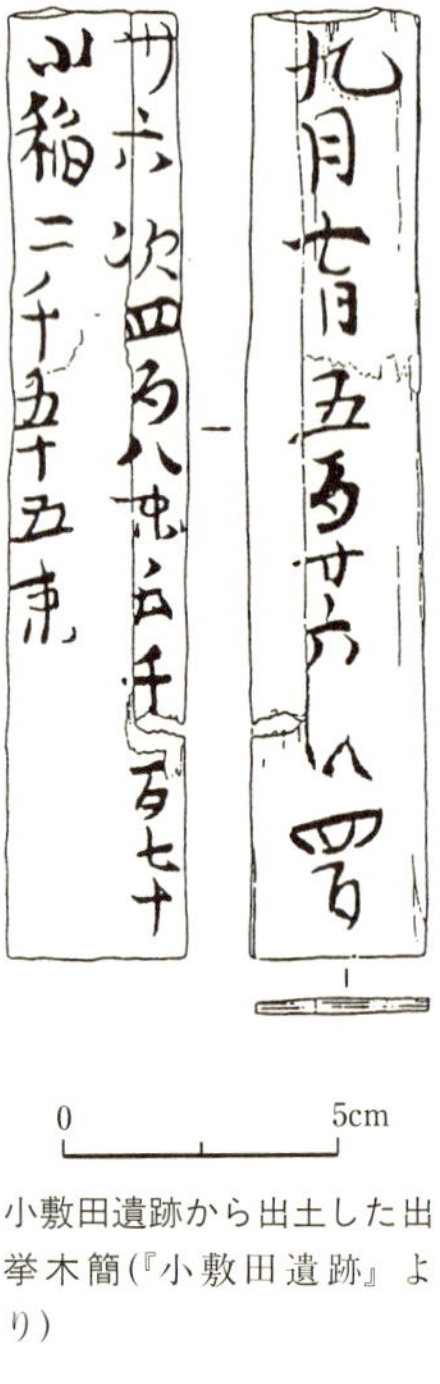

小敷田遺跡から出土した出挙木簡（『小敷田遺跡』より）

三〜五割の利息をとり、農民にとって大きな負担となった。この実態は、小敷田《こしきだ》遺跡（行田市）から八世紀の須恵器と伴出した木簡に「（表）九月七日五百廿六□（次カ）四百　（裏）卅六次四百八束并千三百七十　小稲二千五十五束」とあり、山崎上《やまざきかみ》ノ南《みなみ》遺跡（本庄市）出土の木簡には、「檜前マ名代女上寺稲肆拾束　宝亀二年十月二日　税長大伴国足」とある。小敷田の木簡は、収穫された稲の収納日「九月七日」の日付に続いて、春に貸し付けた「五百廿六」「四百卅六」「四百八束」の稲束量、その総量が「千三百七十」である。この総量の一・五倍（五割）が「二千五十五束」で、返却の総稲束になる。すなわち、ちょうど五割の利息を納めさせられた公出挙《くすいこ》である。山崎上ノ南の木簡は、「檜前マ名代女《ひのくまべのなしろめ》」という女性が、寺の稲四〇束を返済し、宝亀二（七七一）年十月二日に郡役所の税の取り立て役である税長《ぜいちょう》「大伴国足《おおとものくにたり》」が収納を確認した、という収納札である。寺と郡の関係が深かったことがうかがわれ、公出挙の性格が強い。このように郡に出挙業務を集中させて、きちんと出挙が行なわれていたのである。

武蔵国府へ通じる道と駅家●

中央と地方とを連絡する幹線道路（駅路）は、目的地に最短距離で到達するために直線的路線をとって設定され、既存の集落とは無関係に三〇里（約一六キロ）を基準に均等な距離をとって「駅家《えきか》」（中央と地方を往復する駅使とよばれた役人が、休憩や宿泊、馬の乗り継ぎなどをする施設）を配置した。

武蔵国が東海道に所属がえになる以前、東山道《とうさんどう》から武蔵国府に至る官道は、「……枉《ま》げて上野国邑楽《おうら》郡より五箇駅を経て武蔵国……」へ達する「東山道武蔵路」とよばれ、そのルートには諸説があった。ところが、近年この東山道武蔵路に比定される遺跡が、東京都府中市・国分寺市、そして埼玉県所沢市東《あずま》の上《うえ》遺跡で発掘されている。また、群馬県においても新田《にった》駅家から分岐して武蔵国へむかう駅路は、群馬県太田市新田小金井町（入谷遺跡）から南東下して、大泉町仙石付近で利根川左岸に沿って、群馬県千代田町五箇で渡河して武蔵国にはいる説が有力になっている。千代田町五箇で渡河して武蔵国にはいる説によると、武蔵国へ踏みこんだ最初の地は行田市の東部、現在の利根大堰付近である。

また、「五箇駅」を地名とせずに武蔵国内の「五カ所の駅」とすると、利根川を渡河する地点は、群馬県大泉町寄木戸付近から埼玉県熊谷市妻沼付近と想定できる。武蔵国の最初の駅が熊谷市妻沼付近とすると、武蔵国府所在地の府中市まで約八〇キロあり、一駅間が一六キロで、武蔵国府を含めて五駅あることが算定できる。

ここで、試みに利根川渡河最初の駅家から所沢市東の上遺跡まで直線で進んでみる。妻沼（埼玉郡）の駅をでると直線三〇里は鴻巣市内（足立郡）か、荒川を渡河した吉見町地内（横見郡）に至り、荒川の渡河手前か、渡河した所に一駅が想定される。そこから直線三〇里の地点が川越市内（入間郡）の入間川左岸にあたる。この地区には大規模な霞ケ関《かすみがせき》遺跡（川越市）がある。霞ケ関遺跡付近では、八幡前《はちまんまえ》・若宮《わかみや》遺跡（川越市）で、

東の上遺跡の道路跡

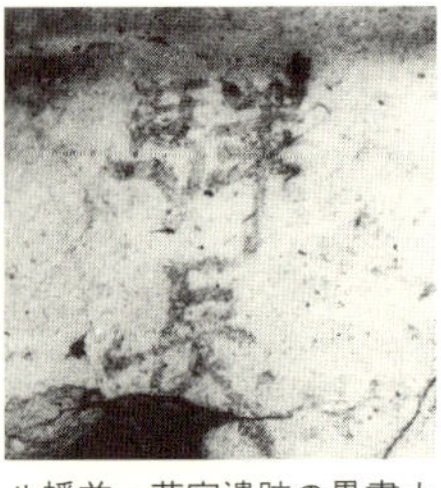

八幡前・若宮遺跡の墨書土器 「駅長」と墨書されている。

駅家との関連を推定させる「駅長《えきちょう》」と書かれた墨書土器《ぼくしょどき》が発掘されている。このほか井戸から、曲物《まげもの》、稲の出納を記録した木簡、硯《すずり》、檜扇《ひおうぎ》片、「水」「入卅」の墨書土器が出土している。また、霞ケ関遺跡では、近年の発掘調査で大型の掘立柱建物跡五棟と、これにともなう溝と柱穴列が発見され、溝と掘立柱建物の柱穴からそれぞれ「入厨」と墨書された平安時代初頭の土師器、竪穴住居跡から暗文《あんもん》のある土師器や馬具（轡《くつわ》）が発掘されている。このほか五畑東《ごはたひがし》遺跡で「入主」、会下《えげ》遺跡で「入間」と墨書された土器が発掘され、入間川左岸に位置する霞ケ関遺跡を中心に、入間郡関連の役所の存在が想定される。

霞ケ関遺跡からつぎの直線三〇里の駅家所在地は所沢地内である。この地区には、側溝を設けた幅員一二メートルの直線道路が発掘されている東の上遺跡があり、竪穴住居跡から細かく割れた漆紙《うるしがみ》が出土した。断片を接合し復元したところ「具注暦《ぐちゅうれき》」の一部であることが確認された。暦は、天皇から賜わるもので、都で暦を作成し書き写したものである。天皇が定めた同じ月日で中央も地方も動いていたのである。この具注暦を廃棄したのちに、紙背を利用して馬の戯画《ぎが》が墨描してあり、東の上遺跡が駅家であった可能性がよりいっそう補強された。

この官道「東山道武蔵路」の周辺には、流通・交易と関係する集落がある。勝呂《すぐろ》廃寺の東方の宮町《みやまち》遺跡（坂戸市）では、道の近くの家と解釈できる「路家」の墨書土器や棹秤《さおばかり》の金具と、石製の権《けん》（おもり）が出土している。光山《こうざん》遺跡（日高市・川越市）では、掘立柱建物をとりいれた集落が規則的配置をもって展開しており、馬具（轡）、鍵、漆の付着した土器、「馬」「袈」などの墨書土器、計量器として使用されたコップ形須恵器が出土している。宮《みや》ノ越《こし》遺跡（狭山市）では、馬具・鈴・計量器や、馬骨・馬歯が出土する。これらの遺跡からは、度量衡《どりょうこう》関係の遺物や馬具類の出土品があり、遺跡の性格を特徴づけている。

西国警護と農民の負担●

各種の税、出挙とともに農民の生活を苦しめた徭役《ようえき》に雑徭と軍役があった。軍役は三丁に一丁の割合で徴発され、食糧と武具を自弁して多摩軍団で訓練をうけ、一部は衛士《えじ》一年間、また一部は防人《さきもり》として三年間、朝鮮半島に対する北九州の防衛に派遣された。『万葉集』巻二〇に天平勝宝七（七五五）年に派遣された防人の献歌が選録され、武蔵国関係一二首が選ばれ、埼玉県に関係ある歌は四首ある。そのうち埼玉郡出身の上丁《かみつよほろ》藤原部等母麻呂《ふじわらべのともまろ》と妻の物部刀自売《もののべのとじめ》の歌は、等母麻呂が故郷に残した妻を思い詠んだ歌に、刀自売が答えて詠んだ夫婦の問答唱和である。

足柄の御坂《みさか》に立して袖振らば家《いは》なる妹は清《さや》に見もかも（四四二三）

色深く背なが衣《ころも》は染めましを御坂たばらばま清かに見む（四四二四）

このほか、防人としての使命感にもえて旅立った秩父郡の助丁《すけのよほろ》大伴部少歳《おおともべのをとし》は、「大君の命《みこと》かしこみ愛《うつく》しけ真子《まこ》が手離《はな》り島伝《づた》ひ行く（四四一四）」と詠じ、美しい愛人の手を離れて海路上京していった。遠隔の地、武蔵の国から派遣された防人たちが戸《こ》（家）をあける期間は往復も含めて三年半をこえたであろう。那珂郡の上丁檜前舎人石前《ひのくまのとねりいわさき》の妻大伴部真足女《おおともべのまたりめ》は、愛しい夫が三年の任務を終えて帰ってくる月が、いつのことやらわからない、と解釈できる「まくらたし腰にとり佩《は》き真愛《まかな》しき背《せ》ろがめき来《こ》む月《つく》の知らなく（四四一三）」と、私的感情を素直に詠んでいる。当時、戸内から一人の兵士をだすと、その戸は窮乏するとさえいわれるくらい、過重な負担にあえぐ農民にとり、きわめて苛酷な力役であった。

また中央政府は、東北地方の蝦夷《えみし》に対して、食を饗し禄を与えるなどの懐柔策をとる一方、蝦夷に接する地域に律令体制遂行の拠点として、また蝦夷の攻撃を予測して軍隊を常駐させて防衛機能を備えた城《じょう》柵《さく》を設置した。天平宝字八(七六四)年恵美押勝《えみのおしかつ》の反乱で戦功をあげた入間郡出身の物部広成《ひろなり》は、神護景雲二(七六八)年に一族五人とともに入間宿禰《いるまのすくね》の姓を賜わり、延暦七(七八八)年に蝦夷討伐が積極的に進められると、副将軍として活躍している。また、大同四(八〇九)年に武蔵国幡羅郡(深谷市付近)から多賀城《たがじょう》(宮城県多賀城市)に米五斗が、部領使《ぶりょうし》によって運ばれている。さらに、胆沢城《いさわ》(岩手県奥州市)出土の漆紙文書に「□蔵国一百人」の記載があり、『日本紀略』や『日本後紀』の記事とあわせ、武蔵国の農民が蝦夷征討に徴発されていたことがうかがえる。

一方、地方豪族は農業経営を拡大するなどして、莫大な富をもつ富豪に成長した。神護景雲三年、入間郡の豪族大伴部直赤男《あたいあかお》が西大寺《さいだい》(奈良県奈良市)に、商布一五〇〇段、稲七万四〇〇〇束、墾田四〇町、林六〇町を献上し、その事績により宝亀八(七七七)年に外従五位下を追贈されている。また、男衾郡の郡司大領《だいりょう》であった壬生吉志福正は、二人の息子の生涯納入すべき調庸を一括して前納している。さらに、『続日本紀』承和十二(八四五)年三月己巳条の記事にみえる武蔵国分寺の七重塔再建は、それを象徴している。

農民側も、本籍地から脱出する「逃亡」や「浮浪」など、さまざまな抵抗を行なった。その早い一例として、和銅二(七〇九)年に出雲臣《いずものおみ》平多須《おたす》という四〇歳の正丁が、武蔵国前出郡(埼玉郡か)に逃亡していることが、山背国愛宕郡雲下里計帳に記載されている。

3　文字の普及と武士団の興起

大きくなったムラとその暮らし●

律令制下の農民にとって、もっとも大切なものは水田と用水である。水田は、条里《じょうり》制により碁盤《ごばん》の目のように区画された。また河川に沿った自然堤防上の集落は、七世紀後半以降急速に姿を消し、八世紀初頭を境に集落域の中心が広い平坦部に移動した。これまで自然の水路に生活用水をえていた形態から、大河川から平地に幹線用水路を開削し、これから分水した水路に生活用水を求めて、広大な地に大規模な計画的集落が形成されたのである。

条里制は、土地を六町（六五四メートル）間隔で東西南北に区画し、東西を条、南北を里と名づけ、区画ごとにこれを何条何里で表わした。方六町の一区画のなかは三六等分し、これによってできる一区画を坪《つぼ》と称した。県内各地に「中条」「大里」「市の坪」などの条里関連の地名が残っているところから、郡単位で条里地割が行なわれていたようである。神流《かんな》川水系の上里・神川・本庄・美里・深谷にかけてみられる地割りは、加美・児玉・那珂・榛沢郡が開発した条里である。また、荒川扇状地では、熊谷市西別府《べっぷ》・東別府付近から妻沼にかけての地割りは別府条里とよばれ、幡羅・埼玉郡の地域である。このほか県内には、秩父市太田《おおた》、川越市小ケ谷《おがや》付近、坂戸市入西《にっさい》、東松山市高坂、さいたま市島根・三条町・大久保、越谷市四条～八条などに条里がみられる。なお、九世紀以降の作成であるが、九条家旧蔵『延喜式巻二一』裏文書中の「武蔵国大里郡坪付」が、県域の条里について、具体的な内容を知らせている。文書の内容は、大里郡条里四条〜九条に至る坪付で、森田悌氏は、大里条里の所在した位置について、荒川新扇状地以東、熊谷・行田間の忍《おし》川以南、佐間から鴻巣市東部方面へ南流する忍川以西、和田吉野川以北の低平地に比定している。

近年、発掘調査で水田跡が発見されている。なかでも今井《いまい》条里遺跡（本庄市）は、天仁元（一一〇八）年に噴火した浅間山の火山灰で埋もれた一〇九メートル四方の区画をもつ水田跡である。この区画のなかはさらに五×一〇メートルほどの水田にわけられている。水田面には多くの馬の足跡が残り、農作業に馬を用いたことも知られる。

今まで人の住んだ形跡のない広大な空閑地に、計画的に形成された大規模なムラは、郡衙をささえる集落である。そこには官人の居宅と考えられる掘立柱建物をはじめ、竪穴住居などさまざまな建物が存在している。榛沢郡の正倉跡が発見された中宿《なかじゅく》遺跡の南に隣接する熊野《くまの》遺跡（深谷市）は、調査区域を北西

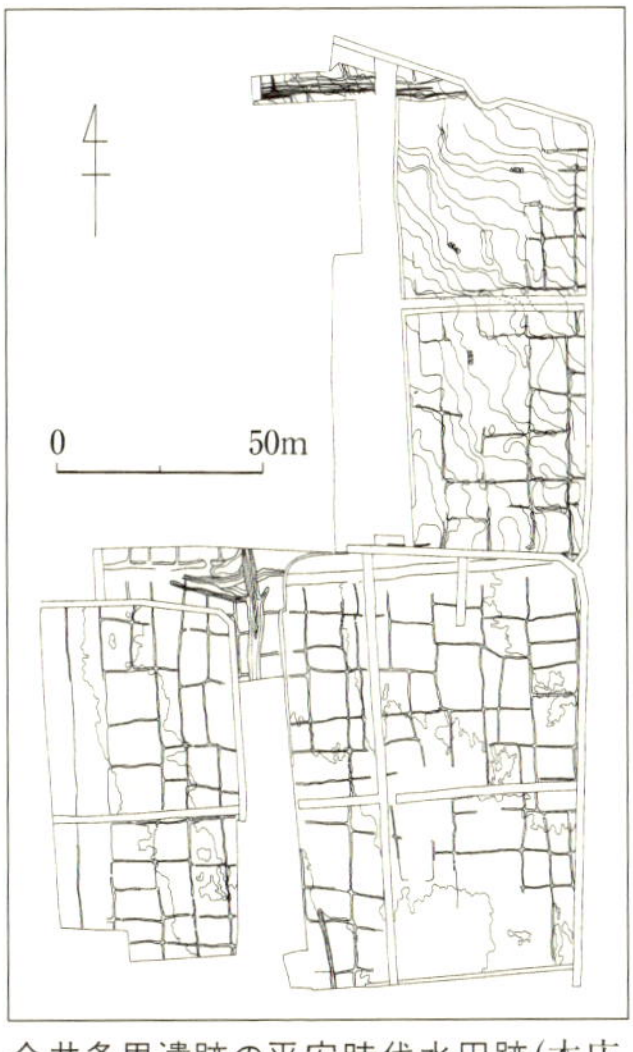

今井条里遺跡の平安時代水田跡（本庄市，『第28回遺跡発掘調査報告会発表要旨』より）

から南東にかけて横断する道路遺構の走行方位にあわせて、掘立柱建物跡一五〇棟、竪穴住居跡四〇〇軒をはじめ、石組井戸跡・鍛冶工房跡が展開している。出土した遺物に円面硯《えんめんけん》・青銅製帯金具など、通常の集落からは少量しか発見されないものが多量にある。また、「弓成《ゆみなり》」という人名文字が刻まれた紡錘車《ぼうすいしゃ》がある。日常生活に使用された土器は、土師器《はじき》と須恵器《すえき》であるが、土器の内面に放射状や螺旋状の文様が描かれた畿内系の暗文《あんもん》土器があり、中央の政権との交流を物語っている。また、朝鮮半島から伝わり「韓竈《かんかまど》」とよばれた「置きカマド」の焚口部底面の一部がある。これは、伴出した土器から七世紀後半のもので、関東地方でもっとも古い例である。これらの状況から熊野遺跡は、榛沢郡の中心地の重要な集落（郡家《ぐうけ》）であったことがうかがえる。また、那珂郡の那珂を表す「中」の焼き印や、倉庫の鍵、灰釉陶器《かいゆうとうき》、硯《すずり》が出土した北坂《きたさか》遺跡（深谷市）は、那珂郡衙所在地と推定される美里町古郡《ふるごおり》から南東八〇〇メートルにあり、那珂郡衙の官人の居宅と考えられる。

さらに、上里町の中堀《なかぼり》遺跡が発掘調査されている。上武の国境を流れる神流川は、大量の土砂を運び、砂利だらけの土地を形成した。この未開の地に開拓の鍬がはいって中堀のムラを建設したのは平安時代になってである。遺跡地内は、柵《さく》や溝・道によって区画され、区画ごとに異なった性格の遺構が配置されている。遺物も農民の生活用具にみられない緑釉陶器《りょくゆうとうき》や白磁《はくじ》などのほか、灰釉陶器を転用した金泥硯《こんでいすずり》や、役人が腰にしめた帯の飾り石帯《せきたい》が出土している。さらに僧侶が使用する鉄鉢《てつばち》を模倣した須恵器の鉢や、灰釉陶器の底を利用した硯など、官人や僧侶にかかわる遺物がある。このように多彩な遺構や遺物から、中堀遺跡は、たんなる一般の集落とは考えられない。少なくとも、国府や平安京の貴族などと深くかかわりのあった役所的・寺院的な色彩、さらに地方の有力者の居宅的性格を兼ね備えた新しいタイプのムラであ

❖コラム

区画整理されたムラの構成と遺物

上里町の中堀遺跡は、道路や溝で四つに区画された典型的な新しいムラである。「瓦葺き建物の区画」は、鬼瓦《おにがわら》などの出土から寺院に関連する建物区で、東西に並んだ三棟の建物跡がある。三棟の北側には、建築の作業場に使った竪穴住居跡、建物の荘厳《そうごん》や仏具などをつくった鋳銅作業の痕跡がある。

「西側大型建物の区画」は、有力豪族の居宅域で、四面に庇《ひさし》のつく掘立柱建物（主殿）と、東柱《つかばしら》をもつ建物（客殿）がL字形に配置され、愛知県や岐阜県で焼かれた緑釉陶器《りょくゆうとうき》や灰釉陶器《かいゆうとうき》、海を渡ってきた中国製の白磁《はくじ》など高級な食器類が出土している。その北側は二間四面の堂である。ところが火災で堂が倒壊したため、収納されていた二〇〇〇点をこえる食器類が、焼土や炭にまざって出土する。なかに油煙《ゆえん》の痕跡がある土器もあり、仏教儀礼用に集められていたものであろう。

「東側大型建物の区画」には、四面に庇をもつ大型建物がある。中央の建物は、地面に須恵器の大甕をすえている。瓦葺き建物の北側は「竪穴住居の区画」で、さまざまな手工業生産を行なっていた。鍛冶炉や鉄床石が据えられた竪穴住居では、鍛冶道具の出土もあり、農工具など鉄製品の製作や補修をしていた。また、漢籍《かんせき》を書写した漆紙文書など、漆に関連した遺物もあり、漆が有力豪族の道具や建物、寺院に多用されていた。

った。

このような集落形成をみると、農民主導で新しいムラをつくることは不可能であり、背後に国や郡の積極的な介入があったようである。神流川からの幹線水路である九郷《くごう》用水から取水した真下《ましも》大溝の南東側に将監塚《しょうげんづか》・古井戸《ふるいど》遺跡（本庄市）があるが、その集落内には真下大溝から分岐した導水路が走っている。これも郡の指導のもとに農民たちが掘削し、その周囲に居住したのである。遺跡全体では、竪穴住居跡一八七軒、掘立柱建物跡一〇六棟、大溝とその枝溝三条、井戸跡五基、粘土採掘坑八基などが発掘されている。土器は八世紀後半から九世紀中頃のものが多く、「玉」「上」「下」「田」「富」「厨」「大田」などの文字が墨で書かれた土師器や、「申」「根乃」の文字がヘラで書かれた須恵器がある。なお、硯は円面硯や風字硯《ふうじけん》などの専用の硯はみられず、須恵器の破片を利用した転用硯が用いられており、墨書の広がりが知られる。なお、一般的傾向として、九世紀にはいると集落から墨書土器が多く出土する。墨書のある土器は、坏《つき》形土器や椀形土器など食事に使われる容器の裏に多く書かれているところから、作物の豊作を神に祈る際、誰が祈っているのかを示すために名を記したとも考えられている。

手工業の発達と工人のムラ●

武蔵国西部の丘陵地域は、小河川が開析した樹枝状の谷が各所にみられる。この谷には良質の粘土層があり、水や薪《まき》も豊富にあることなどから、窯業《ようぎょう》を行なうための条件が整っており、六世紀以降、小規模な須恵器の生産が行なわれてきた。

須恵器生産が活発化するのは、八世紀にはいって大きな窯業工人集団が入植し、本格的に活動するころからである。武蔵国には、大きな窯場《かまば》が四カ所ある。寄居町北方の末野《すえの》窯跡群、鳩山町を中心にときがわ町と嵐山町に広がる南比企《みなみひき》窯跡群、入間市の加治《かじ》丘陵の東《ひがし》金子《かねこ》窯跡群の三カ所は埼玉県域で、一カ所が東京都稲城市や八王子市の南多摩《みなみたま》窯跡群である。

末野窯跡群は、荒川が秩父山地から平野部に抜ける丘陵斜面に築かれた窯跡群で、一九カ所にわかれて分布する。主体は荒川左岸、円良田《つぶらた》湖周辺に発達した谷筋の斜面に密集する。操業の開始は六世紀後半で、埼玉古墳群中《なか》の山《やま》古墳の須恵質埴輪は、ここで生産されている。七世紀中頃に馬騎《まき》の内《うち》廃寺（寄居町）の造営がはじまり、寺で使う瓦や仏具、生活用具が生産された。末野窯が発展したのは、八世紀後半の武蔵国分寺造営瓦の生産である。須恵器は、七世紀末〜八世紀には霞ケ関遺跡（川越市）にまで広範囲に供給されたが、南比企窯群が活発になる八世紀後半には、荒川流域や県北にほぼ限定されたようである。

南比企窯跡群は、数百余基の窯をもつ東国屈指の大窯跡群である。このうち、鳩山町赤沼《あかぬま》の谷沿いの一画を占める鳩山窯跡群は、須恵器窯跡四四基、工人の竪穴住居跡一四〇余軒、粘土採掘坑跡五六〇余基が発掘されており、八〜九世紀の約

鳩山窯跡群と住居跡全景

二〇〇年間が操業の中心であった。窯は、地中にトンネルを刳りぬいた地下式窯である。窯床は二〇度前後の勾配がつき、焼成品を水平にすえるため、礫《れき》や甕《かめ》の破片を粘土で固め焼台とした。また、窯床は数枚あり、一つの窯をくり返し使っている。工人の住居（工房を含む）は竪穴住居で、窯と地続きの丘陵斜面に二〜三軒で一群を成し、最大規模に達したときは七〜八群あったと推定されている。鳩山窯で生産したのは、須恵器が主体である。これは一般農民層への須恵器の普及にともなう需要の増大があり、県内のほとんどの遺跡から南比企窯産の須恵器が発見されている。生産地から距離的に近い若葉台《わかばだい》遺跡（鶴ヶ島市）から出土した須恵器は、ほぼ一〇〇％南比企窯産の製品である。

東金子窯跡群は、加治丘陵北麓の前堀《まえぼり》川流域や南麓の開析谷の斜面に分布している。天平十三（七四一）年に国分寺造営の詔《みことのり》が発せられてまもなく、水排《みずはけ》・柿ノ木窯で武蔵国分寺創建瓦の生産がはじまった。国分寺完成後は須恵器の生産に移り、八世紀後半〜九世紀初頭には前堀川流域の前内出《まえうちで》窯や、加治丘陵南麓の八坂前《やさかまえ》窯などで坏や椀など小型須恵器の生産が行なわれている。そして承和十二（八四五）年、壬生吉志福正《みぶのきしふくまさ》に武蔵国分寺七重塔の再建が許可されたのち、瓦の生産が再開された。このときは、大量の瓦を運搬するのに便のよい、丘陵南麓の八坂前窯が増築され、さらに新久《あらく》窯などが加わって需要をまかなった。

これら、隆盛をきわめた三大窯業地の須恵器や瓦の生産は、九世紀後半に陰りがみえ、十世紀にはいると急速に衰え小規模な生産が行なわれる程度になり、三大窯場の操業は終わった。

丘陵地帯で須恵器の生産が行なわれていたのに対し、平地では土師器の生産が行なわれている。水深《みずぶか》遺跡（加須市）は、その代表的な遺跡である。土師器の生産には、土師部《はじべ》がかかわっていたものと考えられ、

❖コラム

印章の鋳型

平成七（一九九五）年から行なわれた寄居町中山《なかやま》遺跡の発掘調査で、製鉄炉や鞴《ふいご》の羽口《はぐち》、製鉄に関連する遺物を多量にもつ竪穴住居跡、粘土の採掘坑、掘立柱建物跡などが発見された。このうち九世紀末の土器をもつ一軒の竪穴住居跡から印章《いんしょう》の印面の鋳型が二点発掘された。県内出土の印章は、行田市埼玉《さきたま》出土の銅印「矢作□印」が著名であるが、印章鋳型の出土は台耕地《だいこうち》遺跡（深谷市）の「真」か「直」と判読されるものがあるだけであった。県外にも例が少なく、福島県いわき市番匠地《ばんしょうち》遺跡、群馬県前橋市・高崎市の上野国分僧寺・尼寺中間地域遺跡、千葉市谷津《やつ》遺跡、台耕地遺跡を入れて四遺跡で二〇点ほどで、印面の鋳型は九点が知られているのみである。

中山遺跡の鋳型は、印面の鋳型と二つの鈕部鋳型にわかれており、三つの型を組み合わせて鋳造するものである。印面に刻まれた文字は、一つは「□行私印」と読め、□の部分については「安」あるいは「文」と推定されている。また一つは、一文字で「再」と読める。なお、四文字と一文字のものがセットで出土したのは、番匠地遺跡についで全国二番目の例である。

古代の私印は、四文字か一文字で、四文字のものは「（姓の一字）＋（名の一字）＋私＋印」の文字構成が一般的であり、中山遺跡の印章鋳型の場合「□行」が姓と名である。

中山遺跡の印章鋳型

水深遺跡に近い鷲宮《わしのみや》神社（久喜市）は、祭神に土師連《はじのむらじ》の祖である天穂日命《あめのほひのみこと》とその御子天夷鳥命《あめのひなとりのみこと》を祀っており、かつて「土師宮《はじのみや》」と称した。

律令制下で行なわれた条里制にともなう用排水工事や、計画的な新しいムラの建設とその活動には、鉄製農工具の使用は欠かせない。そのため各地で製鉄・鍛冶が盛行した。県内の製鉄関連遺跡では、東台《ひがしだい》遺跡（ふじみ野市）が現在のところ八世紀後半の遺跡とされており、武蔵国ではもっとも古い製鉄遺跡である。九世紀には大山《おおやま》遺跡（伊奈町）、台耕地《だいこうち》遺跡（深谷市）、中山《なかやま》遺跡（寄居町）など、十世紀には猿貝北《さるがいきた》遺跡（川口市）や西浦北《にしうらきた》遺跡（深谷市）などがある。

東台遺跡では、製鉄炉七基、炭焼窯九基、粘土採掘坑がある。製鉄炉は斜面を利用して炉を設置する穴を掘り、そこへ円筒形の竪形製鉄炉が粘土でつくられている。元荒川に面する大宮台地東辺の大山遺跡では、二種類の炉跡が発掘されている。集落の外縁の斜面につくられた竪形炉一三基と、竪穴住居のなかに炉を設けて鞴《ふいご》を使用して鍛冶を行なった炉である。荒川の河岸段丘上の台耕地遺跡では、七基の竪形製鉄炉が発掘されている。炉の前面に工房跡があり、鋳型《いがた》や鍛冶道具が出土している。これらの遺跡で知られるように、製鉄炉の構造が単純なために均一化した良質の鉄は生産できず、さらに精錬されて鍛冶屋にわたり、さまざまな鉄製品がつくられた。大山遺跡・台耕地遺跡・猿貝北遺跡では、仏具関係の容器に使用されていた獣足《じゅうそく》の鋳型が出土しており、鍛冶だけでなく鋳造も行なわれていた。また、中山遺跡では印章の鋳型が発見されている。

社寺の造営とその遺産●

県内でもっとも早く建立された寺院は、飛鳥《あすか》様式の特徴を示す素弁八葉蓮華文軒丸瓦《そべんはちようれんげもんのきまるがわら》が発見されている寺谷《てらやつ》廃寺（滑川町）で、七世紀前半である。しかし、規模や、どのような寺院であったのか不明であるが、渡来系氏族で中央政権と密接な関係をもっていた壬生吉志《みぶのきし》一族の造営であろう。そして、七世紀中頃〜後半には勝呂《すぐろ》廃寺（坂戸市）、西別府《にしべっぷ》廃寺（熊谷市）、馬騎《まき》の内《うち》廃寺（寄居町）が建立される。勝呂廃寺の創建瓦は、素弁に棒状の子葉《しよう》が加えられた埼玉県独特の単弁《たんべん》十葉蓮華文軒丸瓦で、南比企の赤沼《あかぬま》窯（鳩山町）産である。廃寺の全容は不明であるが、金堂・塔と推測される遺構と、寺域南縁の溝が確認されている。

なお、塔の最上にとりつけた銅製の相輪《そうりん》が発見されるなど、大寺院であった。造営は、入間郡内の有力氏族である物部直広成《もののべのあたいひろなり》一族がかかわったと考えられる。その後、物部氏が郡司に登用され、氏寺《うじでら》から郡寺《ぐんでら》へと性格が変わり七堂伽藍《しちどうがらん》をもつ大寺院となった。西別府廃寺では、重弧文軒平瓦《じゅうこもんのきひらがわら》のなかで最古に位置

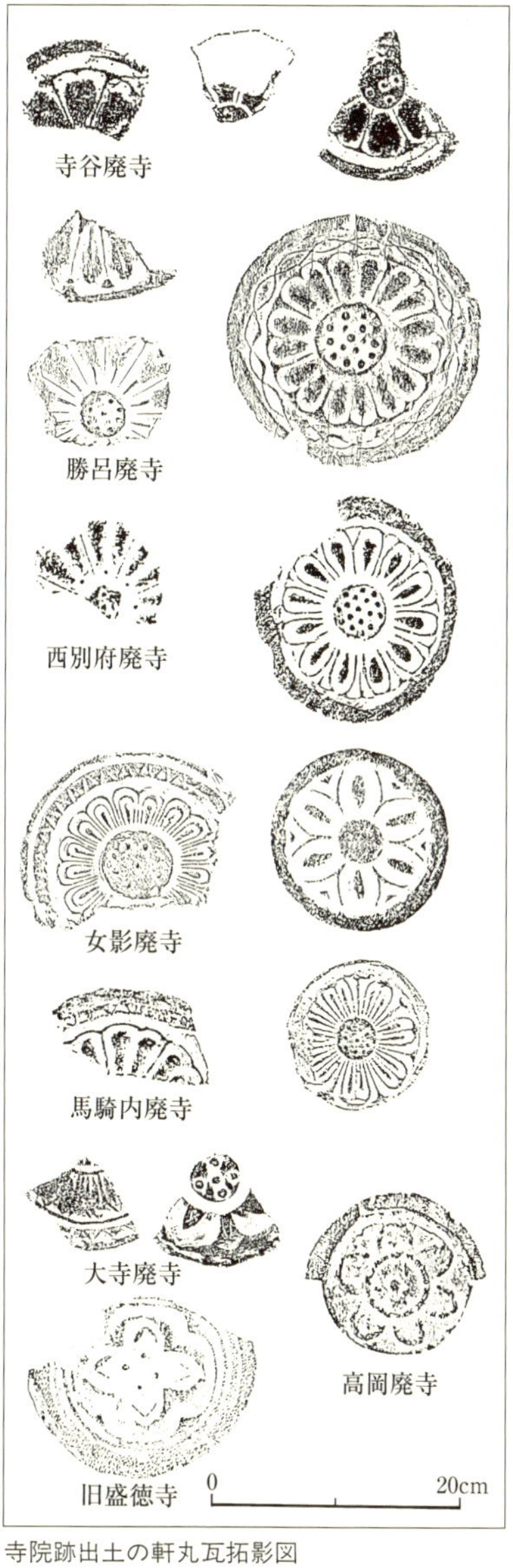

寺院跡出土の軒丸瓦拓影図

づけられている三重弧軒平瓦が出土し、さらに、複弁《ふくべん》八葉軒丸瓦などから八世紀初頭の修理が考えられている。馬騎の内廃寺は、山頂付近に建立された一種の山岳寺院である。山頂の平場に主要伽藍があり、周辺に僧坊《そうぼう》の小さな平場が存在する。創建瓦は素弁十葉蓮華文軒丸瓦で、寺谷廃寺につぐ古さである。

霊亀二（七一六）年に高麗《こま》郡に入植した渡来人は、女影《おなかげ》廃寺・大寺《おおてら》廃寺・高岡《たかおか》廃寺（ともに日高市）を建立している。なかでも女影廃寺の瓦は、周縁に面違い鋸歯文《きょしもん》をもつ複弁八葉蓮華文軒丸瓦である。この瓦は八世紀初頭の常陸国新治《にいはり》郡衙にともなう新治廃寺創建瓦と同笵であり、高麗郡の建郡直後に、高麗郡衙の付属寺院として造営がはじまったと考えられる。続いて丘陵上に高麗氏の氏寺として大寺廃寺が創建され、ついで高岡廃寺が建立された。

男衾郡榎津郷《えなつごう》に比定される深谷市本田には、八世紀初頭に創建されたという諦光寺《ていこうじ》廃寺があり、小金銅仏が発見されている。また、江南町柴宇寺内《てらうち》の地に、全長約七〇〇メートルにおよぶ築垣《ついがき》・溝をめぐらした壮大な寺院がいとなまれた。寺内廃寺（花寺）である。約二〇〇メートル四方には、塔・金堂・講堂の伽藍と、東院・西院などの付属施設をともない、八世紀中葉に造営がはじまり十世紀まで存続していた。寺内廃寺は、壬生吉志福正の活躍期である九世紀中頃が最盛期で、福正が私寺・氏寺としていとなんだと考えられている。

行田市の旧盛徳《じょうとく》寺は、巨大な礎石《そせき》から大きな建物が建立されていたと推定され、瓦の年代から八世紀後半に創建され、官寺的性格の寺院と推定される。天平五（七三三）年六月に、埼玉郡の新羅《しらぎ》人徳師ら男女五三人に金姓を賜わった記事が『続日本紀』にある。徳師は僧名と考えられ、新羅の僧と俗人が定住していたことが知られる。また、盛徳寺の北方、忍《おし》川堤防近くから銅製「矢作□印」の印章が発見されており、旧盛徳寺を中心に大きな集落の存在が想定される。なお、のちに天台宗開祖最澄《さいちょう》の高弟となり、第二代の天台座主となった円澄《えんちょう》（俗姓壬生氏）の生地は、埼玉郡である。

十世紀の中頃に官寺系の寺院は没落し、天台・真言宗の二派が南都系仏教の改革を旗印に東国に進出してきた。その中心的役割をはたした僧侶が道忠《どうちゅう》・円澄・円仁《えんにん》である。慈光《じこう》寺（ときがわ町）は、宝亀元（七七〇）年に道忠が丈六の釈迦を本尊とする仏堂を創建したのが始まりである。円仁は慈恩寺（さいたま市）、泉福寺（桶川市）、現在の喜多院などの無量寿寺（川越市）、灌頂《かんじょう》院（川越市）、吉祥《きちじょう》寺（さいたま市）、大光普照《だいこうふしょう》寺（神川町）の開山という。

この頃、山岳仏教を中心とした修験道も伝来し、像高一二六センチの「軍荼利明王《ぐんだりみょうおう》立像」を安置する常楽《じょうらく》院（飯能市）、県内最古（十世紀）の木彫仏「伝釈迦如来坐像」を安置する桂木《けいぼく》寺（毛呂山町）をはじめ、奥武蔵の山間部で盛行した。

一方、先述した中堀遺跡（上里町）のようなあらたに建設されたムラにも、堂宇が建てられたり、氷川神社東《ひかわじんじゃひがし》遺跡（さいたま市）や、宮西《みやにし》遺跡（深谷市）の竪穴住居跡出土の小金銅仏《こんどうぶつ》にみられるほどに仏教が広まった。那珂郡の中心的な位置、甘粕山丘陵にあった東山《ひがしやま》遺跡（美里町）の五層瓦塔《がとう》と大棟に鴟尾《しび》を乗せた瓦堂《がどう》は、遺跡の南斜面の中

東山遺跡の瓦塔の瓦堂

央部から破片で出土し、その下から柱間が二間×一間の掘立柱建物跡が発見されている。また、瓦塔と瓦堂の周囲から九世紀代の土師器坏《つき》形土器と須恵器坏が出土している。

十二世紀には、末法《まっぽう》思想の影響をうけて、経典を容器に入れて埋納した経塚《きょうづか》がいとなまれている。妻《め》沼《ぬま》経塚（熊谷市）では四基の経塚が発掘され、そのうち一基の経筒《きょうづつ》に久安（一一四五〜五一）の墨書銘がある。また平沢《へいたく》寺（嵐山町）の経筒には、久安四年二月二十九日の紀年銘が刻されている。野本《のもと》の利仁《としひと》神社（東松山市）境内出土の経筒は、建久七（一一九六）年三月と陽鋳されている。また、常滑《とこなめ》産の壺を外容器にもつ宮戸《みやど》の薬師堂山《やくしどうやま》（朝霞市）出土の経筒は、鏡が蓋に用いられており、十二世紀後半とされている。

八世紀以降、火葬墓が盛行し、ほぼ県全域にわたって火葬骨を納めた蔵骨器《ぞうこつき》が出土する。このうちさい

平沢寺の鋳銅経筒

灰釉蔵骨器（さいたま市中央区八王子出土）

たま市中区八王子の灰釉蔵骨器は見事である。また、叺原《かますはら》遺跡（川口市）で、九世紀代の火葬墓群が発見されている。火葬墓群は、約一〇〇年の年代幅をもつ三群一二基の火葬墓で、土師器の甕や須恵器の壺を利用した蔵骨器が出土している。また、「小渕福」と墨書された須恵器の蓋や土師器の甕を覆いとして使用しているものがあるなど、さまざまな埋納の仕方がみられた。埋葬された人々のなかでもっとも地位の高い人物が埋葬されたと思われる南比企窯産の短頸壺《たんけいこ》を転用した蔵骨器があり、なんらかの形で血縁的つながりをもった氏族の墓地のようすがうかがえる。

このように仏教が人々のあいだに広がっていったが、山や石や水や木を祭儀の対象とした神祭りが行なわれている。その一つ、別府《べっぷ》条里の水源である旧別府沼の水霊を奉斎した西別府祭祀遺跡（熊谷市）は、出羽三山の一つである湯殿山《ゆどのさん》を勧請《かんじょう》したと伝えられている湯殿神社裏の神木大ケヤキの下にある湧水地区で偶然発見され、馬形・櫛形・勾玉形・有孔円板形・剣形など多数の石製模造品が発掘された。この祭祀遺跡の特徴は、馬形・櫛形の石製模造品にある。馬形は大小一三点あり、福岡県の沖ノ島祭祀遺跡で発見された馬形と類似している。また、櫛形は大小一九点あり横櫛である。馬を神に献供する風習は古くからあり、とくに水神《すいじん》がこれを好むとする信仰があった。櫛については、歯の数が多いところから、湧水の豊かならんことを願ったものと推定されている。毎年時期を定め、水源地に近い淵に臨む崖の上に祭場が設けられ、霊神を奉祀して厳粛な祭儀が執り行なわれる。祭りが終わると、供えられた馬や櫛などの神宝は水の神に供されたのである。

このような自然崇拝の行なわれた一方では、各郡の郡司が祀る神社がある。これらの神社には神階が与えられている。武蔵国では、足立郡司を世襲する丈部《はせつかべ》氏が祭祀する氷川神社（さいたま市）が、貞観十一

（八六九）年に正四位をうけたほか、秩父神社（秩父市）、金鑽《かなさな》神社（神川町）に神階が与えられている。十世紀に成立した『延喜式』の神名帳に記載された神社（式内社）は、武蔵国四四座、このうち県域には行田市の前玉《さきたま》神社など三三座がある。

武士団の興起と活躍●

東国に対する中央政府の支配は、防人《さきもり》や東北経営にみられたように、軍事面に力点をおいて進められてきた。これに直接かかわる農民の負担は、ますます重くなり、そのうえ九世紀後半から十世紀前半にかけて天災飢饉が続発し、その苦痛と不平はいよいよ増大した。一方、中央では藤原氏一門による摂関《せっかん》政治が行なわれて、中小貴族層は政権の座から疎外された。このため、貴族の多くは国司《こくし》となって地方に下向した。だが、多くの国司は国務の執行よりも私腹を肥やすために過酷な徴税を行なったので、農民の不満はいっそう高まり、各地で国司に対する抵抗が続発する。武蔵国では「凶猾党を成し、群盗山に満つる」状態に対処するため、貞観三（八六一）年政府は、武蔵国の各郡に検非違使《けびいし》一人を配置するほどであった。また、昌泰二（八九九）年には、坂東諸国の富豪層が「僦馬之党《しゅうばのとう》」を結び、馬を使って東山・東海両道に出没し、官物を掠奪したり各地を荒し回っており、武蔵国衙の警察力だけではとうてい対応できなかった。

こうした険悪な社会情勢のなかで、土地を開発した富裕な地方豪族や、国司として赴任したまま土着して私営田経営にあたった貴族層、荘園（勅旨田）や牧などの管理者などは、自衛力を備える必要から武装し、農民などを集めて武力を養った。武士の発生である。そして、彼らは武力を背景に律令体制から独立した土地支配を進め、やがてあらたな在地領主として君臨する。また、十世紀後半から十一世紀初頭に勃発した平将門《たいらのまさかど》や平忠常《たいらのただつね》の反乱を契機に、より大きな武力を確保するため同族的な結びつきを単位に

〔1表〕 源義朝軍団所属の武蔵武士

武士団	武士
秩父一族	豊嶋四郎・河越・師岡
横山党	中条新五・中条新六・成田成綱・箱田次郎・河上三郎・別府行隆・奈良三郎・玉井資重・藍原太郎
丹　党	丹治成清・榛沢丹六
児玉党	庄家長・庄三郎・秩父武者
猪俣党	岡部忠澄・猪俣範綱・河匂三郎・手薄加七郎
村山党	金子家忠・山口家継・仙波家信
西　党	日奉悪次・平山
その他	斎藤実盛・斎藤実員

『新編埼玉県史』通史編1による。

「党」を結成し、武士団として規模を拡大していった。十二世紀初頭に育った武士団は、児玉・横山・猪俣《いのまた》・野与《のよ》・村山・丹《たん》・西・私市《きさい》などのいわゆる「武蔵七党《むさししちとう》」がある。ほかにも比企《ひき》・熊《くま》谷《がい》・足立《あだち》・長井・大河戸《おおかわと》氏など、独自の発展をとげた武士団がある。在地領主に成長した武士は、坂東に勢力を広げた桓武《かんむ》平氏や嵯峨《さが》源氏などとも関係をもち、自家の安全をはかった。

この結びつきを強固なものとしたのは、陸奥国におこった前九年・後三年の両役に、陸奥守鎮守府将軍源頼義《みなもとのよりよし》や、その子陸奥守源義家《よしいえ》にしたがって出陣し勝利したことが大きい。また、後三年の役では公的な論功行賞が行なわれなかったため、義家は私財を投じて従軍の武士をねぎらったといわれており、これを機に、源氏と坂東の武士とはよりいっそう強い信頼関係で結ばれ、源氏の嫡流《ちゃくりゅう》を武門《ぶもん》の棟梁《とうりょう》とあおぐようになった。

また、皇位継承や摂関家の内紛などに端を発し、平安京を舞台とした保元《ほうげん》の乱、その後の平治《へいじ》の乱は、摂関家出身の慈円《じえん》が『愚《ぐ》管抄《かんしょう》』に「保元々年七月二日、鳥羽院ウセサセ給ヒテ後、日本国ノ乱逆ト云フコトハヲコリテ後、ムサ（武者）ノ世ニナリニケル也」と記したほど、武士の力を中央の貴族たちに認識させた戦いであった。両乱とも武蔵武士の多くは、武門の棟梁源義朝《よしとも》にしたがって戦ったが、平治の乱での義朝の敗北によって武蔵国は平氏の支配下となった。このため、乱後は所領安堵《あんど》の必要から平氏にしたがった武蔵武士もあった。なお、源義朝に従軍し活躍した武蔵武士は前頁の1表に示した。このうち、とくに顕著な武功をたてた武士がいる。保元の乱では、『保元物語』によると「葦毛《あしげ》なる馬に乗て、黒革威《くろかわおどし》の鎧《よろい》、くれなゐの母衣《ほろ》をぞ懸《かけ》」て、崇徳《すとく》上皇の白河殿二条河原門を攻撃し、高間《たかま》三郎・四郎を討ち取った入間郡金子郷（入間市）の金子十郎家忠《いえただ》、大炊《おおい》御門で源為朝《ためとも》の郎従悪七別当を斬った幡羅郡長井庄（熊谷市）の斎藤別当実盛《さねもり》である。

　また、平治の乱では、源義朝の長子悪源太義平《あくげんたよしひら》（武蔵国大蔵《おおくら》で叔父の源義賢《よしかた》を討つ）にしたがって御所の待賢門《たいけんもん》で戦った斎藤別当実盛、岡部六弥太忠澄《ただずみ》、猪俣金平六《きんぺいろく》範綱《のりつな》、熊谷次郎直実《なおざね》、平山武者所《むしゃどころ》季重《とししげ》、金子十郎家忠、足立右馬允遠元《とおもと》がいる。しかし、六波羅《ろくはら》邸での戦闘などで源氏は壊滅的な痛手をうけ負けた。生き残った武蔵武士は帰郷して傷心の日々を送ることになったが、政権の座にある平氏が、貴族化を強めたのに対する反発から、しだいに平氏から離反する武士があらわれ、反平氏の気運が高まった。そして、武蔵武士は治承四（一一八〇）年、伊豆に流されていた源頼朝《よりとも》の挙兵に、義家以来の主従関係と源氏に対する温故によって、平氏追討に活躍する。

3章

武蔵武士の栄枯盛衰

『扇面一の谷合戦図屛風』熊谷直実の図(海北友雪画)

1　いざ鎌倉へ

「一所懸命」の武蔵武士●

いわゆる坂東八平氏のうち、高望《たかもち》王の曾孫将常《まさつね》にはじまる秩父《ちちぶ》氏は、秩父牧を基盤として発展し、重綱《しげつな》のときに武蔵国留守所《るすどころ》総検校職《そうけんぎょうしき》に任じられたという。そしてこの重綱の系統から、男衾《おぶすま》郡畠山《はたけやま》（深谷市）を名字《みょうじ》の地とする畠山氏、河越《かわごえ》荘（川越市）の開発領主《かいほつりょうしゅ》となった河越氏、さらに稲毛《いなげ》・榛谷《はんがや》・小山田《おやまだ》・江戸などの諸氏が輩出し、また将常の子武常《たけつね》の流れから豊島《としま》・葛西《かさい》氏などが分出した。このように、秩父氏一族からは多くの武蔵武士がうまれ、武蔵国の各地に勢力を扶植した。

また十二世紀中頃になると、武蔵国では武蔵七党《しちとう》とよばれる中小規模の武士たちの同族的集団が形成され、国内各地に開発所領を獲得して分布を広げていった。武蔵七党とは、一般に横山《よこやま》・猪俣《いのまた》・野与《のよ》・村山《むらやま》・丹《たん》・児玉《こだま》・西《にし》の七党とされるが、それはかならずしも固定したものではなく、野与党と私市《きさい》党を入れ替えたりすることもある。

そのほか、代表的な武蔵武士としては、足立郡司《あだちぐんじ》の系譜を引くとされる足立氏、大里郡熊谷郷《くまがや》（熊谷市）を名字の地とする熊谷《くまがい》氏、比企《ひき》郡を請所《うけしょ》としていたという比企氏などをあげることができる。

ところで平治《へいじ》の乱ののち、武蔵国は平清盛《たいらのきよもり》の知行国《ちぎょうこく》となり、歴代の武蔵守《むさしのかみ》には一門の知盛《とももり》・知重《ともしげ》・知章《ともあき》が任じられた。そのため、秩父氏一族をはじめ、武蔵武士の多くは平氏の被官《ひかん》となり、その支配にしたがうことになった。治承四（一一八〇）年八月の源頼朝《みなもとのよりとも》の挙兵当初、ほとんどの武蔵武士が平氏方に属したのは、そのような事情があったからである。

しかし、石橋山《いしばし》（神奈川県小田原市）の合戦に敗れて安房国に逃れた頼朝が、上総介広常《かずさのすけひろつね》や千葉介常胤《ちばのすけつねたね》の支援をうけて態勢をたて直すと、畠山重忠《しげただ》・河越重頼《しげより》・江戸重長《しげなが》らの秩父氏一族は、こぞって頼朝のもとに帰順した。また平治の乱ののち逼塞《ひっそく》していた足立遠元《とおもと》も参向《さんこう》した。

こうして武蔵武士の多くは頼朝の麾下《きか》に属することになり、以後、彼らは治承《じしょう》・寿永《じゅえい》の内乱で各地の合戦に参陣し、めざましい活躍を示すことになる。ただし、畠山重忠らの秩父氏一族を除けば、武蔵武士の大部分は中小規模の在地《ざいち》領主《りょうしゅ》にすぎず、自分たちの生活の基盤である所領の維持と拡大のため、みずからの命を懸けて戦いに参加せざるをえなかった。彼らは、まさに「一所懸命《いっしょけんめい》」だったのである。たとえば、

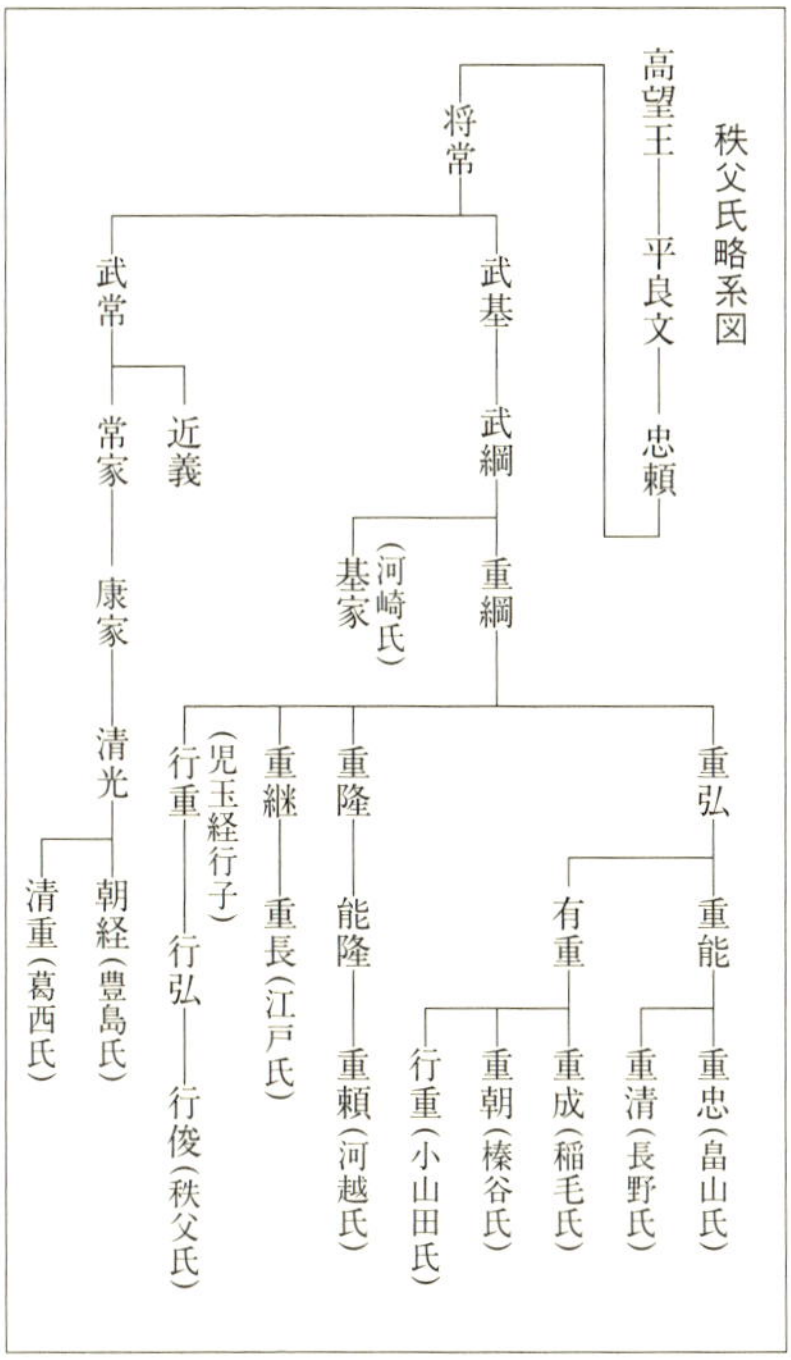

熊谷直家《なおいえ》（直実《なおざね》の子）は、のちに源頼朝から「本朝無双《ほんちょうむそう》の勇士」と賞讃されるが、それはつきしたがう家来がいないので、やむをえず自分の命を懸けて戦った結果にほかならなかったという（『吾妻鏡』文治五年七月二十五日条）。また、河原郷《かわら》（行田市）を名字の地とする河原高直《たかなお》・盛直《もりなお》（『吾妻鏡』では忠家《ただいえ》）兄弟の場合も同様で、「大名《だいみょう》」（大規模な武士）でない彼らは、自分の命と引き換えに恩賞《おんしょう》に預かろうとして、壮烈な討死をとげたとされる（『平家物語』）。

『吾妻鏡』元暦元（一一八四）年二月五日条には、一《いち》の谷《たに》（兵庫県神戸市）の合戦に参陣したおもだった武士たち四九人の名前が列挙されているが、そのうち武蔵武士はほぼ半分近くを占めている。ほとんどが中小規模の武士とはいえ、武蔵武士が源氏の軍勢の中核をになっていたことがうかがえる。そして、この合戦における武蔵武士の活躍はめざましく、『平家物語』によれば、彼らは多くの平氏一門の武将を討ち取ったという。

武蔵武士の栄光と悲劇●

畠山重忠は、秩父氏一族の嫡流《ちゃくりゅう》的立場とともに、武蔵国留守所総検校職の地位を継承していたと思われる。重忠に対する源頼朝の信頼は厚く、治承四（一一八〇）年十月、頼朝がはじめて鎌倉にはいるとき、帰順したばかりの重忠が先陣をつとめている。また文治五（一一八九）年の奥州合戦（藤原泰衡《ふじわらやすひら》の討伐）のときも、建久元（一一九〇）年・同六年の二度にわたる上洛の際も、重忠はいずれも頼朝から先陣を命じられている。

頼朝の乳母《うば》であった比企尼《ひきのあま》は、夫の比企掃部允《かもんのじょう》とともに比企郡の請所《うけしょ》に下向し、伊豆に配流《はいる》されていた頼朝の生活を扶助したという。頼朝はその恩義に報いるために、尼の甥で養子となっていた比企能員《よしかず》を重用し、奥州合戦やそれに引き続く大河兼任《おおかわかねとう》の乱では、彼を北陸道大将軍や東山道《とうさんどう》大将軍に任じている。また能員の女《むすめ》（若狭局《わかさのつぼね》）は頼朝の長男頼家《よりいえ》（二代将軍）の室となって一幡《いちまん》を生み、能員の子らも側近として頼家に仕えていた。

足立遠元は、頼朝のもとに参向して足立郡の郡郷領掌《ぐんごうりょうじょう》を安堵《あんど》され、以後、その側近として重用された。彼は吏僚《りりょう》的な能力に秀でていたようで、元暦元（一一八四）年に公文所《くもんじょ》が開設されると、武士としてはただひとり寄人《よりうど》に登用されている。

正治元（一一九九）年一月に源頼朝が没すると、北条時政《ほうじょうときまさ》は後継者となった頼家の親裁《しんさい》を停止し、宿老《しゅくろう》一三人による合議体制を整えたが、そのなかには比企能員と足立遠元も含まれていた。鎌倉幕府の初期の段階では、彼らはそれぞれ重要な役割をになって政務に参画していたのである。武蔵武士にとって、いわば栄光の時期であった。

ところで河越重頼《しげより》は、女が源義経《よしつね》の室となっていたことから、頼朝と義経との確執が深まった文治元年、義経の縁者として誅され、所領は没収された。こうして河越氏は一族存亡の危機に直面したが、やがて重頼の所領は後家尼《ごけのあま》に返付され、河越氏はようやく滅亡をまぬがれることができた。しかし頼朝の没後、幕政の実権を掌握した北条時政の謀略にまきこまれ、一族滅亡という悲劇に追いやられた武蔵武士があいついだ。比企能員と畠山重忠である。

二代将軍源頼家は、外祖父《がいそふ》にあたる北条時政に親裁を停止されたことから、北条氏に対する不満といらだちをしだいにつのらせていた。そのため、頼家の庇護者である比企能員と北条時政との対立は、やがて深刻なものとなっていった。こうした状況のなかで、建仁三（一二〇三）年八月、頼家が病気で危篤状態におちいった。そこで北条時政は、独断で頼家を廃嫡し、惣守護職《そうしゅごしき》と関東二八カ国の地頭職《じとうしき》を頼家の長男一幡に、また関西三八カ国の地頭職を頼家の弟千幡《せんまん》（のちの実朝《さねとも》）に譲与させようとした。それを知った比企能員は、病床の頼家と相談して北条時政追討をくわだてたが、計画は北条政子《まさこ》をつうじて時政に通報されて露顕した。その結果、能員は時政の邸で謀殺され、一幡をはじめとする比企氏一族は幕府の軍勢に攻められて滅亡した。また頼家は将軍職を逐われて伊豆の修禅寺《しゅぜんじ》（静岡県伊豆市）に幽閉され、翌年七月に暗殺された。

ついで、一族全滅という破局を迎えたのは畠山重忠である。その直接的な原因は、元久元（一二〇四）年十一月に京都の平賀朝雅《ひらがともまさ》邸で行なわれた酒宴の席上、朝雅と畠山重保《しげやす》（重忠の子）とが諍論《じょうろん》したことであるという。朝雅は北条時政の後妻である牧《まき》の方《かた》の女婿《じょせい》であったので、その争いは牧の方をつうじて時政に伝えられ、それがやがて畠山重忠が謀反をくわだてているという話にまで発展していった。その結果、同二年六月二十二日、重保がまず鎌倉の由比《ゆい》ガ浜《はま》で謀殺され、続いてわずか一三四騎を率いて男衾《おぶすま》郡菅谷館《すがやのたち》（嵐山町）から鎌倉にむかう途中の畠山重忠も、北条義時《よしとき》が率いる幕府の大軍に二俣川《ふたまたがわ》（横浜市旭区）で待ち伏せされ、ことごとく誅殺された。

こうして、源頼朝以来の有力御家人である比企能員と畠山重忠は、北条時政が幕府権力を確立する過程で、その謀略にかかって一族もろとも滅ぼされるという悲運に見舞われたのである。そして以後、幕府内部における武蔵武士の地位と役割は、相対的に低下していった。

武蔵武士、西へ東へ●

承久三（一二二一）年九月、熊谷直国《なおくに》の嫡男千虎丸《せんとらまる》（のち直時《なおとき》）は、承久《じょうきゅう》の乱で討死した父の勲功を賞され、本領の熊谷郷（熊谷市）を安堵されるとともに、新恩地《しんおんち》として安芸国三入《みいり》荘（広島市）地頭職を宛て行なわれた。以後、それらの所領は、その支配をめぐる一族内部の相論《そうろん》をくり返しながら、熊谷氏が代々相伝していった。そして熊谷氏の生活の拠点は、やがて本領から新恩地の三入荘に移されていくが、応永十（一四〇二）年二月二十八日の熊谷宗直《むねなお》譲状《ゆずりじょう》（熊谷家文書）を最後に、関係文書のなかに熊谷郷のことがまったくみられなくなる。南北朝内乱の過程で、熊谷郷との関係は完全に断絶したようである。

小代郷《しょうだい》（東松山市・坂戸市）を本領とする小代氏は児玉党に属するが、宝治元（一二四七）年に小代重《しげ》俊《とし》が宝治《ほうじ》合戦（三浦泰村《やすむら》の乱）における子息重康《しげやす》の勲功を賞され、肥後国野原《のばる》荘（熊本県荒尾市）地頭職を宛て行なわれた。そして文永八（一二七一）年、重康らは幕府の命で蒙古《もうこ》襲来にそなえるために野原荘に下向し、以後、一族の生活の拠点はそちらに移っていった。ただし、青蓮《しょうれん》寺（東松山市）に伝存する弘安四（一二八一）年七月一日銘の板碑《いたび》は、一族のものが重俊の供養のために造立したものと推定されるので、重俊自身はその後も本領にとどまっていたようである。同じように、蒙古襲来にそなえるために子息らを西国の所領に下向させた武蔵武士に児玉氏がおり、安芸国竹仁《たけに》村（広島県東広島市）に一族を派遣していたことが知られる。

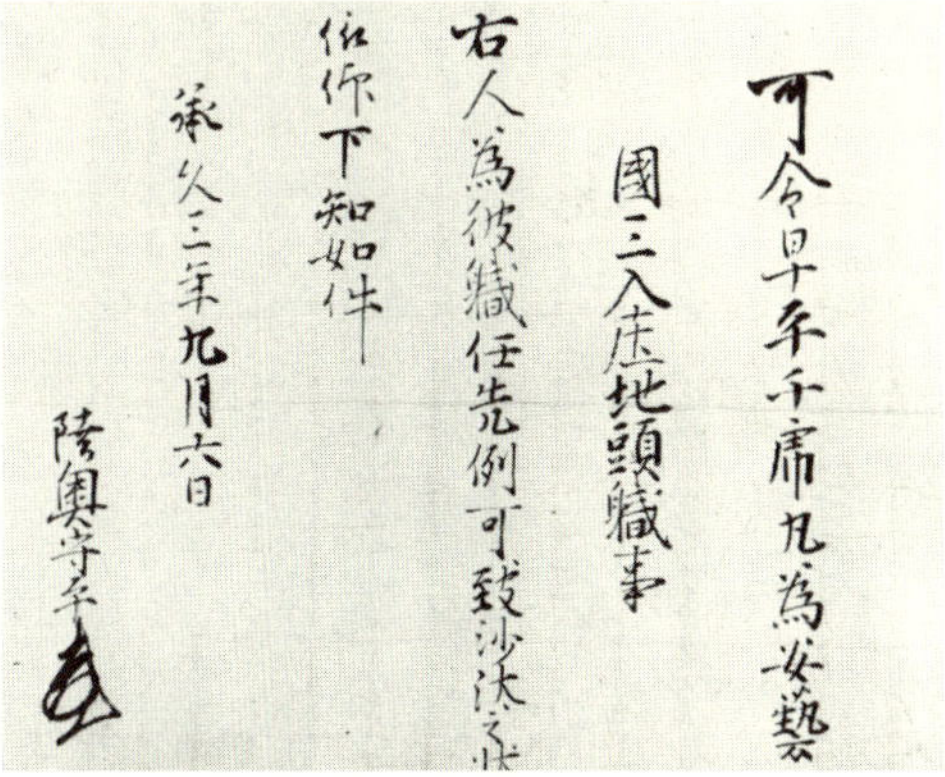
関東下知状（熊谷家文書）　承久3（1221）年，熊谷千虎丸に安芸国三入荘地頭職を宛て行なった。

ところで大河原《おおがわら》郷（東秩父村）を本貫地《ほんがんち》とする大河原氏は、時期は不詳であるが、本宗家《ほんそうけ》である丹党《たんとう》の中村氏にしたがって播磨国三方西《みかたのさい》（兵庫県宍粟市）に移住していた。そしてこの大河原氏が備前国長船《おさふね》（岡山県瀬戸内市）の名工左兵衛尉景光《さひょうえのじょうかげみつ》らにつくらせた三振りの短刀や太刀《たち》が現存しており、元亨三（一三二三）年三月銘の短刀（埼玉県立歴史と民俗の博物館蔵）の刀身には「秩父大菩薩《だいぼさつ》」という文字が彫りこまれている。また正中二（一三二五）年七月銘の太刀（宮内庁蔵）の刀身には「秩父大菩薩」のほか、「願主武蔵国秩父郡大河原入道沙弥《しゃみ》蔵蓮・同左衛門尉丹治朝臣時基」などの銘文がみられる。さらに嘉暦四（一三二九）年七月銘の太刀（埼玉県立歴史と民俗の博物館蔵）には「広峯山御剣、願主武蔵国秩父郡住大河原左衛門尉丹治時基」などの銘文が彫りこまれている。したがって、本来、前二者は秩父神社（秩父市）に、また後者は広峯《ひろみね》神社（兵庫県姫路市）に奉納されたものと推測されている。ともあれ、ここで注目されるのは、本貫地を遠くはなれた地にいながらも、大河原氏がなお秩父神社とかかわりをもち、また自分のことを「武蔵国秩父郡住」などといい、武蔵七党のうち丹党の出自を示す「丹治《たんじ》」という姓を用いていることである。はるかな故郷に対する武蔵武士の切々たる思慕の情がしのばれよう。

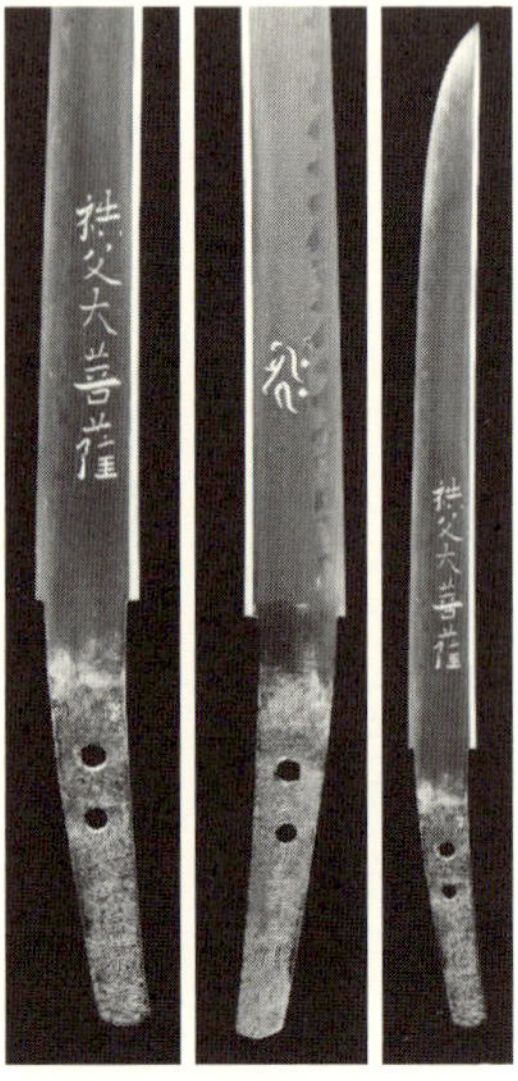
元亨３年銘短刀（国宝）

そのほか、武蔵武士が獲得したおもな新恩地には、足立氏の丹波国佐治《さじ》荘（兵庫県丹波市）、久下《くげ》氏の同国栗作《くりつくり》荘（同県丹波市）、中沢氏の同国大山《おおやま》荘（同県篠山市）、安保《あぼ》氏の播磨国須富《すとみ》荘（同県加西市）、越生《おごせ》氏の但馬国日置《へき》荘（同県豊岡市）、金子氏の伊予国新居《にい》荘（愛媛県新居浜市）などがある。多くの場合、これらの新恩地には一族・庶子《しょし》や代官などが派遣され、その支配にあたっていたと思われる。

このように、武蔵武士は主として西国に新恩地を獲得して移住・発展していったが、東北地方には、たとえば成田《なりた》氏が陸奥国鹿角《かづの》郡（秋田県鹿角市あたり）に地頭職を獲得し、のちに姻戚関係にあった安保氏がそれを継承した例などがみられる。また中条《ちゅうじょう》氏が同国稗貫《ひえぬき》郡（岩手県花巻市）や刈田《かった》郡（宮城県刈田郡）の地頭職を獲得したり、安保氏が出羽国海辺余部《あまべあまるべ》（山形県東田川郡庄内町）に所領をもっていたことなどが知られる。なお、陸奥国宮城郡山村《やまむら》（仙台市）に移住した高柳宗泰《たかやなぎむねやす》らは、のちになっても、なお「武蔵国御家人《ごけにん》」と称しており（朴沢文書）、本貫地に対する帰属意識がうかがえる。

すべての道は鎌倉に●

鎌倉に幕府が開設されてここが政治・経済の中心になると、「いざ鎌倉」にそなえて各地を結ぶ道路網が整備された。その結果、「すべての道は鎌倉につうじる」という状況がうまれたので、後世、それらの道路を「鎌倉街道（鎌倉道《みち》）」と称するようになった。ところで、とくに鎌倉から東北地方につうじる主要幹線道路は「上道《かみつみち》」「中道《なかつみち》」「下道《しもつみち》」とよばれていた。

文治五（一一八九）年七月、源頼朝は奥州合戦に出陣するにあたり、軍勢を三手にわけて進発させた（『吾妻鏡』）。まず東海道大将軍に任じられた千葉介常胤《ちばのすけつねたね》・八田知家《はったともいえ》らは、常陸・下総両国の軍勢を率いて太平洋沿岸を北上したが、これが「下道」になる。また北陸道大将軍に任じられた比企能員・宇佐美実政《うさみさねまさ》らは、上野国の軍勢を率いて「上道」（『吾妻鏡』では「下道」としているが誤り）を通り、越後国から日本海沿岸を北上して出羽国にむかった。そして頼朝自身は、大手《おおて》軍を率いて「中路（道）」を北上した。こ

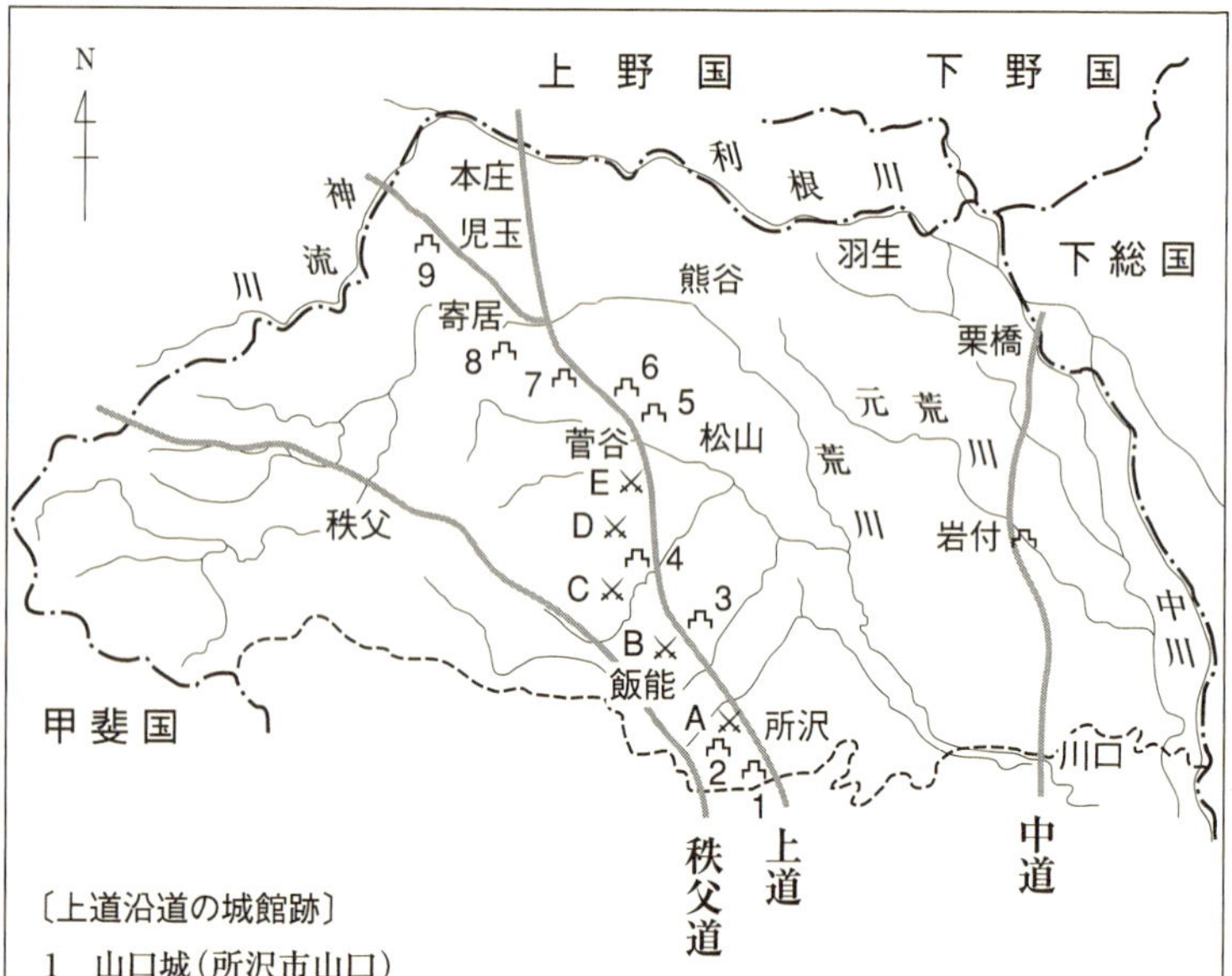

〔上道沿道の城館跡〕

1　山口城（所沢市山口）
2　根古屋城（所沢市上山口）
3　城山砦（狭山市柏原）
4　田波目城（坂戸市田波目）
5　杉山城（嵐山町杉山）
6　越畑城（嵐山町越畑）
7　高見城（小川町高見）
8　鉢形城（寄居町鉢形）
9　雉ケ岡城（本庄市児玉町八幡山）

〔上道沿道の古戦場跡〕

A　小手指原（所沢市北野辺り）
B　女影原（日高市女影）
C　高麗原（日高市辺り）
D　苦林野（毛呂山町苦林）
E　笛吹峠（鳩山町須江·嵐山町将軍沢）

鎌倉街道上道の沿道要図（『新編埼玉県史』通史編２より）

のうち、埼玉県域に直接かかわる街道は上道と中道であった。

上道は、県域のほぼ中央部を南北に貫通して上野国から信濃国や越後国につうじており、中世という時代には、政治的・軍事的にいつでも重要な役割をになっていた。そのため、沿道には小手指原《こてさしがはら》（所沢市）、女影原《おなかげがはら》・高麗原《こまがはら》（日高市）、苦林野《にがばやしの》（毛呂山町）、笛吹峠《ふえふき》（鳩山町・嵐山町）、菅谷原《すがやがはら》（嵐山町）、高見原《たかみがはら》（小川町）などの古戦場が連なっており、たびたび合戦の舞台となっていた。また山口城《やまぐち》・根古屋城《ねごや》（所沢市）、城山砦《しろやまとりで》（狭山市）、田波目城《たなめ》（坂戸市）、菅谷館・杉山城《すぎやま》・越畑城《おっぱた》（嵐山町）、高見城《たかみ》（小川町）、鉢形《はちがた》城（寄居町）、雉ケ岡城《きじがおか》（本庄市）などの城館跡も、上道沿いに多く分布している。埼玉県教育委員会が行なった「歴史の道　鎌倉街道上道」の調査によれば、たとえば鎌倉街道上道の一部と推定される毛呂山《もろやま》町市場《いちば》付近を発掘したところ、幅三～五メートルの平坦面と両側に側溝をともなう遺構が検出されたという。街道の拡幅や整備がかなり計画的に行なわれていたことがうかがえる。

中道は、県域の東部をほぼ南北に貫通しており、奥州方面につうじる重要な幹線道路なので「奥大道《おくのおおみち》」ともよばれていた。建長八（一二五六）年、幕府は治安維持のために「奥大道」の警固を沿道の地頭御家人らに命じているが（『吾妻鏡』）、それによれば、その道筋は矢古宇郷《やこう》（川口市）・鳩井郷《はとがい》（鳩ケ谷市）・渋《しぶ》江《え》郷（さいたま市）・清久郷《きよく》（久喜市）などをへて下野国に至ったと推測される。中道は、入間川《いるま》（現在の荒川）・荒川（現在の元荒川）・利根川（現在の古利根川）などの大河川を渡河しなければならなかったので、岩淵《いわぶち》（東京都北区）・御厩瀬《みまやせ》（さいたま市）・高野《たかの》（杉戸町）・古河《こが》（加須市）などには渡し場が設けられていた。たとえば入間川の渡河点にあたる岩淵宿は、遊女などでにぎわっていたが（『とはずがたり』）、室町時代になるとここには橋（舟橋であろう）が架けられ、橋賃《はしちん》が徴収されていた。橋賃は関銭《せきせん》ともよばれ、渡しは関所の役割もはたしていた。

上道や中道のような主要幹線道路のほかに、それらから分岐する枝道《えだみち》や羽根倉《はねくら》道・秩父道・慈光寺《じこうじ》道・熊谷道などとよばれる脇道《わきみち》も縦横につうじていた。これらの道路も、最終的には鎌倉に至るということから、のちに鎌倉街道とよばれたりした。

道路網の整備にともなって、これらの街道は物資の流通路としても重要な機能をはたすようになる。たとえば『法然上人絵伝《ほうねんしょうにんえでん》』によれば、鎌倉時代前期に村岡《むらおか》（熊谷市）に市《いち》が成立していたことが知られる。ここは、熊谷道（鎌倉街道上道の脇道）が荒川を渡河する交通上の要衝であったのである。もちろん軍事的にも重要で、南北朝内乱以降、ここには村岡陣とよばれる陣営がたびたびおかれている。なお、この熊谷道に沿っていたと推定される小泉郷《こいずみ》（熊谷市）には、南北に走る大道の両側に二七軒の在家《ざいけ》が建ち並んでおり（長楽寺文書）、街道沿いに集落が形成されていたことが知られる。

2 内乱の時代

中先代の乱●

元弘三（一三三三）年五月、足利高氏《あしかがたかうじ》が京都の六波羅探題《ろくはらたんだい》を攻略した。また上野国で挙兵した新田義貞《にったよしさだ》は、鎌倉街道上道を一路南下して鎌倉に攻めこみ、同月二十二日、源頼朝以来、約一世紀半にわたって続いてきた鎌倉幕府を滅ぼした。こうして後醍醐《ごだいご》天皇を中心とする建武政権が成立した。足利高氏は「勲功第一」とされ、まもなく後醍醐天皇の諱《いみな》（尊治《たかはる》）の一字を与えられて尊氏《たかうじ》と改名したが、結局は従三位《じゅさんみ》・武蔵守に叙任されたにすぎなかった。そのため、尊氏は公家や一部の武士だけを優遇する建武政権にしだいに不満をいだくようになった。

建武二（一三三五）年七月、北条高時《たかとき》の遺児時行《ときゆき》が鎌倉幕府の再興をくわだてて信濃国で挙兵し、鎌倉街道上道を南下して鎌倉に進撃した。いわゆる中先代《なかせんだい》の乱である。当時、成良親王《なるよし》（後醍醐天皇の皇子）を奉じて鎌倉にいた足利直義《ただよし》（尊氏の弟）は、時行の軍勢を女影原《おなかげがはら》（日高市）・小手指原《こてさしがはら》（所沢市）・府中《ふちゅう》（東京都府中市）などで迎え撃ったが敗れ、鎌倉をいったん放棄した。こうして中先代の乱は一時成功し、時行は父祖ゆかりの鎌倉を占拠した。

ところで鎌倉時代には、関東御分国《ごぶんこく》の一つであった武蔵国は一貫して守護《しゅご》が配置されず、鎌倉幕府の直接支配のもとにおかれていた。そして初期の頃のわずかな例外を除けば、武蔵守の地位は北条氏一門が代々独占しており、北条氏と武蔵武士とのつながりはかなり密接であった。そのような背景があるため、武蔵武士のなかには中先代の乱に際して北条時行の挙兵に応じるものもおり、『太平記』によれば、時行にしたがった「宗《むね》トノ大名五十余人」のなかには清《きよ》久山城守《くやましろのかみ》や塩谷民部大夫《しおのやみんぶだゆう》などが含まれていたという。そのほか、安保道潭《あぼどうたん》の子息や児玉党の蛭河《ひるかわ》彦太郎入道らも時行のもとに参陣したが、のちに彼らは敗れて鎌倉で自害したり、捕らえられたりした。

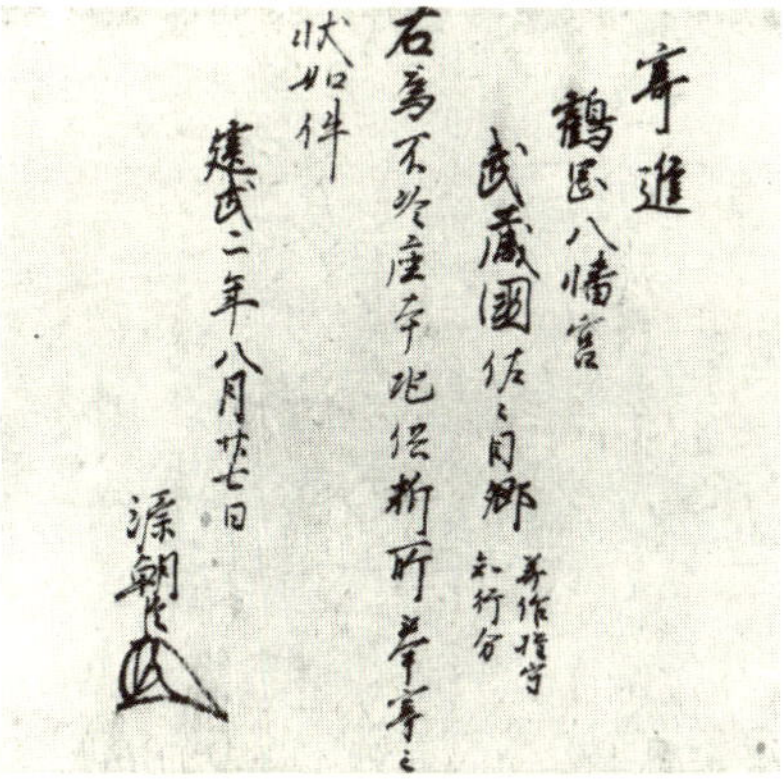
寄進
鶴岡八幡宮
武蔵国佐々目郷
右、為天下泰平祈祷所、寄進之
状如件
建武二年八月廿七日
源朝臣（花押）

足利尊氏寄進状（鶴岡八幡宮文書）

京都で北条時行の蜂起の知らせをうけた足利尊氏は、後醍醐天皇の許しをえないまま関東に下向し、同年八月十九日に鎌倉を奪回した。結局、中先代の乱はわずか二〇日ほど鎌倉を占拠しただけで鎮圧され、鎌倉幕府の再興に賭けた時行のくわだては、はかない夢に終わったのである。乱鎮定の直後、尊氏は鎌倉の鶴岡《つるがおか》八幡宮に武蔵国佐々目《ささめ》郷（さいたま市・戸田市）を寄進しているが（鶴岡八幡宮文書）、それは戦勝祈願に対する報賽《ほうさい》（お礼）であろう。

足利尊氏は、中先代の乱を鎮圧したのち、後醍醐天皇の帰京命令を無視してそのまま鎌倉にとどまり、建武政権に反旗をひるがえす決意を固めていった。こうして建武政権は発足してから二年半足らずで分裂し、後醍醐天皇と足利尊氏との対立は決定的になった。同年十一月、後醍醐天皇は新田義貞らに足利尊氏・直義兄弟の追討を命じて関東に派遣したが、以後、箱根（神奈川県箱根町）・竹下《たけのした》（静岡県小山町）の合戦、尊氏の上洛と九州への敗走、再起と湊川《みなとがわ》（兵庫県神戸市）の合戦、尊氏の入京など、政治情勢はめまぐるしく変転する。そして建武三年八月、尊氏は後醍醐天皇にかわる新しい天皇として光明《こうみょう》天皇を擁立するとともに、同年十一月五日には「建武式目《しきもく》」を公布して室町幕府の実質的な第一歩を踏み出した。

同年十二月、軟禁されていた後醍醐天皇は京都を脱出して大和国の吉野《よしの》山（奈良県吉野町）に逃れ、ここを拠点として足利尊氏と対決していくことになる。こうして後醍醐天皇を中心とする勢力（南朝）と光明天皇を擁する足利尊氏らの勢力（北朝）とが、六〇年近くにわたって戦乱をくり広げる南北朝内乱がはじまった。中先代の乱は、建武政権の分裂を決定づけ、やがて南北朝内乱に突入する重要なきっかけとなったのである。

観応の擾乱と武蔵野合戦

南北朝内乱のさなかにおこった室町幕府（北朝）の内訌《ないこう》、すなわち足利尊氏・直義兄弟の骨肉の争いは、年号にちなんで「観応《かんのう》の擾乱《じょうらん》」とよばれている。観応二（正平六＝一三五一）年十月、尊氏は鎌倉に下向した直義を討つため南朝側と和議を結び、いったん北朝を廃して正平《しょうへい》という南朝年号を用いた（正平一統）。しかし翌年（正平七年）二月、直義が鎌倉で毒殺されて擾乱が終結すると、尊氏はまもなく観応という北朝年号を復活させ、正平一統は破綻した。

『太平記』などによれば、この観応の擾乱に際し、多くの武蔵武士が両陣営にわかれて各地で戦ったことが知られる。またたとえば、はじめ直義方に属していた高麗経澄《こまつねずみ》が、途中から尊氏方に転じて鬼窪《おにくぼ》（白岡町）で挙兵し、羽禰蔵《はねくら》（さいたま市・富士見市）で直義方の難波田《なんばた》九郎三郎らを討ったのち各地を転戦しているように（町田文書）、擾乱の余波は武蔵国内にもおよんでいたのである。現在、埼玉県内には正平六年・同七年銘の板碑が二五基ほど確認されているが（諸岡勝氏のご教示による）、これらの南朝年号は正平一統の影響によるものである。

正平7(1352) 年銘板碑の拓本
(さいたま市中央区円阿弥)
高さ68センチメートル。

同年閏二月七日、観応の擾乱が終結した直後の混乱に乗じ、新田義貞の遺児の義興《よしおき》・義宗《よしむね》らが上野国で挙兵した。彼らは宗良《むねよし》親王（後醍醐天皇の皇子）を迎えて征夷大将軍と称し、鎌倉街道上道を南下して鎌倉に進撃した。『太平記』によれば、義興らの軍勢ははじめ八〇〇余騎であったが、まもなく一〇万余騎の大軍にふくれあがったという。そのなかには、児玉党に属する勝《しょう》（小）代《だい》・浅羽《あさば》・四方田《よもだ》・庄《しょう》・桜井・若児玉《わかこだま》などのほか、丹党《たんとう》に属する安保《あぼ》信濃守《しなののかみ》泰規《やすのり》・子息修理亮《しゅりのすけ》・舎弟六郎左衛門・加治《かじ》豊後守《ぶんごのかみ》・同丹《たん》内左衛門《ないさえもん》・勅使河原《てしがわら》丹七郎《たんしちろう》、さらに西党・東党や熊谷・太田・平山の諸氏、また私市《きさい》・村山・横山・猪俣《いのまた》党など、多くの武蔵武士が含まれていた。彼らの多くは武蔵国の北部から西部にかけて割拠していた武士たちであるが、観応の擾乱に際して直義方に属して逼塞《ひっそく》を余儀なくされたため、義興らの挙兵に応じたと思われる。

一方、擾乱終結後も鎌倉にとどまっていた足利尊氏は、新田義興らの軍勢を迎え撃つため、みずから八万余の軍勢を率いて出陣したが、それには河越《かわごえ》弾正少弼《だんじょうしょうひつ》直重《なおしげ》・同上野守・同唐戸《からと》十郎左衛門・江戸遠江守高良《たかよし》・同下野守冬長《ふゆなが》・同修理亮・高坂《たかさか》兵部大輔《ひょうぶだゆう》氏重《うじしげ》・同下野守・同下総守・同掃部助《かもんのすけ》・豊島《としま》弾正左衛《だんじょうさえ》門《もん》・同兵庫助・瓦葺《かわらぶき》出雲守・見《み》（三）田《た》常陸守・古尾谷《ふるおや》民部大輔《みんぶだゆう》などの武蔵武士がしたがったという。秩父氏一族の流れをくむ「平一揆《へいいっき》」（後述）のメンバーが主力になっていたことがうかがえる。

こうして閏二月から三月にかけて、両軍は人見原《ひとみがはら》（東京都府中市）・金井原《かないがはら》（東京都小金井市）・入間河原《いるまがわら》（狭山市）・小手指原《こてさしがはら》（所沢市）・高麗原《こまがはら》（日高市）などで激戦をくり広げた。『太平記』では、武蔵野《むさしの》を舞台として展開したこれらの合戦のことを「武蔵野合戦」とよんでいる。なお、歌人として知られる宗良親王は、小手指原の合戦のときに、「君がため世のため何か惜しからん　捨てて甲斐ある命なりせば」という和歌を詠んだという（『新葉和歌集』）。宗良親王を擁して転戦した新田義宗は、小手指原・高麗原の合戦に敗れて笛吹峠《ふえふき》（鳩山町・嵐山町）まで退却し、ここに最後の防衛陣を築いた。伝承によれば、このとき、陣営の無聊《ぶりょう》をなぐさめるため、宗良親王が月明かりに誘われて笛を吹いたのが、この峠の名称の由来であるという。

ともあれ、義宗らは笛吹峠の合戦にも惨敗して越後方面に逃れ、またいったん鎌倉を占拠した義興も、義宗らの敗北を知って鎌倉を放棄し、越後国に敗走した。こうして武蔵野合戦は、足利尊氏の勝利で終結した。

入間川御陣と鎌倉府体制●

文和二（正平八＝一三五三）年七月、足利尊氏は鎌倉を出立して一年半ぶりに京都に戻るが、その際、新田義興らの南朝勢力の再起にそなえて次男基氏《もとうじ》を武蔵国入間川《いるまがわ》に派遣し、執事《しつじ》の畠山国清《はたけやまくにきよ》にこれを補佐させた。そこで基氏は入間川御所とか入間川殿とよばれ、その陣営は入間川御陣《ごじん》と称された。遺構などの確証はないが、入間川御陣が所在したのは徳林寺《とくりん》（狭山市入間川）辺りと推定されている。ここは鎌倉街道上道《かみつみち》が入間川を渡河する重要な交通上の要衝であり、上野方面の南朝勢力を迎え撃つには、まさに絶好の位置を占めていた。同陣の警固は、河越氏を中心とする「平一揆」が主力となり、結番《けちばん》にしたがって一カ月交替でつとめていた。

延文三（正平十三＝一三五八）年四月、足利尊氏が京都で没したが、この頃関東では新田義興らの南朝勢力の動きがふたたび活発化した。そこで畠山国清は、かつて義興にしたがっていた竹沢右京亮《たけざわうきょうのすけ》に命じて偽《いつ》わりの降伏をさせ、同年十月、江戸高良《たかよし》・同冬長《ふゆなが》とともに義興を矢口《やぐち》の渡し（東京都大田区、また東京都稲城市とする説もある）に誘い出して謀殺した。義興の首は酒に浸《ひた》されて入間川御陣の足利基氏のもとに届けられた。『太平記』によれば、だまし討ちにあって無念の最期を遂げた新田義興の怨霊《おんりょう》の祟《たた》りで、江戸高良が狂い死にしたり、にわかに落ちてきた雷火のために「入間河ノ在家《ざいけ》三百余宇、堂舎仏閣《どうしゃぶっかく》数十箇所、一時ニ灰燼《かいじん》ト成《なり》ニケリ」というありさまであったという。入間川御陣の辺りは、多くの人家や社寺が建ち並ぶ地方都市としての様相を呈していたのであろう。

康安二（正平十七＝一三六二）年三月、当時、鎌倉の円覚寺《えんかくじ》住持であった義堂周信《ぎどうしゅうしん》が入間川御陣に下向して足利基氏に謁しているので（『空華日用工夫略集』）、基氏はその頃まだ在陣していたと思われるが、同年九月十五日の「足利基氏軍勢催促状」（安保文書）によれば、このときには「若御料《わかごりょう》」（基氏の嫡子金王《きんおう》丸《まる》）が入間川に派遣されていた。したがって、基氏はそのときまでには入間川御陣を引き払って鎌倉に帰還し、かわりに金王丸を派遣したと思われる。ともあれ、新田義興が謀殺されたことで関東における南朝勢力は中心を失い、その活動はほぼ終息した。

ところで、室町幕府の東国行政機関である鎌倉府《かまくらふ》の長官は鎌倉公方《くぼう》（関東公方）とよばれ、足利基氏以後、その子孫が代々その地位を継承した。また鎌倉公方を補佐する地位は、はじめ執事《しつじ》とよばれ、基氏が入間川に在陣したときは畠山国清がこれに任じられていた。延文四年十月、畠山国清は将軍足利義詮《よしあきら》の南方凶徒退治《なんぽうきょうとたいじ》を支援するため、二〇万七〇〇〇余騎といわれる大軍を率いて上洛した。しかし味方の武士の離反にあって、康安元年十一月に執事の地位を解任され、基氏の追討をうけて没落した。いわゆる畠山国清の乱である。

かつて執事をつとめたことがある上杉憲顕《のりあき》は、観応の擾乱では足利直義に、また武蔵野合戦では新田義興らに加担したため、足利尊氏の怒りを買い、越後国に隠棲して出家し、道昌《どうしょう》と号していた。足利基氏はこの憲顕の復帰をしきりに要請したので、貞治二(正平十八=一三六三)年、憲顕は還俗《げんぞく》して鎌倉に戻り、基氏の補佐役に就任した。以後、鎌倉公方を補佐する地位は関東管領《かんれい》と称され、憲顕の子孫(山内上杉氏)がほぼ独占的にこの地位を継承することになった。

こうして、鎌倉公方を中心に関東管領がそれを補佐する東国支配体制が確立したが、これを鎌倉府体制といっている。鎌倉府が支配・管轄する範囲は、関東八カ国(相模・武蔵・安房・上総・下総・常陸・上野・下野)に伊豆・甲斐を加えた一〇カ国(のちに陸奥・出羽両国が追加されて一二カ国)であった。

平一揆の乱●

上杉憲顕の関東管領就任にあたり、下野国の芳賀禅可《はがぜんか》(高名《たかな》)が異議をとなえ、憲顕を討つため一族の宇都宮氏綱《うつのみやうじつな》とともに出陣した。そのため、足利基氏はみずから鎌倉を出撃して苦林野《にがばやしの》(毛呂山町)に陣し、貞治二(正平十八=一三六三)年八月、苦林野および岩殿山《いわどのやま》(東松山市)の合戦で苦戦の末、ようやく禅可らの軍勢を打ち破った。このとき基氏の軍勢には白旗《しらはた》一揆五〇〇〇余騎や平《へい》一揆三〇〇〇余騎などがしたがったという。

その頃、国人《こくじん》とよばれる中小規模の武士たちは、共通の利害関係にもとづいて地縁的な結びつきを強めてきたが、そのような国人たちの組織や集団のことを一揆(国人一揆)という。武蔵国では、高麗《こま》氏が加わっていた八文字《はちもんじ》一揆や別符《べっぷ》氏の武州北白旗《きたしらはた》一揆、金子氏の武州中《なか》一揆、児玉・猪俣・村山党を含む白旗一揆などが知られる。彼らは赤や白の色彩などを共通の目印としていたが、「平一揆・白旗一揆ハ、兼《かね》テ通ズル子細有シカバ、軍《いくさ》ノ勝負ニ付テ、或ハ敵トモナリ或ハ御方《みかた》トモ成ベシ」(『太平記』)とあるように、利害にもとづいて独自の行動をとる不安定な存在であった。

こうした一揆のなかでも、同族的な性格の強い特異な一揆として注目されるのが平一揆である。その中核は河越氏であるが、「平一揆ニハ高坂・江戸・古屋・土肥・土屋」（『源威集』）とあるように、河越氏のほか、高坂・江戸氏などの秩父氏一族（桓武平氏）が主要メンバーであった。当時、河越氏の家督《かとく》は弾《だん》正少弼直重《じょうしょうひつなおしげ》が継いでいたが、延文四（正平十四＝一三五九）年に彼が畠山国清にしたがって上洛したときのいでたちは、「中ニモ河越弾正少弼ハ、余リニ風情ヲ好デ、引馬三十疋、白鞍置テ引セケルガ、濃紫・薄紅・萌黄・水色・豹文、色々ニ馬ノ毛ヲ染テ、皆舎人《とねり》八人ニ引セタリ。」（『太平記』）と特記されるほど、豪華できらびやかなものであった。そのため、彼は盗賊の標的とされ、群盗に宿舎を襲われて、名馬一疋・資財・金銀作太刀のほか、多くの刀剣を強奪されたという（『園太暦』）。

平一揆は、これまで一貫して足利尊氏や基氏にしたがい、鎌倉府体制の確立に一定の役割をはたしてきたが、やがて河越直重が相模国守護職を解任され、また高坂氏重《たかさかうじしげ》は伊豆国守護職をおびやかされたため、彼らはしだいに鎌倉府の支配に不満をいだくようになってきた。こうして彼らは、越後国守護職を解任された下野国の宇都宮氏綱をもまきこんで、鎌倉府に反旗をひるがえす準備をひそかに進めていった。

貞治六年、鎌倉公方足利基氏と二代将軍足利義詮《よしあきら》があいついで病没し、鎌倉公方には基氏の嫡男金王《きんおう》丸《まる》が、また三代将軍には義詮の嫡男義満《よしみつ》が就任した。翌年（応安元年）、関東管領上杉憲顕は、義満の元服の儀に金王丸の名代《みょうだい》として列席するために上洛したが、その留守をねらって平一揆が反乱をひきおこした。いわゆる平一揆の乱である。乱勃発の知らせをうけて鎌倉に戻った上杉憲顕は、金王丸を擁して平一揆討伐におもむき、同年六月十一日、平一揆を河越館《かわごえやかた》（川越市）に追いこめた（『花営三代記』）。ついで六月十七日、平一揆に対する総攻撃が行なわれ、伝統を誇る河越氏をはじめ、平一揆に加わった高坂氏などはここに滅亡した。上杉憲顕は、引き続き平一揆に加担した宇都宮氏綱を攻めたが、まもなく陣中で病没した。翌年、鎌倉公方金王丸は元服し、将軍足利義満から一字を与えられて氏満《うじみつ》と名乗った。

ともあれ、平一揆の乱が敗北した結果、河越氏をはじめとする秩父氏一族などの有力な武蔵武士が没落し、彼らの時代は終わった。以後、武蔵国は関東管領上杉氏が守護を兼ねるなかで、その支配下に完全に組み込まれた。やがて中央では、南北両朝の合一《ごういつ》の交渉が進められ、明徳三（一三九二）年、約六〇年におよぶ南北朝内乱はその幕を閉じた。

『太平記絵巻』に描かれた武蔵武士●

埼玉県立博物館が所蔵する『太平記絵巻』（次頁コラム参照）のなかには、四人の武蔵武士の姿が描かれている。たとえその実在に疑問があるにしろ、それらは鎌倉時代末期から南北朝内乱期にかけての武蔵武士の活躍ぶりを示すものであるから、ここではいささか趣向を変えて、絵巻のなかに登場する武蔵武士について概観しておこう（絵巻の当該場面は口絵参照）。

『太平記』巻六の「赤坂合戦事付人見本間抜懸事」には、元弘三（一三三三）年二月、鎌倉幕府軍の一員として楠木正成《くすのきまさしげ》が籠《こ》もる赤坂《あかさか》城（大阪府千早赤阪村）攻撃に参陣した人見《ひとみ》四郎入道恩阿《おんあ》の活躍ぶりが描かれている。当時、七三歳の老齢ながら、先懸《さきが》けの功名《こうみょう》をあげるために討死を覚悟した恩阿は、布陣していた四天王《してんのう》寺（大阪市天王寺区）の石の鳥居に辞世の和歌を書きつけ、翌日、相模国の本間《ほんま》九郎資貞《すけさだ》とともにまっさきに赤坂城に突入し、壮烈な最期をとげたという。鳥居の左側の石柱には、「花サカヌ老木《おいき》ノ桜朽《くち》ヌトモ　其名ハ苔《こけ》ノ下《した》ニ隠レジ」という歌が書きつけてあったとされる。

『太平記絵巻』について

昭和四十六（一九七一）年に開館した埼玉県立博物館（現、埼玉県立歴史と民俗の博物館）は、翌年、東京都内の古書店から一巻の絵巻物を購入した。内容から『太平記』を題材とした『太平記絵巻』の第一巻に相当すると判断されたが、そのときはそれほど注目されなかった。そして、この『太平記絵巻』とセットになるものとして、アメリカのニューヨーク公共図書館が所蔵するスペンサー＝コレクションの二巻（A・B）や東京国立博物館が所蔵する白描《はくびょう》の模本《もほん》の二巻（甲・乙）が知られていた。

ところで、平成七（一九九五）年にニューヨークで開催されたサザビーズの美術品オークションに『太平記絵巻』の一巻が出品されたが、それは埼玉県立博物館所蔵のものとセットになることが判明し、埼玉県は首尾よくこれを入手した。さらに翌年、ニューヨークで開催されたクリスティーズの美術品オークションにも『太平記絵巻』の一巻が出品され、これも埼玉県が落札した。ついで平成十三年と同十四年にもサンフランシスコとロンドンのオークションに出品された『太平記絵巻』を埼玉県が落札した。

また昭和六十二年に皇族の高松宮《たかまつのみや》が亡くなったあと、文化庁に寄贈された遺品は国立歴史民俗博物館（千葉県佐倉市）に移管されたが、そのなかに『太平記絵巻』三巻分（上・中・下）が含まれていた。さらにアメリカのボストン美術館からも『太平記絵巻』三巻分の模本が発見された。

こうして『太平記絵巻』は、全部で一二巻から構成されていたことが確実となった。別表は、『太平記絵巻』の各巻と『太平記』の本文との照応関係や、原本または模本の所蔵者を整理した

❖コラム

	『太平記』本文	『太平記絵巻』原本	『太平記絵巻』模本
第１巻	巻第１～３	埼玉県立博物館(昭和47年購入)	(なし)
第２巻	巻第４～７	埼玉県立博物館(平成８年購入)	(なし)
第３巻	巻第７～10	ニューヨーク公共図書館 スペンサー＝コレクションA	 (なし)
第４巻	巻第10～11	(不明)	ボストン美術館
第５巻	巻第12～15	国立歴史民俗博物館上	(なし)
第６巻	巻第16～18	埼玉県立博物館(平成14年購入)	(なし)
第７巻	巻第18～22	埼玉県立博物館(平成７年購入)	東京国立博物館甲
第８巻	巻第23～27	ニューヨーク公共図書館 スペンサー＝コレクションB	 (なし)
第９巻	巻第27～31	(不明)	東京国立博物館乙
第10巻	巻第31～34	埼玉県立博物館(平成13年購入)	ボストン美術館
第11巻	巻第34～37	国立歴史民俗博物館中	(なし)
第12巻	巻第38～40	国立歴史民俗博物館下	ボストン美術館

真保亨「太平記絵巻――十二巻本について」『図録太平記絵巻』(1997年) をもとに補正。

ものである。これをみればわかるように、全一二巻の『太平記絵巻』のうち、埼玉県立博物館は第一・二・六・七・一〇巻の五巻分の原本を所蔵することになったのである。

ところで、この『太平記絵巻』の作者については、作風や人物描写の特徴などから、江戸前期の絵師である海北友雪《かいほうゆうせつ》ではないかと推定されている。友雪は安土桃山時代に活躍した有名な海北友松《ゆうしょう》の子で、慶長三（一五九八）年に生まれ、延宝五（一六七七）年に八〇歳で没したという。したがって、彼がもっとも円熟《えんじゅく》した五〇歳頃の作品であるとすれば、この『太平記絵巻』の製作年代はおよそ一六五〇年前後ということになろう。各巻の構図の特徴としては、たとえば『北野《きたの》天神縁起《てんじんえんぎ》絵巻』をはじめとする古絵巻からの場面転用が多くみられるという。なお埼玉県立博物館は、このほかに海北友雪の作品として六曲《きょく》一双《そう》の『扇面《せんめん》一の谷合戦図屛風《びょうぶ》』（3章の扉写真参照）を所蔵している。

『太平記絵巻』第二巻には、このエピソードを題材として、恩阿が鳥居の石柱に辞世の和歌を書きつけている場面が描かれているが、彼の老齢ぶりはその白髪によく示されている。ところで、人見氏は武蔵七党の猪俣党に属し、武蔵国榛沢《はんざわ》郡人見（深谷市）を本領として人見氏を名乗ったという。そして「猪俣党系図」の人見氏の項には「四郎入道光行元弘乱討死」とあるが、これは恩阿のことであるから、彼は実名を光《みつ》行《ゆき》と名乗る実在の人物であったと推定される。

『太平記』巻一九の「奥州国司顕家卿幷新田徳寿丸上洛事」には、延元二（建武四＝一三三七）年、陸奥国司の北畠顕家《きたばたけあきいえ》が後醍醐天皇の命で足利尊氏を討つため上洛する途中、利根川をはさんで尊氏の嫡子足利義詮《よしあきら》の軍勢と対峙《たいじ》した場面が描かれている。このとき顕家の軍勢が増水した利根川を前に渡河をためらっていたところ、長井斎藤別当実永《べっとうさねなが》と弟の豊後次郎が、渡河点をさぐるため濁流渦まく利根川に馬を乗り入れ、あえなく溺死したという。長井氏は武蔵国長井荘（熊谷市）を本領とする武蔵武士で、『平家物語』に登場する有名な長井斎藤別当実盛《さねもり》の後裔《こうえい》とされるが、実永らの実在については確証がない。『太平記絵巻』第七巻には、まず実永が逆《さか》まく濁流に馬を乗り入れ、弟の豊後次郎がそれに続こうとする場面が躍動的に描かれている。

『太平記』巻二二の「畑六郎左衛門事」をはじめ、同書のあちこちに登場する畑時能《はたときよし》は、武蔵国の住人であったが、のちに信濃国に移住して山野河海で猟漁《りょうぎょ》を業としたという。武芸全般にすぐれ、勇士智謀《ちぼう》の才もあったが、僧を殺し仏閣社壇《ぶっかくしゃだん》を焼き払うなど、悪逆非道ぶりでも知られていた。新田義貞にしたがって各地を転戦したが、甥の所大夫房快舜《ところだゆうぼうかいしゅん》や中間《ちゅうげん》の悪八郎《あくはちろう》と組み、また犬獅子《けんじし》という名前の犬を使って神出鬼没のゲリラ戦法を得意としたとされる。義貞が討死したのち、脇屋義助《わきやよしすけ》にしたがって北陸各地を転戦し、興国二（暦応四＝一三四一）年に討死したというが、実在については疑問と思われる。『太平記絵巻』第七巻には、きわめて特異な人物である畑時能が、家来や犬とともにひそかに敵城内をうかがっているようすが描かれている。

畠山重忠《しげただ》の六代の孫で、武蔵国に生まれ育ったとされる篠塚伊賀守《しのづかいがのかみ》の活躍も、『太平記』の各所に散見するが、巻二二の「大館左馬助討死事付篠塚勇力事」によれば、彼は新田義貞が討死したのち脇屋義助にしたがい、四国に下向したという。興国三（康永元＝一三四二）年、伊予国世田《せだ》城（愛媛県西条市）が落城したとき、篠塚伊賀守はとり囲む二〇〇余騎の敵兵をしりめに、ただ一人だけ小歌を歌いながら悠然と退却したので、人々はその豪胆ぶりに大いに感嘆したとされる。ただし彼の実在については確証がなく、疑問と思われる。

『太平記絵巻』第七巻には、篠塚伊賀守がたった一人で敵兵を追い散らしている場面が描かれている。

3　人々の暮らしと信仰

年貢・公事の負担●

下河辺《しもこうべ》荘は、本来、下総国に所在していたが、近世初頭に同国の一部が武蔵国に編入されたため、荘域の大部分は、現在では埼玉県域に含まれることになった。同荘は、庄内古川《しょうないふるかわ》（現在の中川）流域に沿ってほぼ南北に展開する広大な荘園で、鎌倉時代中頃に金沢称名寺《かねさわしょうみょうじ》（横浜市金沢《かなざわ》区）の寺領となった。荘内は新方・下方（河辺）・上方（野方）に大別されるが、そのうち下方は幸手市・栗橋町・杉戸町・春日部市・

松伏町・吉川市・三郷市などを含む地域に比定される。

　永仁元（一二九三）年の「下河辺荘村々実検目録」（金沢文庫文書）によれば、同荘下方の現作田《げんさくでん》（実際に耕作している田地）は三五町四反余であるが、除田《じょでん》（年貢免除地）が一反三〇〇歩あるので、それを差し引くと定田《じょうでん》（年貢を負担する田地）は三五町二反余になる。またその内訳は、御佃《おんつくだ》（領主直轄地）三町五反余と所当田《しょとうでん》（年貢対象地）三二町七反余であるが、その年貢率は前者が反別八斗四升、後者が反別四斗である。したがって全部の分米《ぶんまい》（年貢米）は一五六石五斗五升余になる。もし仮に、当時の生産高を反別一石六斗とすれば、御佃の負担率は生産高の五割強、所当田のそれは二・五割となるから、農民たちにとってはかなり過重な負担であったと思われる。

　しかも農民たちは、こうした年貢のほかにさまざまな公事《くじ》（雑税）の負担も義務づけられていた。たとえば、元亨四（一三二四）年の「下河辺荘公事注文案」（金沢文庫文書）は、文中に「キツ子《（ネ）》ツカ」の地名があるので、同荘の狐塚（久喜市）の公事徴収に関する史料と判断される。これによれば、田五反・畠三反付きの在家農民に賦課される公事は、綿の代銭《だいせん》一貫六〇〇文や薬の代銭五〇〇文のほか、葦間伏銭・藍釜代・上酒代・年中行事小袖代・桟敷《さじき》用途・節季用途・垸飯《おうばん》用途・御仏事用途・畳用途・元三《がんざん》用途・贄殿《にえどの》方・明障子《あかりしょうじ》代など、実に三〇種以上にのぼり、総額は一二貫五五一文であった。それらの多くは、「反別百卅文」などとあるように反別賦課が原則であったが、なかには「半在家別《はんざいけべつ》定　古鍬一口代」のように半在家別の賦課や、「差縄一方代　家別定」のように家別に賦課されるものもあった。

　そうしたことは、大窪《おおくぼ》郷の場合でもほぼ同様であった。同郷はさいたま市の大久保地区に比定され、南北朝内乱の頃には下地中分《したじちゅうぶん》されて領家方と地頭方に二分されていた。そのうち地頭方の三分の一は上野国の新田氏一族の岩松《いわまつ》氏の所領となっており、応安二（一三六九）年の「大窪郷地頭方三分一方田畠注文」（正木文書）が残されている。

それによれば、同郷では年貢・公事徴収の単位として「名《みょう》」と「在家」が設定されていた。そして、たとえば「八郎次郎名」の場合をみてみると、それは一町四反大（大は二四〇歩）の田と一町二反の畠で構成されているが、それぞれ御公事免《おんくじめん》（年貢免除）が二反と三反あるから、年貢はそれらを差し引いた残りの田一町二反大と畠九反に賦課されることになる。年貢率は田が反別一斗の米、畠が反別九升五合の麦であった。さらにそれらの年貢のほかに、絹の銭・節料《せちりょう》・うち麦・的《まと》の銭・各節句の銭・贄殿かひたの銭・早稲初穂・盆料・酒肴用途・御代官給など、きわめて雑多な公事を銭または現物で納入することが定められていた。したがって、それらをすべてあわせれば、「八郎次郎名」が負担を義務づけられた年貢・公事は、米一石三斗一升六合、麦八斗五升五合、銭二貫八九六文、および若干の現物であった。農民たちにとって、いかに過重な負担であったかがうかがえよう。

なお、大窪郷の場合、「在家」は年貢賦課の対象とされて銭で徴収されているが、雑多な公事はいっさい賦課されていない。その点、同じ在家とはいっても、先の下河辺荘の在家農民とは、その存在形態や

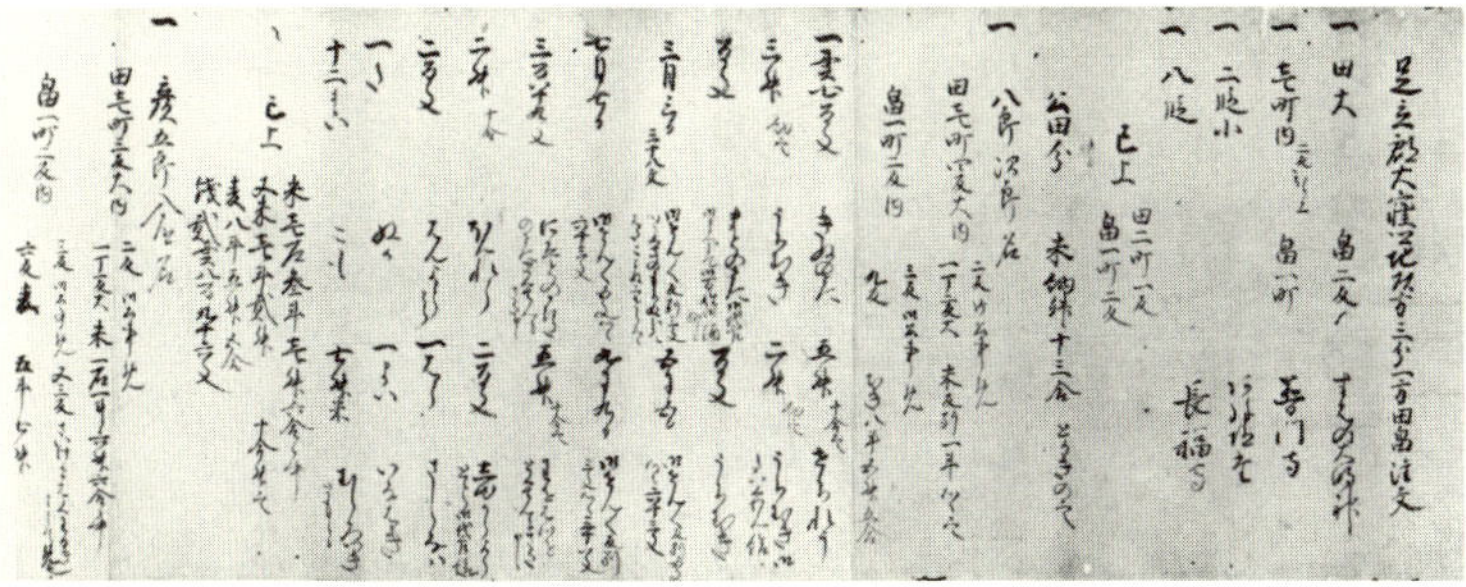

応安２(1369)年「大窪郷地頭方三分一方田畠注文」(正木文書)

負担内容が相違していたと思われる。

農民たちの闘い●

前項でみたように、農民たちは領主支配の重圧のもとで、過重な年貢・公事の負担にあえいでいた。そうしたなかで、彼らは自分たちの生活を守り、また再生産を維持していくために、年貢などの減免《げんめん》を求める闘いをくり広げていった。武蔵国の場合、そのような農民たちの具体的な動向を伝えてくれるものとして、佐々目《さ さ め》郷の事例がよく知られている。

佐々目郷は、現在のさいたま市南西部から戸田市西部にかけての地域に比定され、荒川（旧入間川）下流域左岸の沖積平野部に位置する。同郷は、鎌倉時代末期から建武政権の頃にかけて鎌倉の鶴岡《つるがおか》八幡宮に寄進され、中世という時代を通して、そのもっとも重要な経済的基盤となっていた。

ところで『鶴岡事書日記《ことがき》』によれば、応永元（一三九四）年十月、佐々目郷の農民たちは、「惣郷引懸《そうごうひっかけ》」（作柄《さくがら》の悪い一部の例を引き合いにだして郷全体におよぼすこと）という戦術を駆使して年貢の減免をかちとろうとした。ついで翌年七月には強訴《ごうそ》をくわだてようとした「張本百姓《ちょうほん》」（首謀者）一五人が鎌倉に出頭することを命じられたが、このような農民たちの動きに呼応して、近郷の「悪党《あくとう》」らが郷内に居住し、支援していることが注目される。

応永五年六月、農民たちがふたたび「惣郷引懸」と号して闘いをくり広げたので、鶴岡八幡宮ではたびたび交名《きょうみょう》（名簿）を作成して「張本百姓」を召喚《しょうかん》しようとしたが、農民たちはなかなかそれに応じようとしなかった。そのため、武力をもたない鶴岡八幡宮としては、守護権力に依存して農民たちの動きを封じる方向に大きく政策を転換せざるをえなくなった。そして結局、同年十月、鶴岡八幡宮は今年限りという条件つきで、農民たちの年貢減免の要求を大幅に認めることになったのである。こうして鶴岡八幡宮の佐々目郷支配は大きく動揺し、応永七年八月には豊島左近蔵人《としまさこんくろうど》入道道顕《にゅうどうどうけん》なるものを同郷の公文《くもん》（政所《まんどころ》）に補任《ぶにん》することにした。国人《こくじん》領主の武力を背景とすることなしには、もはや佐々目郷の支配を維持していくことは困難になってきたのである。

また『鶴岡事書日記』によれば、応永元年から翌二年にかけて、矢古宇《やこう》郷（川口市・草加市）でも領主支配に抵抗する農民たちの動きがあったことが知られる。すなわち、鶴岡八幡宮では同郷の農民たちが「埒役」を勝手に年貢のなかに含めていることを非難し、それは年貢とは別の「地下役《じげやく》」（農民に課せられる役）であるとして、それを「夏麦」で弁済させようとしている。「埒役」は「浮役《うきやく》」の誤写で、賦課額を固定しないで臨時に徴収する雑税の一種と推定されるが、領主側の恣意的な収奪に対して、農民たちは「浮役」の分だけ年貢を差し引くという戦術で抵抗したのである。

これらのほか、断片的な史料ではあるが、十四世紀前半頃、下河辺《しもこうべ》荘赤岩《あかいわ》郷（松伏町・吉川市辺り）の農民たちが逃散《ちょうさん》を覚悟して同心《どうしん》し、領主である金沢称名《かねさわしょうみょう》寺に対して水損のための年貢免除を訴訟（嘆願）したり、また十五世紀半ばには、戸守《ともり》郷（川島町）の農民たちが「惣郷《そうごう》同心」して、領主である下野国足利（栃木県足利市）の鑁阿《ばんな》寺に対して損免《そんめん》を要求していることなども知られる。

生活と再生産を維持するとともに、自分たちの手許により多くの余剰を確保するための農民たちの闘いは、各地で不断にくり広げられていたのである。

信仰の広まり●

平安時代末期にあいついだ戦乱や自然災害は、末法《まっぽう》思想の広まりとともに、人々に大きな社会不安をもたらした。そうした状況のなかで、現世《げんせ》の苦しみから人々の魂を救済し、死後の極楽往生《ごくらくおうじょう》を約束する新しい信仰がうまれてきた。法然上人《ほうねんしょうにん》を開祖とする浄土《じょうど》宗は、そのような信仰を代表するものであるが、それに帰依《きえ》した一人が武蔵武士として知られる熊谷直実《くまがいなおざね》である。『吾妻鏡』によれば、将軍源頼朝の面前で行なわれた久下直光《くげなおみつ》との所領相論《そうろん》に際し、直実は短慮をおこして出奔したとされるが、彼はやがて法然上人に師事《しじ》して蓮生《れんせい》と号し、念仏三昧《ねんぶつざんまい》の余生を送ったという。その頑固で熱烈な信仰ぶりは、『法然上人絵伝』その他に、さまざまなエピソードとして伝えられている。

　浄土宗の関東布教に大きな功績を残したのは、法然上人の孫弟子にあたる良忠《りょうちゅう》であるが、とくに武蔵国を中心にその教えを広めたのは良忠門下の性心《しょうしん》で、彼は武蔵国藤《ふじ》田《た》郷（寄居町）を本貫地《ほんがんち》とする藤田氏の出自なので、その流派は藤田派と称された。

　浄土《じょうど》真《しん》宗の開祖として知られる親鸞《しんらん》上人は、長く関東で教化活動を展開して『教行信証《きょうぎょうしんしょう》』を著したりしたが、

『法然上人絵伝』　蓮生（熊谷直実）が予告どおり往生するようすを描いた場面。

武蔵国とのかかわりは明確でない。しかし弟子の西念《さいねん》は武蔵国野田《のだ》に来住し、西念寺を建立して浄土真宗の布教に努めたという。野田の比定地には、さいたま市の野田とする説と白岡町野田とする説がある。他阿真教《たあしんきょう》は、時《じ》宗の開祖である一遍《いっぺん》上人の後継者であるが、『遊行《ゆぎょう》上人縁起絵巻』によれば、遊行の途中で病気になり、村岡《むらおか》（熊谷市）にしばらく滞在したとき、教念《きょうねん》寺（深谷市）を天台宗から時宗に改宗させたという。

日蓮宗寺院の妙顕《みょうけん》寺（戸田市）や玉蓮《ぎょくれん》寺（本庄市）は、日蓮上人が佐渡に配流されたとき、在地領主の帰依《きえ》によって邸宅を寺院にしたと伝えられている。臨済《りんざい》宗を伝えた栄西《えいさい》の門弟である栄朝《えいちょう》は、慈光《じこう》寺（ときがわ町）境内に塔頭《たっちゅう》として霊山《りょうぜん》院を創建し、密教（天台宗）と禅宗との兼修の道場としたが、臨済宗寺院の展開が活発化するのは南北朝内乱以降のことになる。また道元《どうげん》が伝えた曹洞《そうとう》宗の展開はさらに遅れ、室町時代になってからである。

一方、旧仏教についていえば、県内きっての名刹《めいさつ》である慈光《じこう》寺は、源頼朝の篤い尊崇をうけて隆盛をきわめ、関東における「天台別院」と称された。当時の繁栄ぶりは、国宝の紙本法華経一品経《しほんほけきょういっぽんきょう》（慈光寺経）をはじめ、多くの重要文化財が同寺に伝存していることからもうかがえる。鎌倉時代後期になると、仙波《せんば》（川越市）の無量寿《むりょうじゅ》寺仏地《ぶっち》院（現在の中院《なかいん》）が関東天台宗の本山として教学の中心となった。また、関東における真言宗教団の中心となったのは、田舎大本《いなかだいほん》寺とされる下野国小俣《おまた》（栃木県足利市）の鶏足《けいそく》寺であり、そこを拠点として武蔵国にも教線を伸張させ、多くの末寺が創建された。

板碑の出現●
熊谷市須賀広《すがひろ》の大沼公園にある弁天《べんてん》島には、現高一一五センチの板碑《いたび》（板石塔婆《いたいしとうば》）が立っている。現在、実物は熊谷市が保管しているので、現地にあるのはレプリカである。残念ながら上部が欠損しているが、阿弥陀三尊像が陽刻《ようこく》されている下に、嘉禄三（一二二七）年の年紀とその左右に「諸教所讃　多在弥陀故以西方　而為一准」という『摩訶止観《まかしかん》』から引いた偈《げ》（教典の一部）などが陰刻《いんこく》されている。これこそ、現在知られるかぎり、日本最古の紀年銘がある板碑である。また同市樋春《ひはる》の真光寺《しんこう》には、安貞二（一二二八）年十二月十五日銘の阿弥陀一尊板碑が所在し、熊谷市には寛喜二（一二三〇）年銘の阿弥陀三尊図像板碑があるが、これらは全国で二番目および三番目に古い紀年銘をもつ板碑である。

板碑は「中世にはじまり中世に終わる」といわれるように、中世という時代独特の宗教的な石造遺物であるが、全国最古から三番目までの板碑が熊谷市にまとまって伝存しているということは、この辺りが板碑のふるさとであった可能性を示唆するものであろう。とくに「武蔵型板碑」の原材料となる緑泥石片岩《りょくでいせきへんがん》（秩父青石《ちちぶあおいし》）の原産地は、長瀞町《ながとろ》野上本郷《のがみほんごう》や小川町下里《しもさと》などに限定されており、武蔵国は板碑の発祥の地であるとともに、原材料の供給地として、中世における板碑の盛行の中心地となっていた。

日本最古の嘉禄3(1227)年銘板碑(熊谷市)

今から三〇年ほど前に埼玉県教育委員会が行なった県内に所在する板碑の悉皆《しっかい》調査によれば、全部で二万二〇一基の板碑が確認されたという。その後の追加調査や市町村史編纂の過程などで、あらたに発見された板碑はかなり多くあるはずだから、現在では、少なくともそれの一割増しぐらいの板碑が確認されているのではないだろうか。ともあれ、その悉皆調査の結果によれば、主尊《しゅそん》が判明する板碑の実に九〇%近くが阿弥陀如来をあらわす種子《しゅじ》（キリーク）や画像で占められているという。阿弥陀如来に魂の救済を求める広義の阿弥陀信仰（浄土信仰）の圧倒的な広まりを知ることができるであろう。

4章

絶え間なき戦国争乱

紙本著色伝貞巌和尚像(久喜市甘棠院)

1　享徳の乱と古河公方

揺らぐ鎌倉府体制●

鎌倉府は、本来、室町幕府や将軍からの命令や指示をうけて、それを実施する東国行政機関にすぎなかった。しかし、鎌倉公方《くぼう》はやがて行政・軍事などの面で独自の権限を行使するようになり、鎌倉府は室町幕府からなかば独立した地方政権としての性格をしだいに強めていった。

康暦元（天授五＝一三七九）年、鎌倉公方足利氏満《あしかがうじみつ》は、幕府内部の混乱（康暦《こうりゃく》の政変）に乗じて将軍職に野心をいだき、また氏満のあと鎌倉公方になった満兼《みつかね》は、応永六（一三九九）年、大内義弘《よしひろ》の誘いに応じて反乱計画（応永の乱）に加担したりした。いずれも不発に終わったとはいえ、氏満・満兼と続く鎌倉公方の野心と反逆は、幕府と鎌倉府、将軍と鎌倉公方の対立をいっそう深刻なものにしていった。

こうした状況のもとで、鎌倉公方足利持氏《もちうじ》の処遇に不満をいだいた前関東管領《かんれい》の上杉（犬懸《いぬかけ》）氏憲《うじのり》（法名禅秀《ぜんしゅう》）が、応永二十三年十月、将軍足利義持《よしもち》の弟義嗣《よしつぐ》や持氏の叔父満隆《みつたか》らとはかり、いわゆる上杉禅秀の乱をひきおこした。関東の諸将はそれぞれ両陣営にわかれたが、そのなかには多くの武蔵武士も含まれていた。『鎌倉大草紙《おおぞうし》』によれば、禅秀方には武蔵七党の児玉《こだま》党・丹《たん》党のほか、大類《おおるい》・荏原《えばら》・蓮沼《はすぬま》・別《べっ》符《ぷ》・玉井《たまのい》・瀬山《せやま》・甕尻《みかじり》などの諸氏が、一方、持氏方には江戸《えど》近江守・安保《あぼ》豊後守・長井《ながい》藤内左衛門《とうないさえもん》のほか、加治《かじ》・金子《かねこ》氏などが加わったという。結局、幕府の支援をうけた持氏が反撃に転じると、味方の裏切りと離反があいつぎ、翌年一月、禅秀は一族とともに自害して乱は鎮圧された。

しかし乱の余波はその後も続き、持氏は禅秀与党の討伐を名目に、上野国の岩松満純《いわまつみつずみ》をはじめ、常陸国の佐竹《さたけ》（山入《やまいり》）与義《ともよし》や小栗満重《おぐりみつしげ》、下野国の宇都宮持綱《うつのみやもちつな》など、いわゆる京都御扶持衆《おんふちしゅう》退治を行なった。京都御扶持衆とは、上杉禅秀の乱ののち幕府と結びつき、その保護をうけた関東の諸将のことで、彼らは幕府の指示で鎌倉公方足利持氏の動静を監視し、また牽制する役割をになっていた。したがって、彼らを攻撃することは、幕府に対する公然たる反抗を意味していた。応永三十二年、五代将軍足利義量《よしかず》が在職わずか二年足らずで病没すると、くじ引きという異例の方法で足利義教《よしのり》が六代将軍に就任した。かねてから将軍職に野心をいだいていた持氏は、この後、幕府や将軍に対する敵意をますます強めていった。

永享《えいきょう》十（一四三八）年六月、持氏は嫡子賢王丸《けんおうまる》の元服にあたり、関東管領上杉憲実《のりざね》の忠告を無視し、将軍の諱《いみな》から一字を賜わるという慣例を破ってみずから義久《よしひさ》と名付けた。そのため、憲実は身の危険を感じて鎌倉を脱出し、幕府に保護を求めた。そこで将軍義教は、これを持氏討伐の絶好の機会ととらえ、さっそく後花園《ごはなぞの》天皇の綸旨《りんじ》をうけて二万五〇〇〇余の軍勢を関東に派遣した。いわゆる永享の乱である。結局、持氏は幕府の大軍に攻められて敗北し、翌年二月、鎌倉の永安寺《ようあんじ》で自害した。こうして基氏《もとうじ》以来、四代、約一世紀にわたって関東に君臨してきた鎌倉公方は、ここにいったん滅亡した。

しかし、たとえば将軍義教が永享十二年二月十七日付で武蔵武士の安保宗繁《あぼむねしげ》に「関東の事雑説《ぞうせつ》これありと云々。現形《げんぎょう》せしむれば、時日を廻らさず馳《は》せ向かい、忠節を抽《ぬき》んずべし」（安保文書）と指示しているように、関東の状況はその後もなお不穏であり、不安定であった。案の定、同年三月、持氏遺児の安王《やすおう》丸《まる》・春王丸《はるおうまる》が結城氏朝《ゆうきうじとも》に擁立され、鎌倉公方の再興をめざして下総国結城城（茨城県結城市）で挙兵した。いわゆる結城合戦である。しかし約一年におよぶ籠城戦ののち、結城城は幕府・鎌倉府連合軍に攻囲されて陥落し、安王丸・春王丸は捕らえられて殺された。

享徳の乱の展開●

永享の乱とそれに続く結城合戦ののち、関東管領上杉氏が鎌倉府の実権をにぎった。しかし、上杉氏の権力が強大化することを警戒した関東の諸将のなかには、鎌倉公方の復活を画策するものもいた。その結果、文安四（一四四七）年頃、足利持氏の遺児の一人である万寿王丸《まんじゅおうまる》（『鎌倉大草紙』では永寿王《えいじゅおう》）が鎌倉公方の後継者として鎌倉に帰還し、やがて元服して足利成氏《しげうじ》と名乗った。またそれを補佐する関東管領には上杉憲実の子憲忠《のりただ》が就任した。こうして鎌倉府体制がふたたび復活したのである。

しかし成氏と憲忠の関係ははじめから円滑ではなく、両者の対立はしだいに深まっていった。そのため、享徳《きょうとく》三（一四五四）年十二月、成氏は憲忠を自邸に招いて謀殺したあと鎌倉を発向し、各地を転戦して下総国古河《こが》（茨城県古河市）にはいり、ここを拠点に古河公方《こがくぼう》と称された。その後、年号は康正・長禄・寛正・文正・応仁・文明とたびたび改元されるが、成氏は上杉氏およびその背後にひかえている室町幕府に対する対抗姿勢を堅持するため、いっさいの改元を認めず、享徳年号に固執し続けていった。そこで、このあと関東各地でくり広げられる古河公方足利成氏と関東管領上杉氏との対立・抗争を「享徳の乱」とよんでいる。

憲忠が謀殺されたのち、弟の房顕《ふさあき》が関東管領に就任し、長禄元（一四五七）年頃、上杉（扇谷《おうぎがやつ》）持朝《もちとも》に河越城《かわごえ》（川越市）を、またその家宰《かさい》であった太田資清《おおたすけきよ》（道真《どうしん》）・資長《すけなが》（道灌《どうかん》）父子にはそれぞれ岩付城《いわつき》（さいたま市）と江戸城（東京都千代田区）を構築させたという（『鎌倉大草紙』）。地理的にいえば、荒川（現在の元荒川）をはさんで成氏勢力と対峙する位置に岩付城が築かれ、成氏勢力のうち下総方面の千葉氏らにそなえるために江戸城が配置され、さらにそれらを背後からささえるいわば扇の要にあたる位置に河越城が築かれたということになる。また房顕自身も、長禄三年頃、成氏勢力の攻勢に対抗するための前線基地として利根川右岸に五十子陣《いかっこのじん》（本庄市）を構築し、しばらくここに滞陣したが、文正元（一四六六）年に陣中で病没した。ついで越後国守護の上杉房定《ふささだ》の子顕定《あきさだ》がその後継者に迎えられ、山内《やまのうち》上杉氏の家督をついで関東管領に就任し、彼もまた五十子に滞陣した。

以後、戦況は一進一退をくり返したが、そのさなかの文明八（一四七六）年、上杉顕定の家臣の長尾景《かげ》春《はる》が鉢形《はちがた》城（寄居町）に拠って主家に反旗をひるがえした。いわゆる長尾景春の乱で、古河公方足利成氏がこれを支援した。景春の乱討伐の中心となり、各地を転戦して活躍したのは太田資長（道灌）であり、同十二年、日野《ひの》城（秩父市）を攻略して景春を敗走させた。同十四年十二月、顕定の父房定の周旋で室町幕府と古河公方との和睦が成立し、三〇年近くにおよんだ享徳の乱はようやく終結した。「都《みやこ》（京都）」と「鄙《いなか》（古河）」の和睦という意味で、これを「都鄙《とひ》の和睦」という。

ところで、とくに長尾景春の乱の鎮定に東奔西走し、めざましい活躍ぶりを示した道灌の勢威と名声は、主家の上杉（扇谷）定正《さだまさ》をしのいで関東一円に広まった。しかしその勢望を恐れた定正は、道灌の抜群の功績を

太田道灌画像（越生町龍穏寺）

正当に評価しようとはせず、処遇はきわめて冷淡であった。そのため道灌は、文明十二年十一月二十八日、長尾景春の乱の経過とともに、各地を転戦した自分の戦績を詳細に書き記した書状を上杉（山内）顕定の家臣の高瀬民部《たかせみんぶ》少輔に提出し、とりなしを依頼した。有名な「太田道灌状」である。一方、顕定も道灌の勢威を警戒し、彼が謀反をくわだてている旨を定正に讒言《ざんげん》した。そのため、その謀計にひっかかった定正は、文明十八年七月二十六日、相模国糟屋《かすや》（神奈川県伊勢原市）の館《やかた》に道灌を招きよせて謀殺した。こうして道灌は、主家のためにめざましい活躍をしたにもかかわらず、その勢威と名声をねたまれ、非業の最期をとげたのである。

両上杉氏のせめぎあい●

太田道灌謀殺事件をきっかけに、それまで続いていた山内・扇谷両上杉氏の協力関係は破綻し、両者の対立・抗争があらたにはじまった。道灌の嫡子資康《すけやす》をはじめ、太田氏一族や家臣らのなかには、功臣を謀殺した上杉定正を見限り、上杉顕定にしたがうものが続出した。一方、家臣らの信望を失った定正は、勢力の弱体化を補うために、二代目古河公方の足利政氏《まさうじ》やしばらく逼塞《ひっそく》していた長尾景春と結び、顕定に対抗しようとした。両上杉氏の抗争は、長享二（一四八八）年二月の実蒔原《さねまきがはら》（神奈川県伊勢原市）の合戦から本格化し、以後、武蔵・相模両国を舞台として激しくくり広げられた。

ところで、漢詩人として知られる万里集九《ばんりしゅうく》は、道灌に招かれて関東に下向し、道灌の横死後もしばらく江戸に滞在していた。しかし長享二年七月、集九は道灌の三回忌がすんだのを機に北陸方面から美濃国に帰ることにし、途中、道灌の嫡男資康と別離のあいさつを交わすために須賀谷《すがや》（嵐山町）に立ち寄った。同年八月十七日、雨後のぬかるみのなかをようやく資康の陣営にたどり着いた集九は、去る六月十八日にここで両上杉軍による大激戦がくり広げられ、死者七〇〇余人、倒れた馬数百疋にのぼることを知ったという（『梅花無尽蔵《ばいかむじんぞう》』）。集九はしばらく資康の陣営に滞在して詩歌会を催したりしたのち、顕定が拠る鉢形《はちがた》城（寄居町）をへて越後国に旅立った。

その後、定正は鉢形城の顕定を攻めるため、古河公方足利政氏の支援をうけて高見原《たかみがはら》（小川町）に陣を張り、同年十一月十五日、ここで両上杉軍はふたたび激突したが、勝敗は決しなかった。定正は、一族から朝良《ともよし》を養嗣子に迎えていたが、彼は凡庸で行状も思わしくなかったという。そのため、定正は朝良の将来を案じ、江戸城代でもある重臣の曽我祐重《そがすけしげ》に書状を送り、朝良に対して訓戒を加えるように要請している。いわゆる「上杉定正状」である。ここには両上杉氏の抗争の由来や経緯、また須賀谷原や高見原の合戦のことなども記されているが、定正自身、両上杉氏の抗争のことを「長享年中《ちょうきょうねんちゅう》の大乱」といっている。

明応三（一四九四）年、両上杉氏の戦いは武蔵・相模両国を舞台としてふたたび活発化したが、同年十月、定正は荒川を渡河しようとして落馬し、急死した。扇谷上杉氏の家督は朝良が継承したが、この機に古河公方足利政氏は扇谷上杉氏からはなれ、山内上杉氏と結びついた。そのため戦況は大きく転換し、以後、一進一退をくり返しながらも、山内上杉氏がしだいに優位を占めるようになった。

永正元（一五〇四）年九月の立河原《たちかわがはら》（東京都立川市）の合戦では、駿河国の今川氏親《いまがわうじちか》や新興の伊勢宗瑞《いせそうずい》（新九郎長氏《ながうじ》、通称北条早雲《ほうじょうそううん》）らの支援をうけた朝良が、古河公方足利政氏を擁する顕定を破ったりしたが、大勢はあまり変わらなかった。翌年、顕定が越後国守護の上杉房能《ふさよし》（顕定の弟）の支援をえて扇谷上杉氏の拠点である河越城（川越市）を攻めると、扇谷上杉氏にはもはや対抗する力は残されていなかった。永正二年三月、扇谷上杉氏の重臣曾我祐重が、朝良の江戸城（東京都千代田区）への隠退と養嗣子朝興《ともおき》への家督譲与を条件に、顕定に和睦を申し入れた。こうして約二〇年にわたってくり広げられた両上杉氏の対立・抗争は、山内上杉氏の勝利で幕を閉じた。両者の和睦は、最終的には古河公方足利政氏の承認で成立しており、古河公方のはたした役割は、それなりに大きかったのである。

その頃、新興勢力として台頭してきた北条早雲が伊豆国から相模国に進出し、小田原《おだわら》（神奈川県小田原市）に拠点を構えていた。関東の政治状況は、まさに新しい時代を迎えつつあった。

2 後北条氏の武蔵国支配

北条早雲の登場●

戦国大名後北条氏《ごほうじょうし》の初代は、一般に北条早雲《そううん》の名前で知られている。ここでもそれにしたがうが、これは後世の通称で、本名は伊勢新九郎長氏《いせしんくろうながうじ》とされ、出家してからの法名は宗瑞《そうずい》と号した。その前半生は謎に包まれており、出自についても諸説あるが、永正十六（一五一九）年に没したときは八八歳であったという。それから逆算すれば、生年は永享四（一四三二）年になるが、そうであれば、奇しくも太田資長《すけなが》（道《どう》灌《かん》）と同年になる。先にみたように、道灌は文明十八（一四八六）年に主君のために謀殺されたが、そのとき彼は五五歳であった。一方、早雲は五五歳当時、まだ歴史の表舞台には登場せず、駿河国の守護大名今川氏の食客にすぎず、ほとんど無名の存在であった。同年齢とはいえ、二人の人生はきわめて対照的である。

早雲がようやく脚光をあびるのはその翌年（長享元年＝一四八七）のことで、甥（妹の子）にあたる氏親《うじちか》に今川氏の家督をつがせ、その功で興国寺《こうこくじ》城（静岡県沼津市）の城主にとりたてられた。ついで延徳三（一四九一）年、堀越《ほりこし》公方《くぼう》足利政知《まさとも》が病没したあとの内訌《ないこう》に乗じて伊豆国に進出し、韮山《にらやま》城（静岡県伊豆の国市）を拠点に同国を支配下におさめた。さらに明応四（一四九五）年、小田原城（神奈川県小田原市）を攻略して相模国にも進出した。

現在知られるかぎり、年紀が判明する最初の早雲発給文書《はっきゅうもんじょ》は、明応四年二月五日付の伊勢宗瑞判物《はんもつ》（伊東文書）とされるが、これは早雲が小田原城を奪取した年で、このとき彼は六四歳である。そして、そこには「宗瑞」という署判《しょはん》があるので、彼はそれ以前に出家していたと考えられる。当時、山内・扇谷両上杉氏の対立・抗争はまだ続いていたが、永正元（一五〇四）年九月、早雲は今川氏親とともに上杉（扇谷）朝良を支援して武蔵国立河原《たちかわがはら》（東京都立川市）に出陣し、上杉（山内）顕定を攻撃した。

同十六年八月十五日、彼は波瀾に富んだ生涯を閉じるが、その直前、三男の菊寿丸《きくじゅまる》（長綱《ながつな》、法名幻庵《げんあん》）に箱根別当《べっとう》堪忍《かんにん》分《ぶん》などを給与している。そのなかには武蔵国高萩《たかはぎ》（日高市）五一貫文の所領などが含まれていた。

北条氏綱の武蔵国進出●

早雲の後継者となった氏綱《うじつな》は、いわゆる「虎《とら》の印判《いんぱん》」（印文《いんもん》「禄寿応穏《ろくじゅおうおん》」）をはじめて公式印判として使用した。また大永三（一五二三）年頃から「北条」という名字《みょうじ》を名乗るが、そ

虎の印判（道祖土文書）　印文は「禄寿応穏」。

れは相模守や武蔵守を独占した鎌倉幕府の北条氏にあやかったものである。ただし、両者を区別するため、戦国大名の北条氏のことは一般に「後北条氏《ごほうじょうし》」とよんでいる。

ところで、かねてから武蔵国への進出をめざしていた北条氏綱は、大永四年一月、上杉（扇谷）朝興《ともおき》が拠る江戸城（東京都千代田区）を攻略してその足がかりを確保し、以後、ここを拠点として本格的な武蔵国侵攻を開始した。そして早くも同年八月には三《み》室郷《むろごう》（さいたま市）に制札《せいさつ》を下し（氷川女体神社文書）、また翌年二月には扇谷上杉氏の支配下にあった岩付《いわつき》城（さいたま市）を奪取するなど、その勢力は武蔵国の内部に深く浸透していった。

それに対し、江戸城をおわれて河越《かわごえ》城（川越市）に逃れた朝興は、越後国の長尾為景《ながおためかげ》らに援軍を要請するとともに、劣勢を挽回するために反撃に転じ、氏綱の支配下にあった蕨《わらび》城（蕨市）を攻め落とし、また岩付城を奪回したりした。以後、武蔵国の支配をめぐる北条氏綱と上杉（扇谷）朝興の攻防は、長期にわたってくり広げられたが、やがてそれに一応の決着がつけられることになる。

天文六（一五三七）年四月、朝興が病没して嫡子朝定《ともさだ》が扇谷上杉氏の家督をついだ。氏綱はこの機会に一挙に勢力を拡張しようとして、同年七月、大軍を率いて河越城を攻略した。そのため朝定は松山《まつやま》城（吉見町）に逃れた。こうして氏綱は念願の河越城を奪い取り、勢力を北武蔵にまで大きく拡大した。同年七

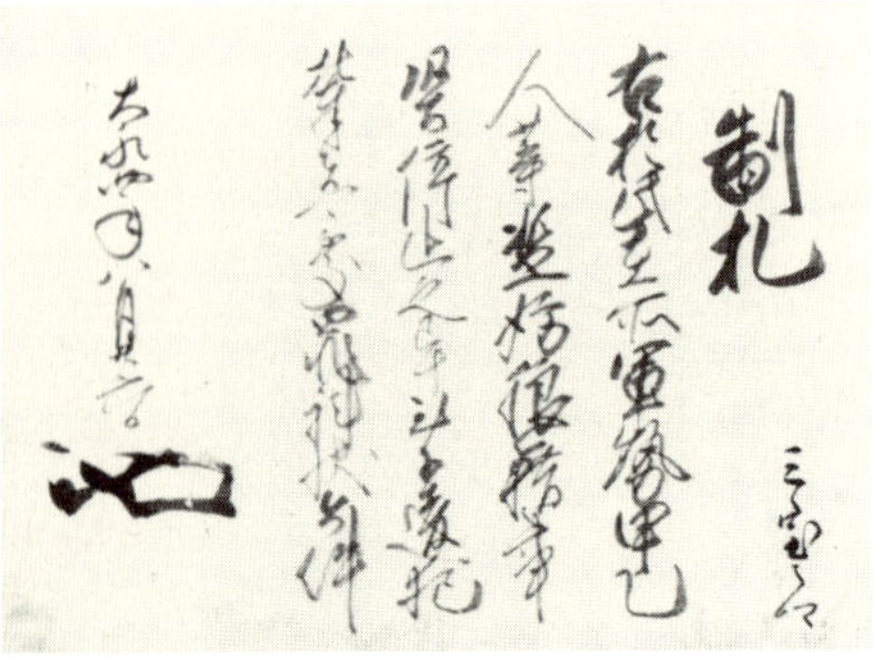

北条氏綱制札（氷川女体神社文書）

月二十三日、氏綱と嫡子氏康《うじやす》は、二人の連名で鎌倉の鶴岡八幡宮に佐々目《ささめ》郷（さいたま市・戸田市）を安《あん》堵《ど》しているが、それには「諸願成就《しょがんじょうじゅ》、皆満足せしむるのところ」という文言がのせられている（鶴岡八幡宮文書）。長年にわたる扇谷上杉氏との抗争に一応の決着がつき、北武蔵支配の拠点として河越城を獲得したことが、後北条氏にとっていかに重要であったかが示されている。河越城代《じょうだい》には、当初、氏綱の子の為昌《ためまさ》が配置されたが、為昌の死後は氏綱の養子の綱成《つなしげ》（福島正成《まさしげ》の子）が派遣された。

河越夜戦と両上杉氏の滅亡●

天文十（一五四一）年七月、北条氏綱が病没し、氏康が後北条氏の家督をついだ。いったん松山城（吉見町）に逃れた上杉（扇谷）朝定は、河越城（川越市）を奪回するために関東管領上杉（山内）憲政《のりまさ》や古河《こが》公《く》方《ぼう》足利晴氏《はるうじ》に支援を要請した。こうして朝定は、同十四年十月から八万余といわれる軍勢を率いて河越城を攻囲した。一方、河越城には城代の北条綱成をはじめ、わずか三〇〇〇人ほどが立て籠《こ》もり、このあと約半年にわたって籠城戦をくり広げた。

こうしたなかで、翌年（天文十五年）四月、北条氏康はみずから八〇〇〇余騎の精鋭を率いて救援にかけつけ、同月二十日、夜陰にまぎれて攻囲軍の背後から奇襲攻撃をかけ、電撃的な勝利をおさめたのである。世に名高い「河越夜戦《やせん》」である。その結果、攻囲軍は惨敗して総大将の朝定は討死し、扇谷上杉氏は

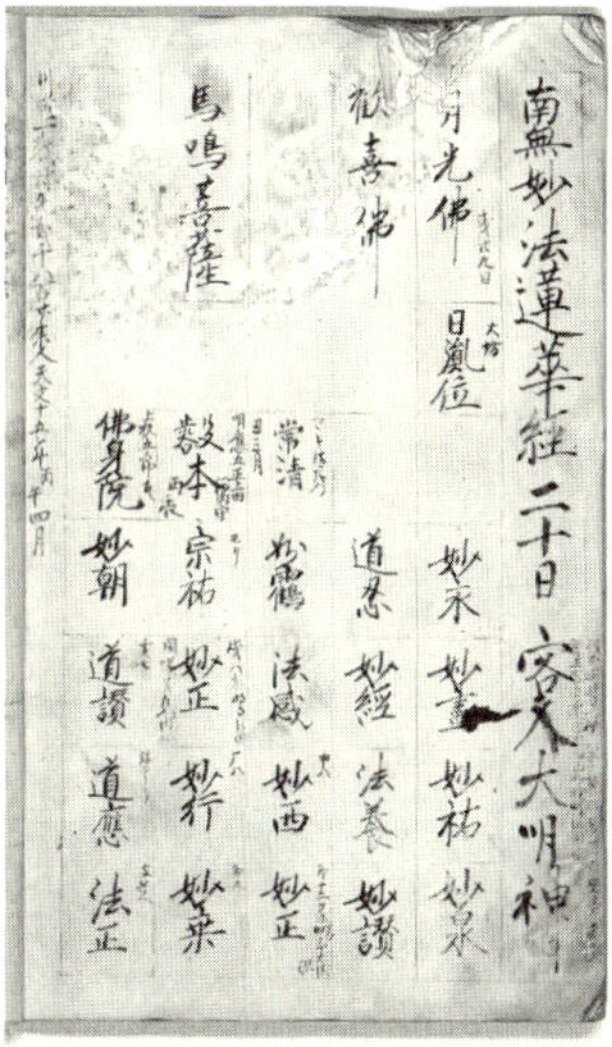

行伝寺過去帳　左端にみえる「仏身院」は上杉朝定のこと。

ここに滅亡した。日蓮宗寺院の行伝寺《ぎょうでん》（川越市）に伝存する過去帳には、この河越夜戦で討死したものなどが記されているが、たとえば「仏身院《ぶっしんいん》」という法名に記された「上杉五郎殿」とは朝定のことである。また過去帳の余白には「川越一戦討死弐千八百廿余人　天文十五年丙午四月」という書き込みがあり、この戦いがいかに激戦であったかがうかがわれる。

朝定を支援して惨敗した関東管領上杉（山内）憲政は、上野国平井《ひらい》城（群馬県藤岡市）に敗走したが、その後、北条氏康に攻められるなど、後北条氏の強い圧迫をうけるようになった。そのため、同二十一年、憲政は越後国春日山《かすがやま》城（新潟県上越市）に逃れ、同国守護代の長尾景虎《かげとら》の庇護を求めることになった。そして後北条氏退治を条件に、山内上杉氏の名跡《みょうせき》と関東管領の地位を景虎に譲り渡すことを約束したので

掘り出された中世の城跡──難波田城跡

難波田《なんばた》氏は武蔵七党の村山党に属する武蔵武士で、観応《かんのう》の擾乱《じょうらん》のときに羽禰蔵《はねくら》（さいたま市・富士見市）の合戦で高麗経澄《こまつねずみ》に敗れた難波田九郎三郎（九五頁参照）や、戦国時代に扇谷上杉氏の重臣として活躍した難波田弾正正直《だんじょうまさなお》（善銀《ぜんぎん》）などはその後裔《こうえい》または一族と思われる。富士見市下南畑《しもなんばた》に所在する難波田城跡がその居城跡と推定されるが、それは荒川（かつての入間川）下流域右岸の標高六メートルほどの自然堤防上に位置する平城で、廃城ののち、江戸時代には十玉院《じゅうぎょくいん》という本山派《ほんざんは》の修験《しゅげん》寺院がおかれていた。

富士見市では、城跡の一部を史跡公園として整備するため、平成五（一九九三）年から三カ年計画で発掘調査を実施した。その結果、戦国時代の堀跡・木橋跡・溝跡などの遺構が確認され、また

❖コラム

板碑・陶器など多数の遺物が検出された。堀跡は内堀にあたると推定され、上幅部約一五メートル、深さ二メートルほどのかなり大規模なものであった。なかでも注目されるのは、曲輪《くるわ》と曲輪を結ぶために架《か》けられた木橋の橋脚がこの内堀から発見されたことである。

橋脚は、直径二〇センチほどの丸太材が四列に並べられているが、そのうち内側の二列が古く、外側の二列は新しく橋を架け替えたときのものと推定される。内側の古い橋脚は堀底にしっかりと打ち込まれており、建材はクリで、防腐《ぼうふ》のために表面が焼《や》き焦《こ》がされているという。また橋の幅は東端で二・七メートル、西端で一・八メートルほどであるから、橋幅がしだいに先細りになる特殊な構造の橋であったと思われる。外側の新しい橋脚は、堀がある程度埋まってから架け直されたようで、大部分が傾いたり倒れたりしている。建材はマメ科のサイカチという。堀に架けられた木橋の特殊な構造などをうかがうことができる貴重な事例といえよう。

現在、城跡は難波田城公園として整備され、園内の資料館には難波田氏関係の資料などが展示されている。

難波田城跡から出土した橋脚

ある。こうして、長年にわたって関東管領の地位をほぼ独占的に継承し、また関東きっての名門であった山内上杉氏は、ここで断絶することになった。

また古河公方《こがくぼう》足利晴氏は、北条氏康の妹（芳春院《ほうしゅんいん》）を室《しつ》に迎えていたにもかかわらず、両上杉氏とともに氏康に敵対したため、河越夜戦に敗れて古河（茨城県古河市）に逃げ帰ったのち、後北条氏の強い圧迫をうけるようになった。そして結局、同二十一年、後北条氏の血をうけつぐ義氏《よしうじ》（母は芳春院）に家督と古河公方の地位を譲り渡したのである。

このように、河越夜戦の勝利の結果、北条氏康は河越城を完全に支配下におさめ、後北条氏の勢力はほぼ武蔵国全体におよぶことになった。またこれを機に、山内・扇谷両上杉氏はともに断絶し、古河公方は完全に後北条氏の支配下に組み込まれることになった。その意味で、河越夜戦は、関東におけるその後の政治的状況や勢力関係を決定づけた、きわめて重要な事件であったのである。

上杉謙信の関東出兵●

永禄二（一五五九）年、上洛した長尾景虎は将軍足利義輝《よしてる》に謁《えっ》し、後北条氏の支配から関東を回復するため、上杉（山内）憲政を支援することを要請された。つまり景虎は、後北条氏に対して軍事行動をおこす大義名分を公的に認められたのである。

そこで景虎は、同三年八月、憲政を擁して第一回目の関東出兵（越山《えつざん》）に踏み切り、厩橋《うまやばし》（群馬県前橋市）で年をこしたあと、翌四年三月、武蔵国をへて小田原城（神奈川県小田原市）に迫り、ここを攻囲した。「関東幕注文《かんとうまくちゅうもん》」（上杉家文書）はこのとき作成したものとされるが、ここには景虎のよびかけに応じて参陣した上野・下野・武蔵・常陸・上総・下総・安房の七カ国、二五五人の武将たちの名前と幕紋《まくもん》が書き上げられている。そのなかには、「武州之衆」として成田下総守長泰《ながやす》とその親類・同心《どうしん》・家風《かふう》一七人、「羽《は》生《にゅう》之衆」として広田式部大輔直繁《しきぶだゆうなおしげ》・河田谷右衛門大夫《かわたやうえもんだゆう》（木戸忠朝《ただとも》）ら一三人、「岩付衆」として太田美濃守資正《すけまさ》ら一四人などが含まれていた。

それに対し、北条氏康は戦力の消耗をさけて徹底した籠城戦法をとったため、景虎はまもなく小田原城攻略を断念して鎌倉にむかい、閏三月、鶴岡八幡宮の社前で山内上杉氏の名跡と関東管領職を継承したことを報告した。そして憲政の諱《いみな》から一字を与えられて上杉政虎《まさとら》と名乗ったが、同年十二月、将軍足利義輝から一字を拝領してさらに輝虎《てるとら》と改名した。なお、彼は元亀元（一五七〇）年に出家して謙信《けんしん》と号するので、以下、ここではもっとも有名な「上杉謙信」の名前を使用する。

上杉謙信は、この後、ほとんど毎年のように関東出兵をくり返すが、その多くは秋から翌年夏にかけて出兵する「長期越冬型」で、雑兵《ぞうひょう》として駆《か》り出された農民たちは、掠奪《りゃくだつ》・暴行・狼藉《ろうぜき》などが行なえる戦場を絶好の稼ぎ場とする傭兵《ようへい》であったという（藤木久志『雑兵たちの戦場』）。仙波中《せんばなか》院《いん》（川越市）の僧奝芸《ちょうげい》は、後北条氏の支配下にはいった河越を逃れ、岩付城（さいたま市）の太田資正の庇護を求めて氷川女体《ひかわにょたい》神社（さいたま市）に来住していた。そして永禄四年から同六年頃に

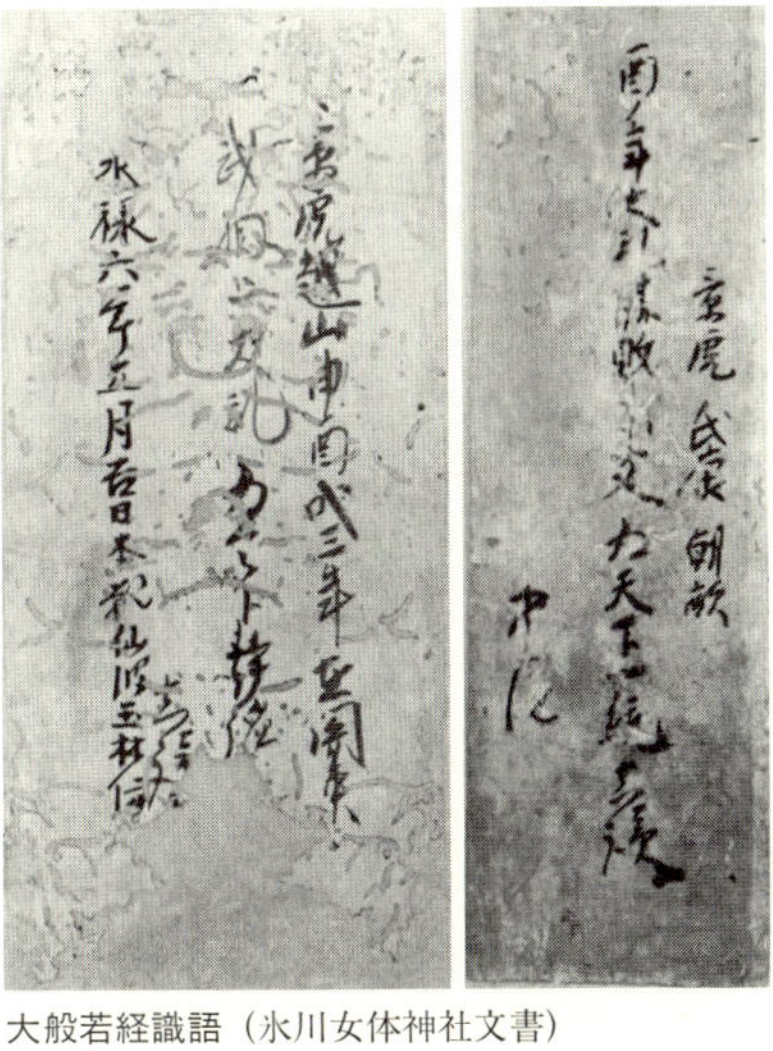

大般若経識語（氷川女体神社文書）

かけて、資正の武運長久を祈って大般若経《だいはんにゃきょう》の真読《しんどく》（経典を省略せず全部読誦《どくじゅ》すること。転読《てんどく》に対する言葉）を行ない、巻末に当時の状況を簡潔に記した識語《しきご》（のちの加筆）を残している。それによれば、北条氏康の軍勢は上杉謙信の出兵を迎え撃って足立郡に出張し、蕨《わらび》（蕨市）や佐々目《さ さ め》郷（さいたま市・戸田市）に放火したり、水判土《みずはた》（さいたま市）の慈眼房《じげんぼう》を焼き払ったりしたという。

ところで氏康は、甲斐国の武田信玄《しんげん》や駿河国の今川義元《よしもと》と相・甲・駿の三国同盟を結び、これを背景に上杉謙信の連年にわたる関東出兵に対抗していたが、永禄十一年、信玄が一方的に同盟を破棄したので、一転して後北条氏と武田氏は敵対するようになった。そこで氏康は、信玄に対抗するために長年の宿敵である上杉謙信と同盟を結ぶ必要にせまられた。こうして同十二年六月、謙信に対して大幅に譲歩した国分《くにわ》け案（領土割譲案）などが提示され、両者の軍事同盟（越相《えっそう》同盟・越相一和《いちわ》）が成立した。それに反発した信玄は、同年秋、上野国をへて武蔵国に攻めこみ、鉢形《はちがた》城（寄居町）や秩父方面を侵略したりした。しかし、せっかく結ばれたこの同盟は、後北条氏から武田氏攻撃の出陣要請がだされても、謙信がそれに応じようとしなかったため、ほとんど機能しなかった。

支城と支城領●

小田原（神奈川県小田原市）を拠点に勢力を拡大した戦国大名後北条氏は、新しく領国に組み入れた重要な地域にそれぞれ支城を設け、支城主として一族や重臣を配置した。このような支城領のことを「領《りょう》」といい、支城主は「領」支配についてある程度自由な裁量権を認められていた。そしてそれらの支城を総轄するのが小田原の本城《ほんじょう》で、本城とそれぞれの支城を結ぶネットワークが整備されていた。ここでは、とくに埼玉県域にかかわる支城と支城領について概観しておこう。

前述したように、天文六（一五三七）年、北条氏綱は上杉（扇谷）朝定をおって河越城（川越市）を奪取し、北武蔵支配の重要拠点を確保した。同城の支配領域は後北条氏のいわば直轄地となり、城主は独立した支城主というよりも、同城を預けおかれた代官（城代《じょうだい》）であった。はじめ為昌《ためまさ》（氏綱の子）、ついで綱《つな》成《しげ》（氏綱の養子）が派遣されたが、同十五年の河越夜戦の勝利ののちは重臣の大道寺《だいどうじ》盛昌《もりまさ》が城代に配置され、周勝《ちかかつ》・正繁《まさしげ》の三代にわたってその立場を継承した。『小田原衆所領役帳《おだわらしゅうしょりょうやくちょう》』によれば、大道寺周勝以下、二二人の家臣らに「河越卅三郷」内の知行地が与えられており、彼らが河越領の支配にあたる「河越衆」であったと思われる。

松山城（吉見町）は、河越夜戦ののち後北条氏の支配下に組み込まれ、『小田原衆所領役帳』では狩野《かの》介《すけ》をはじめ一五人の家臣らが「松山衆」とされている。河越城とともに後北条氏の北武蔵支配の重要拠点であったが、上杉謙信の第一次関東出兵以来、後北条氏と謙信との間で同城の支配をめぐる激しい争奪戦がくり広げられ、一時、謙信と結んだ太田資正が支配したこともある。永禄六（一五六三）年、後北条氏がふたたび同城を奪回し、かつて扇谷上杉氏の重臣であった上田朝直《うえだともなお》（案独斎宗調《あんどくさいそうちょう》）を支城主に任命し、以来、その子の長則《ながのり》・憲直《のりなお》（憲定《のりさだ》）がその立場をうけついだ。また彼らはそれぞれ印文が「雲」「長則」「慶宝」という独自の印判を使用した。松山領の範囲は、比企郡のほぼ全域と入間郡・秩父郡の一部にまでおよんでいた。

北条氏康の三男乙千代《おっちよ》は、天神山《てんじんやま》（長瀞町）城主の藤田康邦《やすくに》の女婿《じょせい》となったが、まもなく鉢形城（寄居町）に移り、永禄七年頃元服して北条氏邦《うじくに》と名乗った。またその頃から印文「翕邦挹福《きゅうほうゆうふく》」という独自の印判を用い、鉢形領の支配を本格的に開始した。鉢形城は、かつて長尾景春や関東管領上杉（山内）顕定も拠ったが、荒川右岸の断崖上に位置する天然の要害であった。その堅固なようすについては、ここを訪れた万里集九《ばんりしゅうく》が「鉢形の城壁は鳥もうかがいがたく、地軸《ちじく》撃《ささ》げ来たりて万仞《ばんじん》欹《そば》つ」（『梅花無尽蔵』）と詠んでいる。荒川の流れをさかのぼれば、急峻な秩父の山々から雁坂《かりさか》峠をこえて武田氏が領する甲斐国に至り、また近くを通る鎌倉街道上道《かみつみち》を利用すれば、上野国から越後国や信濃国に至ることもできる交通上の要衝であった。したがって、武田信玄の武蔵侵略や上杉謙信の関東出兵を迎え撃つには、まことに重要な戦略上の拠点であったのである。氏邦は城下町の整備をはかるとともに、領内の土豪・地侍《じざむらい》を「秩父衆」「小前田《おまえだ》衆」「荒川衆」などのように地域単位に軍事編成し、城内の修復や掃除なども「衆」単位に割り当てて分担させた。鉢形領は男衾郡・秩父郡のほか、賀美・児玉・那賀・榛沢の諸郡など、武蔵国の西北部一帯に拡大した。

　太田道灌の子孫にあたる岩付城（さいたま市）の太田氏は、『小田原衆所領役帳』では太田資正（三楽斎）が「他国衆《たこくしゅう》」として登録されており、一時、北条氏康にしたがったこともある。しかしそれを除けば、資正は上杉謙信の第一次関東出兵では先鋒をつとめ、また後北条氏から松山城を奪い取るなど、ほぼ一貫して後北条氏の武蔵国支配に抵抗した。ところが永禄七年、嫡男氏資《うじすけ》が北条氏康と結んだため、資正は岩付城から追放され、岩付領は後北条氏の支配下に組み込まれた。ついで同十年、三船台《みふねだい》（千葉県君津市・富津市）の合戦で氏資が討死すると、岩付領は後北条氏の直轄領となった。その後、北条氏政《うじまさ》の子の氏房《うじふさ》が氏資の女と結婚して太田氏の名跡《みょうせき》をつぎ、天正十一（一五八三）年頃から印文「心簡剛《しんかんごう》」という独自の印判を用いて活動を開始した。岩付領の範囲は足立郡を中心に比企郡の一部も含んでいた。

　忍《おし》城（行田市）は、利根川右岸の沖積低湿地に位置し、周囲を沼沢に囲まれた水城《みずじろ》として知られている。

永正六（一五〇九）年にここを訪れた連歌師の柴屋軒宗長《さいおくけんそうちょう》は、ここのようすを「水郷也。館のめぐり、四方沼水幾重《いくえ》ともなく蘆《あし》の霜《しも》かれ、廿余町四方へかけて、水鳥おほく見えわたりたるさまなるべし」（『東路のつと』）と記している。城主の成田氏は、上杉謙信の第一次関東出兵にしたがったが、鎌倉の鶴岡八幡宮で成田長泰《ながやす》が謙信から辱《はずかし》めをうけたため離反した。その後、成田氏は一貫して後北条氏にしたがい、忍城は北武蔵をおさえる重要な支城となり、長泰のあと、その子氏長《うじなが》・泰喬《やすたか》が支城主として忍領を支配した。氏長は「氏長」、泰喬は「徳光」という独自の印判を用いた。忍領の範囲は、行田市・熊谷市およびその周辺地域であった。

以上のほか、山内上杉氏の系統から分出した庁鼻和《こばなわ》（深谷市）の上杉氏は、深谷市や美里町の一部などを領したが、一時、上杉謙信にしたがったのち、北条氏政の支配下にはいっている。また北条氏康の子氏《うじ》照《てる》が支城主となっていた滝山《たきやま》（東京都八王子市）領は、東京都多摩郡から埼玉県高麗郡・入間郡の一部を含む地域を領域とした。

中世の終焉――後北条氏の滅亡●

元亀二（一五七一）年十月、北条氏康が病没すると、後継者である氏政《うじまさ》はまもなく越相同盟を破棄し、改めて甲斐国の武田信玄と相甲《そうこう》同盟を結んだ。

天正二（一五七四）年閏十一月、氏政は上杉謙信の支援をうけている簗田晴助《やなだはるすけ》・持助《もちすけ》父子を攻めて関宿《せきやど》城（千葉県野田市）を攻略し、以後、同城を足がかりとして勢力を下野国の南半分まで大きく伸張させた。こうして同十年頃には、後北条氏の領国は最大規模となり、その勢力は伊豆・相模・武蔵国をはじめ、ほぼ関東一円に拡大した。関東で後北条氏の支配下に組み込まれなかったのは、常陸・安房国のほか、下野

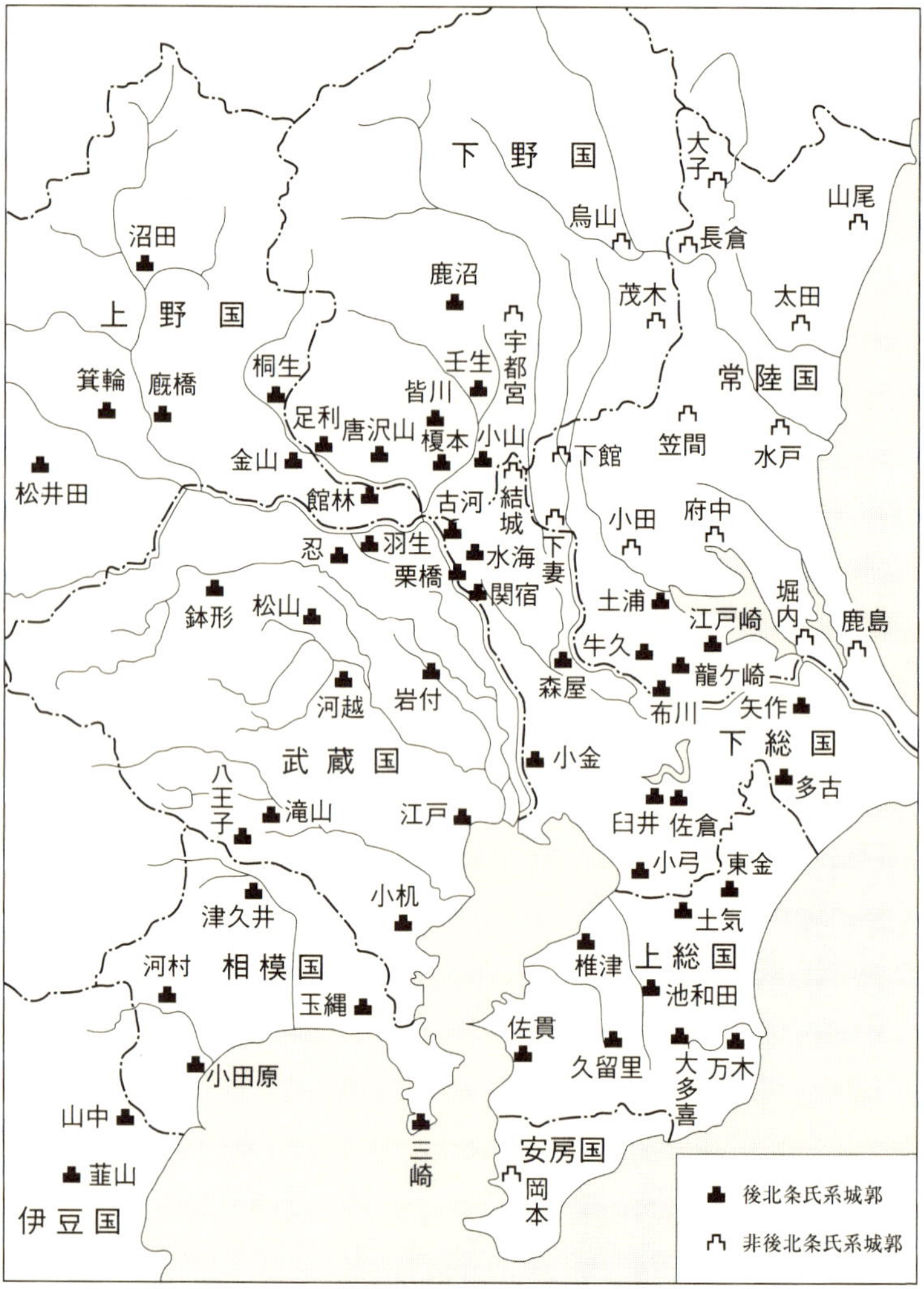

天正10年代の後北条氏領国図（『新編埼玉県史』通史編２より）

国の北半分くらいにすぎなかった。その間、同八年頃、後北条氏の家督は氏政から嫡男氏直《うじなお》にうけつがれたが、「御隠居様《ごいんきょさま》」とよばれる氏政がなお政治の実権をにぎっていた。

ところで後北条氏は、当時、「天下人」として権勢をふるっていた織田信長《おだのぶなが》と結び、その権力を背景に関東一円の統一的支配を実現しようとしていた。しかし天正十年六月に本能寺《ほんのうじ》の変で信長が倒れると、北条氏直はみずから上野・武蔵両国の国境にあたる神流川《かんな》に出陣し、上野国支配のため信長が派遣していた滝川一益《たきがわかずます》を打ち破り、上野国の支配権を奪い取った。その後、豊臣秀吉《とよとみひでよし》による天下統一が本格的に進められるが、後北条氏は徳川家康《とくがわいえやす》と同盟関係を結んで秀吉に対抗しようとした。しかし同十四年に家康は秀吉に服属し、後北条氏は急速に孤立化していった。同十五年、島津《しまづ》氏を屈服させて九州全体を支配下におさめた秀吉は、同年十二月、関東および東北地方の大名や武将らに「惣無事令《そうぶじれい》」を発令した。それは、秀吉の命令によらない紛争は「私戦《しせん》」とみなして処罰の対象とする、という内容の私戦停止令であった。そのねらいは、秀吉の支配にしたがわない後北条氏に対する恫喝《どうかつ》であり、また牽制《けんせい》であった。

それに対し、後北条氏側では、すでに早くから秀吉との決戦にそなえて準備をすすめ、天正十四年頃から小田原（神奈川県小田原市）の本城をはじめ、それぞれの支城においても普請や修理・補強などが行なわれていた。また商人・細工人《さいくにん》らを含む非戦闘員に対しても、総動員令がだされていた。後北条氏の領国全体が秀吉との全面対決にそなえて臨戦態勢にはいったのである。事態は、まさに緊迫した状況を迎えつつあった。このような状況のもとで、同十七年十月、上野国沼田《ぬまた》城（群馬県沼田市）に城代として派遣されていた猪俣邦憲《いのまたくにのり》（北条氏邦の家臣）が、真田昌幸《さなだまさゆき》の持城である名胡桃《なぐるみ》城（同県みなかみ町）を奪取するという事件をおこした。そこで秀吉は、これを私戦を禁止した「惣無事令」違反とみなし、後北条氏討伐の絶好の口実としたのである。

天正十八年一月、先鋒の徳川家康が駿府《すんぷ》城(静岡市)を出撃したのに続き、前田利家《としいえ》・上杉景勝《かげかつ》連合軍が北陸方面から信濃国をへて、背後から関東に攻め寄せてきた。また秀吉自身も三月一日に京都を出撃して関東にむかい、四月には小田原城を見下ろす石垣《いしがき》山に本陣を構えた。一方、後北条氏側では、氏政・氏直父子をはじめ、八王子《はちおうじ》城(東京都八王子市)の北条氏照《うじてる》や岩付城(さいたま市)の太田氏房《うじふさ》などの一族、忍《おし》城(行田市)の成田氏長《うじなが》や松山城(吉見町)の上田憲定《のりさだ》らの支城主たちが小田原城に籠城し、秀吉が率いる大軍を迎え撃つ態勢をとった。

忍城水責めに関する新出史料

平成九(一九九七)年秋、埼玉県立博物館(現、埼玉県立歴史と民俗の博物館)は東京都内で開かれた古書展示会で一幅の古文書を購入した。それは豊臣秀吉朱印状で、石田治部少輔《じぶのしょうゆう》(三成《みつなり》)に宛てられている。年欠で六月二十日の日付があるが、内容などから天正十八(一五九〇)年のものと判断される。また文面には具体的な地名はみえないが、「水責普請之事《みずぜめふしんのこと》」という文言などから、石田三成が行なった忍《おし》城(行田市)水責めに関する文書であると推定された。

本文書によれば、石田三成は忍城水責めにあたり、豊臣秀吉の同意をえるために絵図を送っていたことが知られる。それに対し、秀吉は承認を与えるとともに、相談役として浅野弾正《だんじょう》(長吉)と真田(昌幸か)を指名し、さらに水責め普請があらかた整った段階では、秀吉が派遣する使者の検分《けんぶん》を改めてうけさせることになっていた。要するに、三成はあらかじめ秀吉の許可をえたうえで

❖コラム

忍城水責めの工事にとりかかり、最終的には秀吉の確認をうけることになっていたのである。

本文書の出所は不詳で、展示会に出品された経緯なども不明であるが、従来まったく知られていなかったこの文書の内容は、忍城水責めの具体的状況を伝えるものとして興味深い。

其面之儀、相越絵図
申越之通、被聞召届候、
水責普請之事、無油断
申付候者、尤候、浅野弾正・真田
両人、重而被遣候間、相談、弥
堅可申付候、普請大形出
来候者、被遣御使者、手前ニ
可被為見候条、成其意、各
可入精旨、可申聞候也、
六月廿日　(糸印)
石田治部少輔とのへ

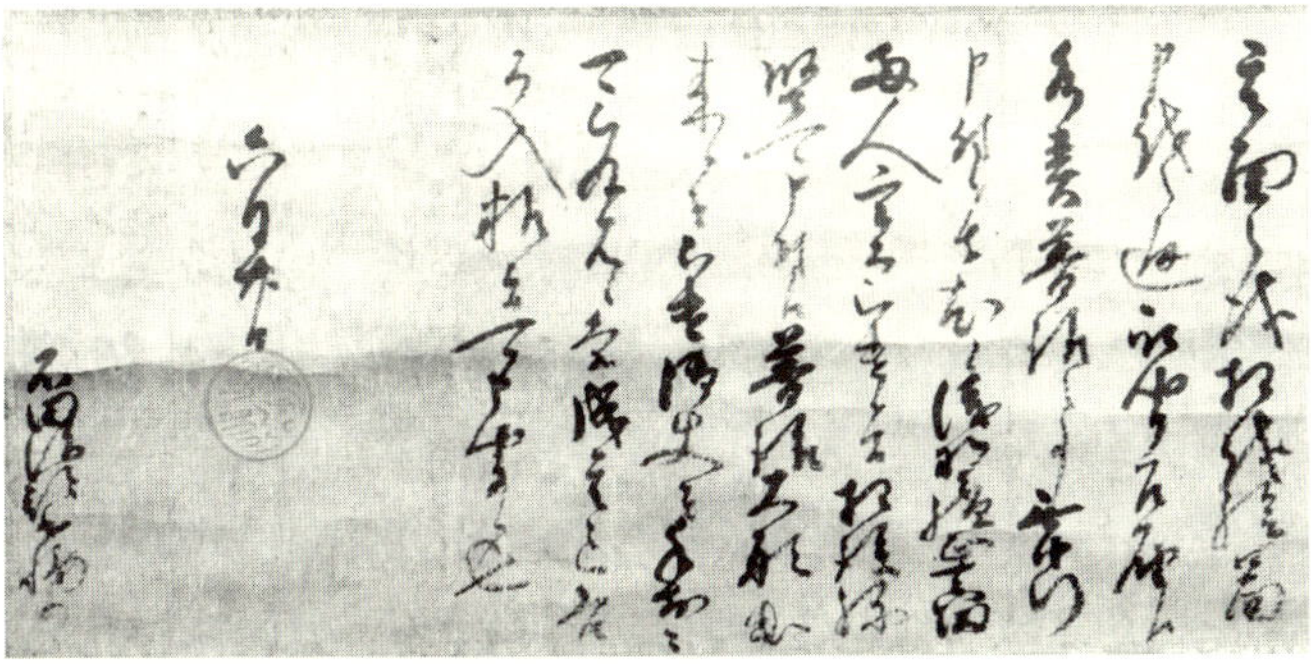
豊臣秀吉朱印状（埼玉県立歴史と民俗の博物館）

前田利家・上杉景勝連合軍は、四月二十日に上野国の松井田城《まついだ》（群馬県安中市）を攻略したのを皮切りに、箕輪城《みのわ》（同県高崎市）や厩橋城《うまやばし》（同県前橋市）などの上野国の諸城をつぎつぎに攻め落とした。ついで五月になると武蔵国に攻め込み、深谷城《ふかや》（深谷市）・松山城、河越城（川越市）などを攻略した。また、木村一《はじめ》・浅野長吉《ながよし》らの軍勢は、五月二十日に岩付城を陥落させた。さらに前田利家らは、北条氏邦《うじくに》みずから籠城する鉢形城《はちがた》（寄居町）に猛攻撃をかけたので、六月十四日に氏邦は家臣らの助命を条件に降伏した。六月二十三日には八王子城が陥落した。

後北条氏の支城は六月中にほとんど陥落し、残るは小田原の本城と忍城ぐらいになった。そのため、氏政・氏直はついに敗北を認めざるをえなくなり、七月五日に小田原城は開城した。その後もなお、忍城だけは石田三成《みつなり》の水責めにもめげず、孤立無援の抗戦を頑強に続けたが、七月十六日に開城した。

こうして、伊勢新九郎長氏（北条早雲）以来、五代、約一〇〇年にわたって関東地方に君臨してきた戦国大名後北条氏はついに滅亡し、中世という時代は終焉を迎えたのである。

3　中世後期の社会と文化

流通路と市・宿●

市《いち》が開設されるときには市祭りが行なわれ、市の繁栄を祈って修験者《しゅげんじゃ》（山伏《やまぶし》）が市神《いちのかみ》に祝詞《のりと》をささげたという。「市場之祭文《いちばのさいもん》」（『武州文書』）はそのような祝詞の一つで、そこには市の由来や功徳《くどく》などがさまざまのべられており、その後に埼玉県東部地域（武蔵国と下総国の一部）に所在した三三カ所の市が列挙され

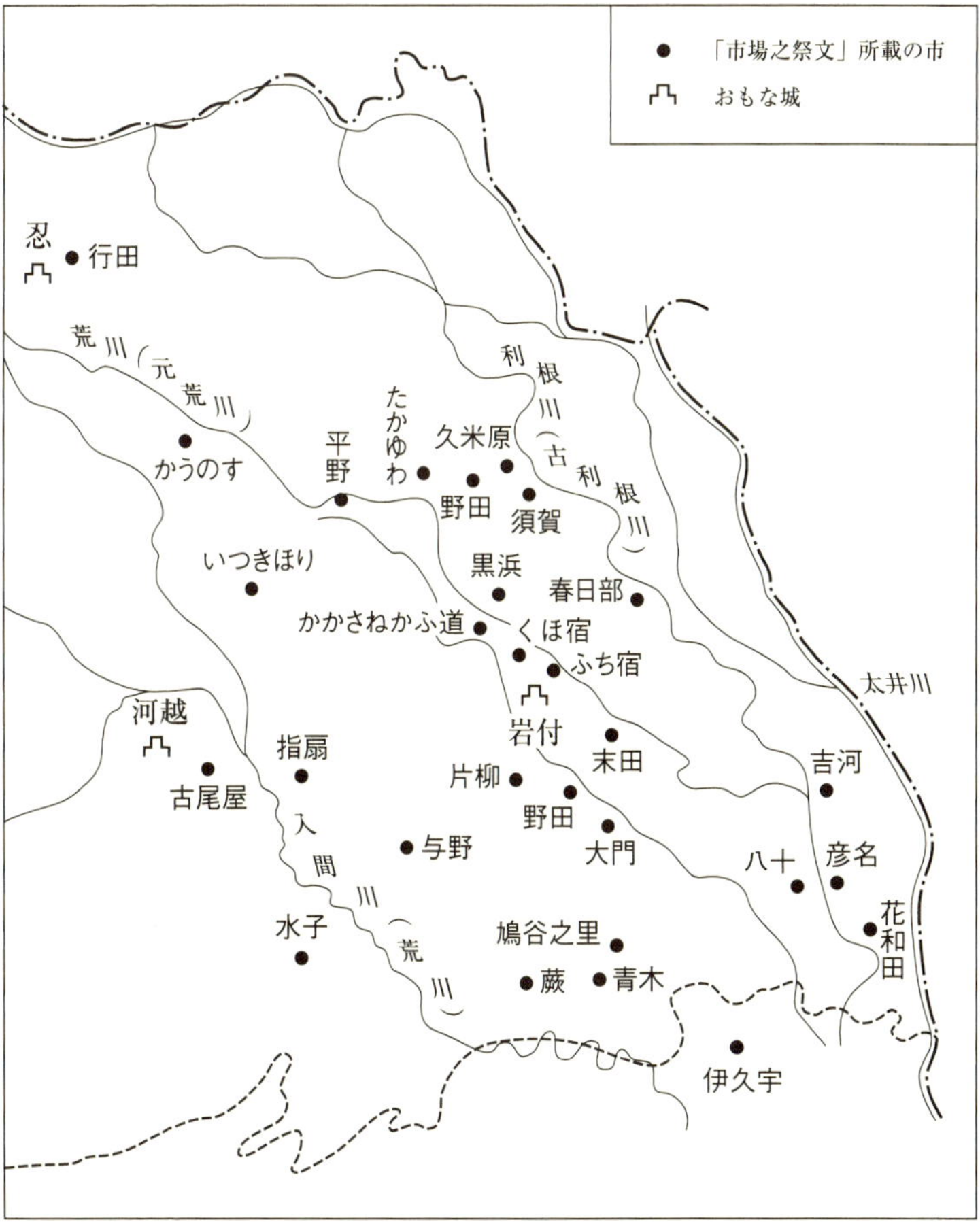

「市場之祭文」所載の市の分布図（『新編埼玉県史図録』より）

ている。これには延文六（一三六一）年の年紀があるが信用のかぎりではなく、実際には戦国時代頃のものとされている。また市の分布は、修験者が市祭りを行なう祭祀圏を示しているともいわれている。

ところでここに列挙されている市のうち、たとえば鳩谷《はとがや》之《の》里《さと》（鳩ヶ谷市）・大門《だいもん》（さいたま市）・野田（同）・岩付（同）などはおおよそ鎌倉街道中道《なかつみち》に沿っており、またかなり多くの市が入間《いるま》川（現在の荒川）・荒川（現在の元《もと》荒川）・利根川（現在の古《ふる》利根川）などの河川流域に分布していることが注目される。市の立地条件は、街道・河川などの流通路と密接にかかわっていたことが推測されるのである。

そのようなことをうかがわせる興味深い事例として、近年、発掘調査された堂山下《どうやました》遺跡（毛呂山町）の場合があるので、宮瀧交二氏らの研究成果（『堂山下遺跡』埼玉県埋蔵文化財調査事業団報告書第九九集など）を参照しながら概観しておこう。

同遺跡は入間川支流の越辺《おっぺ》川右岸に接し、鎌倉街道上道《かみつみち》沿いの渡河点に位置している。この辺り一帯は「苦林野《にがばやしの》」ともよばれており、貞治二（正平十八＝一三六三）年に鎌倉公方《くぼう》足

堂山下遺跡の発掘現場（毛呂山町）

利基氏《もとうじ》が芳賀禅可《はがぜんか》と激戦をまじえた苦林野の合戦（九九頁参照）の古戦場と推定されている。発掘調査の際、「鎌倉街道」と伝承される農道にトレンチを入れたところ、側溝をともなう硬化した道路状遺構が検出され、伝承が正しかったことが確認されたという。街道沿いに溝で区画された四〇×五〇メートルほどの方形の屋敷地があり、そのなかから井戸跡などをともなう掘立柱《ほったてばしら》の建物跡が二三棟ほど検出されている。とくに街道に面した建物群は軒を接するように並んでおり、まさに「町屋《まちや》」を形成していたと考えられる。出土遺物のなかには、土製の鍋や釜、調理用の鉢《はち》、貯蔵品の甕《かめ》などのような地元で生産されたもののほか、瀬戸《せと》焼や常滑《とこなめ》焼の碗《わん》・鉢・甕なども多く出土しており、さらに中国から輸入された青磁《せいじ》の碗や白《はく》磁《じ》・白釉《はくゆう》の小皿なども出土している。また注目すべきものとしては、街道に近い井戸跡から長さ一四センチほどの両端がとがった鋼《はがね》製の遺物が出土しているが、これは金属加工の際などに材料にしるしをつける「けがき針」という特殊な用途をもつ道具であるという。このような出土遺物から判断して、同遺跡は十四世紀前半から十六世紀初頭にかけて、約二世紀にわたって存続した集落跡であることが確認された。また「鎌倉街道」をはさんだ同遺跡のむかい側の小字は「宿浦《しゅくうら》」といい、同遺跡のやや南方には「市場」という大字が残されている。

以上のような調査結果から、この堂山下遺跡の集落は、鎌倉街道上道が越辺川を渡河する交通上の要衝に位置した宿《しゅく》であり、街道沿いには建物が建ち並ぶ町屋が形成され、かなりのにぎわいをみせていたと思われる。また銅細工《どうざいく》などの職人集団の居住も推測されるが、「宿浦」「市場」などの地名が残ることから、ここは市としての機能や役割をもつ宿であったと考えられる。一般の農民たちには無縁であったであろう中国からの舶載品《はくさいひん》や瀬戸・常滑などからもちこまれた品々は、こうした市で取り引きされた商品であったと思われる。

永徳二（弘和二＝一三八二）年の「旦那等配分目録」（米良《めら》文書）に「武蔵国苦林宿大夫阿闍梨《あじゃり》」とみえるが、その「苦林宿」は当地に比定されよう。同遺跡に隣接して崇伝寺《すうでんじ》跡があるが、ここはまさに「街道・河原・宿・小堂・市場がおりなす中世的世界」（『堂山下遺跡』）であったのである。最近、内陸部への商品輸送にはたす河川交通の役割が注目されているが、この堂山下遺跡の集落跡（宿・市）も、越辺川や入間川をつうじて外の広い世界とつながっていたのである。

修験の広まり●

修験道《しゅげんどう》は、原始的な山岳信仰と仏教の密教《みっきょう》的な要素が習合《しゅうごう》したもので、鎌倉時代以降、とくに熊野《くまの》修験の布教活動が活発にくり広げられ、特異な宗教的世界を形づくっていた。そしてそうした布教活動を通して各地に多くの信者組織がつくられたが、修験道ではそのような信者のことを旦那《だんな》（檀那）とよんでいる。旦那は一族や地域などを単位として組織されるが、これらの旦那を組織して布教にあたり、また旦那を引率して熊野参詣などの先導をつとめる修験者（山伏《やまぶし》）のことを先達《せんだつ》という。また先達に率いられて参詣する旦那たちに宿舎を提供したり、祈禱を仲介したりするのが御師《おし》であり、御師は先達を介してそれぞれの旦那組織と師旦《しだん》関係を結んでいた。そして、こうした師旦関係をつうじて御師が特定の旦那組織にもっているさまざまな権利のことを旦那職《だんなしき》といい、これは一種の財産として相伝《そうでん》・譲与・売買・質入れなどの対象となっていた。

こうした旦那職は、やがて実報院《じっぽういん》や尊勝院《そんしょういん》などの有力御師のもとに集積されていくが、そのうち実報院のもとに集積された譲状や売券は米良文書とよばれ、尊勝院に集積されたものは潮崎八百主《うしおざきやおぬし》文書、また廊之坊《ろうのぼう》に集積されたものは潮崎稜威主《りょういしゅ》文書と称されている。これらの文書のなかには、武蔵国に関する譲状・売券・質券などもかなり多く含まれており、武蔵国内にさまざまな旦那組織が形成されていたことが知られる。

修験道は、天台宗に属する聖護《しょうご》院（京都市左京区）を本山とする本山派《ほんざんは》修験と、真言宗に属する醍醐寺《だいごじ》三宝院《さんぽういん》（京都市伏見区）を本山とする当山派《とうざんは》修験に大別される。

文明十八（一四八六）年、熊野三山《さんざん》の検校《けんぎょう》も兼ねていた聖護院門跡《もんぜき》の道興准后《どうこうじゅごう》は、東国の熊野先達を統制し、それらを聖護院を本所《ほんじょ》とする組織に結集するため東国に下向《げこう》し、諸国を巡遊した。このときの見聞を書き記した紀行文が『廻国雑記《かいこくざっき》』である。これによれば、同年十月に武蔵国に来遊した道興は、各地の武士の館などを歴訪したほか、観音堂（狭山市）・十玉《じゅうぎょく》坊（川越市または志木市）・最勝《さいしょう》院（川越市）・福泉《ふくせん》坊（所沢市）などの修験寺院をめぐって布教につとめている。とくに十玉坊には長期にわたって滞在し、埼西郡（埼玉郡の一部）年行事職《ねんぎょうじしき》を安堵《あんど》している。以後、武蔵国では本山派修験の勢力が当山派修験をしのいで圧倒的に優勢となり、修験寺院の大部分は聖護院の配下に組み込まれてその末寺《まつじ》となった。

年行事とは、本山から允許《いんきょ》をうけて特定地域の修験寺院や旦那を総管《そうかん》する職階《しょくかい》であり、たとえば大行《だいぎょう》院（鴻巣市）は

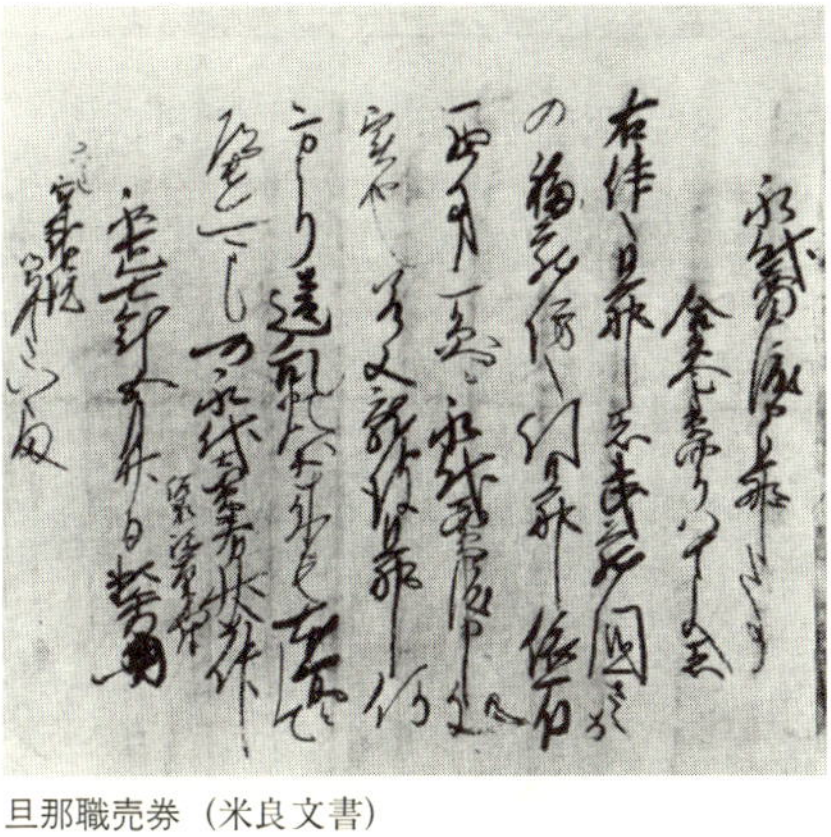

旦那職売券（米良文書）

上足立三三郷の、また玉林院《ぎょくりん》（さいたま市）は下足立三三郷の「伊勢熊野先達衆分檀那職」（年行事職）にそれぞれ任じられている。また、もっとも勢力があった十玉坊は埼西郡のほか入東郡（入間郡の一部）の年行事職に任じられた。さらに山本坊《やまもと》（当時は越生町、のち毛呂山町に移転）は入西郡（入間郡の一部）と秩父六六郷、篠井《ささい》観音堂（狭山市）は高麗郡、円蔵坊《えんぞう》（熊谷市）は幡羅郡と埼西郡五〇カ村、長命寺《ちょうめい》（江南町）は上比企郡と男衾郡、宝積寺《ほうしゃく》（美里町）は榛沢郡一〇カ村というように、聖護院からそれぞれの地域の年行事職に任じられている。

中世末期になると、戦国大名後北条氏の保護のもとで関東における本山派修験は再編成され、それまでの十玉坊にかわって不動院《ふどう》（春日部市）と玉滝坊《ぎょくりゅう》（神奈川県小田原市）が本山派修験の中心となり、修験寺院を総轄するようになった。

文人の来遊と文芸●

『平家物語』には、治承《じしょう》・寿永《じゅえい》の乱における武蔵武士の活躍ぶりがさまざま描かれており、『古今著聞《ここんちょもん》集《じゅう》』『沙石集《しゃせきしゅう》』『発心集《ほっしんしゅう》』などのなかにも、武蔵武士を題材とした説話がとりあげられている。また『法《ほう》然上人絵伝《ねんしょうにんえでん》』には、蓮生《れんせい》（熊谷直実《くまがいなおざね》）の信心ぶりがかなり誇張した形で描かれており、フィクションではあるが『男衾三郎絵詞《おぶすまさぶろうえことば》』では武蔵国を舞台とした物語が展開されている。このように、鎌倉時代にあっても武蔵国や武蔵武士が文芸の対象とされており、中央の人々のそれらに対する関心のあり方などをうかがうことができる。ただし、それは実際に武蔵国に下向《げこう》して見聞したことではないであろう。

それに対し、各地を遍歴しながら武蔵国に下向し、そこで見聞したことがらを流麗な筆致で描写した作品に後深草院《ごふかくさいん》二条《にじょう》（大納言《だいなごん》源雅忠《みなもとのまさただ》の女）の『とはずがたり』がある。また仙覚律師《せんがくりっし》は麻師宇《ましう》郷（小川町）に下向し、『万葉集註釈《まんようしゅうちゅうしゃく》』を著したという。

ところが中世後期になると、名の知られた僧侶や文人たちが実際に武蔵国に来遊し、見聞したことを紀行文に著したり、詩歌会や連歌会などで歌を詠んだりする例が多くなってくる。

たとえば、漢詩人として知られる万里集九《ばんりしゅうく》はその一人である。京都五山《ござん》の禅僧であった集九は、還俗《げんぞく》して美濃国に庵《いおり》を構えていたが、文明十七（一四八五）年に太田資長《おおたすけなが》（道灌《どうかん》）に招かれて関東に下り、翌年、道灌が横死したのちもしばらく江戸にとどまり、長享二（一四八八）年に美濃国に戻っている。その間、越生《おごせ》（越生町）に隠棲していた太田道真《どうしん》（道灌の父）や、須賀谷《すがや》（嵐山町）に陣する太田資康《すけやす》（道灌の子）のもとを訪れて詩歌会などを催している。『梅花無尽蔵《ばいかむじんぞう》』は、この関東下向のときに詠んだ漢詩文などを集成したものである。

集九より一年遅れて関東に下向したのは、二条派の歌人として知られる尭恵《ぎょうえ》である。彼は美濃国から北陸をへて武蔵国にはいり、庁鼻和《こばなわ》（深谷市）・箕田《みだ》（鴻巣市）・鳩か井《はとがい》（鳩ケ谷市）などを歴遊したが、このときに記した紀行文が『北国紀行《ほっこくきこう》』である。尭恵と同じ年に関東に下向した聖護院門跡道興《しょうごいんもんぜきどうこう》の目的は、前項でみたように、東国の熊野修験を本山派修験のもとに組織化することであったが、約一年にわたる巡歴のあいだに書き記した紀行文が『廻国雑記《かいこくざっき》』である。そこには多くの和歌・連歌・漢詩などが含まれ、一種の歌日記となっているが、武蔵国関係では村君《むらぎみ》（羽生市）・堀兼の井《ほりかねのい》（ふじみ野市）・うとふ坂（川越市）・勝呂《すぐろ》（坂戸市）・野火止《のびどめ》（新座市）・膝折《ひざおり》（朝霞市）・片柳《かたやなぎ》（さいたま市）などの地名が、歌のなかに詠みこまれている。

彼らよりやや遅れて、永正六（一五〇九）年に関東に下向したのは、連歌師として知られる柴屋軒宗《さいおくけんそう》長《ちょう》である。彼ははじめ奥州白河《しらかわ》（福島県白河市）をめざしたが、戦乱のために途中で断念し、関東各地を歴遊した。このときの紀行文が『東路《あずまじ》のつと』である。彼は各地で連歌会を興行《こうぎょう》しながら旅を続けたが、武蔵国では鉢形《はちがた》城（寄居町）の長尾顕方《あきかた》のもとを訪れたのち、成田顕泰《あきやす》の忍《おし》城（行田市）で千句興行を行ない、ふたたび鉢形城に戻り、さらに須賀谷の小泉掃部助《かもんのすけ》のもとなどを歴訪している。

つかの間の墨書銘――慈光寺の千手観音立像

慈光《じこう》寺（ときがわ町）の観音堂は坂東《ばんどう》三十三観音霊場《かんのんれいじょう》の第九番札所《ふだしょ》として知られているが、傷みがひどくなったため、平成六（一九九四）年から全面的な修復工事が行なわれた。またそれにあわせて、翌年、同堂に安置されている本尊の木造千手《せんじゅ》観音立像（口絵参照）の解体修理が東京国立博物館で行なわれた。同像は高さ二六五センチの県内最大の仏像で、従来は室町時代前半頃の造立と推定されていた（県指定文化財）。

ところが解体してみると、頭部の内側から、

（顔面側）

大仏師法眼長慶
天文己酉年九月十九日造立之本願道覚
西蔵坊御取持成就百日

（後頭部側）

西蔵坊重誉
井上坊重円
南無大慈大悲観世音菩薩後生善処心中也

❖コラム

所願令成就円満給候敬白　重恵

という墨書銘《ぼくしょめい》があらたに発見され、また胴体内部からは享和二（一八〇二）年に再興した旨を記した墨書札も発見された。したがって、本像の頭部は天文十八（一五四九）年の造立であるが、胴部は江戸時代の再興時のものであることが確認された。

墨書銘にみえる「西蔵坊重誉《じゅうよ》」は、天文二十五年二月六日の日付があったという慈光寺開山塔《かいざんとう》の露盤銘《ろばんめい》（稲村坦元編『武蔵史料銘記集』所収、現在は亡失）にみえる「権大僧都重誉」と同一人であろう。また作者の「大仏師法眼長慶《ちょうけい》」は、天文十六年八月吉日の日付がある蓮《れん》花《げ》院（入間市）の千手観音像の像内札にみえる「鎌倉仏師長慶」と同一人と思われる。

しかし、つかの間、姿を現わしたこの墨書銘は、修理が終わったあと、ふたたびもとのように闇のなかに閉じこめられたのである。

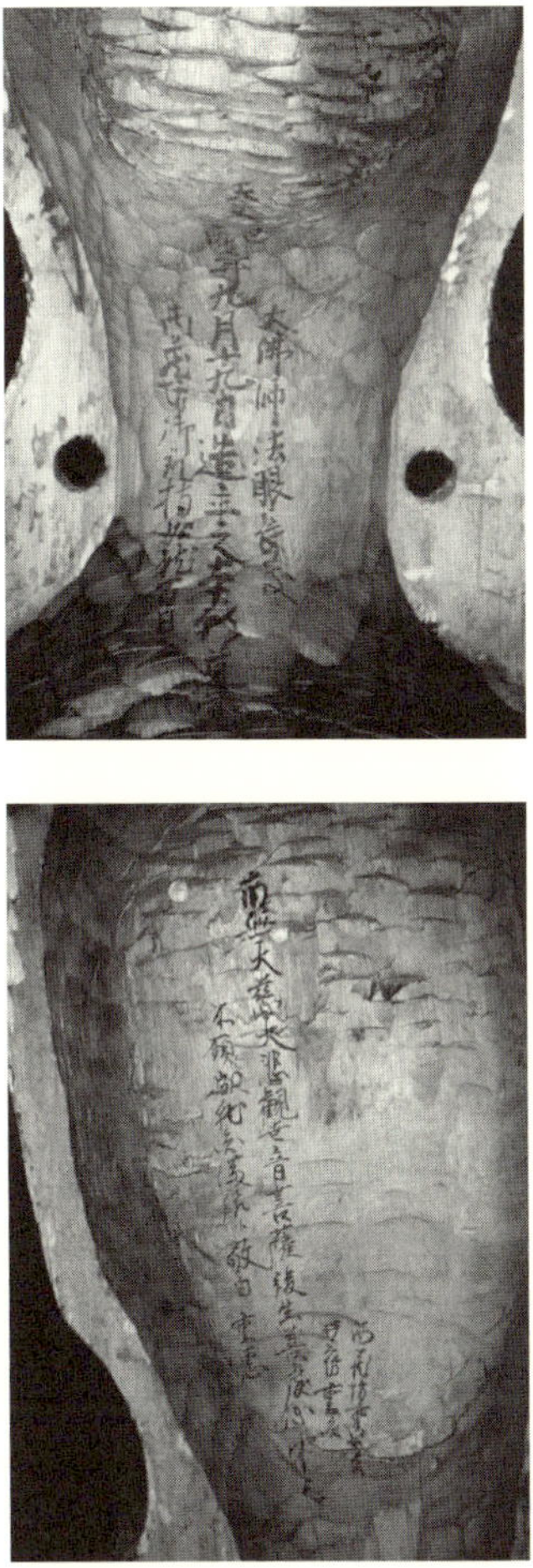

頭部内側の墨書銘　上は顔面側，下は後頭部側。

ところで武将たちにとって、和歌や連歌のたしなみは不可欠の教養であった。とりわけ太田道真・道灌父子はすぐれた歌人としても知られているが、道真の場合、文明元（一四六九）年に心敬《しんけい》・宗祇《そうぎ》らを招いて河越城（川越市）で興行した連歌会は、「河越千句」として有名である。また道灌は、「七重八重《ななえやえ》花は咲けども山吹《やまぶき》の　実の一つだになきぞ悲しき」という古歌にまつわるエピソードでよく知られているが、文明六年に心敬らを招いて江戸城（東京都千代田区）で「武州江戸歌合《ぶしゅうえどうたあわせ》」を催している。

また忍城の成田氏は、歴代いずれも連歌を愛好したことで有名であり、氏長《うじなが》は伊勢国からわざわざ連歌師の村岡玄佐《むらおかげんさ》を妻子ともども招いている。なお、異色の文人武将として、古河公方《こがくぼう》の重臣である幸手《さって》（幸手市）城主の一色直朝《いっしきなおとも》をあげることができる。直朝は、甘棠院《かんとう》（久喜市）の開山である貞巌《ていがん》和尚の頂相《ちんぞう》（甘棠院蔵、扉写真参照）や「白鷹図」（栃木県立博物館蔵）などを描いて画才にも恵まれていた。さらに歌人・文人としてもすぐれ、『桂林集《けいりんしゅう》』という歌集や『月庵酔醒記《げつあんすいせいき》』という随筆集なども著している。まさに、マルチタレントとしての面目躍如たるものがある。

5章 徳川の世

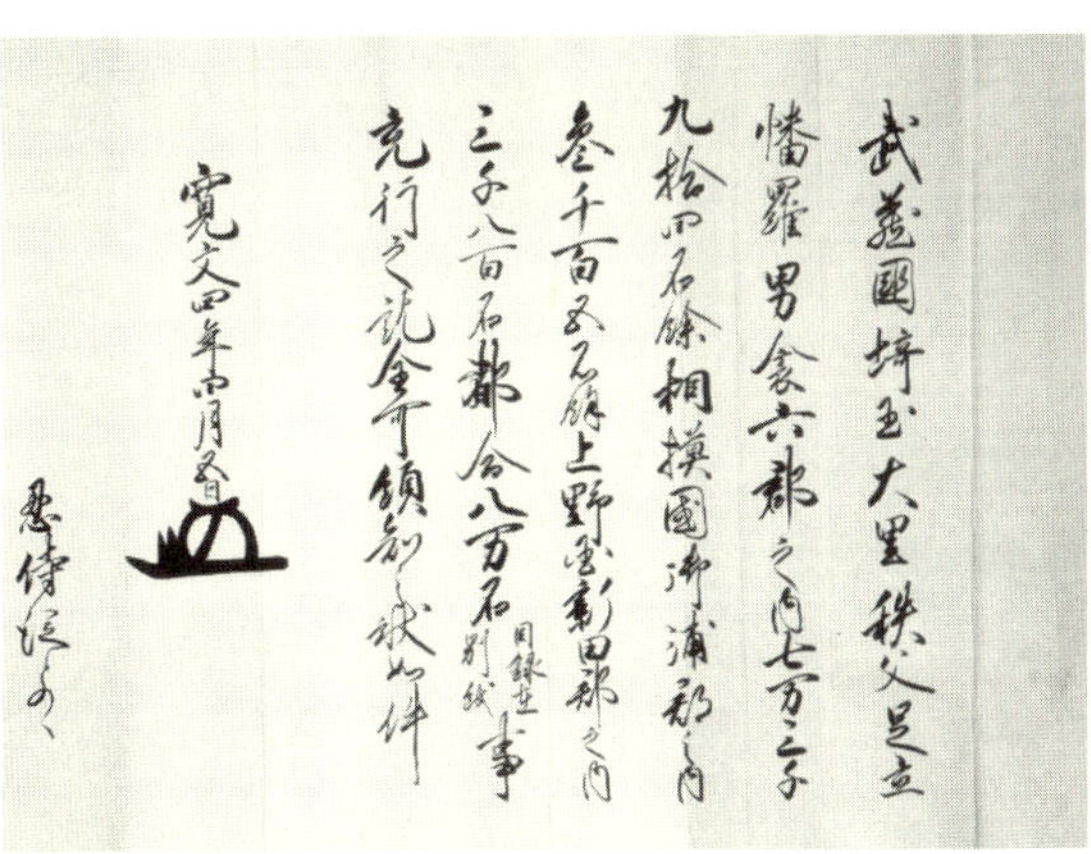
武蔵國埼玉大里秩父足立
幡羅男衾六郡之内七万三千
九拾四石余相模國御浦郡之内
参千百五石余上野國新田郡之内
三千八百石都合八万石（目録在別紙）事
充行之訖全可領知之状如件
寛文四年四月五日（花押）
忍侍従とのへ

忍藩主阿部忠秋宛の徳川家綱領知判物（阿部家文書）

1　家康の入封と領国の整備

三河武士松平家忠の日記●

天正十八（一五九〇）年七月の小田原落城により、翌八月には全国統一を進める豊臣秀吉《とよとみひでよし》の命により徳川家康《いえやす》が移封され、関東においても近世社会がはじまった。家康の関東入封当時のようすを詳しく記した史料に、「家忠日記《いえただにっき》」がある。これは、入封当初に忍城《おしじょう》（行田市）近傍で一万石を支配した三河国深溝《ふこうず》（愛知県幸田町）出身の武将松平家忠の日記で、同時代の記録としてきわめて貴重である。

家忠は七月五日の小田原落城のあと、十八日にいったん江戸にはいったが、二十日には三河に残してきた妻子の引越し準備のため江戸を出立した。三河に着いたのは八月五日で、それを追いかけるように八日には川越城（川越市）の支配を命じる知らせが届いた。関東への移住を急ぐ家忠は、恒例の連歌会《れんがえ》を早めて十八日に開き、「うつしうへて　ひろこる菊の　井かき哉」と詠んでいる。「うつしうへて」（移し植えて）、「ひろこる」（広がる）という言葉に、新天地関東に移る家忠の明るい希望を読みとることができるようである。

家忠が江戸に戻ったのは八月二十六日であった。この間に知行割《ちぎょうわり》が変更され、家忠は忍城へ赴くことになり、二十九日に城をうけとった。忍城は家康の四男松平忠吉《ただよし》が一〇万石で入城することになっていたが、その前に戦乱で荒廃した城を修築することが家忠の任務であったと考えられている。こうして文禄元（一五九二）年二月まで、一年半にわたる忍での生活がはじまった。ときに家忠は三六歳であった。

家忠の日記は、毎日の出来事を簡潔に記したものであるが、政治むきのことから趣味や日常生活まで幅広い内容を含み、当時の忍城周辺の状況をよく伝えている。忍に入城した家忠がまずしなければならないことは、戦乱で乱れた人心の統制であった。九月二十三日には、江戸から「ねこや法度《はっと》以下」をだすよう命令がきた。「ねこや」は根小屋、すなわち城下町のことである。このときにどのような法度がだされたのかは明らかでないが、児玉新宿《こだましんじゅく》（本庄市）や川越城下では、天正十八・十九年に諸役《しょやく》免除証文がだされている。忍の城下町は、戦国時代から一・六の六斎市《ろくさいいち》が立てられたことで知られているので、同様のものと推測される。家忠も市の動向には強い関心をもっていたようで、日記にも天正十九年六～七月に市で起きたもめごとの記事が散見される。注目されるのは、その日付がいずれも一・六の日であることで、城主成田氏の敗北直後にもかかわらず、六斎市は従来どおり定期的に開かれ、人々の生活にも大きな変動は

松平家忠画像(愛知県幸田町本光寺蔵)

なかったようである。日記でみるかぎり、トラブルは忠吉家臣団とのあいだでおきている。天正十九年六月に正式の知行書立《かきたて》が家忠に交付され、一方、忠吉方でも九月八日に寺西藤五郎《とうごろう》が忍領の奉行《ぶぎょう》として赴任すると、家忠があらたに拝領した新郷《しんごう》（羽生《はにゅう》市）の市日や年貢《ねんぐ》の徴収をめぐって対立が生じ、江戸にいた忠吉の付家老《つけがろう》小笠原吉次《よしつぐ》との話し合いでようやく解決されるようなこともあった。

忍城の攻防の余韻を思わせる記述はほとんどみられないが、家忠の入城直後の天正十八年九月には、鉄砲で雁を撃った者が二人も磔《はりつけ》に処せられており、戦国の荒々しい武力が支配していたことをうかがわせる。鷹狩《たかがり》についても多くの記事があり、同年十月には「御鷹へや（部屋）」がつくられ、十二月には家康がくるという知らせもあったが実現しなかった。翌十九年閏一月には、江戸御鷹飼衆一五〇人ほどが五日間も忍城に滞在した。鷹狩はたんなる遊興ではなく、あらたに手に入れた関東領国を圧倒的な武力で威圧することも目的としていたようである。

日記には、趣味や個人生活にわたる内容も多い。その一つが連歌会で、毎月のように記事がある。家忠とともに連歌の席を囲んだのは、関東移封以前から親交のあった連歌師正佐《しょうさ》のほか、旧忍城主成田氏長《うじなが》の連歌衆のひとり了意《りょうい》らであり、氏長との交流もしばしばみられた。氏長は武蔵の戦国武将のなかでは文芸に親しんだことで知られ、京都の著名な連歌師紹巴《じょうは》らとも交流をもっていた。忍城を攻められた氏長は、本城である小田原に籠城したが、開城とともに会津の蒲生氏郷《がもううじさと》に預けられた。家忠が忍に入城してまもない九月十八日、氏長のもとから酒肴が届けられたり、二十二日には「成田衆連歌匠了意」が家忠のところへ礼にきたりしている。わずか数カ月前には敵同士であった武将が、連歌を通じて心を通わせていたことを想定するのもあながち困難ではない。

また妻子に関する記事も興味深い。家康は関東移封にあたり、引越し費用を家臣たちに望み次第にだしたことをのちのちまで自慢していたというが、家忠の場合は妊娠中の妻を連れての引越しとなった。妻は途中の小田原でとどまり、天正十八年九月二十八日に息子誕生の知らせが忍に届いた。翌十九年八月十日に「三州妻子引越し候、侍衆五六人こし（越）候」、同月二十六日に「江戸よりは、との（母殿）御こし（越）候」とあるので、家族全体が忍に移住を終えたのは一年後であったことがわかる。このような記事から、妻子を引き連れての関東移封という大事業のなかで、戦乱をくぐりぬけてきた戦国武将の、家族に対するこまやかな感情を読みとることもできる。

徳川家臣団の配置●

ここで、眼を忍から県域全体に移し、徳川家康が関東に入封した当時の家臣団配置を概観しておこう。天正十八（一五九〇）年八月に家康が支配をまかせられたのは、武蔵《むさし》・伊豆・相模《さがみ》・上総《かずさ》の四カ国と上野《こうずけ》・下総《しもうさ》両国の大部分および下野《しもつけ》国の一部で、その石高は二四〇万二〇〇〇石といわれた。

あらたに居城と決められた江戸城にはいった家康は、さっそく家臣団の知行割に着手した。その基本方針は、徳川氏の直轄地を江戸城周辺に集中させ、その外郭で江戸城との距離が一〇〜二〇里にある「道中一夜泊り」の地域を、江戸城の番を勤める中小家臣団の知行地とした。そして一万石以上の上級家臣はさらにその外縁部に、江戸を中心に同心円的に配置された。当時、常陸《ひたち》国には佐竹氏・蘆名《あしな》氏、安房国には里見氏、下野国には宇都宮氏など戦国時代からの在地の有力大名が割拠しており、それらに対する軍事的な配慮が優先されたのであった。

県域に一万石以上の領地を与えられた上級家臣は一四人で、忍城（行田市）一〇万石の松平忠吉を筆頭にして、岩槻城《いわつき》の高力清長《こうりききよなが》、羽生城《はにゅう》の大久保忠隣《ただちか》、騎西城《きさい》の松平康重《やすしげ》が各二万石、奈良梨《ならなし》（小川町）の諏訪頼水《すわよりみず》が一万二〇〇〇石、一万石は川越城・松山城・深谷城など八カ所で、これらの多くは小田原北条氏時代の有力支城で軍事上の拠点でもあった。このほか小室《こむろ》（伊奈町）に陣屋を構えた代官頭伊奈忠次《ただつぐ》が一万石（一説に一万三〇〇〇石）を知行した。

つぎに、一万石以下の中・下級家臣団である旗本層の知行地についてみると、天正末年に県域に知行地を与えられた旗本は、史料的に確認できるだけで五二人にのぼる。それを郡別にみると、江戸に近い入間《いるま》・足立郡に集中し、それ以外では榛沢《はんざわ》・高麗《こま》・比企《ひき》・男衾《おぶすま》郡など、中世以来農業生産力の比較的安定していた県域の西部から北部の台地・丘陵地帯に広く分布している。それに対して、埼玉・葛飾《かつしか》郡など東部低地帯にはほとんどみられない。

ここでは、足立郡北部の荒川左岸、現在の上尾市から桶川・北本・鴻巣《こうのす》市の西部にかけての石戸《いしと》領五〇〇〇石を拝領した牧野康成《やすしげ》について、領地支配のようすを具体的にみておこう。天正十八年九月七日付で伊奈忠次から牧野康成にだされた知行の書立では、「あせよし（畔吉）」（上尾市）など八カ村で五〇〇〇石を与えるが、検地《けんち》を実施したうえで過不足を調整することになっていた。検地は翌十九年九月に伊奈氏により実施され、その結果一〇〇石の余分があったので返却されたという。この天正検地は知行地の確定が主目的で、さらに三〇年ほどたった元和六（一六二〇）年には、今度は伊奈氏と牧野家の家臣が合同で本田畑・屋敷地を、引き続き寛永期（一六二四～四四）にかけては牧野家家臣が単独で山野や新開地の検地を実施し、あらたな生産力の把握に努めている。

牧野家は、三代目信成《のぶしげ》が将軍徳川家光の側近として勢力をもち、寛永十年には一万一〇〇〇石の大名となり、正保元（一六四四）年には二万二六〇〇石で下総国関宿《せきやど》（千葉県野田市）、寛文八（一六六八）年には三万五〇〇〇石で丹後国田辺（京都府舞鶴市）に移り、明治維新まで譜代大名としての地位を保った。牧野家の家臣団系譜集によると、三河以来の家臣団の多くは石戸領拝領とともに加増をうけ、また一三人ほどは石戸領であらたに召し抱えられた。これらのなかには、家康の関東移封以前に当地方を支配した岩付《いわつき》太田氏の家臣と伝える者や、在地土豪と姻戚関係を結んだ者、あるいは関東各地の牢人《ろうにん》など種々雑多な者がおり、石戸領時代の牧野家の家臣団は、三河以来の者を中心としながらも寄せ集めの混成部隊であったことが想定される。

石戸領支配の拠点となったのは川田谷《かわたや》村（桶川市）におかれた陣屋《じんや》であったが、その詳細は伝えられていない。ただ注目されるのは、二代目康成が慶長四（一五九九）年に死去すると、ほどなくその弟が出家して易然《いねん》と称し、陣屋のかたわらに兄の諡《おくりな》をとって見樹院《けんじゅ》という浄土宗の寺院を開いていることである。この見樹院の本尊は慶長十年に易然が死去すると鴻巣宿の勝願《しょうがん》寺に移され、同十七年には勝願寺に寺領の寄進も行なわれた。そして、慶安三（一六五〇）年に死去した三代目の信成以降の牧野家当主は、田辺に転封後もすべて勝願寺に葬られた。

石戸領は牧野家の領地であるとともに、将軍家との関係でも重要な役割をもっていた。慶長から寛永期にかけて、東海道や中山道《なかせんどう》などおもな街道の要所には、将軍専用の御殿《ごてん》や御茶屋とよばれた宿泊・休憩施設が設けられていた。県内でも中山道の蕨《わらび》・浦和・鴻巣、日光街道の越ケ谷などに御殿が設置されていた。そして、川越城と忍城を結ぶ交通上の要地である石戸宿（北本市）には、信成の時代に御茶屋がつくられた。県内の御殿や御茶屋はたんなる宿泊・休憩施設ではなく、将軍家の鷹狩のときに利用され、石戸御茶屋にも鷹狩の途次に家康・秀忠・家光など歴代将軍が休息したと伝えられている。

代官頭伊奈氏の活躍●

関東に入封した徳川家康に預けられた領土は約二四〇万石、そのうち徳川氏の直轄領は約半分の一二〇万石にのぼるといわれる。この膨大な直轄領を支配したのは、伊奈忠次・大久保長安《ながやす》・彦坂元正《ひこさかもとまさ》・長谷川長綱などの代官頭《だいかんがしら》で、とくに県域では大久保長安の支配した八王子から続く入間・比企両郡地域をのぞくと、ほとんどが伊奈忠次の支配地であった。

　伊奈忠次は、天文十九（一五五〇）年に三河国幡豆《はず》郡小島《おじま》（愛知県西尾市）に生まれ、家康が三河・遠江など五カ国を領有していた天正十七（一五八九）年頃から検地や農村支配にたずさわった。関東に入封してからは代官頭の中心として、家臣団への知行割、検地の施行、用水施設の整備、新田開発など、新しい領国の基盤整備に活躍するとともに、幕政にも関与した。県域と伊奈氏の関係は、たんに代官頭としての支配地が多いということだけでなく、忠次は入封直後の天正十九年六月に足立郡小室《こむろ》（伊奈町）に陣屋を構え、鴻巣・小室領で一万石（一説に一万三〇〇〇石）の知行を与えられていた。

　関東入封直後に徳川氏が実施した検地は、秀吉の太閤《たいこう》検地と比較すると旧来の土豪層に対して妥協的であったといわれるが、天正末年から慶長～寛永期（一五九六～一六四四）にかけて数次にわたる施行の結果、実際の耕作農民を検地帳上に位置づけ、小農民の自立を促進し、年貢《ねんぐ》・夫役《ぶやく》を負担する農民を確保していった重要な施策であった。また、農業生産を安定させるには、用水の整備が必要である。忠次が支配した地方には、彼が整備したと伝える用水施設が各地に残る。県域でも、慶長九年に烏《からす》川から引水した備前渠《びぜんきょ》、同じく慶長期に荒川から引水した玉井堰《たまいせき》・奈良堰などの荒川六堰《ろくぜき》、元荒川中流の足立郡小針領《こばりりょう》

利根川の東遷と荒川の瀬替

近世初頭の大土木工事とされる利根川の東遷事業は、当時の利根川本流であった会《あい》の川を、文禄三（一五九四）年に新郷《しんごう》（羽生市）で締め切った工事にはじまるとされてきた。しかし近年の研究では、この締め切りは忍《おし》領を洪水から守るためのものとされ、東遷事業の起点はそれから二七年をへた元和七（一六二一）年となる。このとき、佐波《ざわ》（加須市）から栗橋《くりはし》までの新川通《しんかわどおり》、中田《なかだ》（茨城県古河市）と川妻《かわつま》（茨城県五霞町）のあいだから境町《さかい》（茨城県境町）に至る赤堀《あかぼり》川などが伊奈忠治《ただはる》の指揮により開削されたという。この時点での赤堀川の川幅は狭く、利根川の水が本格的に銚子に向かうようになるのは、さらにそれから三三年経った承応三（一六五四）年以降であったといわれる。この間、寛永十二（一六三五）年から十八年にかけて、関宿《せきやど》（千葉県野田市）から金杉《かなすぎ》（松伏町）に至る洪積台地を掘り割り江戸川の新河道が開削された。こうして、複雑をきわめた利根川水系の諸派川も、ほぼ現在の利根川の流路と、関宿から南下する江戸川とにまとめられた。

きわめて大規模なこの一連の土木工事は、なにを目的に行なわれたのか。明治時代から地理学や土木の専門家の研究が進められ、江戸を洪水から守る、あるいは古利根川流域の開発という側面が強調されてきた。近年、土木工学の大熊孝氏などは、舟運航路の安定という側面に注目している。その理由は、利根川の洪水に対する備えは、基本的には慶長（一五九六〜一六一五）頃に修復・増強された中条《ちゅうじょう》堤や備前《びぜん》堤によってなされており、赤堀川も利根川の洪水を流下させるだけの川幅はなかった。また、古利根川や綾瀬《あやせ》川下流域の新田開発は、新川通などの開削が行なわれる以前、慶長期に進行していたことが越谷地方の瓦曾根《かわらそ ね》溜井《ためい》の造成や新田検地帳から判明する。それゆえ、

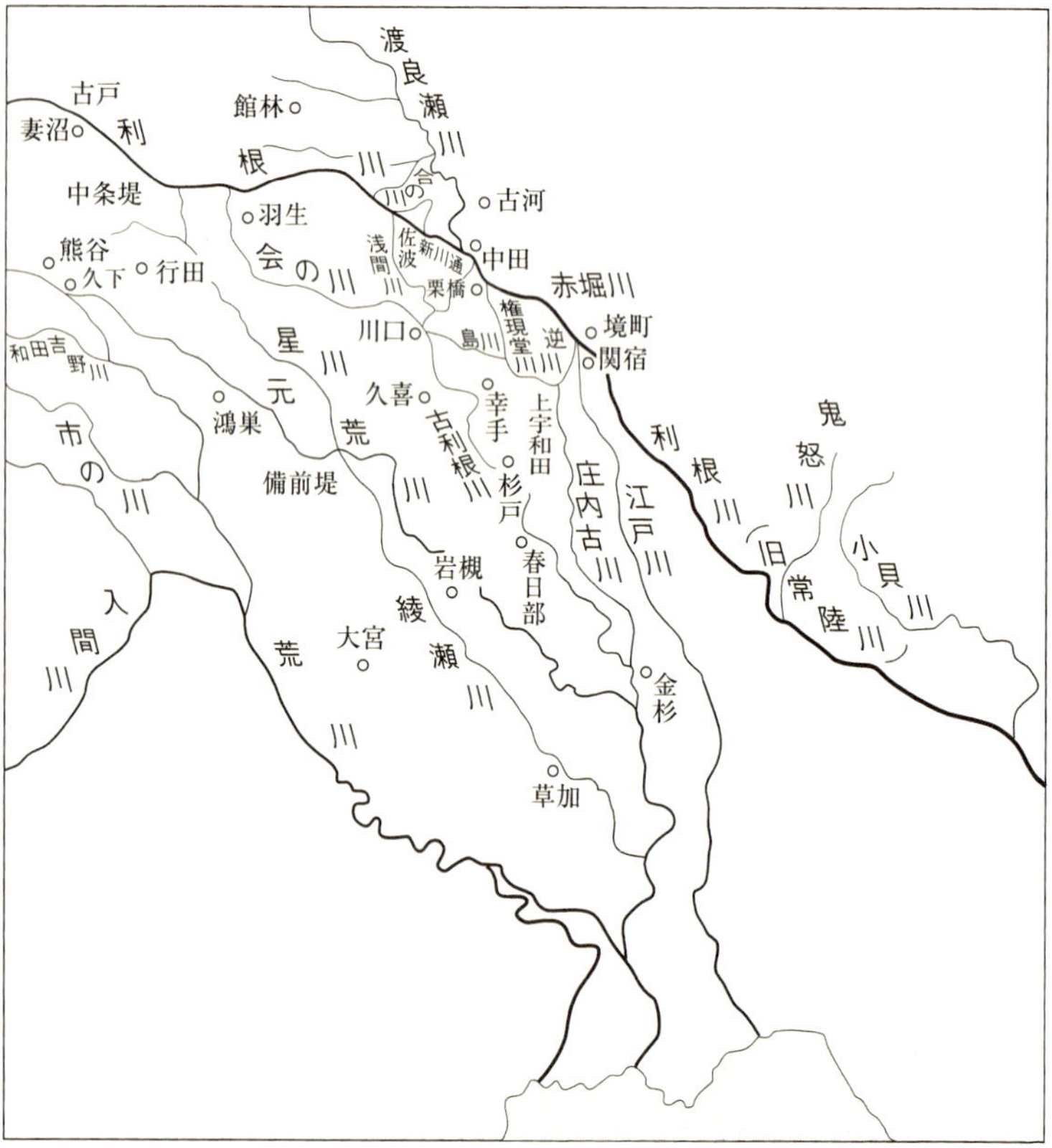

利根川の河川処理概況図(『荒川人文Ⅰ—荒川総合調査報告書２—』に加筆)

❖コラム

新川通や赤堀川の開削をはじめとする一連の利根川改修事業の目的は、洪水対策や新田開発ではなく、東北地方や北関東から江戸へ向かう舟が集まる常陸川筋に、舟運に必要な水量を確保しようとしたものと理解されているのである。

もう一つの大土木工事である荒川の瀬替《せがえ》については、荒川下流の新田開発のため、現在の元荒川筋を流れていた荒川本流を、寛永六年に伊奈忠治が久下《くげ》（熊谷市）付近で締め切り、和田吉野《わだよしの》川筋から入間《いるま》川筋に流下させたものと理解されてきた。この通説に対し、地質学者の小出博氏は丹念に荒川の古い流路跡を追跡し、瀬替以前にすでに荒川と和田吉野川は所々で密接に結びついていたことを確認した。瀬替というのは、これまで一度も水が流れたことのないところをあらたに開削したのではなく、乱流をきわめた諸派川を現在の荒川の流路に整理した事業であり、その目的を忍城周辺の水田地帯の保全、舟運の開発、秩父山中からの木材の搬出などに求めた。荒川の瀬替の目的については、久下付近ではしばしば洪水の脅威にさらされていた中山道を防備・整備するためのものという松浦茂樹氏の説もある。

利根川や荒川の大改修工事については、今後もさまざまな視点からあらたな研究が進められるであろうが、この大工事により流域周辺の水害が抑制され、耕地の開発と安定化がいっそう進行したことは事実である。

家《け》村付近（伊奈町・蓮田市）に設けられた備前堤などがあげられる。荒川六堰のうち御正《みしょうせき》堰に関しては、慶長四年と推定される堰普請についての伊奈忠次手形《てがた》が残る。それによると、この堰から水を引く万吉《まげち》村（熊谷市）など御正四カ村は、鉢形《はちがた》領を守る武川《むかわ》衆とよばれる武士団の知行地であったが、武川衆の力では堰の普請が十分にできなかった。そこで伊奈氏の代官所とされ、あらためて荒地の開発が命じられたのであった。在地支配を十分にできない旗本層にかわり、忠次が用水の管理や荒地の開発に多大な力を発揮していたようすをよく示している。

忠次はこれら用水施設を整備するとともに、戦国時代以来の土豪層や有力寺院に諸役免除や一定の期間年貢を免除する鍬下《くわした》年季、さらには除地《じょち》などの特権を与え、長い戦乱のあいだに荒廃した田畑の復興やその周辺に存在する未墾地を開発させた。それゆえ、この忠次時代の新田開発は規模的にはあまり大きなものではなかった。

忠次が慶長十五年に死去すると、長男忠政《ただまさ》が国政上の地位を、次男忠治《ただはる》が代官としての職務をうけついだ。しかし忠政は元和四（一六一八）年に三四歳で死去し、息子も若かったのでこの家系はほどなく断絶した。一方忠治は、陣屋を足立郡赤山《あかやま》（川口市）に移し、将軍秀忠や家光の信任をえて、のちの関東郡代《ぐんだい》伊奈氏の基礎を築いた。忠治の活躍した時期は、慶長末年から元和・寛永期にいたる、江戸幕府の諸制度が整備される時期でもあり、その事績はきわめて多方面にわたる。なかでも、武蔵国東部から下総国西部の低湿地帯の開発は、これまで未墾の荒地であった場所に、あらたな用水設備を設置して大規模な新田開発を行なったものである。その結果、赤山陣屋周辺の足立郡南部から葛飾・埼玉両郡にかけて広範に新田村落が成立した。忠治晩年の慶安二・三（一六四九・五〇）年の状況を示す『武蔵田園簿』によると、みずからの領地である知行地は陣屋のある赤山周辺を中心に七一八七石余、幕府の直轄地を代官として預かる支配所は、武蔵国二二郡のうち一六郡にわたり、石高二七万七一二二石にのぼっている。県域では、足立・埼玉・葛飾三郡の低地帯と秩父郡に集中し、村数は五一二カ村を数えた。

その後、忠治の家系は代々関東郡代を称し、関東に所在する広大な幕府直轄地の支配にあたるとともに、水利・交通・鷹場《たかば》など広域的な行政においても中心的な役割をはたした。そうした地方《じかた》支配の拠点となったのが、寛永六（一六二九、元和四年・寛永十九年説もあり）年に築造された赤山陣屋であった。赤山陣屋については、近年の発掘調査により堀の遺構や多量の陶磁器などが出土し、徐々にその実態が明らかにな

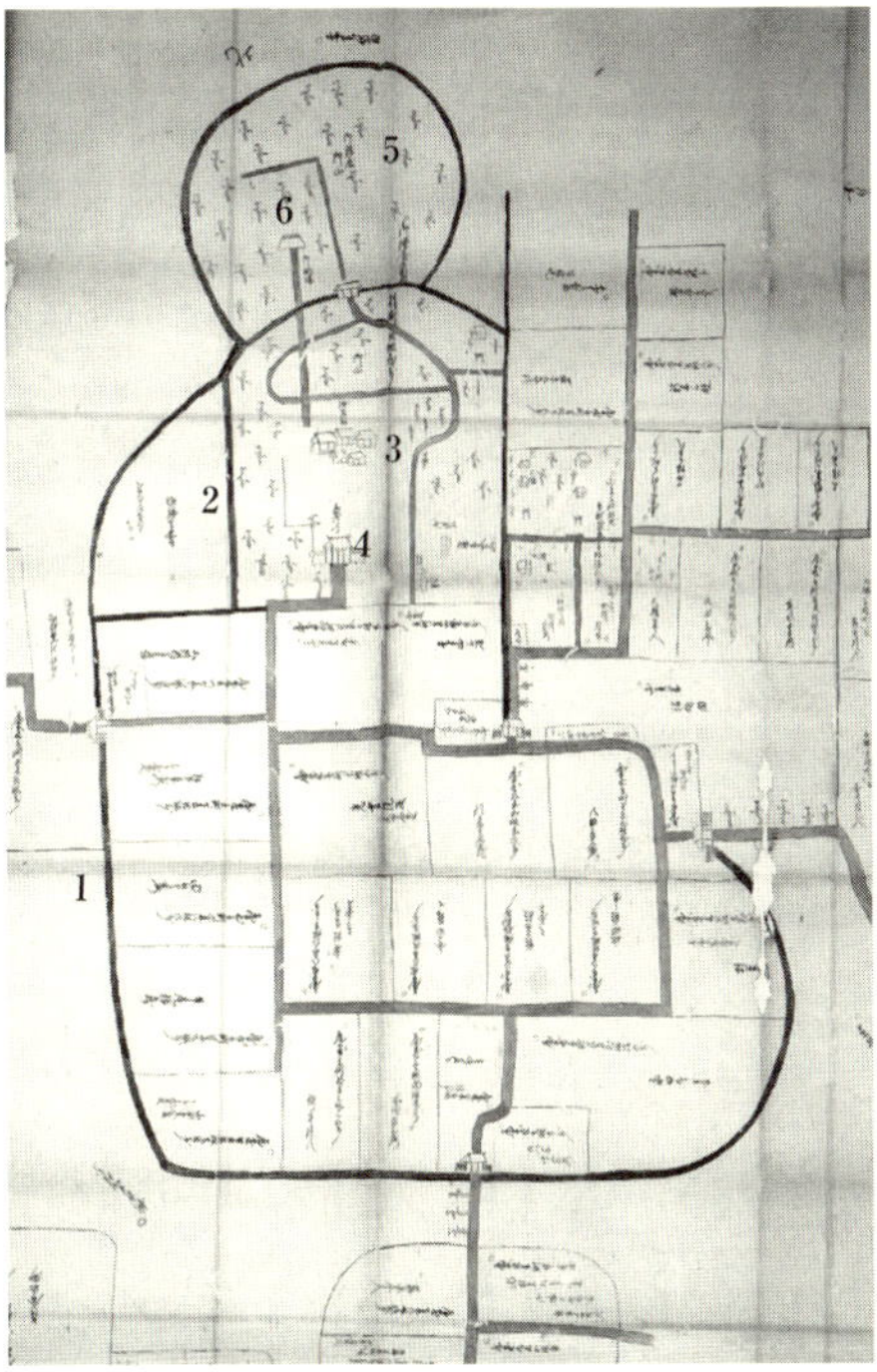

1　外　堀　　4　表御門
2　内　堀　　5　御陣屋御山
3　御家形　　6　御的場

赤山陣屋絵図(部分)

ってきている。ここでは近世後期のものと推定される陣屋絵図から、その一端を紹介しておこう。総面積七六町七反余におよぶ敷地は、自然の湿地を利用した外堀（水堀）により大きく内外にわけられ、堀の内側の北半分は東西北の三方に内堀（空堀）をめぐらし、その中心に当主の居館「御家形《おやかた》（館）」がある。南半分には重臣たちの屋敷が一七区画ある。家臣団の屋敷は堀の外側にも四一区画あり、計五八区画となる。さらにその南側には、伊奈氏が創建した菩提寺源長寺がある。道は丁字《ていじ》や直角にまがるものが多く、あたかも小さな城下町のようになっている。

2 大名と旗本

老中の城●

慶長五（一六〇〇）年の関ケ原の戦いにおける徳川氏の勝利、それに続く論功行賞により、県域に所在する一万石以上の上級家臣団の配置にも大きな変動がおきた。忍《おし》城主松平忠吉《ただよし》が尾張国清須《きよす》（愛知県清須市）五二万石、川越城主酒井重忠《しげただ》が上野国厩橋《うまやばし》（群馬県前橋市）三万三〇〇〇石、松山城主松平忠頼《ただより》が遠江国浜松（静岡県浜松市）五万石、八幡山《はちまんやま》（本庄市）城主松平家清《いえきよ》が三河国吉田（愛知県豊橋市）三万石、深谷城主松平忠輝《ただてる》が下総国佐倉（千葉県佐倉市）四万石へと、一門《いちもん》・譜代《ふだい》大名の多くがそれぞれ大幅な加増をうけて各地に転封された。この過程で、松山城および八幡山城は廃城とされ、騎西《きさい》・羽生《はにゅう》・本庄・深谷などの諸城も、江戸幕府成立後の慶長末年から寛永（一六二四～四四）初年にかけて、城主の移動にともない廃止されていった。こうして県域に残された城は、川越・忍・岩槻《いわつき》の三つだけとなった。

寛永期にはいると、この三つの城につぎつぎと幕府の重臣が配置された。寛永元年、のちに大坂城代になる阿部正次《まさつぐ》が岩槻にはいり、同四年には老中《ろうじゅう》の酒井忠勝《ただかつ》が八万石で川越に入城した。寛永九年に大御所《おおごしょ》秀忠が死去すると、将軍家光の側近たちの台頭が顕著となり、同十年にはこれまで老中が掌握していた役割の一部が、若手の松平信綱《のぶつな》・阿部忠秋《ただあき》・堀田正盛《まさもり》・阿部重次《しげつぐ》・三浦正次《まさつぐ》・太田資宗《すけむね》に命じられ、彼らは「六人衆」と称されて幕政の表舞台に登場してきた。そして寛永十二年には、六人衆のうち忍三万石の松平信綱、川越三万五〇〇〇石の堀田正盛、下野国壬生《みぶ》（栃木県壬生町）二万五〇〇〇石の阿部忠秋の三人が老中に就任した。また同十五年には、岩槻の阿部重次が四万六〇〇〇石の分知をうけ正式に藩主となり、ついで老中に昇進した。さらに十六年には、島原の乱の鎮圧に活躍した松平信綱が六万石で川越に、阿部忠秋も五万石で忍に転封した。いずれも、領知高はそれまでの倍増であった。こうして、幕府の制度の整えられてくる寛永十年代に、県域の三つの城はいずれも老中が在城し、いわば「老中の城」となった。これはたんなる偶然ではなく、寛永期に幕府がみずからの権力構造を強化するため、あらたに武蔵の譜代藩を創設したものと評価されている。岩槻藩の阿部重次は慶安四（一六五一）年に将軍家光に殉死《じゅんし》したが、川越藩の松平信綱は寛文二（一六六二）年の病死まで、忍藩の阿部忠秋も寛文八年に引退するまで、それぞれ三〇年前後にわたり老中を勤めた。忍藩阿部家の場合は、さらに正能《まさよし》・正武《まさたけ》・正喬《まさたか》と歴代藩主が老中に就任している。

松平信綱や阿部忠秋が幕府の老中、そして川越や忍の藩主として活躍した十七世紀は、また藩政の確立期でもあった。ここでは比較的史料の残されている川越藩についてその過程をおってみよう。信綱が入城する前年寛永十五年一月に、川越は城下町の三分の一が類焼するという大火にあい、その復興が課題であった。まず川越城の再建と拡張が寛永末年に着手され、一〇年ほどの歳月をかけて正保・慶安（一六四四～五二）頃に完成した。その結果、城の北側に新曲輪《くるわ》、西側に外曲輪、東側に田曲輪が増築され、後世の川越城の輪郭ができた。これと並行して城下町も整備され、あらたにできた西大手から南方にかけて一〇カ町四門前が成立し、町奉行の制度なども整えられた。また、家康以来将軍の側近として勢力のあった天《てん》海《かい》僧正ゆかりの喜《き》多《た》院《いん》や仙《せん》波《ば》東照宮《とうしょうぐう》も再建された。

産業や経済の基盤整備でもめざましいものがあった。江戸時代の経済の基盤はまず農村であり、領主にとっては検地《けんち》が重要な施策となる。松平信綱は正保四年に一万五〇〇〇石の加増をうけ、その領地は城付地である入間《いるま》郡を中心に比企《ひき》・高麗《こま》郡、さらに飛び地として埼玉郡および常陸国新治《にいはり》郡（茨城県）などに所在した。加増をうけた正保四年、埼玉郡の村々で検地が実施され、翌慶安元年には入間・比企・高麗郡でも行なわれて藩領全域におよんだ。この検地は、小農民の自立を実現するとともに、藩財政の基礎を確立した。また信綱は新田開発にも積極的で、後述するように武蔵野の開発は特筆すべきものである。この武蔵野の開発と関連して、承応三（一六五四）年から寛文元年の八年間には、農業技術の微細にまで立ち入った法令をつぎつぎとだした。この勧農政策は、自給肥料の製造、水田の裏作に麦を植える二毛作《にもうさく》の奨励、菜・大根など畑作物の栽培法、漆《うるし》・楮《こうぞ》・桑・茶の栽培強制と技術指導など、具体的な方策を明示したもので、なかには慶安の触書《ふれがき》に近い条項もみられる。このほか、穀倉地帯である川島領の村々を入間川の水害から守る大囲堤の増築、江戸と川越を結ぶ川越街道の整備や物資運送の大動脈である新河岸《しんがし》川舟運の開始などいずれも重要な施策であった。こうして、老中信綱の時代に、川越藩政の骨格ができあがったのである。

「江戸図屛風」にみる北武蔵

近世初期、寛永期（一六二四〜四四）の江戸のようすを豪華絢爛に描く「江戸図屛風《びょうぶ》」（国立歴史民俗博物館蔵）は、その右隻の半分に、御府内《ごふない》の北辺から郊外に至る川越城や鴻巣《こうのす》御殿《ごてん》、そして三代将軍徳川家光の好んだ猪《いのしし》狩《がり》や鷹狩の情景を詳しく描いている。

川越城は、江戸城の外郭をなす軍事上の要地で、酒井忠利《ただとし》・酒井忠勝《ただかつ》・堀田正盛《まさもり》・松平信綱《のぶつな》と、いずれも家光側近の譜代大名が在城した。この屛風の川越城は、城の西寄りの北方上部からみたもので、本丸を中心に二の丸・三の丸のごく一部および鎮守三芳野《みよしの》天神社が描かれている。本丸にはこけら葺の殿舎が並び、曲輪《くるわ》を囲んで水濠がめぐらされているが、石垣はなく土塁《どるい》だけである。川越城は、寛永十五年の川越大火後に入部した松平信綱によって整備拡充されたが、この屛風に描かれているのはそれ以前の状態と考えられている。この図はちょうど鷹狩の最

川越城

中で、忙しく動きまわる人々の姿がみられ、城の周辺では当時流行していた竹刀《しない》を使った武術競技の一つ鞭打《むちうち》や、川狩（漁猟）とその後の宴会を準備するようすなどが描かれている。

川越城の右側は、洲渡谷《すどのや》（吉見町）での猪狩と仮屋前で獲物を下賜している場面である。洲渡谷（須戸野谷）は、『新編武蔵風土記稿』によると、家康がこの地で鹿狩をしたときに鴻巣宿から荒川へ船橋を渡した地と伝え、鴻巣宿の飛地であった。将軍家光は寛永七年（一説には八年）二月中旬に川越の芦野で猪狩をし、さらに同月下旬には鴻巣に移って、鷹狩・鳥狩・兎狩や唐犬による猪狩を楽しんだという記事が、忍《おし》藩阿部家の記録「公余録」にみえる。「江戸図屛風」でも洲渡谷での猪狩は猟犬による狩猟で、猟が終わると調理・饗宴の準備となっている。

洲渡谷の猪狩に続いて、鴻巣御殿と鴻巣御鷹野の場面となる。鴻巣の地は、川越・忍・岩槻など江戸城防備の拠点を結ぶ中山道の要地で、文禄二（一五

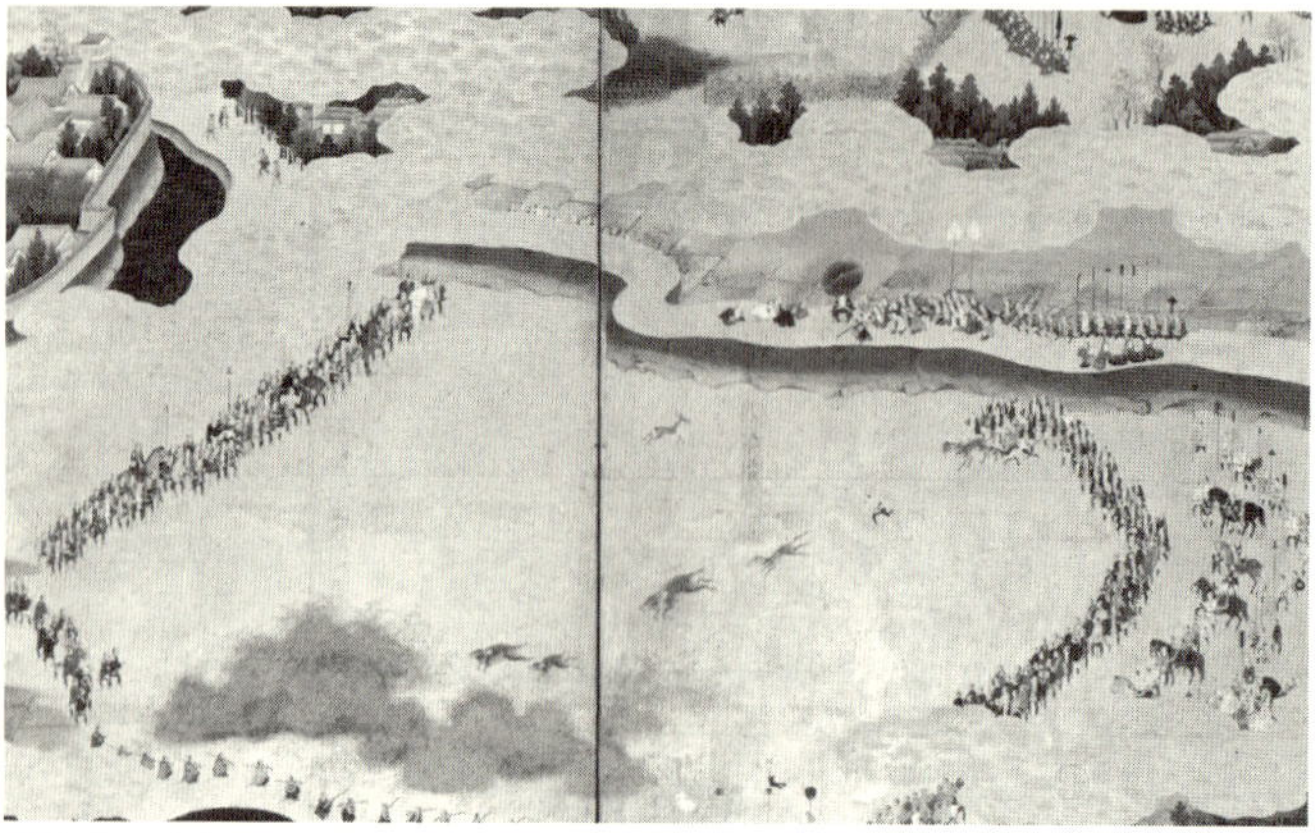

洲渡谷の猪狩

❖コラム

九三)年に将軍の宿泊用の御殿がつくられたという。この屏風絵では、中山道をはさんで両側に屋並が描かれ、その中央裏手に御殿の建物がみえる。この図も将軍家光の鷹狩のようすを描いたもので、街道沿いの町家には付き従ってきた大名たちの紋を描いた幕が張られ、路上には獲物をかついだ者が御殿に向かい、せわしなく行きかう武士の姿もみられる。

この「江戸図屏風」の制作年代などについてこれまでも諸説があったが、近年黒田日出男氏は詳細な分析を行ない、当時忍城主であった松平信綱が、寛永十一年から十二年六月二日までのあいだに描かせたものと推定した。そして、家光の事績を描いたこの屏風を、父秀忠の死により名実ともに将軍となった家光の御代始めを記念したものと位置づけている。そのなかに川越城と鴻巣御殿が大きく描かれ、江戸幕府の成立期に埼玉の地が占めていた重要な位置を視覚的に伝える貴重な史料となっている。

鴻巣御殿

その後、川越藩では元禄期（一六八八〜一七〇四）には将軍綱吉の側用人《そばようにん》柳沢吉保《よしやす》、ついで老中の秋元喬朝《たかとも》と幕府重臣が代々の藩主となった。一方岩槻藩では、元禄期前後のわずか三〇年間に板倉重種《しげたね》、戸田忠昌《ただまさ》、松平忠周《ただちか》、小笠原長重《ながしげ》と、老中または側用人が幕府の人事異動によりつぎつぎと、きわめて短期間在城することがあった。こうなっては一貫した藩政の運営は望めないが、これも江戸に近い「老中の城」の宿命といえよう。

川越藩の武蔵野開発●

現在の川越市南西部から東京都府中市にいたる広大な洪積台地は、古来から武蔵野とよばれる原野で、周辺村々へ肥料を供給する入会《いりあい》秣場《まぐさば》として利用されてきた。この台地上で本格的に畑地の開発が行なわれたのは、近世になってからである。まず、開発にあたったのは、戦国大名の旧臣と伝える牢人《ろうにん》たちであった。加治丘陵の古村である上奥富《かみおくとみ》村（狭山市）に近い大袋《おおふくろ》新田や豊田《とよだ》新田（ともに川越市）、また南東部の亀久保《かめくぼ》村（ふじみ野市）などは、いずれも近世初頭の慶長年間（一五九六〜一六一五）に開発されたと伝えられている。さらに、武蔵野の開発を強大な権力により組織的かつ計画的に実施したのが、川越藩主の松平信綱《のぶつな》であった。対象となった地域は、川越城下町の南に続く今福《いまふく》村など九カ村（川越市）と、そこからはるか南方の川越街道沿いの野火止《のびどめ》新田（新座市）であった。この二つの地域の開発は、方法は異なるがほぼ同時期に開始されている。

今福など九カ村の開発の中心となったのは上奥富村出身の志村次郎兵衛で、慶安二（一六四九）年に川越藩に開発願書を提出し、翌三年に許可されたという。慶安五年に志村家と牛久保家が今福村に入植し、六年後の明暦三（一六五七）年まで毎年二〜五人ずつ合計一八人の入植者をみた。この時点で開発は一段落をとげ、寛文二（一六六二）年の検地により村高は一五二石余とされた。その後、寛文七年には村民の葬祭を行なう庵室（のちの明見院）が建立されるとともに開発が再開され、寛文十〜十二年に隣村から一七人が入植して村民は倍増した。その後も開発は続けられ、あらたな開発地における度重なる検地の結果、元禄十三（一七〇〇）年に村高は八一一石余となり、寛文二年の五・三倍にもなった。このほか、中福村《なかふく》や上松原村《かみまつばら》（ともに川越市）では、川越藩の仲間《ちゅうげん》や郷足軽《ごうあしがる》など下級家臣も開発に参加し、藩が武蔵野開発にかけた期待の大きさを物語っている。

ほぼ同時期に、より計画的に開発されたのが野火止新田であった。川越城下町の豪商榎本弥左衛門の「万《よろず》の覚《おぼえ》」によると、承応二（一六五三）年に五四〜五五軒の百姓が当地に移住し、藩から金二両と米一俵の貸し付けをうけた。台地上の新開地では飲料水の確保さえ困難であったが、藩主の松平信綱は幕府の老中で、しかも、多摩川から江戸市中へ飲料水を供給する玉川上水開削の惣奉行でもあった。玉川上水が翌年四月に完成すると、信綱はそれを待っていたかのように、家臣の安松金右衛門《やすまつきんうえもん》に命じて、多摩郡小川村（東京都小平市）から玉川上水を開発地に引水するため、承応四年三月に野火止用水を開削させた。こうして武蔵野の開発でもっとも困難な生活用水の確保がなされた。それから六年後の寛文元年、野火止新田の検地が実施され、野火止・菅沢《すがさわ》・西堀《にしぼり》・北野《きたの》（ともに新座市）の四新田村落が成立した。その総反別はすべて畑で五〇四町歩余、石高は八〇〇石余であった。中心となる野火止村の検地帳によると、川越街道に沿って八五人が一〇二筆の屋敷地を名請《なうけ》し、おのおのの屋敷地の背後に耕地や秣場としての野が整然と続く短冊《たんざく》型の地割を想定することができる。野火止新田の開発にあたったのは、周辺一六カ村の農民であったが、川越藩家中の参加も大きな特色である。さきの野火止村検地帳によると、信綱の五男信興《のぶおき》の二筆で六〇町歩弱を筆頭に、藩主の一門や重臣たち二一人が合計一四八町歩近くを屋敷地の名目で名請している。当然この土地は、家中の労働力により耕作されていたとみられ、藩が先頭にたって開発にあたった状況を彷彿とさせる。検地の翌年、信綱が六七歳で死去すると、それまで岩槻の在にあった大河内《おおこうち》松平家の菩提寺平林寺《へいりんじ》は、信綱が精魂を傾けて開発の指揮をとった野火止に移された。

こうして信綱による武蔵野の開発は一段落したが、幕府は寛文九年六月に勘定頭妻木頼熊《つまきよりくま》などを武蔵野に派遣して実地見分を行なった。その結果、開発可能高は一〇万九〇〇〇石余と見積もられ、ほかに川越藩領と入り組んだ三万八〇〇〇石余があった。このときの見分では、玉川上水からの引水の可能性を各地で実測するなど、野火止新田の開発方式を念頭においていたことが推測される。また、新田開発の進行と秣場の減少という現実のなかで、武蔵野周辺の村々では秣場をめぐる争論が慶安二(一六四九)年以来各地で発生していた。とくに貞享元(一六八四)年以降は、新田開発を進めていた川越藩領の農民が不法に秣場に侵入したとして訴えられる事件がしばしばおこった。

元禄七年、川越藩主は大河内松平家から将軍綱吉の側用人柳沢保明《やすあきら》(吉保《よしやす》)にかわった。この年ふたたび川越藩領村々の開発が訴えられたが、幕府評定所は川越藩領側の武蔵野には境塚がなく、すでに検地のうえ高入れをしている既成事実を認め、新田も立野《たての》も川越藩主の「心次第」と判断した。この裁許をうけ、川越藩はふたたび藩による大規模な新田開発に着手した。場所は川越城の南、木之宮地蔵堂のある地蔵林が中心で、藩に千駄萱《せんだがや》を納める立野であった。元禄七年に着手し、九年五月には検地のうえ高入れされた。開発面積は、畑・野畑・屋敷をあわせて九一四町歩余、石高は三四六三石余で、上富・中富・下富の三カ村(三芳町・所沢市)からなる三富《さんとめ》新田が成立した。このときの検地帳によると、屋敷の名請人は上富八三、中富三九、下富四八の合計一七〇人で、一軒当り五畝歩の屋敷地と五町歩前後の短冊形の耕地とがほぼ均等に配分された。また、開発の指揮をした川越藩の家老荻原源太右衛門や曾根権太夫の下屋敷がおかれるなど、基本的には野火止新田を開発したときの手法が踏襲された。新田の開発と並行して、精神的なよりどころとして多福《たふく》寺と毘沙門社（別当多聞院）が建立された。

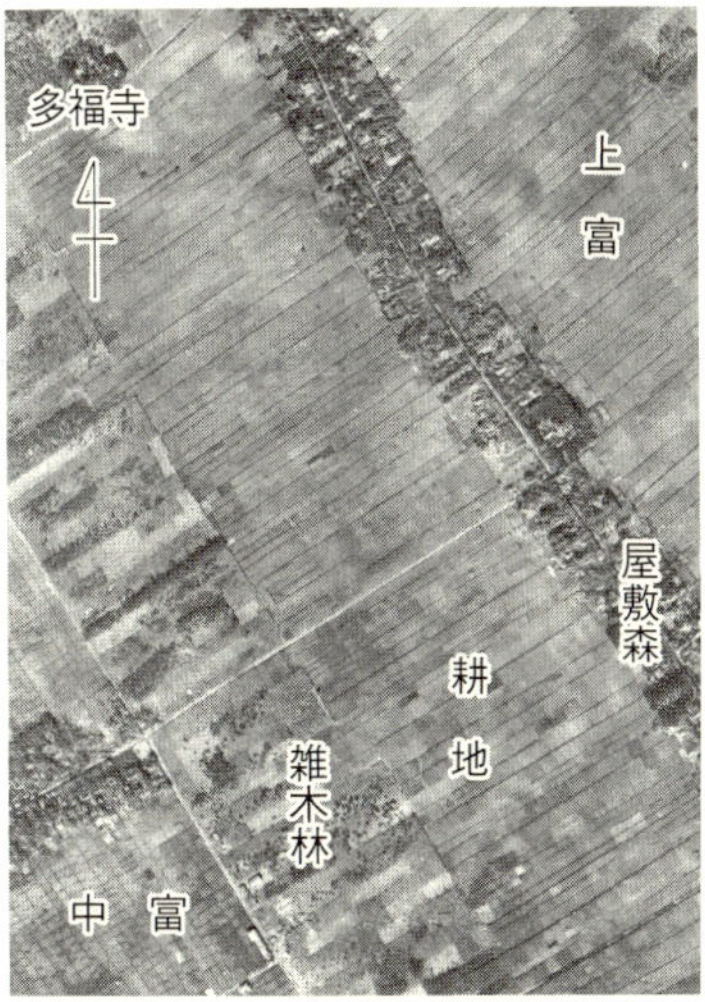

三富新田のうち上富の地割景観(昭和21年撮影の航空写真)

旗本知行地の増加●

江戸時代の支配の特色として、県域では多数の旗本《はたもと》知行地《ちぎょうち》があったことがあげられる。天正十八（一五九〇）年八月の入封直後から多くの旗本知行地が設定されたが、その後も関ケ原の戦いや大坂の陣などの恩賞として、慶長・元和期（一五九六～一六二四）にも確実に増加していった。

旗本は幕府の軍事力の基礎をなしており、その配置は幕政の動きとも大きな関連をもっていた。幕府の政治機構の整ってきた寛永期（一六二四～四四）になると、旗本知行の大規模な改革が実施された。まず、寛永二年に、旗本に対する最初で最後となる統一的な領知朱印状《しゅいんじょう》が交付された。これは、いままで旗本が支配してきた知行を、将軍が公文書によって認めたことに大きな意義がある。また、このとき県域に知行地をもっていた旗本で、朱印状を確認できる八六例のうち三五例に開発地の記載がみられ、当時の旗本知行の性格を如実に語っている。開発地の規模の最大は六五〇石で、一〇〇石以上が八例にのぼり、旗本領主が将軍から与えられた知行地周辺の開発に積極的であったことをうかがわせる。そして、あらたな領知朱印状の交付により、これら開発地も軍役《ぐんやく》の対象として幕府に掌握されていった。

ついで寛永十年には、旗本知行に大幅な改革が加えられ、知行地が増大した。これを「寛永の地方直《じかたなお》し」とよぶ。この改革の基本方針は、幕府軍事力の中核となる書院番・小姓組番・大番に属する者で、一〇〇〇石以下の小知行の旗本に二〇〇石ずつの知行地を加増することと、これまで蔵米取《くらまいど》りであった者を地方《じかた》知行に変えることの二点にあり、ともに幕府の軍事力をになう旗本層の強化を意図したものであった。蔵米取りとは、幕府から俸給として米を支給されるものである。それに対して地方知行は、農民と一体化した領地を与えられ、旗本はそこに設置した陣屋《じんや》を拠点に農民支配を行ない、年貢《ねんぐ》はもとより縄・薪《たきぎ》などの生活用品を小物成《こものなり》として徴収することができた。また、陣屋のかたわらに設けられた菜園での労働や、江戸と知行地を結ぶ小伝馬《こでんま》、旗本の軍役負担にともなう陣夫役《じんぷやく》など、夫役《ぶやく》の徴収も行なわれた。

「寛永の地方直し」は関東全域で実施されたが、その中心は武蔵《むさし》国であった。加増された知行地の所在が判明するものは三九八人あるが、そのうち武蔵国が一一〇人と全体の三〇%近くを占めている。武蔵国内でも地域的な偏りがあり、埼玉郡と足立郡に集中していた。埼玉郡であらたに知行地を与えられたことが確認できる旗本は二九カ村に五五人いるが、そのうち二三カ村・一万七六〇〇石余が行田《ぎょうだ》周辺の忍領であった。忍城は、慶長五年に松平忠吉《ただよし》が転封されてからは城主がおかれず、三〇年以上にわたり幕府代官が管理していた。忍領村々は水田地帯にあり村高も大きく、一知行で七〇〇石、五〇〇石、四〇〇石という加増も多いが、とくに二〇〇石が二一知行もあり、加増分をそっくり忍領で拝領した旗本が数多くいた

〔1表〕 17世紀中頃の県域の支配

	旗本知行			旗本入組	旗本関係合計		幕府代官支配			大名領分	寺社領	旗本外入組	合計
	1給	2給以上	小計		村数	構成比(%)	1給	2給以上	小計				
葛飾郡	4	1	5	0	5	2.6	166	0	166	0	0	21	192
埼玉郡	31	12	43	28	71	19.6	124	0	124	134	1	33	363
足立郡	113	17	130	38	168	46.5	139	3	142	26	3	22	361
新座郡	5	1	6	8	14	77.8	3	0	3	1	0	0	18
入間郡	42	18	60	33	93	49.7	31	1	32	51	1	10	187
比企郡	26	9	35	20	55	42.3	36	1	37	31	0	7	130
横見郡	0	0	0	1	1	4.0	19	0	19	0	0	5	25
男衾郡	8	4	12	4	16	66.7	7	0	7	0	0	1	24
大里郡	4	2	6	6	12	30.8	1	0	1	26	0	0	39
幡羅郡	7	11	18	16	34	64.2	14	2	16	1	0	2	53
高麗郡	3	2	5	9	14	16.9	48	1	49	15	0	5	83
榛沢郡	22	16	38	10	48	69.6	15	5	20	1	0	0	69
秩父郡	0	0	0	0	0	0	72	0	72	0	0	1	73
那賀郡	7	1	8	2	10	100.0	0	0	0	0	0	0	10
児玉郡	27	11	38	8	46	80.0	13	0	13	0	0	0	59
賀美郡	8	12	20	2	22	100.0	0	0	0	0	0	0	22
合　計	307	117	424	185	609	35.7	688	13	701	286	5	107	1,708

1） 北島正元校訂『武蔵田園簿』解説の表より作成。
2） 葛飾郡・足立郡には現東京都域が一部含まれる。
3） 旗本関係合計欄の構成比は，各郡の総村数に占める旗本関係村数の比を示す。
4）「旗本入組」は旗本知行と代官支配などとの入組を示す。
5）「旗本外入組」は旗本知行が含まれない入組を示す。

ことを示している。足立郡でも二〇カ村に一二人の旗本を確認できるが、そのうち九カ村・二四〇〇石余は郡北部の忍領村々であった。そのほかでは、幡羅《はら》・賀美《かみ》・榛沢《はんざわ》・男衾《おぶすま》・児玉郡など県域北部に旗本知行地の増加がみられた。

「寛永の地方直し」から一六～一七年経った慶安二・三（一六四九・五〇）年頃の県域の支配状況をまとめたのが前頁の1表である。これによると、当時の村数は一七〇八、うち旗本知行だけで成立する村が四二四、旗本知行と代官支配地などとが入組支配になっている村が一八五、両者をあわせると六〇九となり、全村数の三五・七％に旗本知行地があった。地域的にみると足立郡が圧倒的に多く、ついで入間、埼玉、比企、榛沢、児玉、幡羅などの諸郡がある。また、旗本知行を含む村の比率が高いところは、那賀・賀美郡の一〇〇％を筆頭に、児玉・榛沢など県北諸郡である。このようにみると、「寛永の地方直し」で顕著な増加をみた埼玉郡以外にも多数の旗本知行地が存在していたことがわかる。この寛永期から、江戸城下の整備にともない旗本の江戸移住が進み、旗本が知行地の寺においた墓所も寛文・延宝期（一六六一～八一）には江戸の寺に移すものが多くなった。陣屋も当初は在地支配のために知行地に建てられたが、元禄期（一六八八～一七〇四）前後につぎつぎと廃止され、跡地は畑として開発されていった。

こうした状況のなかで、元禄十年にふたたび旗本知行の大規模な改革が実施された。これを「元禄の地方直し」といい、幕府が統一的に旗本知行の割り替えを行なった最後で、宝永期（一七〇四～一一）まで引き続き実施された。このときの幕府の方針は、さきの「寛永の地方直し」と同様に蔵米取りから地方知行にかえることを基本としながらも、江戸周辺を幕領とするため旗本知行地を江戸から一〇里以遠に移し、幕領との相給《あいきゅう》も積極的に進められた。その結果、一人の旗本の知行地が複数の郡や国にまたがる分散化と、一村を複数の領主が支配する相給化の傾向がいっそう進行し、その後の関東農村の大きな特色となった。県域でこの地方直しであらたに旗本知行地とされた地域は、埼玉郡を中心に、葛飾《かつしか》・榛沢・幡羅・比企など、県の東部および北部の諸郡に多く、とりわけこれまで旗本知行地が皆無に近かった葛飾郡にも多数みられ、ほぼ全県域に旗本知行地が成立した。このとき与えられた知行地は、幕末までその旗本の家に代々引き継がれたものが多かった。

3 村と町の成り立ち

近世的村落の成立●

文政年間（一八一八～三〇）に幕府が調査・編集した地誌『新編武蔵風土記稿《むさしふどきこう》』には、多くの村に「旧家」という項目が設けられ、開発にたずさわった草分《くさわけ》百姓の由緒がのべられている。そのうちもっとも数の多いのが戦国時代に活躍した小田原北条氏の旧臣で、足立郡や埼玉郡には岩付《いわつき》太田氏、秩父郡や榛沢《はんざわ》郡などには鉢形《はちがた》北条氏の旧臣と伝える家が数多くある。戦国大名の家臣団の多くは、日常的には農村に居住し、戦時になると武器をとって戦いに参加する半農半武士的な存在であった。小田原北条氏を倒して関東を制圧した豊臣秀吉は、農民であるとともに武士であるこのような土豪層を、農村に居住する百姓と都市に集住する武士という二つの身分に画然と区別する兵農分離政策をとった。農民となった土豪層には、戦乱のなかで荒廃した村落の復興や、新田の開発に従事した者も多く、旧主から与えられた古文書を大切に保存し、村の名主として、また菩提寺《ぼだいじ》の開基、鎮守《ちんじゅ》の勧請者などとして、近世村落の成立に大きな役割をはたした。足立郡登戸《のぼりと》村（鴻巣市）の道祖土《さいど》氏や宮地村（鴻巣市）の深井氏のように、後世みずからの家伝を残すものもあった。ここでは、開発のようすを比較的よく伝えている埼玉郡広田《ひろだ》村（鴻巣市）の開発記を紹介しよう。

広田村を開発した新井弥左衛門は、加須《かぞ》（加須市）近在の出身で、二六歳になった天正十九（一五九一）年の春、幕府代官大河内金兵衛から田畑の開発をすすめられ、下男一人をつれてこの地に移住した。人の住んだ形跡はあるが、まったくの無民家であった。野菜などまで親元から送ってもらっていたが、三年もするとようやく二町歩ほどの開発地もできた。弥左衛門が開発しているようすをみて諸方から移り住む人も増え、八年目には家数二七軒、村高も一〇〇石近くになった。この頃、大河内金兵衛の指示で、弥左衛門は広田村の名主となった。広田村に弥左衛門がきたころには、一人の托鉢僧が守る西光《さいこう》寺という禅宗の寺があった。菩提寺として整備しようとしたが、当時の住職は無断で他の寺に移るなどで領主の憤激をかい、寺自体もとりつぶされてしまった。死人の弔いもできず、村人からの嘆願をうけた弥左衛門は、みずから開発した四反歩余の土地を寄進してあらたに寺を開くことを領主高木氏に出願した。こうして寛永四（一六二七）年に建立されたのが広徳《こうとく》寺であった。この「広田村開発記」は、多数の分家を輩出している「一家」が「一心」となって繁栄していくことを願い、開発にあたった弥左衛門が、慶安元（一六四八）年八三歳のとき子孫に家の由来を書きつづったものとされる。こうした村の草分百姓や開発の伝承は県内各地に残され、近世的な村落が成立するようすを現在に伝えている。

このように開発されてきた村は、検地をうけることによりはじめて公的に認知されていった。検地は、耕地を一筆ごとに実測し、地味や用水の利便性などを勘案して土地の生産力を米に換算し、さらに耕地ごとに年貢《ねんぐ》を負担する農民（名請人《なうけにん》）を確定する作業である。その結果、いくつかの集落のまとまりである行政的な「村」が確定された。この「村」は、近世をとおして領主支配の単位であるとともに、農民の生活の場となった。

天正十八（一五九〇）年八月、関東に移封された徳川家康は、家臣団の知行割と在地の掌握のために領国内の検地を開始した。担当したのは、代官頭の伊奈忠次《ただつぐ》と大久保長安《ながやす》で、伊奈氏は足立郡・埼玉郡などの平野部と秩父郡を、大久保氏は入間《いるま》郡の西部から比企《ひき》郡にかけての一帯で実施した。この検地は、戦国末期の複雑な土地所有関係をある程度容認したとみられる分付記載や、丘陵から山間地域では土地の生産高ではなく年貢高を掌握する永高《えいだか》制を採用するなど、いわゆる太閤《たいこう》検地の原則からすれば、旧来の制度に対して妥協的であったといえる。

しかし、徳川氏のこうした漸進的な政策は、土豪層を懐柔しながら、それまで彼らのもとに隷属していた小農民をあらたな年貢負担者として検地帳に登録し、自立させる方向へと進んでいった。もちろんこの小農民の自立は、領主側の政策的意図のみによってなしとげられたのではなく、劣悪な生産条件のもとでみずからの耕地の拡大と安定に努めた小農民自身の努力によるものであった。小農民の自立は、寛永期（一六二四〜四四）から寛文・延宝期（一六六一〜八一）、そして元禄期（一六八八〜一七〇四）にいたる数度の検地によって、関東地方の農村でも確実に進行していったことが確認され、一町歩前後の耕地を所持する本百姓を構成員とする近世的な村落が形成されていった。

小農民の自立していくようすを、榛沢郡荒川村（深谷市）で具体的にみておこう。この村は鉢形城主北条氏邦《うじくに》の旧臣持田家の居村で、元和年間（一六一五〜二四）に幕領と二人の旗本が支配する三給《きゅう》の村となった。持田家が名主であった幕領分では、元和五年に検地が行なわれ、一五人の百姓が名請人となった。ところが、それから約六〇年ほどたった延宝四年の検地では、名請人の数が四八人と三・二倍にも激増した。この間の事情を示唆する史料に、寛文十二年に作成された名寄帳《なよせちょう》がある。元和五年の検地帳とこの名寄帳とを比較すると、元和五年の検地段階では一人の農民の名請していた耕地が、寛文十二年には二〜四人、最大では六人にも分割されている。一人当りの名請高をみると、元和五年の検地では一五人のほとんどが一町歩以上であるのに対し、延宝四年では、あらたに開発された耕地を含めて検地されたので、名請人四八人のうち一町歩以上が一四人（全体の二九・一％）、五反〜一町歩が一八人（同三七・五％）となり、小農民の自立が顕著である。それとともに、名主持田家に認められていた屋敷地を検地対象外とする特権は廃止された。また名請人には各人の持分を記した名寄帳の写しが交付されて、正式な年貢負担者であることを示すため年貢割付状の裏面にも連署するようになった。検地の前年、延宝三年の宗門改帳によれば、いずれの百姓も傍系の家族を含まない、いわゆる単婚小家族の形態となっている。

もちろん、こうした小農民の自立は必ずしもスムーズになされたのではない。延宝五年におきた村方騒動では、いまだ一人前の百姓になれない家抱《けほう》といわれる隷属農民が存在したり、あらたに耕地を獲得し自立しはじめた農民が、年貢の未進から潰百姓《つぶれびゃくしょう》となっていく事例が数多くあったことがわかる。しかし、一人ひとりの百姓には浮沈があったとしても、全体としては確実に小農民の自立が進められていた。

一村全体を対象とする検地は元禄期頃までに終了したが、その具体的年代は支配領主によりかなり違いがあった。幕領では、初期に永高制の検地が実施された秩父郡では慶安〜明暦期（一六四八〜五八）に、また入間郡西部から比企郡地域では寛文期に一斉に検地が実施され、石高《こくだか》表記の検地帳が作成された。葛

〔2表〕 近世における村数・石高の増加

	A：武蔵田園簿（1650年頃）		B：元禄郷帳（1702年頃）		C：天保郷帳（1834年）		村数増加率		石高増加率	
	村数	石高	村数	石高	村数	石高	B/A	C/B	B/A	C/B
足立郡	361	130,253	432	134,066	445	149,436	1.20	1.03	1.03	1.11
新座郡	18	7,684	31	12,247	37	14,249	1.72	1.19	1.59	1.16
入間郡	185	61,754	243	74,600	261	100,251	1.31	1.07	1.21	1.33
高麗郡	84	19,938	105	25,467	105	27,485	1.25	1.00	1.28	1.08
比企郡	130	47,211	156	56,079	158	61,349	1.20	1.01	1.18	1.09
横見郡	25	10,683	42	19,721	45	20,554	1.68	1.07	1.85	1.04
埼玉郡	363	236,435	421	266,408	427	283,631	1.16	1.01	1.13	1.06
大里郡	39	20,951	43	21,112	46	23,648	1.10	1.07	1.01	1.12
男衾郡	24	7,040	35	8,022	36	9,312	1.46	1.03	1.14	1.16
幡羅郡	53	36,772	59	38,666	59	39,623	1.11	1.00	1.05	1.02
榛沢郡	69	27,482	83	29,041	81	32,132	1.20	0.98	1.06	1.11
那賀郡	10	5,565	13	6,589	13	6,941	1.30	1.00	1.18	1.05
児玉郡	59	26,471	63	27,266	63	27,653	1.07	1.00	1.03	1.01
賀美郡	22	11,662	33	12,249	33	12,699	1.50	1.00	1.05	1.04
秩父郡	73	24,662	82	29,953	83	31,478	1.12	1.01	1.21	1.05
葛飾郡	192	103,689	269	116,788	281	119,629	1.40	1.04	1.13	1.02
合　計	1,707	778,251	2,110	878,274	2,173	960,070	1.24	1.03	1.13	1.09

1）『武蔵田園簿』『関東甲豆郷帳』より作成。
2）足立郡・葛飾郡には現東京都域が一部含まれる。
3）石高の数値は石以下を四捨五入した。

飾郡の一部では延宝三年、足立郡から埼玉郡などでは元禄期に集中的に検地が実施された。一方藩領では、忍《おし》藩が慶長十三・十四（一六〇八・〇九）年、川越藩が正保四（一六四七）年と慶安元（一六四八）年、岩槻藩が寛永五～七年に、それぞれ藩領村々の総検地を実施した。旗本知行地では、寛文・延宝期に実施した例が比較的多く知られるが、なかには明治維新まで全村検地がなかった村もあった。

こうした度重なる検地により近世的な村落が成立してきたようすを概観したのが2表である。武蔵国での新田開発は、徳川家康の入封以後、足立郡南部や葛飾郡・埼玉郡などにおいて大規模に進められ、その成果が『武蔵田園簿』に結実し、さらに十七世紀後半へと持続した。元禄検地をへた『元禄郷帳』において、村数は一・二四倍(四〇三カ村増)、石高は一・一三倍(一〇万石増)に増大している。ところが、『元禄郷帳』から『天保郷帳』の一三〇年間では、石高は見沼《みぬま》や武蔵野新田の開発、さらに前者は拝領高、後者は実高記載という変化があったにもかかわらず、石高は八万石余の増大にとどまり、村数でもわずかな増加しかなく、元禄期までに近世的な村落の枠組みが成立したことを示している。『元禄郷帳』における一村当りの石高は、郡によりかなりの差があるが、県域全体の平均では四一六石余であった。

秩父山村の生業●

県の西部、山梨・長野両県に境を接する奥秩父地方で、いつごろから林業がはじまったのか確実な史料はほとんどない。荒川中流域の榛沢郡荒川村(深谷市)の土豪持田氏は、徳川家康の入封直後と推定されるころに、荒川を流れ下ってくる筏の管理を命じられている。この筏のなかには、一般の材木とともに「御くぼう(公方)」、すなわち将軍家公用の材木がたくさん含まれていた。おそらく江戸城下建設の資材であろう。また、足立郡芝村(川口市)長徳《ちょうとく》寺の住職寒松《かんしょう》の日記にも、元和三(一六一七)年に材木を調達するために、荒川中流の熊谷に人を遣わした記述がみられる。いずれも、近世初期から秩父山地の材木が荒川の水運を利用して江戸およびその周辺へ供給されていたことを示唆している。

秩父山地の林業が大きく進展する契機となったのは、明暦三(一六五七)年一月の江戸大火であった。この年、古大滝村(秩父市)麻生の御巣鷹山《おすたかやま》では、江戸の町人が請負人となって御用木を伐り出し、新大滝村浜平の農民も江戸の大火により「さゝ板」の需要が増大したので、中津川村(秩父市)の農民からあらたに山を借用している。このころまでの御用木の伐り出しは、鷹狩用の鷹の巣を保護するために設けられた御巣鷹山からのものであった。その後、幕府は急激に増大する材木需要への対応と、飛驒や木曽の天然林の枯渇という状況のなかで、貞享二（一六八五）年に御林奉行《おはやしぶぎょう》を設置し、諸国の御林の管理を強化していった。秩父地方でも、翌三年に中津川村で御林五カ所が指定されている。

当時の秩父山村の生活領域は、わずかな畑地を中心に、その周辺に秣場である野畔《のくろ》、さらにその外周には百姓稼山《かせぎやま》、それより遠隔地は御林という構造をもっていたが、中津川村では元禄七（一六九四）年に百姓稼山は野畔から一里半（六キロ）と限定され、実質的に御林の増大が図られていった。これらのなかで、山村農民の生業の場としてもっとも重要なのは百姓稼山であった。ここで生産される製品は、笹板・挽板・桶木などとよばれる小径材で、「百姓稼八色」と称され主要な現金収入となっていた。幕末期の安政七（一八六〇）年の記録では、新・古両大滝村では万治年間（一六五八～六一）まで百姓稼山の役永《やくえい》として笹板一万二〇〇〇枚、礼式（敷）板一二〇間を毎年現物で上納していたが、上納できる上質の原木がなくなり寛文年間（一六六一～七三）からは永五貫文ずつを金納してきたという。また元禄七年には、江戸や小鹿野《おがの》町の商人が両大滝村など五カ村の百姓稼山から産出される製品の仲買を幕府に申請したが、村方の反対により認可されなかったという。

秩父は木炭の山地としても著名であった。正徳三（一七一三）年に刊行された百科事典『和漢三才図会』には、熊野・日向などとともに「武州八王子・秩父・野州及び常奥甲信の諸国、皆堅炭を出す」と記されている。秩父地方での炭焼は、搬出の便宜などから江戸へ比較的近い外秩父地方で盛んであった。ここでは、やや特殊な形態ではあるが、近世初期から江戸城平川門御舂屋《おつきや》へ御用炭を上納していた秩父郡大野村（ときがわ町）の事例を紹介する。大野村で御用炭がはじめられた時期は「御入国以来」あるいは「慶長より以来」と伝承され、寛永十四（一六三七）年から具体的な史料が残る。その後、寛文五（一六六五）年には村の炭焼人が一六〇俵の上納を請け負っているが、その頃すでに御用炭を焼き立てる柏・椚《くぬぎ》の枯渇が顕著となり中絶した。そこで、幕府代官は柏の育成を村方に強制し、延宝元（一六七三）年から百姓持山での焼き立てが再開された。この時期には、御用炭の原木である柏をのぞけば、御炭山から雑木や下草を採るのは自由であった。名主森田家の記録では、貞享三年から一年半ほどのうちに六二九俵の炭を近隣の村々へ売り出しており、御用炭の生産はこうした一般販売用の炭と一体となって行なわれていたと推測される。御用炭に要求される品質は長さ二尺前後の丸木炭ときわめてきびしく、宝永六（一七〇九）年には原木の調達ができなくなりふたたび中絶された。しかし、正徳三年の村明細帳には「村中百姓残らず炭焼き申候」と記されており、また名主森田家を中心に大規模な商売炭の焼き立て願書をだすなど、炭焼が村の最大の生業となっていた。

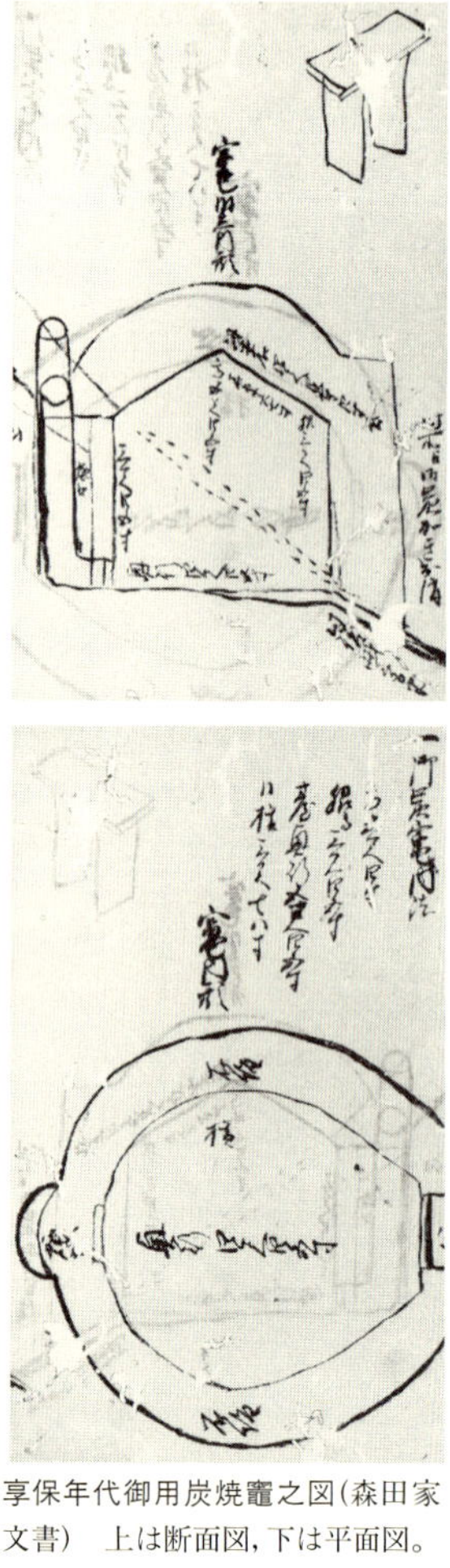

享保年代御用炭焼竈之図(森田家文書)　上は断面図，下は平面図。

ところが、享保元（一七一六）年諸国御林改めの一環と称して、大野村の御用炭山はすべて御林に指定され、あわせて江戸城への御用炭上納が再開された。村方では、御林になると村民の利用が著しく制限されるので、これまで年貢を負担してきた経緯などを主張し再三嘆願書を提出したが、幕府の決定はくつがえらなかった。このとき御林に指定されたのは、大野村だけでも一四カ所、一二五町歩余の広大な山林であった。もちろん、入会山などでの商売炭の生産は続けられていたであろうが、幕府の林野取り込み政策の強化のなかで、山村農民の生業が大きく規制されていったのである。

菩提寺と鎮守●

近世村落で、村人の結合・信仰の面から重要な役割をはたしたのが菩提寺と鎮守である。鎮守はある意味では村の成立した時点からなんらかのかたちで存在し、新田村落においても開発とともに祀られるのが一般的であった。それに対して菩提寺は、きわめて近世的な存在であり、幕府のキリシタン統制により寺請《てらうけ》制度の実施機関として定着してきたものであった。

寺請制度は、全国的には寛永十二（一六三五）年頃から実施され、島原の乱以後にいっそう強化されたといわれる。県域に残された初期の寺請証文としては、寛永二十年に足立郡染谷村（さいたま市）の常泉《じょうせん》寺が作成したものがある。証文には四カ村にまたがる常泉寺の檀家《だんか》一〇軒・三四人が記載され、本寺である入間郡龍谷《たつがや》村（越生町）龍穏《りゅうおん》寺が裏書を加えている。こうした寺請制度が、人別改《にんべつあらた》め制度と合体して確立されるのは、それから三〇年ほどたった寛文十一（一六七一）年以降のことで、このころから村ごとに宗門人別改帳がつくられるようになった。県域でも、足立郡荒井村（北本市）で寛文十一年四月十六日、秩父郡太田部《おおたぶ》村（秩父市）で寛文十二年二月に作成された初期の宗門人別改帳が残されている。この時期は、各村に小農民が広範に成立してきたときであり、彼らが一人前の百姓として自立するとともに、村の寺院の檀家になったのである。

こうしたことは、寺院の開創年代や墓石・過去帳の分析からも確認できる。たとえば、『新編武蔵風土記稿』をもとに、県中部から東部にかけての足立・埼玉・葛飾郡に所在する二三二三カ寺を検討した結果は、開創年代が判明するものが約半数の一〇二一で、その六〇・七%は近世にはいってからのものであり、徳川家康の関東移封直後を一つのピークとして、十七世紀前半に集中しているという。また、現在の北本市域に残る七四六戸分の墓石調査では、墓石の初出年代は、寛永二（一六二五）年以前が一二、寛永三～慶安三（一六二六～五〇）年が五八、慶安四～延宝三（一六五一～七五）年が一五八、延宝四～元禄十三（一六七六～一七〇〇）年が二八五と、十七世紀後半に急激に増加している。

一つの村における具体的な寺檀関係を、高麗郡津久根村《つくね》（越生町）の貞享五（一六八八）年の宗門人別帳からみておこう。同村の戸数は三九で、寺請をしている寺院は六カ寺にのぼる。村内の真言宗高蔵寺《こうぞう》を菩提寺とするものが二九戸で全体の七四％と圧倒的に多い。同じ真言宗でも高蔵寺の本寺である今市村（越生町）法恩寺《ほうおん》の檀家が一戸ある。この村には禅宗の寺院がないため、今市村の臨済宗の正法寺《しょうぼう》が一戸、隣接する小杉村（越生町）の曹洞宗の建康寺《けんこう》とその本寺にあたる龍谷村龍穏寺の檀家が各四戸ある。当村には同年の五人組帳も残り、両者を比較すると必ずしも五人組の構成員が同一の菩提寺ではない。さきの多数の寺院への寺請をもあわせ考えると、寺檀関係はある程度各家の成立過程などを尊重して結ばれていたようである。

つぎに村の鎮守について考えてみよう。『新編武蔵風土記稿』では、各村に数社の神社が記載されていることが多い。これらの由緒は、同族団の氏神《うじがみ》として古来から伝えられたもの、あるいは他の地方から勧《かん》請《じょう》されたものなどさまざまであるが、多くの場合、鎮守と明記されているのはそのうちの一社である。複数の領主がいて村役人が別々におかれた相給村落においても、一社であることが多かった。

これらの鎮守の祭神を、同じく『新編武蔵風土記稿』でみると、稲荷社・八幡社・諏訪社・天神社などは、ほぼ県下全域に分布している。それとは逆に、分布に地域的特色のあるものとしては、県東北部の鷲《わしの》宮《みや》社、児玉地方の金鑽《かなさな》社、大里地方の聖天《しょうてん》社、秩父地方の妙見《みょうけん》社、古利根川以東の香取社、古利根川と元荒川のあいだの久伊豆《くいず》社、川越西部から飯能《はんのう》にかけての白鬚《しらひげ》社、足立郡を中心とした氷川《ひかわ》社など、いずれもその地域独特の祭神を基盤とした信仰圏をもっていた。

菩提寺と鎮守は、寺請、葬祭、祭礼を中心とした年中行事など、村人の日常生活に深い関係をもっていたが、管理の方法は大きく異なっていた。菩提寺の住職は、各宗派ごとに本寺から派遣され、ほぼどの寺にも専任の住職がいた。鎮守では専任の神主をもつものは少なく、村の寺院持ちであったり、修験者などが別当として配札や注連《しめ》張りなどの宗教行為にも関与し、祭礼は名主を中心に氏子《うじこ》で運営することが多かった。そのため、神職の自立意識が高まるとともに、神社の管理をめぐるトラブルも発生してきた。たとえば、足立郡箕田村（鴻巣市）の八幡社では、神職、別当寺、その本寺、名主などが近世前期の延宝四年から幕末期の文久二（一八六二）年まで、じつに二〇〇年近くにわたって争論を展開している。

城下と在方の六斎市●

近世の農民生活は自給自足が基本であったが、年貢納入のための銭貨の獲得や、塩・農具など自給できない物資を調達するため、戦国時代以来、県域の各地に開設された六斎市《ろくさいいち》はいぜん重要な役割をもっていた。

とくに、川越・忍・岩槻・松山・鉢形など小田原北条氏時代の支城の城下におかれた市は、川越が江戸町のみから本町・南町・高沢町・喜多町の五カ町に拡大されたり、鉢形が荒川の対岸で秩父街道沿いの寄居《よりい》（寄居町）へ、松山が城下から川越熊谷道沿いへ中心地が移るなどの変化はあったが、いずれもあらたに配置された藩の、あるいはその地域の商品流通の拠点となった。

たとえば、岩槻城下の市宿町《いちじゅくまち》では、すでに戦国時代の永禄三（一五六〇）年には連雀商人《れんじゃくしょうにん》（行商人）が集まり市立てが行なわれていた。近世にはいると慶長六（一六〇一）年に、城主高力《こうりき》氏は当地方の特産品である太物《ふともの》（木綿織物）や「ゆたん」（布・紙などに油をひいたもの）などの市立てについて、市宿町の特権を確認している。享保八（一七二三）年に市宿町が提出した市の古例書上げによると、一・六の六斎市が町内の上宿と下宿で交互に開かれ、小間物《こまもの》・紙・金物・煙草・曲物《まげもの》・青物・川魚・草履《ぞうり》などの日用雑貨や食料品をあつかう店が中央通りの両側に開かれていた。また、特産品である木綿については別に定められ、上宿では市神である松堂前、下宿では高札場前で立売りされていた。市の管理には、戦国時代以来の「れんしゃく頭」である上宿の勝田氏があたった。周辺農村で木綿の生産が盛んになると、市宿町に隣接する久保宿町でも木綿の取引が行なわれるようになり、元禄十五（一七〇二）年以降再三にわたって特権を侵害された市宿町から訴訟がなされた。享保八年の場合、訴えられた久保宿町では、市で取引しているのではなく「宅にて売買」していると反論をしており、すでにこの時点では、市による取引だけでなく「宅」（常設店舗）での商業活動があったことが推測される。

在方の場合では、寄居の市について比較的詳しい史料が残されている。この地方は戦国時代には鉢形城下に市が存在したが、城が廃城となると寛永八（一六三一）年に荒川対岸の秩父街道沿いの寄居に、あらたに四・九の六斎市が立てられ場割定帳が作成された。それによると、市は上・中・下の三町からなり、参加した商人はのべ九三人、割り振られた場の数は上町二〇、中町一五、下町一八の合計五三にのぼる。数人で一つの場を割り当てられたり、一つの場で複数の商品をあつかう者もいるので正確な数ではないが、おもな商品と市店の数はつぎのようになる。

まず、周辺の村々から産出され、特産品としてこの市で取引された商品は、薪《まき》（七店）と炭（六）が圧倒的に多く、ついで絹（一）、繭《まゆ》（五）、苧《お》（麻、三）などの繊維関係、さらに煙草（三）、きざみ（二）などの嗜好品や紙（三）などがみられる。逆に、他の地方からもちこまれる商品は、塩（六）、あい物（干魚・塩魚、三）が代表的で、他に食料品としては、くだもの（四）、糀《こうじ》（三）などがある。綿製品関係の太物（三）、繰綿《くりわた》（三）、綿（一）、「あい」（藍カ、二）なども他地方からもたらされたものであろう。このほか手工業品の調達も市の重要な役割で、鍛冶（三）、鋳物《いも》師《じ》（三）、「しと」（馬の荷鞍カ、三）、染（三）などがある。

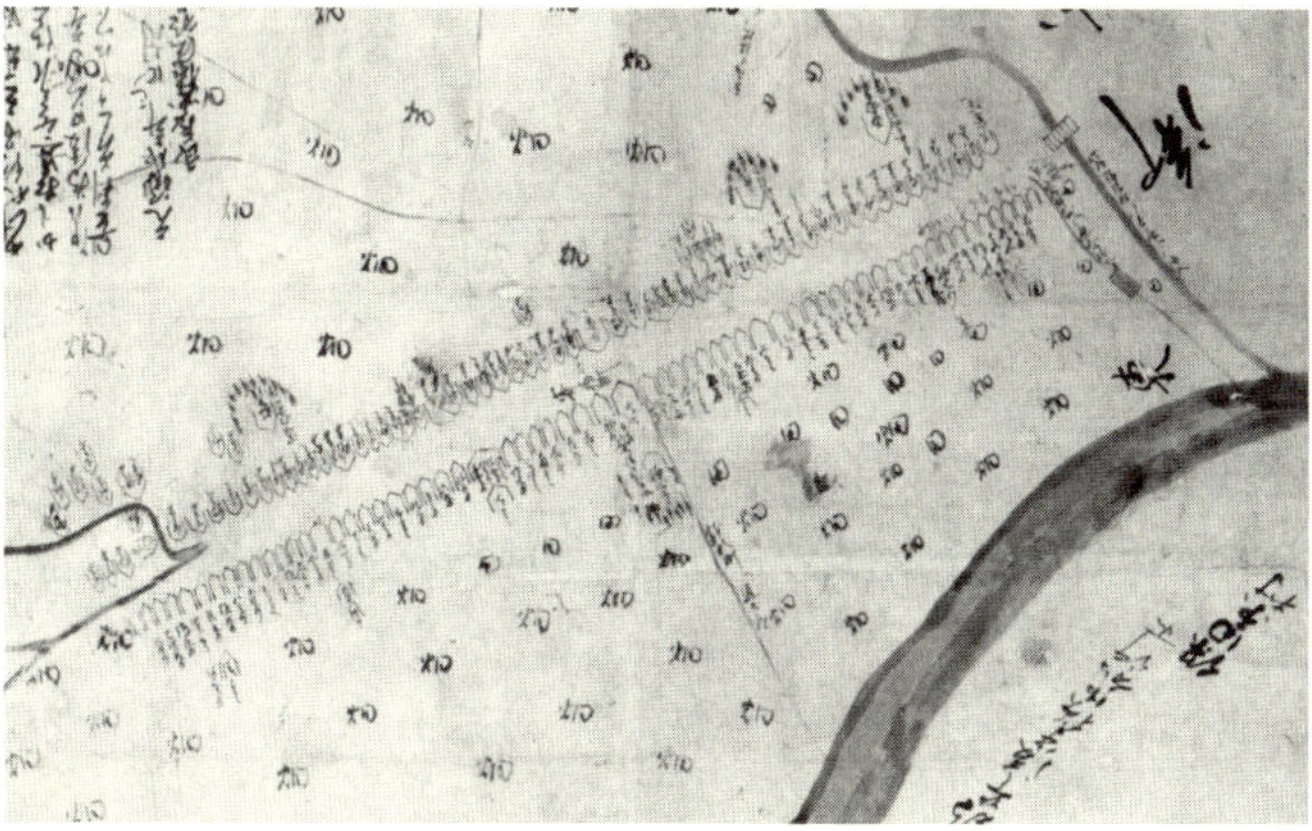

寄居の街並み（元禄 2 年榛沢郡寄居村絵図，部分）

また、「げん石」と称するものが七店あるが、そのうち二店には大豆販売との関係が記されているので、おそらく穀物関係であろう。「げん石」に「現石」という字があてられれば、領主の実際の収入となる部分をも意味するので、この市は年貢として徴収した米を換金するとともに、米のとれない山方の地方に売り出す機能をもっていたことを示すことになる。薪、炭、石（穀）、塩など主要な取引品目については、「宿」と称する問屋機能をもつ商人も存在していた。

　こうした市は、飯能（飯能市）、高麗本郷（日高市）、玉川郷（ときがわ町）、小川（小川町）など外秩父の山麓一帯に発達していた。また、中山道の蕨・浦和・桶川・鴻巣・熊谷・深谷・本庄、日光街道の草加・越谷・粕壁・杉戸・幸手《さって》・栗橋などの宿場町でも六斎市が立てられた。また六斎市は、秩父地方の大宮郷（秩父市、一・六）、贄川《にえがわ》村（秩父市、二・七）、下吉田村（秩父市、三・八）、大野原村（秩父市、四・九）、上小鹿野村（小鹿野町、五・一〇）にみられるように、地域的まとまりをもち毎日どこかで市が開かれるようになっていたところもある。

　このような在方の市はそれ自身では完結せず、大きくは江戸との結びつきで成り立っていた。その顕著な例が、十七世紀に川越城下町の商人として活躍した榎本弥左衛門の活動である。榎本家は在方市での主要な商品である塩の仲買を業とし、弥左衛門の父の時代から江戸に出店をもっていた。当時、江戸周辺で取引された塩には、下総国行徳《ぎょうとく》（千葉県市川市）を中心に生産される地廻《じまわ》り塩と、遠く瀬戸内海周辺で生産され、塩廻船で江戸に運ばれてくる下り塩とがあった。近世初期に瀬戸内海地方で大量生産が可能な入浜式塩田が発達すると下り塩が圧倒的に多くなり、弥左衛門の覚書にも斎田《さいた》（徳島県鳴門市）、荒井（兵庫県高砂市）などの産地名が頻繁にみられる。江戸に流入したこれらの塩を、弥左衛門は堀江町（東京都中央区日本橋）にあった出店を拠点に買い集め、新河岸川舟運によって川越に運び、みずから城下町や松山（東松山市）などの定期市で販売していた。また、秩父や青梅《おうめ》（東京都青梅市）など遠隔地の市では、地元の売子をつうじての委託販売も活発に行なわれていた。こうして弥左衛門は、瀬戸内の塩を江戸を経由して川越城下町周辺の市に売りさばくとともに、一方では川越藩の蔵米や周辺農村の雑穀、さらには八王子や栃木周辺で買い集めた煙草などを、塩の帰り荷として江戸に運んでいたのである。

榎本弥左衛門画像

6章

動きだす社会

中山道桶川宿の商家店先のにぎわいを描く絵馬

1　増大する農村の負担

新田開発と年貢の定免法●

享保期（一七一六～三六）の幕府の政策基調は、新田開発の奨励や定免《じょうめん》法の採用などにより年貢の増収を図ることにおかれていた。この期の代表的な新田開発としては、県域の東部低地帯に肥沃な水田を造成した見沼《みぬま》の開発と、西部台地に畑作の雑穀生産地帯を成立させた武蔵野の開発とがある。

将軍吉宗《よしむね》が紀州から連れてきた井沢弥惣兵衛為永《やそべえためなが》は、幕府勘定吟味役《かんじょうぎんみやく》となり関東地方の湖沼の開発に従事した。その一つが、現在のさいたま市の東部から川口市の北部にかけての見沼溜井《ためい》の干拓であった。見沼溜井は、寛永六（一六二九）年に関東郡代《ぐんだい》の伊奈忠治《ただはる》が足立郡木曾呂《きぞろ》村（川口市）と附島《つきしま》村（さいたま市）とのあいだに八丁《はっちょう》堤を築き、芝川をせき止めて下流の村々の水源としたものである。しかし、このために上流の村々では排水難や洪水の害に悩まされ、元禄期（一六八八～一七〇四）には溜井の開発計画もたてられていた。

こうした経緯をふまえ、井沢為永がたてた計画は、見沼溜井を干拓し、あらたに用排水路を整備して新田として開発しようとするものであった。そのために開削されたのが見沼代用水で、利根川右岸の下中条《しもちゅうじょう》村（行田市）で取水し、上大崎村（久喜市）までは星川の流路を利用、その後柴山村（白岡町）で元荒川を伏越《ふせこし》でくぐり、さらに瓦葺《かわらぶき》村（上尾市）では綾瀬川を掛渡井《かけどい》で交差し、その直後に東西の両縁に分流され見沼新田を灌漑した。この用水路の整備と並行して、新田の排水路として中悪水が開削され、芝川を通って荒川に放流された。こうして、全長約六〇キロにおよぶ見沼代用水が整備された。これら一連の工事は、享保十二年九月に着工し、わずか六カ月の突貫工事で翌年二月までに完了したという。その結果、面積一二二八町歩余におよぶ広大な見沼新田が造成され、開発に参加した周辺一七カ村に配分された。これとともに、見沼代用水流域の屈巣《くす》沼(鴻巣市)、河原井《かわらい》沼(久喜市)など多数の沼が開発され、約六〇〇町歩の新田が造成された。

一方、多摩郡の東部(東京都)から、県域西部の入間《いるま》・新座《にいざ》・高麗《こま》郡一帯に広がる武蔵野の開発も、ほぼ同じ時期に幕府代官によって着手された。まず、享保九年頃から南武蔵野と称された多摩郡および県域にかかる所沢原などの原野が、新田開発のため周辺の村々に割り渡された。しかし、これらは肥料の供給源として重要な秣場《まぐさば》でもあり、村々の意向もまとまらず開発は遅々として進まなかった。そこで、享保十二年九月から入植農民に家作《かさく》料および農具代料を支給し開発の促進を図ったが、幕府は三年の鍬下年季《くわしたねんき》があけると反当り二〇文の開発場年貢を課すなど、性急な年貢増徴政策をとり退転する百姓も続出した。

武蔵野開発が軌道にのるのは、その後享保十九年に上坂《うえさか》安左衛門が代官となり、再度強力に開発を命じてからであった。さらに元文四(一七三九)年八月には、多摩郡押立《おしたて》村(東京都府中市)の名主出身の川崎平右衛門が武蔵野新田世話役にとりたてられ、肥料・種籾・夫食《ふじき》などの貸付仕法、潰《つぶれ》百姓の立ち返り料、井戸掘り料の支給など、こまかな新田安定策を打ち出していった。また、延享元(一七四四)年からは、現在の狭山《さやま》市・日高市・鶴ケ島市・坂戸市周辺で、多くは本村の持添という形で北武蔵野の新田開発が進められた。こうして川崎が代官をしていた延享期頃には、すでに検地高入れがなされた多摩および入間郡南部の新田が一万二〇石余、入間郡の北部から高麗郡にかけて検地をうけていない開発地が二一七〇町歩余、延享元年にあらたに開発地として割り渡された土地が高麗郡に五〇〇町歩余もあった。川崎は寛延二（一七四九）年に美濃国（岐阜県）の代官に転じたが、こうした新田開発の功績をたたえて、高麗郡高倉村（鶴ケ島市）の三角原《さんかくばら》陣屋跡に、川崎の二五回忌にあたる寛政十（一七九八）年に「川崎大明神」の石祠が建てられた。

　こうした新田開発政策と並行して、享保八年から十年にかけて、県域の幕領村々では年貢の定免《じょうめん》法が実施されていった。毎年の作柄に応じて年貢額を決める検《け》見《み》取《どり》法から、三年とか五年とか一定期間の年貢額をあらかじめ決める定免法へと、年貢徴収方法の大転換が図られたのである。定免法採用の具体的な経過を足立郡南村（上尾市）でみておこう。同村の御用留に定免法のことがはじめてみえるのは、享保八年七月九日のことで、強制で

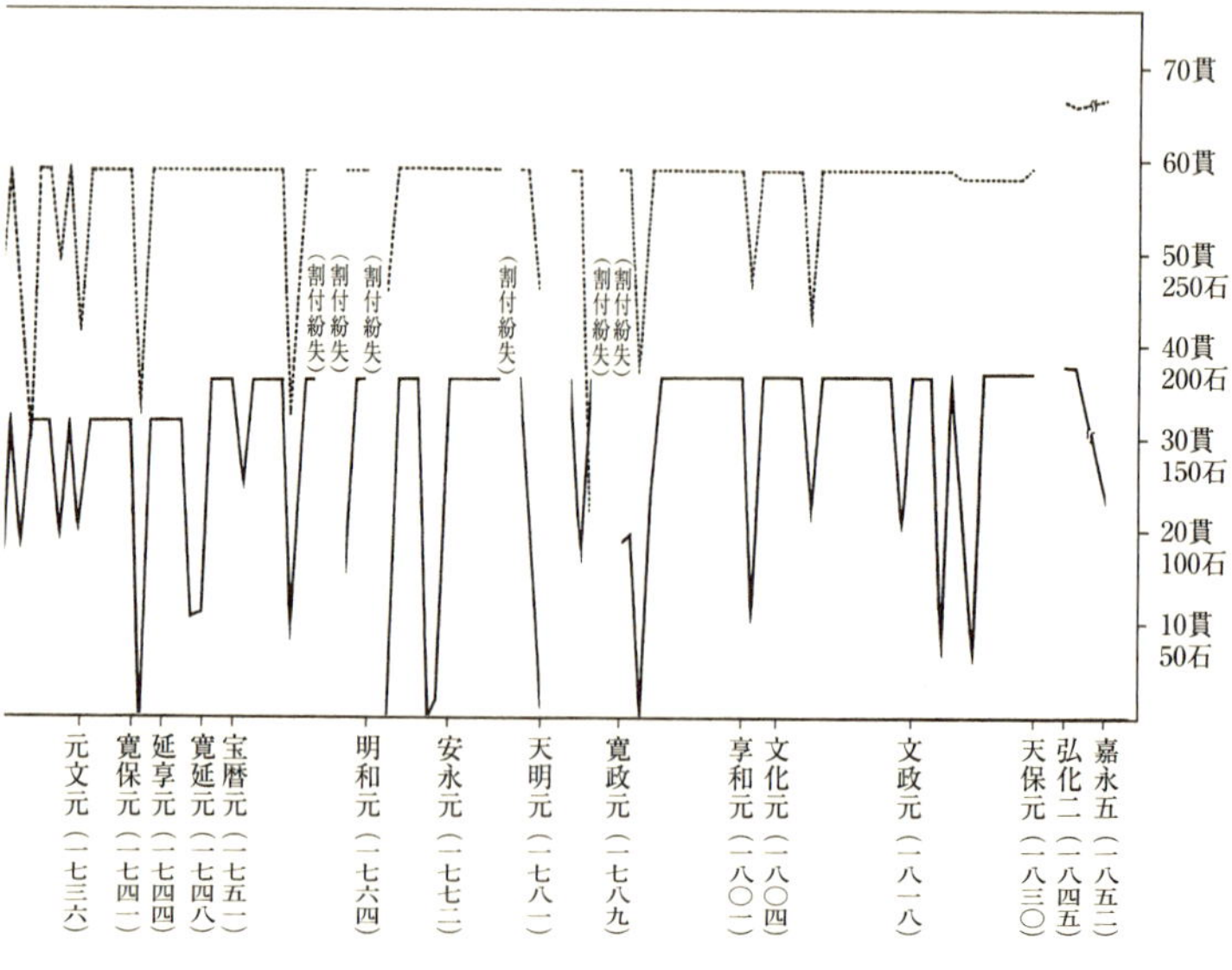

はないが過去一〇年ないし二〇年の年貢を平均した額に、検見費用を追加して定免を出願するよう命じられた。さっそく村方では過去三〇年分の平均に検見費用を追加して、一〇カ年季の定免を出願したが採択されなかったようである。享保十年三月、ふたたび代官所から定免法の採用についての廻状がきた。今度は、幕府側の意図が年貢増徴にあることがはっきりと示され、定免を出願しても増加分が少ないために許可されない村があったことを指摘し、すべての村で三カ年季の定免を出願するよう命じた。南村でも代官所から示された案文のとおり翌四月に願書を提出した。その後も、三年とか五年とか定免年季の切り替え時点で、幕府は年貢額の増加をきびしくせまり年貢の増収を図っていった。

　このような幕府の年貢増徴政策は、村方にどのような影響を与えたのであろうか。享保

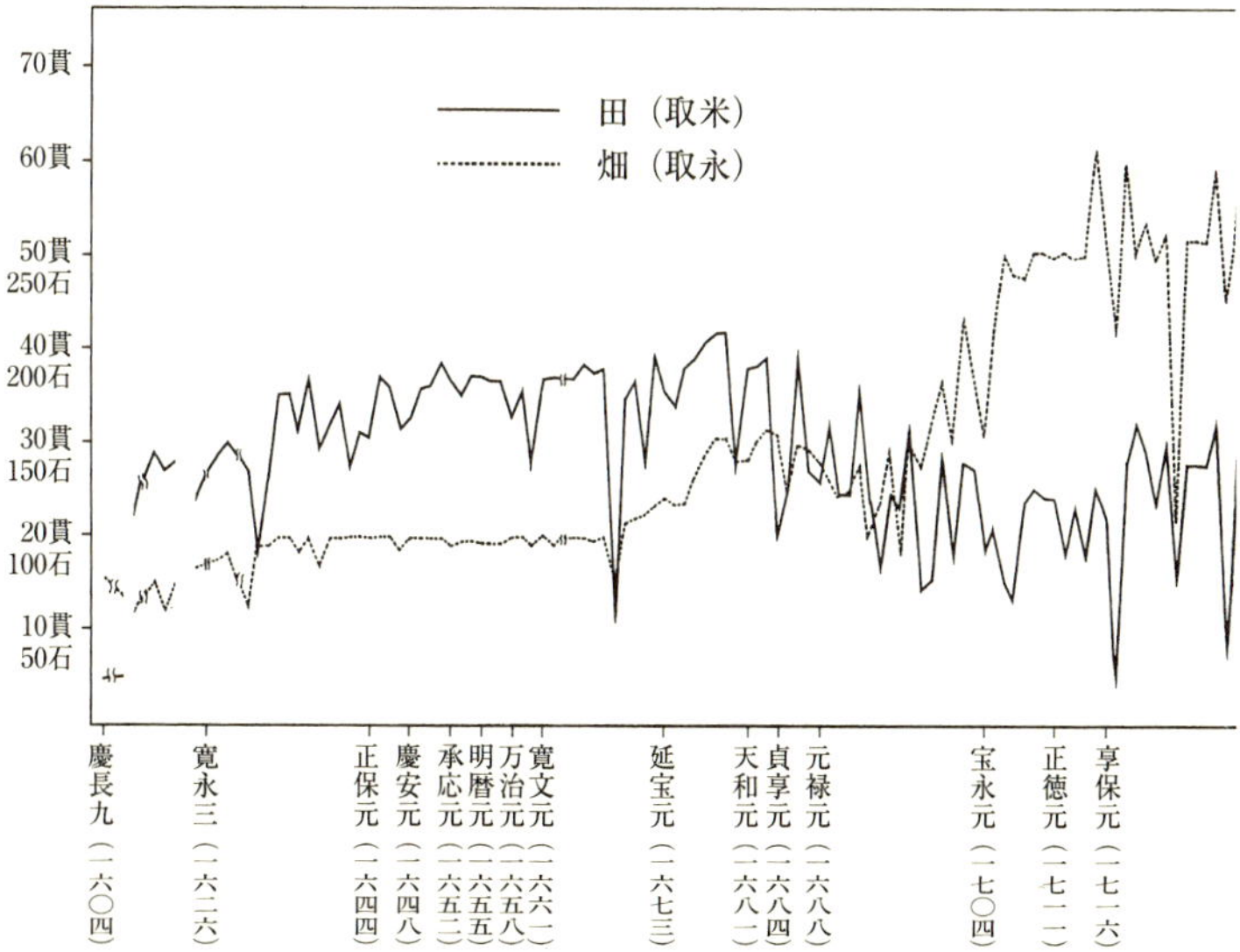

足立郡下戸田村の年貢変遷図（『戸田市史』通史編上による）

十六年三月に足立郡大門町《だいもん》（さいたま市）などが提出した願書は、年季切り替え時の年貢増徴の激しさをよく伝えている。大門町周辺の村では、享保八年に過去一〇年間平均の一割半増という高年貢で定免法が開始されたが、穀物をはじめ諸物価も高くどうにか負担にたえられた。ところが、三年の年季がすぎるとさらに五分増の切り替えを要求された。村方はこれを拒否しようとしたが、検見取法に戻しさらに高年貢を課すという代官所の脅しに屈しうけいれてしまった。この頃から諸物価が急落し、村々では年貢の減免を要求したのであった。またこの願書によると、当時の農家経営は、畑方では生産物を換金して年貢を支払い、種や夫食料を差し引くと農具や肥やし代にも足らない。田方でも年貢として納入した残りの米を売却し、諸役銭や奉公人の給金を支払うと、衣類や年中の小遣にも差し支えるありさまであったという。

こうした経過をへて定免法が施行されていったのであるが、近世初期からの年貢割付状がよく残されている幕領の足立郡下戸田村（戸田市）の年貢変遷を示すと前頁の図のとおりである。年ごとの大きな山と谷をつくっているのが検見取法、台形になっているのが定免法の時期で、台形のなかにある谷の部分は災害により検見が実施された年である。これによれば、畑方では享保末年、田方では寛延頃をピークに、年貢額はほとんど一定に押さえられてしまったことがわかる。

助郷負担の増大●

農民の負担には、年貢以外にも助郷《すけごう》や水利普請、さらには鷹場《たかば》の管理など、さまざまな用務で労働力として徴発されるものも大きかった。江戸に近接する県域では、幕府が直接に掌握した五街道のうち中山道《なかせんどう》と日光道中《どうちゅう》、脇往還の日光御成道《おなりみち》などが通過していた。これらの街道の要所には宿場が設置され、中山道の各宿と粕壁《かすかべ》までの日光道中の宿場では人足五〇人と馬五〇疋、粕壁以北の日光道中や日光御成道では同

〔1表〕 安永期の各宿助郷高

	宿	助郷高	村数
中山道	蕨	12,392	17
	浦和	12,547	36
	大宮	11,827	49
	上尾	11,499	59
	桶川	10,543	40
	鴻巣	14,207	35
	熊谷	15,433	17
	深谷	14,190	36
	本庄	11,949	29
日光道中	草加	11,000	36
	越ケ谷	11,807	19
	粕壁	13,422	26
	杉戸	13,767	26
	幸手	11,845	23
	栗橋・中田	15,432	51
日光御成道	岩淵・川口	2,545	8
	鳩ケ谷	3,080	12
	大門	4,128	15
	岩槻	5,248	9

『新編埼玉県史』通史編4の565頁による。

〔2表〕 熊谷宿助郷人足徴発数の変遷

年　代	触当回数	百石宛人足数	総人足数
享保4～享保14	49	118	18,174
享保15～元文4	55	138	21,265
元文5～寛延2	136	453	70,000
寛延3～宝暦9	89	596	91,884
宝暦10～明和5	—	554	102,603
天明2～寛政1	149	494	75,821
寛政2～寛政11	161	514	76,337
寛政12～文化6	162	460	67,434
文化7～文政2	147	387	55,111
文政3～文政12	131	328	45,385
文政13～天保10	158	329	46,554

1) 『新編埼玉県史』通史編4の635～636頁より作成。
2) 本表は各年代ごとの1年間の平均数である。明和6～天明1年のデータはなし。
3) 小数点以下は四捨五入した。

じく二五人と二五疋の常備が義務づけられていた。幕府が宿駅制度を設定した意図は、公用旅行者とその荷物を無賃あるいはきわめて低廉な御定め賃銭で継ぎ送ることにあった。しかし、交通量の増加にともない宿場に常備された人馬だけでは対応できなくなり、宿場周辺の村々から人馬を相対《あいたい》で調達する助馬《すけうま》制がみられるようになる。さらに十七世紀後半の寛文・延宝期（一六六一〜八一）には助郷制度の導入が図られた。その後、中山道では元禄七（一六九四）年、日光道中では同九年に助郷帳が作成され、幕府があらかじめ宿場ごとに特定の村々を指定し、交通量の多いときに人馬を強制的に調達する助郷制度が成立した。さらに享保十（一七二五）年には、人馬を常時補充する定助郷《じょうすけごう》制度に改められ明治維新まで続いた。

安永期（一七七二〜八一）の記録にみえる各宿場に対する定助郷村は前頁の1表のとおりである。中山道と日光道中では、村数は蕨《わらび》や熊谷の一七から上尾《あげお》の五九までと宿場により差があるが、助郷高はほぼ一・一万〜一・四万石であった。また2表は、このうち中山道熊谷宿の享保四年から天保十（一八三九）年に至る一二〇年間の助郷人足負担の変遷を、ほぼ一〇年ごとの平均値で示したものである。これによれば、享保年間には一年間の触れあて回数四九、総人足一万八一七四人であったのが、二〇年後の元文五〜寛延二（一七四〇〜四九）には触れあて回数一三六、総人数七万人と、実に三倍以上の負担が助郷村々にかけられるようになっていた。この傾向はその後も続き、宝暦十（一七六〇）年代にピークをむかえた。助郷の負担が急激に増大していくのは、交通量が増大しても宿側の負担能力は一定なので、必然的に増加分は助郷村々に転嫁されたからである。さらに、多くの人馬が必要とされる大通行は春秋の農繁期に集中することが多く、このことが助郷の負担をいっそう過重なものとし、助郷村々が人馬の割り当てを行なう宿場の問屋を訴える事件もしばしばおきた。その際に、宿場が非常用と称して必要以上の囲い人馬を確保したうえで助郷に触れあてることも問題となり、さらに触れあてられながらも実際には使用されなかった流れ人馬も助郷村々にとっては大きな負担であった。文政三（一八二〇）年の日光道中粕壁宿の例では、助郷勤め人足の流れ率は宿勤め人足の一〇倍以上、馬においても五倍以上と大きな差があり、助郷村々の人馬勤めには結果として無駄になってしまう部分も多かった。こうした点については、争論の結果、助郷総代が宿場で人馬の割り当てに立ち会うように改善されていったところも多い。

助郷人馬は、割り振られた農民（農村）が実際に労働力を提供する夫役《ぶやく》として負担するのが原則であっ

❖コラム

鷹場に指定された村々

訓練した鷹を使って狩猟を行なう鷹狩《たかがり》は古くから行なわれていた。とりわけ、江戸に幕府を開いた徳川家康が、鷹狩のために忍《おし》・川越・岩槻など県域各地をめぐり、在地の掌握に努めたことはよく知られている。三代将軍家光の寛永五（一六二八）年、江戸から五里以内に将軍家の鷹場が、同十年には、その外側およそ一〇里までの地に御三家《ごさんけ》の鷹場が設置され、鷹場関係の職制なども整えられていった。その後、五代将軍綱吉の生類憐《しょうるいあわれ》み令により一時中断したが、家康の治世を理想とした八代将軍吉宗により享保元（一七一六）年に鷹場の制度が復活した。

県域では、江戸に隣接した戸田筋の村々が将軍家の鷹場に指定され、足立郡南部の浦和・大宮を中心に紀伊徳川家、入間郡南部と新座郡は尾張徳川家、二郷半領や松伏領の一部は水戸徳川家の鷹場となった。さらにその周辺は、鷹の餌の調達や訓練を行なう捉飼場《とらえかいば》に指定されていた。

鷹場となった村々では、そこを支配する領主とは別に、鷹場を管轄する鷹匠《たかしょう》やその下役人である野廻《のまわ》りあるいは鳥見役《とりみやく》などの支配をうけ、さまざまな負担を強いられた。具体的には、鷹匠や野廻りが廻村するときには、伝馬《てんま》人足や宿泊の用意、水夫（炊夫）人足の調達など、村々の負担が大きかった。また、鷹狩の対象となる鳥類の保護・繁殖を図るために、村民の日常生活の細部に至るまで制約が加えられた。

こうした鷹場の制度は明治維新で廃絶されたが、かつて国の特別天然記念物に指定されていた旧浦和市野田（さいたま市）の鷺山《さぎやま》は、江戸時代から紀伊徳川家の鷹場の一角で囲鷺として大切に保護されてきたものであった（昭和四十六〈一九七一〉年以降、鷺の姿がなくなり同五十九年に指定解除）。

たが、割り当て量が急激に増加してくる宝暦〜天明期（一七五一〜八九）を境に、第三者に代金を支払って請け負わせる雇替えの方法も広範にみられるようになった。この方法を極端にとりいれ助郷の拡大を図り、農民の強烈な反発をうけたのが明和の中山道伝馬《てんま》騒動であった。しかし、農繁期の助郷人馬は農民にとって大きな負担であり、雇替えの方法は確実に浸透していった。それにともない、宿場の周辺には人馬の請け負いを専業とする者も出現するようになり、農業専一を理想とする農村取り締まり政策の対象となっていった。

また、過重な助郷負担は村と村との対立を各地でひきおこしていた。というのは、助郷に指定された村がその負担を逃れるためには、助郷をかわりに勤める村落を名指しして幕府へ訴えでなければならなかったからである。これを差村《さしむら》争論といい、中山道熊谷宿の助郷村では、元文元（一七三六）年から文久三（一八六三）年までの一二七年間に、記録に残るだけで二六件の差村争論があった。その結果、主張が認められて休役とされた村が三七、その村々のかわりに助郷を命じられた村が九六にものぼり、過重な助郷負担が分散させられていったようすがわかる。

旗本財政をささえた村々●

旗本の支配をうけていた村の文書を調査していると、御用金・先納金・月並金《つきなみきん》など、本来の年貢以外の名目で大量の金銭を上納している史料をよく見かける。これは、その村が旗本財政に深く関与していたことを示している。寛永期（一六二四〜四四）以降すすめられた江戸集住政策により、知行地を離れた旗本は都市の消費生活者となり、幕府の度重なる倹約令にもかかわらず、社会全体の華美な風潮も手伝って財政支出は増大する一方であった。それに対して収入源である年貢は、農村全体の疲弊のなかで頭打ちの状態となり、旗本財政の窮乏化はいっそう進行した。そこで広く行なわれるようになったのが、臨時的な出費に対処するための御用金の徴収、年貢の先取りである先納金、さらには月々決められた生活費をうけとる月並金などの導入であった。また、幕府の公金や有力寺社の祠堂金などを借り入れることも盛んであった。こうした金子《きんす》調達の中心となったのが知行所の名主《なぬし》であり、彼らは「勝手賄《かってまかな》い名主」などとよばれ、苗字《みょうじ》帯刀《たいとう》を許されたり、ときには士分にとりたてられる者もあった。

入間郡赤尾村（坂戸市）を支配した旗本大久保氏は、延宝五（一六七七）年四月に村役人と連名で当年の年貢米を抵当に金五六両二分を借用したのをはじめ、元禄期（一六八八〜一七〇四）には収納前の年貢米を抵当に金子を調達した年貢米前売り証文を数多く残している。この方法は名称こそ異なるが、のちに一般化する先納金と同性格のものである。また、旗本土屋氏の知行地入間郡中野村（入間市）でも、元禄八年頃から御用金の賦課がはじまり、享保十（一七二五）年十二月に至ると五カ年の勝手賄いが命じられ、賄い名主となった平左衛門には五カ年を限り給米三俵が支給された。ところが同十四年には、小前百姓が賄い金の負担を「迷惑」として土屋家の本家に越訴《おっそ》をしかけている。

旗本の財政を村方の有力名主、あるいは江戸や近在の商人に全面的にゆだねる勝手賄いは、十八世紀後半から十九世紀前半にかけて急速に普及し、多くの旗本知行所でとりいれられた。それに対し、累積する先納金やあいつぐ御用金の徴発など無制限ともいえる旗本の要求に対抗するため、この頃になると月並金仕法を導入する村も多くなっていた。この月並金仕法は、一年間の年貢額から収入を算出し、支出をそれにみあう額に抑え、雪ダルマ式に増大する借財に歯止めをかけようとしたものである。しかし、現実は必ずしも期待どおりにはいかず、利子の返済ができればよいほうであった。たとえば、月並金を実施していた旗本津金氏の場合、知行地賀美郡勅使河原《てしがわら》村（上里町）の安永三（一七七四）年十二月の記録では、勅使河原村など四カ村の知行地九五〇石からあがる年貢金は三七五両であった。それに対して借金の利子だけで九六両一分と年貢金の二五%をこえ、その他の雑費を差し引くと実際に津金氏に送金されたのは二三一両であった。月並金により旗本の日々の生活費を緊縮することは可能であったが、財政危機の根底にある多額な借用金元本の返済には手がつけられていない。このような状況は、勝手賄いをとりいれていたどの旗本についてもいえることであった。

旗本のなかにはよりユニークな資金調達策をとるものもあった。足立郡中分《なかぶん》村（上尾市）などを支配した牧野家では、安政五（一八五八）年八月から鶏卵積立金という仕法が開始されている。知行地の農民から鶏卵を上納させ、その売却金を勝手賄いの財源にくりこむもので、年間三〇両ほどが積み立てられたというが、これによってどれだけ財政再建の道が開けたかは疑問が残る。

このような旗本財政の悪化、金子調達の要求に対し、村方は黙ってそれに応じていたわけではない。文政九（一八二六）年十二月、旗本伊奈氏の知行地足立郡植田谷《うえたや》領四カ村（さいたま市）の農民は、

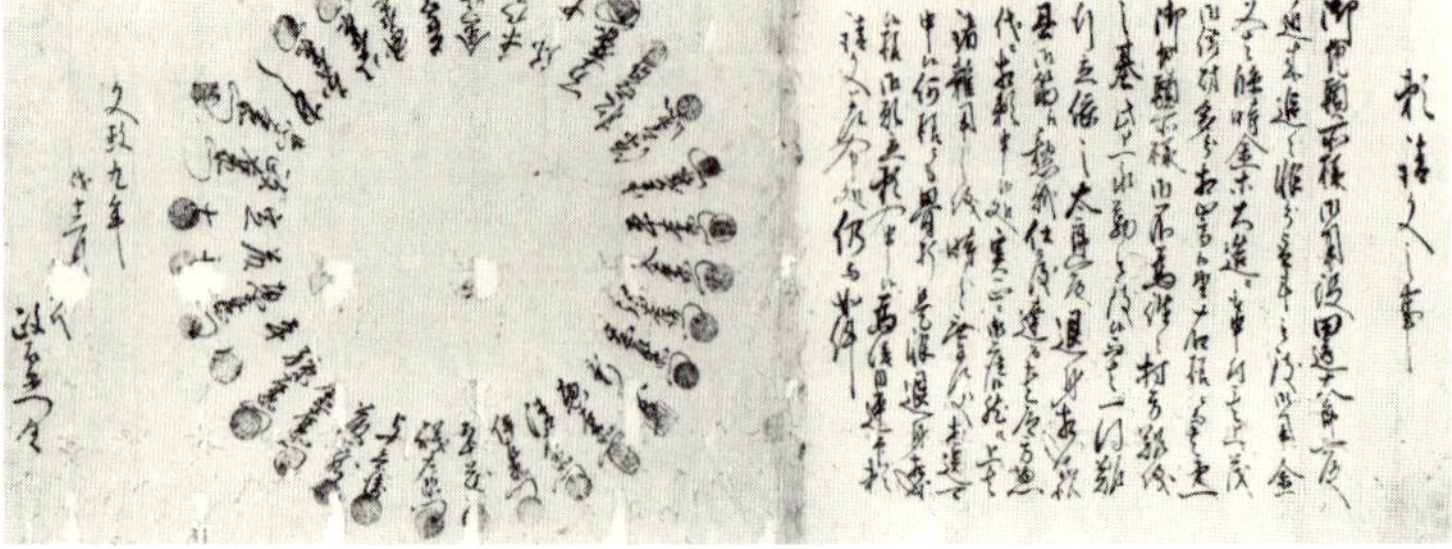
旗本伊奈氏用人出訴に際し作成された傘連判状（老川家文書，文政９年）

用人田辺太郎一の不正を訴え本家にあたる伊奈半左衛門役所へ越訴を行なった。その趣旨は、文化二（一八〇五）年から文政元年のあいだに先納金として負担した元利あわせて一二四七両を約束どおり毎年返済すること、さらに不正を働いている用人田辺太郎一を退役させ、今後は本家が分家の家政をよく取り締まってほしいということであった。不正の内容は翌年一月に一四カ条にまとめられているが、ひとつひとつ丹念にみていくと、個人的な不正というよりは、財政再建のための強引な御用金や先納金の賦課に基因するものがほとんどといえる。直接領主へ訴えず、本家をつうじて訴訟を行なった村方の戦術が効を奏したのか、四月に田辺の退役などほぼ村方の主張が認められた。この訴訟は、返済の約束を反古《ほご》にしたりあたな負担をかけられても、領主である旗本を村方から訴えることができないので、実務を行なっている用人の「不正」として訴訟をおこしたものとみることもできる。旗本にしても用人の首をすげ替えるだけで、一応事態の収束を図ることができた。しかし財政難という根本の問題が解決していないので、天保十二（一八四一）年にもふたたび同様な用人の不正を追及する訴訟がおきている。また比企郡玉川郷（ときがわ町）など一三カ村で二八〇〇石を知行した内藤氏の場合は、弘化三（一八四六）年の時点で村々が先納金などの名目で立て替えた金額は三〇〇〇両にも達していた。この借財の処分にあたり村方が提示した案は、二〇〇〇両は事実上棒引きとするが、残り一〇〇〇両については旗本が倹約に努めて返済することであった。それと同時に、これまでの村々による月並金の送付は廃止し、旗本がみずから財政の管理をすることを要求していた。泥沼状況の旗本財政からどうにか手を引こうとする村方の必死の抵抗であった。

2 特産品の生産と流通

特産品と地場産業●

大消費地江戸の近郊に位置する県域では、江戸中期以降になると、江戸からの距離や地域の自然的条件をいかし、各地でさまざまな特産品が生産されるようになった。当時編纂された地誌類には、「土産《みやげ》」「名産」などとして産地名を冠せられた特産品や地場産業の記述を随所にみることができる。江戸に住む人々からは地方の産物として珍重され、生産地の人々にとっては貨幣獲得の大きな手段であった。十九世紀初めの『武蔵志《むさしし》』や『新編武蔵風土記稿《ふどきこう》』をもとに、県域のおもな特産品を示すと図のとおりである。

都市近郊の農業として代表的な野菜類の栽培は、足立郡や埼玉郡の南部、新座《にいざ》郡などで盛んであった。たとえば、貞享四（一六八七）年の『江戸鹿子《かのこ》』には岩槻《いわつき》の牛蒡《ごぼう》、川越の瓜《うり》、元禄五（一六九二）年の『本朝食鑑』にはこれらに加えて、浦和の大根、忍郷《おしごう》（行田付近）の牛蒡などが特産品としてあげられている。また、享保十（一七二五）年の足立郡谷古宇《やこう》村（草加市）の「村鑑《むらかがみ》書上帳」によれば、茄子《なす》・ささげを作り千住《せんじゅ》（東京都足立区）河原町へ売り出しており、農民は他の作物を減らしても野菜栽培を確保しようとしていたという。また、新座郡の村々でも、大根・牛蒡・蕪《かぶ》・芋類などを江戸に出荷していた。このように、地誌や村明細帳などで野菜の栽培地域をみていくと、江戸の中心地から二〇〜三〇キロに位置する県域南部の村々では、比較的日持のする牛蒡・葱《ねぎ》・人参《にんじん》などの根菜類、里芋・長芋など芋類の生産が盛んであった。とくに、大宮台地上の南部領村々で栽培された薯蕷《やまいも》（長芋）は品質がよく、将軍家献上用

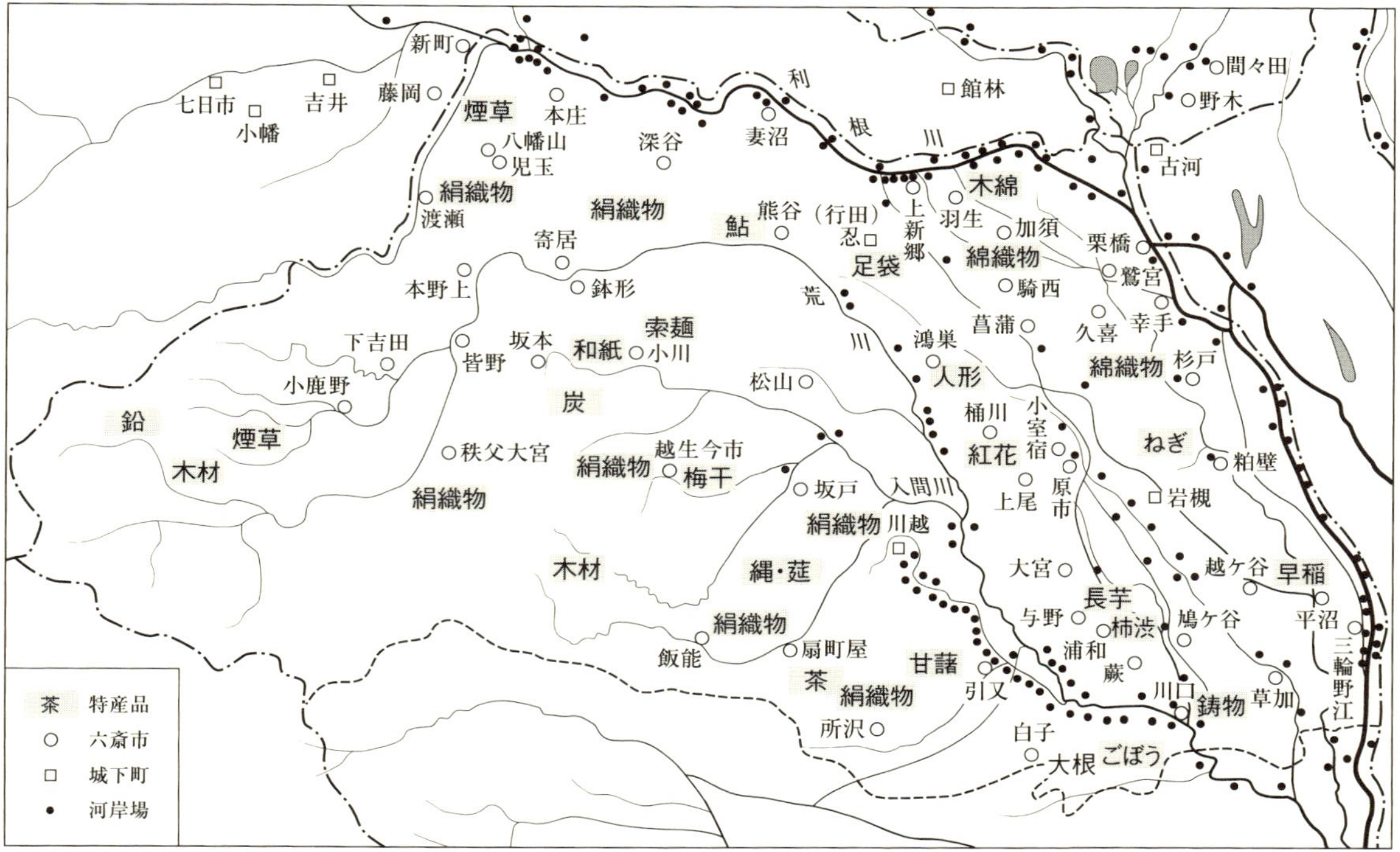
茶 特産品
○ 六斎市
□ 城下町
● 河岸場
新町
七日市
吉井
藤岡
小幡
煙草
本庄
八幡山
児玉
深谷
妻沼
利根川
館林
間々田
野木
古河
絹織物
渡瀬
絹織物
鮎
熊谷（行田）
忍
上新郷
木綿
羽生
加須
栗橋
寄居
足袋
綿織物
鷲宮
本野上
鉢形
荒川
騎西
菖蒲
久喜
幸手
下吉田
皆野
坂本
和紙
索麺
小川
鴻巣
綿織物
杉戸
小鹿野
松山
人形
炭
桶川
小室宿
ねぎ
粕壁
鉛
煙草
木材
秩父大宮
越生今市
絹織物
梅干
紅花
坂戸
入間川
上尾
原市
岩槻
絹織物
絹織物
川越
越ケ谷
早稲
大宮
木材
縄・莚
長芋
与野
柿渋
鳩ケ谷
平沼
三輪野江
絹織物
浦和
蕨
飯能
扇町屋
甘藷
川口
鋳物
草加
茶
絹織物
引又
所沢
白子
大根
ごぼう
県域のおもな特産品

の生産を行なったこともあった。このほか特色のある作物としては、上尾・桶川付近で生産された染料の紅花《べにばな》、南部領から赤山領（川口市付近）で産出され防水塗料として利用された柿渋《かきしぶ》などがある。

畑地が中心である入間郡の村々では、麦・雑穀の生産が多かったが、十八世紀後半から武蔵野台地の村々で生産された甘藷《かんしょ》、幕末開港以降に生産量が急激に増加した狭山地方での茶などの特産品があった。

入間郡から比企・秩父・児玉郡にかけての丘陵・山間地帯では、養蚕・絹織物業が、原料の生産から加工まで農家の副業として盛んで、織りだされた製品は付近の市場で取引された。十八世紀後半のおもな取引市場と取引量は3表のとおりである。入間郡では、川越絹平《ひら》とよばれた川越・坂戸周辺のものと、扇町屋（入間市）を中心に取引された多摩郡青梅《おうめ》地方から続く縞織《しまおり》の生産が大きい。一方、秩父・児玉・榛沢《はんざわ》・男衾《おぶすま》郡地方は、上州から続く養蚕・絹織物生産地帯で、とくに秩父郡では寒冷な大滝地域を除くほぼ全郡で絹織物が生産され、「秩父絹」の名称で広く知られた。この地方での絹織物がいつごろからはじまったのかは明らかでないが、近世初頭の年貢関係史料には「絹のわり」という項目が広範にみられる。また、寄居の六斎市でも寛永八（一六三一）年の段階で絹や繭の取引が確認され、さらに延宝六（一六七八）年には絹の売場についてあらためて議定が結ばれるなど、近世前期から盛んに生産・流通していたことがわかる。秩父郡での年間取引量は3表によれば五万二〇〇〇疋、絹一疋（二反）の価格が同史料では金二分とされているので、郡全体での売上高は二万六〇〇〇両にのぼると推計される。織り上げられた絹は郡内の六斎市で取引され、とくに大宮郷妙見宮（秩父神社）の霜月大祭の市を「大市」とよび、諸国からきた絹商人でにぎわい、その豪華な祭礼は秩父夜祭として現在に引き継がれている。

この養蚕・絹織物生産地帯は、また林産物や山地の畑作特産品も豊かであった。林産物としては、秩父

〔3表〕 県域の絹織物などの取引（安永末年）

郡	市場名	取引品目		
		絹(疋)	太織(疋)	その他(貫)
入間郡	川越・扇町屋・坂戸・越生	18,000 縞 25,000 平 15,000	2,000	
秩父郡	大宮郷・小鹿野・吉田・野上	52,000	1,000	
児玉郡	渡瀬・八幡山・本庄	36,000	2,000	糸 5,000 真綿 5,000
榛沢郡	寄居・深谷	24,000	500	糸 2,000
比企郡	小川・松山	18,000		
大里郡	熊谷	15,000		
高麗郡	飯能	8,000	300	
男衾郡	鉢形	8,000		

「武州上州市場御領主様并郡付」（柿原謙一編『秩父地域絹織物史料集』）より作成。

郡大滝や中津川、さらには西川材とよばれた名栗周辺の木材、外秩父山地の木炭、比企郡小川から秩父郡一帯にかけての和紙などがあり、秩父・児玉地方の煙草《たばこ》・こんにゃくなどの畑作物も著名である。また、小川は索麵《そうめん》の産地としても知られた。

一方、埼玉郡は木綿《もめん》の栽培と木綿太織が盛んであった。木綿栽培の歴史は古く、すでに慶長十一（一六〇六）年の埼玉郡正能《しょうのう》村（加須市）の畑方検見帳によれば、同村の作付け面積の二七・三％にあたる六町歩余が木綿であった。また岩槻城下町でも、慶長六年には太物《ふともの》の市が開かれていた。時代は十八世紀半ばに下るが、延享（一七四四〜四八）から天明期（一七八一〜八九）の埼玉郡志多見《しだみ》村（加須市）の豪農松村家の農事記録によると、毎年四月に木綿の種を蒔きつけ、十月に収穫、その跡に麦がまかれ二毛作が行なわれていた。作付け面積は七反歩以上になる年もあり、かなり大規模に栽培されていた。また、木綿とともに藍《あい》の作付けも毎年みられ、武州青《あお》

平賀源内の秩父物産開発

エレキテルをはじめ各種の発明・発見、また戯作《げさく》、絵画、鉱山開発など、江戸時代きってのマルチ人間として知られる平賀源内《げんない》は、秩父と深い関係をもっていた。

明和元（一七六四）年春、三七歳の源内は、那賀郡猪俣《いのまた》村野中《のなか》（美里町）の名主中島利兵衛のもとを訪れた。利兵衛は本草《ほんぞう》・物産学に興味をもち、すでに源内が主宰した江戸湯島での物産会に出品したことが『物類品隲《ぶつるいひんしつ》』にみえる。猪俣村に滞在中の源内は秩父両神山《りょうかみさん》に登り石綿を発見し、中島利兵衛とその弟利右衛門の多大な協力をえて、火に入れても燃えない布「火浣布《かかんぷ》」を織り出すことに成功した。しかしそれは、香を焚くときに使う香敷の大きさくらいしかなく、実用性には乏しかったといわれる。

源内は翌年にもふたたび中島家を訪れ、さらに秩父の中津川《なかつがわ》村（秩父市）におもむき、こんどは金山の採掘を計画した。中津川村には古く慶長十三・十四（一六〇八・〇九）年頃に栄えたと伝えられる金山があり、その後も再開を試みた者がいたが、いずれも排水が不十分で失敗していた。源内の計画は中島家の協力をえて明和三年から実施に移され、同年末には、中津川村で産出した「初吹金」に詳細な解説を付して郷里讃岐（香川県）へ送っているが、事業全体でははかばかしい成果をえずに同六年には中止となった。金山開発事業の目的を、源内自身は川越藩秋元家の儒臣河津善蔵宛の書状で、かねてから計画していた日本の物産図譜を刊行する資金をえるためであったとのべている。

その後源内は一時長崎に遊学し、安永元（一七七二）年秋に江戸に戻ると、こんどは鉄山の開発

❖コラム

に着手した。これは長崎遊学前から、秩父郡久那《くな》村（秩父市）の材木商岩田三郎兵衛などと準備をしていたものである。安永二年にふたたび中津川村で採掘工事が開始されたが、源内には精練法の知識が十分でなく、この事業も翌三年中には中止となった。

鉄山の開発は失敗したが、鉄荷を運ぶために秩父郡贄川《にえがわ》村（秩父市）と大里郡久下《くげ》村（熊谷市）の間に計画した荒川通船は、大宮郷（秩父市）の久保四郎右衛門などの協力をえて安永四年末には開通していた。この間に、秩父地方に無尽蔵にある雑木を原料とした木炭の焼き出しが計画され、荒川通船を使って江戸に送られ商品化された。この炭焼き事業は久那村名主喜左衛門などを出願人とし、炭焼きの先進地伊豆から専門の炭山師を招いた本格的なもので、安永五年頃には炭焼き三四〜三五人、かま一八個を使い、月に四〇〇〇俵ほどを生産し、かなりの盛況をみせていた。しかし資金の乏しい源内は江戸の問屋資本にたよったので、十分な利潤を確保できず徐々に下火になった。一方荒川通船は、源内の没後、久那村喜左衛門に譲られ、「鉄船」と称した小型の船三艘で忍《おし》藩御林から焼き出される炭を輸送し、細々ながら継続された。

秩父を舞台に源内が企画した火浣布織製、金山や鉄山の開発、炭焼きなどの事業は、結果的にはいずれも失敗してしまった。しかし、一〇年以上にもわたり源内が次々と打ち出す新しい企画に、地元の上層農民たちが積極的にかかわっていく姿は、田沼時代の殖産興業の波が秩父の山村にもおよんでいたことを示しているようである。

〔4表〕 近世後期の定期市と取引商品

市立地	市日	取引品
足立郡 草加宿	5・10	米・海河魚
鳩ケ谷宿	3・8	米・麦・古着・海河魚・諸種
蕨 宿	1・6	米・麦・諸品
浦和宿	2・7	灰・米・麦・荏・蕎麦
与野町	4・9	麦・小麦・大豆・荏・灰・雑穀
原市村	3・8	米・麦・大豆・荏・種子・薯蕷・茶
小室宿村	5・9	米・麦・荏・布綿・薯蕷
桶川宿	5・10	米・麦・豆
鴻巣宿	4・9	米・麦・豆・諸種
新座郡 引又町	3・8	穀・諸品
白子宿*	5・10	
入間郡 川越町	2・6・9	米・麦・雑穀・挽木炭・絹・木綿・諸雑具・河海魚類
所沢村*	3・8	穀物
扇町屋*	3・8	穀物・絹
坂戸村*	3・8	絹
今市村*	2・7	絹
高麗郡 飯能村*	6・10	絹・穀物
比企郡 小川村	1・6	絹・紙・索麵・炭・板・竹・縄・穀類
松山町	5・10	麦・板・炭・竹・縄・米・大豆・雑穀
秩父郡 大宮郷	1・6	絹・横麻・秩父黒豆・米・麦・荏・蕎麦・挽木炭・諸品
小鹿野村	5・10	糸・絹・まゆ・楮・白布・穀・蒟蒻・挽木炭・タハコ・諸品
下吉田村	3・8	糸・絹・紙・挽木炭・楮・穀・蒟蒻・タハコ・諸品
本野上村	2・7	絹・蠒・米・麦
皆野村*	4・9	絹・まゆ・生糸
坂本村*	2・7	楮皮
児玉郡 八幡山町	5・8	五穀・絹・蒟蒻・諸品
児玉町*	3・10	諸品
本庄宿	2・7	絹・絹糸・惣穀・諸品
渡瀬村*	2・7	絹
大里郡 熊谷宿	2・7	米・麦・紙・蚕・糸・絹・木綿・油種・諸品
男衾郡 鉢形町*	3・8	絹・紬
幡羅郡 妻沼村*	5・10	
榛沢郡 寄居村	4・9	米・麦・塩・絹・烟草・炭
深谷宿	5・10	糸・絹・横物・米・大豆・麦
埼玉郡 行田町	1・6	米・木綿・麻・魚・鳥・野菜・諸品
上新郷*	5・10	諸品
羽生町場	4・9	米・麦・大豆・芥子・藍・糸・布縞・白布・木綿
加須村	5・10	米・麦・大豆・小豆・雑穀・木綿・木綿縞・木綿白布・藍
騎西町場	4・9	米・麦・大豆・木綿・縞
菖蒲町	2・7	石(穀物)・木綿類
久喜町	3・8	穀・布・縞・諸品
岩槻町*	1・6	木綿
粕壁宿*	4・9	諸品
越ケ谷宿*	2・7	時用の物
葛飾郡 鷲宮村	5・10	穀・白布・縞
平沼村*	1・6	雑穀・農具
三輪野江村*	3・8	穀物
幸手宿*	2・7	穀物・諸品
杉戸宿*	5・10	時用の物
栗橋宿*	1・6	穀物・諸品

福島東雄『武蔵志』(『新編埼玉県史』資料編10所収) より作成。ただし，*は『新編埼玉県史』通史編4で補う。

縞《じま》とよばれた当地方特産の木綿織物の原料である木綿と藍がともに自家生産されていた。

こうした特産品は、近在の定期市で商品化された。十九世紀初め頃の定期市の所在と市日、主要な取引品目を示すと4表のとおりである。取引品目は史料によりかなりの違いがあるが、ここでは記載の比較的詳しい『武蔵志』を主とし、『新編武蔵風土記稿』などで補ってある。近世後期の在方の定期市は特産品販売の比重が高くなるといわれているが、この表でみるかぎり平野部では米穀が中心で、埼玉郡ではそれに木綿製品が加わり、山間部の秩父郡では絹製品が圧倒的に多くなっている。また、両者の接点にあたる松山・小川・寄居・熊谷などの市では、平野部から供給される米麦と、山間部から売り出される絹・木炭・和紙などの特産品でにぎわったようすがうかがえる。

江戸と武蔵を結ぶ舟運●

江戸時代の物資の輸送は舟運が中心で、物資の集散する要所には河岸場《かしば》がとりたてられていた。河岸場はちょうど陸上交通の宿場にあたり、そこをとりしきる河岸問屋は、船や船頭の手配、後背地の商人や送り先の問屋との連絡など、舟運業務の根幹をにぎっていた。舟運に利用された県域の河川は、上野国および下総国との国境を流れる利根川水系と、奥秩父を水源として県域の中央を流下する荒川水系に大きくわけられ、いずれも武蔵と江戸とを結ぶ重要な交通路であった。

利根川水系では、上野国との国境を流れる本流筋と、関宿《せきやど》から下総国との国境を南下して江戸に至る江戸川筋が舟運の中心であった。利根川舟運は、近世初頭のいわゆる利根川の東遷事業が舟運路の整備のためになされたという説があるほど、北関東さらには東北地方と江戸とを結ぶ重要な交通路であった。本流筋の河岸場は、慶長十二(一六〇七)年に江戸城普請のための石材を積み出した記録がのこる中瀬《なかぜ》河岸

（深谷市）、同十七年に代官島田治兵衛がとりたてたと伝える八町《はっちょう》河岸（上里町）、寛永十六（一六三九）年に忍に入城した阿部忠秋が年貢米輸送のために開いた酒巻《さかまき》河岸（行田市）など、多くは領主側の要請により成立したものであった。

一方荒川筋では、上流は浅瀬や急流が多くもっぱら木材の筏《いかだ》流しに使われる程度で、船が就航したのは下久下《しもくげ》河岸（熊谷市）より下流であった。この荒川水系でもっとも舟運が活発であったのは、当時荒川の内川とよばれ、城下町川越と江戸とを結んだ新河岸川《しんがし》である。この川に舟運が開かれるきっかけとなったのは、寛永十五年の川越大火で焼失した仙波東照宮《せんばとうしょうぐう》の復興資材を、荒川の老袋《おいぶくろ》河岸（川越市）から運ぼうとしたところ水量が少ないので、のちの寺尾河岸（川越市）付近を臨時的に使用したことにはじまると伝える。その後、川越藩主松平信綱により正保・慶安期（一六四四～五二）に新河岸がとりたてられ、本格的な舟運が開始された。この時期の川越城下町の商人榎本弥左衛門は、新河岸川の舟運がすぐれている点を水量の安定と河岸場と城下町とをつなぐ駄賃馬の豊富さで評価している。また、岩槻城下と江戸とを結ぶ元荒川は、水量が不足し途中に堰などの障害も多くあったが、天和二（一六八二）年から城主となっていた戸田忠昌の時代にはすでに新曲輪《しんくるわ》河岸（さいたま市）に御用荷物を請け負う問屋が存在し、宝永六（一七〇九）年には瓦曾根《かわらそね》河岸（越谷市）を中継地として、江戸までの廻米運賃も定められていた。

このように近世前期の舟運は、年貢米や領主荷物を運送するために整備されていき、元禄三（一六九〇）年の幕領年貢米積み出し河岸の調査には、県域では利根川本流七、権現堂《ごんげんどう》川一、江戸川二、荒川四、新河岸川二の合計一六の河岸場が記されている。その後、巨大都市江戸の消費をあてこんだ商品作物の生産が盛んになると、その輸送のために河岸場が各地に設けられた。享保十五（一七三〇）年に利根川筋上流の一本木《いっぽんぎ》河岸（本庄市）では、これまで秩父郡中の年貢米や商人荷物を一手に引き受けてきたが、近在の三友《みとも》河岸・山王堂《さんのうどう》河岸（ともに本庄市）や中瀬河岸・高島河岸（ともに深谷市）などが割りこんできたとして訴訟をおこしたが、一本木河岸の主張は否定されている。この訴訟に登場する中瀬以外の河岸は、いずれも元禄三年の河岸場調査にはみえない新しい河岸である。

江戸地廻り経済の発展のなかで、あらたに河岸場の機能を備えたこうした新興の河岸を、これまでの舟運体系のなかにとりこみ、さらに運上金《うんじょうきん》を徴収するため、幕府は明和・安永期（一七六四〜八一）に関東諸河川の河岸吟味《ぎんみ》を実施した。安永二年に公認された新河岸川の福岡河岸（ふじみ野市）の場合、村方では問屋三軒で運上永二五〇文を差し出すつもりであったが、担当奉行石谷備後守役所で吟味のうえ永六〇〇文と二倍以上の高額な上納を命じられようやく公認されている。こうして公認をえた河岸は、相互の利益を排他的に守るために近隣の河岸と問屋組合を結成していった。たとえば、安永四年には烏《からす》川から利根川上流の上利根川一四河岸問屋組合が成立し、県域では藤ノ木河岸（上里町）から高島河岸にいたる七河岸が参加している。中利根川においても、やや時代は下るが文化元（一八〇四）年に出来島《できじま》河岸（熊谷市）から大越《おおごえ》河岸（加須市）までの武蔵側一三河岸で問屋仲間を結成した。この場合も、元禄三年に公認されていたのはわずかに四河岸である。新河岸川での問屋組合の結成はこれより早く、安永三年に川越五河岸の株仲間が成立した。同じ頃綾瀬川でも五河岸の組合があったという。

幕府による河岸問屋の公認と問屋組合の結成は、舟運におけるあらたな特権の形成を意味した。天明二（一七八二）年、新河岸川の公認された河岸である蛇木《へびき》河岸（富士見市）は、鶴馬《つるま》村（富士見市）の農民二人と古市場《ふるいちば》河岸（川越市）の問屋を、「新河岸」をとりたてたとして訴えでた。鶴馬村の農民は、河岸吟味をうけずに江戸から肥やしを買い入れ、戻り船で薪や穀物などを積み出したり、古市場河岸の公認問屋と提携して荷物の輸送にあたっていた。示談の結果、他村の荷物を輸送しないかぎり鶴馬村農民の船稼ぎも黙認されることになった。

利根川筋の大越河岸（加須市）でも、未公認で船稼ぎをしていた島川筋の川口村（加須市）などの農民を文化十年に訴えでた。おのおのの河岸場は得意先の村をもち、河岸問屋組合の成立は商圏の確認でもあった。ところが、未公認の河岸問屋の出現によりこの秩序がくずされる。この場合は、川口村の農民が権現堂河岸（幸手市）の問屋と提携して大越河岸の顧客を奪ったのである。文化十三年にこの一件は落着し、大越河岸に津出しをする羽生領の二三カ村、権現堂河岸に津出しをする菖蒲《しょうぶ》領の四一カ村、両河岸に津出しをできる六カ村が定められ、川口村は権現堂河岸に津出しをする村々の荷物を引き受けることができることになった。このように、新興の河岸場は一定の制限を加えられながらも、農民的商品流通の拡大のなかで、河岸場としての機能を実質的に獲得していった。

また、荷物をだす村方で独自に舟運路の整備をめざす動きもみられた。この議定により権現堂河岸に津出しをすることとなった菖蒲領の村々では、文政十（一八二七）年から十一年にかけて、当時柴山村（白岡町）の伏越で行き止りとなっていた見沼《みぬま》通船を北上させ、星川筋に乗り入れることを出願している。これは、東部低地帯の舟運路として享保十六年に開発された見沼通船が、宝暦九（一七五九）年の洪水で柴山村止まりとなっていた現状を打開しようとしたものであるが、用水の確保を第一と考える上流村々の反対で実現しなかった。

3 変貌する農村社会

中山道伝馬騒動●

明和元(一七六四)年閏十二月下旬から翌年一月にかけて、島原の乱以来といわれた大農民一揆《いっき》が武蔵国に発生した。蜂起に参加した農民は二〇万人ともいわれ、幕藩領主層に大きな衝撃を与えた。史上に名高い中山道伝馬騒動《なかせんどうてんま》である。この一揆の直接の原因は、幕府の増助郷《ましすけごう》政策にあった。中山道の各宿では交通量の増大に対処するため定助郷《じょうすけごう》村々の負担が増大し、そのため宿の問屋と定助郷村、あるいは定助郷と助郷役を勤めていない村との争論が頻発していた。このような状況をうけ、宝暦十四年(明和元年)二月に大宮・上尾《あげお》・桶川宿の助郷惣代と近在の豪農が結託して、助郷負担を金銭で納入することにより助郷村の範囲を拡大する方策を出願していたと、一揆記録「中山道伝馬騒動実録」は伝えている。しかし、鴻巣・大宮・上尾宿や助郷村では、すでに宝暦十三(一七六三)年三月以降、増助郷に対応した動きをみせていた。幕府の吟味が本格化するのは翌十四年の九月以降で、対象村々の見分のため代官手代の廻村がはじまった。ちょうどこの頃、東海道・中山道沿いの国々には朝鮮通信使の通行にともない村高一〇〇石につき金三両一分余という、これまでにない高額の国役金《くにやくきん》の納入も命じられた。

このような状況のなかで、本庄宿への増助郷を命じられた村々では、あらたな助郷負担に反対する農民の組織化を進め、同年閏十二月十六日に児玉郡十条村(美里町)身馴《みなれ》川の河原に集結を求める廻状がひそかに回された。蜂起した農民は、二十二日には本庄宿へ押し寄せ、さらに深谷宿や熊谷宿でも増助郷反対の村々の農民を加え、江戸へ強訴《ごうそ》にむかおうとしていた。村ごとに目印の纏《まとい》をかかげ、簑・笠を背負い、二、三日分の食料をたずさえて蜂起した農民は、非常に規律のとれた行動をとったと伝えられている。近世の百姓一揆の歴史のなかで、江戸をめざして幕府に強訴におよぶというのは、空前絶後のことであったといわれる。こうした一揆勢の攻勢に対し、幕府は関東郡代伊奈忠宥《ただおき》を差し向け、増助郷計画の撤回を約束し、ようやく閏十二月二十九日に桶川宿でとりしずめることができた。幕府に対する要求を貫徹した一揆勢は、一転して晦日から一月五日頃にかけて、一揆に参加しなかった村の名主や日頃村民と経済的な対立を深めていた各地の豪農の打ちこわしにかかった。打ちこわしは入間・高麗・比企郡などに広がり、一週間ほどのうちに三十数軒の豪農が襲撃をうけ、居宅は倒壊され、家財もふたたび使用できないように破壊された。

関村兵内供養塔(美里町)

この強訴から打ちこわしの過程にみずから対処した入間郡久下戸《くげど》村(川越市)の名主奥貫友山《おくぬきゆうざん》は、「酉年百姓騒動一件」など伝馬騒動についての克明な記録を残している。そのなかで「このように上を恐れない人情になりこの末どのような世になってしまうのか、我も人も恐懼を抱くのみ也」とか、「酉年(明和二年)百姓乱以後惣百姓の心が騒ぎ立ち、や丶もすれは申合せ等いたし候風俗に成り申候」と農民意識の変化を感じとり、「今の世をみるに諸侯より乱る、事はなかるへし、末の世になり権現様の御徳が薄くなれば百姓より乱るへし」と社会の動きを的確に指摘している。

騒動がしずまると、幕府は一揆に参加した農民の摘発に着手した。児玉郡関村（美里町）の名主兵内《ひょうない》が首謀者として捕縛され、明和三年二月に江戸で処刑され、さらに郷里関村で獄門にさらされた。その他流刑・入牢・追放・役義取放・過料などに処されたものは三六〇人余といわれ、また多くの捕縛者が獄中で死んだ。関村では、兵内の三回忌にあたる明和五年三月に村内の観音堂に供養塔が建てられた。供養塔建立の経過については「尚風録」などの記録にみえるだけであったが、平成二（一九九〇）年に補修工事を実施した際、塔内から一二一点の寄進札などが発見された。それによって、発願者の善正房は万人講を組織して勧進にあたり、本庄宿・深谷宿・上州新町宿など、増助郷村に指定されて伝馬騒動を主体的に闘った一一一カ村から総額一〇両二分余にのぼる勧化をえていたことが判明している。また、文久三（一八六三）年の兵内百回忌には、事件の経過を語った「兵内くどき」がつくられ、伝馬騒動は義民兵内の名とともに永く農民のあいだに伝承された。

荒廃する農村と復興策●

近世中期以降の県域の農村では、寛保二（一七四二）年の大洪水、天明三（一七八三）年の浅間山の噴火とそれに続く凶作など、災害があいつぎ耕地の生産力は著しく低下していった。さらに享保期（一七一六～三六）以降の高額の年貢負担、金肥《きんぴ》の導入などを契機とした貨幣経済の浸透により、村々では年貢・諸役を負担できず、農村をすて近くの在郷町や江戸にでる農民が多くなっていた。貧困や風俗の乱れなどからも農村人口は減少し、耕作者のいない手余り耕地が各地に発生していた。武蔵国の人口は、下野国（栃木県）や常陸国（茨城県）ほどではないが、天明六年には享保六年の八五・五％にまで減少していた。幕府の寛政の改革を主導した老中松平定信《さだのぶ》も「関東の江戸に近い村々では人別が減少し荒地が多くなり、村には名主が一人残るだけで、そのほかはみな江戸へ出てしまった」と自叙伝『宇下人言《うげのひとごと》』で述懐している。

忍《おし》藩領の埼玉郡大塚村（熊谷市）では、年貢を完済できない潰百姓《つぶれびゃくしょう》の存在が十八世紀前半の享保期から顕著になっていたが、耕地そのものは村内外から移住してきた百姓によって相続されていた。ところが、安永五（一七七六）年の記録によると、年貢を上納できずに居屋敷や家財を売り払い、潰百姓となった一二人の農民が所持していた耕地は二一町歩余にのぼっていた。この膨大な耕地を引き受けた村方では、三町六反余はどうにか質地にだすことができたが、残りの一七町四反余についてはは引き受け手がないので藩に返上したい旨の願書を提出した。藩と村方とで交渉の結果、七町八反余は村方の願いどおりに藩がうけとり、一部は質地に回され、残りの八町一反余は村中で耕作し年貢・諸役を負担する惣作地《そうさくち》とされた。自分が名請けしている土地の耕作さえも十分にできないところに、あらたに惣作地を追加されては村民の負担は増加する一方である。忍藩領は水田単作の村が多く、こうした矛盾が顕著に現われたが、規模の大小はあるが手余り地の発生、惣作地の増加は、当時の村々が直面した大きな問題であった。

農村のこうした危機的な状況に対して領主側が打ち出した方策が、松平定信による寛政の改革の農村対策であり、離村した農民の帰農をさまざまな手段で奨励したが、十分な成果をあげることはできなかった。忍藩でも、すでに宝暦七（一七五七）年に他領への奉公稼ぎを厳禁し、農村労働力の維持を図ろうとしていた。さらに寛政二（一七九〇）年七月には、幕府の寛政の改革に対応する形で、日雇・諸職人・奉公人の賃金を公定し、他領への出稼ぎも禁止し、出奉公人は年季が切れしだい帰村させるなど、きびしい内容の法令をだしている。しかし、その法令自体が認識しているように、耕作をしているよりは奉公にでたほうが収入が多いという現実があり、一通の法令で事態を転換させることは困難であった。

農村人口の減少ということは領主ばかりでなく、広大な土地を集積した地主層にとっても大問題であった。寛政三年四月、大里郡二三カ村の名主が連名で浅岡彦四郎代官所へ提出した願書では、近年穀物値段が低下しているにもかかわらず農具代や奉公人の給金が上昇し、余業に従事する者も増加しているので、小作地が地主に返還されるような事態もおこっている。地主が手作経営を拡大しようとしても、奉公人の給金が高く穀物値段が低くては採算がとれず、結局は手余り荒地となってしまう。そこで奉公人の給金を抑制するとともに、比較的安価な奉公人を遠国から雇い入れる際の手続きの簡素化などを求めていた。

さらに同年七月には、鴻巣宿の助郷村である足立・埼玉両郡四〇カ村が同様の願書を勘定奉行所に提出している。この出願の中心となったのは、足立郡大間村（鴻巣市）の名主で、武蔵一国の地誌『武蔵志』を独力で編集したことでも知られる福島幸作《こうさく》（号東雄《あずまお》）で、「保鑑《やすかがみ》」という詳細な訴願記録を残している。それによると、予備的な会合ののち、六月二十六日に箕田村（鴻巣市）観音堂で村々の名主・組頭・百姓代が連印の願書を認め、七月六日に勘定奉行柳生主膳正役所に出願した。大里郡村々とほぼ同じ現状認識で、低米価のなかでの諸物価の高騰を是正し、さらに農業人口の増大を求めたものであった。以上の内容は全村で一致できたものであるが、さらに幸作など一四〜一五人は別紙願書を提出し、事態の詳細な分析を行なった。そして具体的な方策として、一村ごとに人別改めを行ない、宗教者などの非農業人口を差し引いた総人別に村内の耕地を割り振り、それでも労働力が足りない場合には信濃（長野県）や越後（新潟県）などから奉公人をよびよせることを提案している。同月十一日に幸作などは再度奉行所に出頭して、詳細に説明した。すなわち、飯盛女《めしもりおんな》や博奕《ばくえき》の流行など風俗の乱れから遊民が生じ、労働人口が減少し手余り地が増大していること、職人は業種ごとに仲間議定をつくっているので手間賃や諸品の価格も下がらず、また農村にも貨幣経済が浸透し、まさに「十露盤（算盤《そろばん》）」の上に住んでいるようなありさまとなっていることを指摘した。鴻巣に近接する忍藩では昨年改革を行なったが、いくらきびしい制限をしても領分からでれば拘束はできず、関東の農村には旗本の相給知行《あいきゅうちぎょう》も多いので、農村の現状を改革し百姓が農業を専一に行なえる社会をつくりだすため、幕府から改革の趣旨を関八州全体に触れ流すことを出願したものであった。

同年十二月、幕府では奉公人給金や諸物価の抑制を骨子とする七カ条の触書《ふれがき》をだし、村方からの請書を徴収したが、大里郡二三カ村、足立・埼玉郡四〇カ村、下総国印幡郡一〇四カ村など同様の出願を行なっていた村々だけが対象で、関八州全体とはならなかった。また、幸作などの主張した耕地の強制的な割付けについても触れられていない。越後や信濃からの奉公人の雇い入れについては、関東地方への出稼ぎ手続きの簡素化を命じる触書が両国に対して別途にだされた。後年、天保二（一八三一）年に鴻巣宿助郷組合からだされた願書によると、幸作は実際に越後国にでかけ、大勢の奉公人を連れてきて村々で耕作にあたらせたが、しばらくすると給金も高くなり、また風俗も乱れてきたので取り止めになったという。

広範囲の村々がたがいに連携をとりながら進められた大里・足立・埼玉郡村々による農村復興策の提言は、荒廃する農村を目のあたりにした村役人層の主張を、一定程度幕府の政策として打ち出させたところに時代の移り変わりを如実に示している。とくに越後国からの奉公人の招請は、寛政七年頃から下野国芳賀郡において幕府代官が実施した著名な真宗門徒の移住政策に先行するものといえる。

7章

改革から維新へ

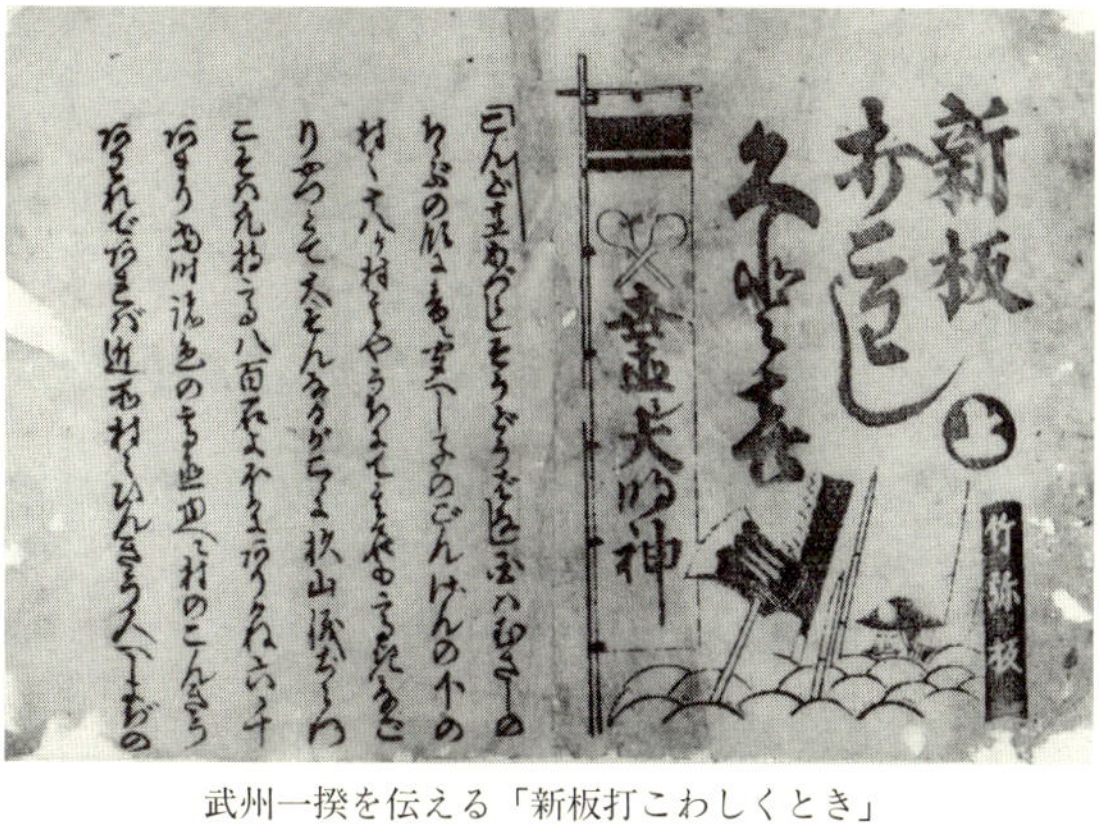

武州一揆を伝える「新板打こわしくとき」

1 文政の改革と農村

文政の改革と組合村の編成●

小規模な旗本知行地《はたもとちぎょうち》と幕領が複雑に入り組む支配形態が進行していた関東農村では、十八世紀の半ば以降地域の治安が急速に悪化していた。とくに村々を徘徊する浪人や無宿者《むしゅくもの》については、個別の村落では対応できない状況になっており、地域単位に組合村を結成する動きが県下各地にみられた。

明和五（一七六八）年十一月、那賀郡広木村（美里町）など一四カ村の村々は、浪人対策のため組合村の結成を幕府に出願し、許可をえるとただちに議定書をとりかわした。この一四カ村は、幕領八カ村と旗本知行地六カ村で、幕領の村々ではすでに八年前から代官所の指示で浪人対策の組合村をつくっていたが、今回の議定により支配の違いをこえて、全郡一四カ村が一つの組合にまとめられた。議定書では浪人対策のほかに、寺社の勧化、行き倒れ人の処理など、いずれも村の外からきて村に負担をかける要因に対して、村々が協力してあたり費用も分担することをとりきめていた。治安維持を目的とするこのような組合村は、このほかにも同五年八月の入間郡四日市場村（坂戸市）など九カ村組合をはじめ、翌年につくられた埼玉郡小久喜村《こぐき》（白岡町）など二〇カ村組合、幡羅郡《はら》下増田村（熊谷市）など二一カ村組合などが知られている。

こうした状況のなかで、幕府は文化二（一八〇五）年に勘定奉行直属の関東取締出役《しゅつやく》を設置し、代官の手代《てだい》・手付《てつき》八人からなる出役を選任し、幕領・私領の区別なく巡回させ無宿者や悪党の追捕にあたった。

さらに文政十（一八二七）年二月には、関東取締出役の活動を補助する組織として改革組合村の編成を命じ、無宿者・浪人など悪党の取り締まりなど四〇カ条におよぶ議定書を示した。改革組合村の編成方針は、四〇〜五〇カ村を目安とした大組合、その下に三〜六カ村からなる小組合がつくられ、おのおのに総代がおかれた。また、取締出役が犯罪人の内偵や捕縛にあたる際の道案内人が、組合高一万石に一人の割合で命じられた。各組合村の中心となる村は「親村」「寄場村《よせばむら》」とよばれ、城下町や宿場町、六斎市の開かれる在郷町など、人や物が交流する結接点におかれた。

この一連の幕府の政策は文政の改革とよばれ、寛政の改革と天保の改革をつなぐ関東固有の幕政改革として、その後の関東農村の歴史に大きな影響を与えた。とりわけ、改革組合村は時期により規模や機能に変化はみられるが、明治初年まで個別の領主支配を補完する組織として大きな役割をはたした。

改革組合村の編成は、警察力の弱体な関東農村の現状に即応するものであったが、幕府が上から強力に編成しようとしたもので、村々や領主からの反発も強かった。比企《ひき》郡小川村（小川町）では、文政十年八月に取締出役の廻村があり組合村の編成が命じられた。このとき出役が示した組合村は六四カ村にもおよぶ広範囲なものであったので、これまで独自に組合村を運営してきた秩父郡大野村（ときがわ町）など四カ村組合や比企郡大塚村（小川町）など二〇カ村組合では、従来の組合村をそのまま改革組合村として認めるよう出願した。しかし、この出願は聞き届けられず、文政十二年三月に小川村組合は比企・秩父・男衾《ぶすま》三郡の六七カ村で編成され、従来の組合村は小組合としても存続できなかった。

個別の領主支配をこえた改革組合村の編成を、みずからの領主権を侵害するものととらえた有力な藩や寺社などの反対も根強かった。御三家の水戸藩が改革組合村の編成から事実上除外されていたことはよく

（1表続き）

組合名	村数	構成郡域	石高	家数
本庄宿	67	児玉・那賀・賀美・榛沢	30,853	4,926
寄居村	37	榛沢・男衾・比企	11,245	2,944
八幡山・児玉町	43	児玉・那賀・賀美	16,201	3,140
妻沼村	27	幡羅	18,438	1,846
岩槻宿東組	35	埼玉	11,825	2,306
岩槻宿西組	39	足立・埼玉	17,518	2,207
久喜町	23	埼玉	16,370	1,868
加須町	38	埼玉	27,255	3,481
羽生町場村	75	埼玉	49,162	6,080
行田町	45	埼玉・足立	46,115	4,801
越ケ谷・大沢町	39	埼玉・葛飾	26,492	3,759
粕壁宿	43	埼玉・葛飾・総州葛飾	24,992	3,701
八条村	35	埼玉	19,797	2,359
三輪野江村	41	葛飾	7,189	1,243
平沼村	40	葛飾	12,719	1,704
杉戸宿	42	葛飾・埼玉	22,170	2,947
幸手宿	35	葛飾・埼玉	16,802	2,998
栗橋・中田宿	56	葛飾・総州葛飾・埼玉	24,297	4,484
本野上村	13	秩父	3,557	1,770
下吉田村	17	秩父	5,691	2,633
上小鹿野村	12	秩父	5,763	2,491
贄川村	6	秩父	1,006	577
大宮郷	1	秩父	2,416	728
大宮郷寄場	18	秩父	8,462	3,318
坂石町	14	秩父・高麗	2,875	1,179
田無村	40	多摩・新座・豊島	19,310	3,172

『武蔵国改革組合村々石高・家数取調書』（『新編埼玉県史』資料編14付録）より作成。石高は石以下を切り捨て。

〔1表〕 県域の改革組合村

組合名	村数	構成郡域	石高	家数
所沢村	47	入間・多摩	15,273	3,069
扇町屋村	54	入間・高麗	17,458	3,657
大仙波村	2	入間（仙波神領）	750	77
石井村	48	入間・高麗	11,884	1,711
越生今市村	37	入間・比企	8,877	1,715
毛呂本郷	21	入間	4,235	973
飯能村	44	高麗	7,596	2,100
下直竹村	24	高麗・秩父・多摩	4,063	1,495
大和田町	33	新座・入間・多摩	12,318	2,513
出丸下郷	13	比企・入間	2,577	464
下唐子村	24	比企	15,729	1,913
玉川郷	25	比企・秩父	7,143	2,293
中爪村	31	比企・男衾	8,841	1,382
蕨宿	23	足立	15,355	2,671
浦和宿	45	足立	18,366	2,648
大宮宿	55	足立	16,395	2,707
上尾宿	64	足立	13,522	2,581
桶川宿	60	足立・埼玉	20,893	4,534
鴻巣宿	43	足立・埼玉・横見	21,523	3,912
川口・岩淵宿	33	足立・豊島	13,401	2,649
鳩ケ谷宿	33	足立	8,132	1,263
大門宿	33	足立・埼玉	10,550	1,523
草加宿	38	足立	8,524	1,853
古名村	43	横見	19,684	1,777
熊谷宿南組	32	大里・男衾	13,442	2,124
熊谷宿北組	38	大里・埼玉・幡羅	41,623	4,201
深谷宿	72	榛沢・幡羅	28,568	4,269

知られているが、県域では川越藩松平大和守家が御家門《ごかもん》の家柄と現当主が将軍家斉《いえなり》の実子という地位を背景に、川越藩領村々だけで独自に組合村を編成することを主張していた。そのため、文政十年閏六月には県域の川越藩領一八〇カ村を一〇組合に編成し、各組合村には取り締まりにあたる二〜四人の「頭取名主」を任命した。この川越藩独自の治安取り締まり組合の編成は、幕府の改革組合村編成に並行して進められ、その実績をもとに藩領村々だけでの組合村の公認を幕府に粘り強く交渉し、文政十二年八月ついに承認をえている。川越藩領の独自性はその後も守られ、先の比企郡小川村組合では、天保十四(一八四三)年に親村である小川村が川越藩領となったことから組合村を離脱し、これを契機に巨大な小川村組合は玉川郷(ときがわ町)組合と中爪村(小川町)組合とに分割された。なお、寺社領では足立郡芝村(川口市)長徳寺領や同郡倉田村(桶川市)明星院領で、諸役免除を認めた寺領朱印状の文言を根拠に、他領村との組合村編成に難色を示したがいずれも認められなかった。それに対し、成立の事情は未詳であるが、前頁の1表によると川越喜多院領の大仙波《おおせんば》村と小仙波村(川越市)では、独自に組合村を編成している。

天保末年頃と推定される史料から県域にかかわる改革組合村をまとめると1表のとおりで、その総数は五三にのぼる。ただし、これには独自に編成された川越藩領の組合村は含まれていない。まず改革組合村を構成する村数をみると、一番多いのが三〇台で一六、ついで四〇台が一三、二〇台が七、一〇台が六となっており、幕府が目安とした四〇〜五〇カ村よりはやや小規模なものが多かったようである。とくに秩父郡では大宮郷(秩父市)寄場組合の一八が最高で、どの組合村も村数が少ない。これは一村の面積が広いためで、家数でみると平野部の組合村と遜色はない。各組合を構成する村々が所属する郡をみると、半数以上の組合が複数の郡にまたがっており、粕壁宿組合や栗橋・中田宿組合では、国境をこえて下総国葛

❖コラム

地域社会の単位としての「領」

武蔵国の近世文書には、国・郡と村の中間に位置する「領《りょう》」という地域社会の単位が散見される。江戸時代の農村社会を構成する基本的な単位は村であったが、用水路の管理、鷹場《たかば》や助郷役《すけごうやく》の負担などでは、関係村々が組合をつくることも行なわれていた。その場合、組合を構成する単位としてしばしば活用されたのが「領」であった。「領」の起源は戦国時代にさかのぼるといわれるが、近世社会のなかで、時代・地域の特性を反映してさまざまに発展・変貌していったものと考えられる。文化・文政年間（一八〇四〜三〇）に幕府が編纂した『新編武蔵風土記稿《ふどきこう》』では、武蔵国全体で八二の「領」を確認することができる。

「領」の機能としては、領主や代官、とりわけ関東郡代伊奈氏が広大な管轄地を支配する組織として、ほぼ「領」を単位として用元《ようもと》とよばれる管轄者がおかれ法令の伝達などを行なったが、正徳三（一七一三）年の大庄屋《おおしょうや》廃止令をうけてこの機能は縮小され、名称も「触元《ふれもと》」「触次《ふれつぎ》」などと改められた。そうしたなかで、地域的結合の強い用水路の維持・管理においては「領」の影響力が強く、羽生《はにゅう》領用水・幸手《さって》領用水・八条領用水・谷古田《やこだ》領用水など、受益村々の領名を冠した用水路が多数存在した。江戸近郊に設定された鷹場村々の諸負担も、「領」を単位に徴収されている。

また、寛政元（一七八九）年から四年にかけて江戸周辺の三七カ領一〇一六カ村が参加した下肥《しもごえ》値下げの訴願運動に典型的にみられるように、「領」は領主支配を補完するだけでなく、地域住民の意志を結集する場としての機能もはたすようになっていった。

飾郡の村々もまじっていた。

風俗取り締まりと若者仲間●

文政十（一八二七）年四月、改革を進めていた関東取締出役は四カ条からなる教諭書を村々に触れだした。まず問題にしたのが、乱暴狼藉《ろうぜき》をはたらく無宿者などの捕縛で、それに続いて神事・祭礼などの質素倹約や、村方での芝居《しばい》興行の禁止と風俗の取り締まりなどが命じられ、最後に農間余業を抑制し農業専一とすることが求められている。改革組合村が編成されると、村々では教諭書にもとづき四〇カ条にのぼる詳細な議定書を作成した。これは、寛政期（一七八九～一八〇一）以来の風俗取り締まり法令を集大成したものので、若者仲間の横行、博奕《ばくえき》の禁止や廻村役人への接待などに関する条項ももりこまれていた。とりわけ若者仲間は、村の公的な組織とはいえないが規律制とエネルギーにあふれ、祭礼など村の行事の中心となって活躍して、遊び日（農休日）の制定をはじめとする村民の日常生活にも大きな発言力をもっていたので、無宿者対策とともに風俗取り締まり政策の焦点の一つとなった。

村方の古文書に若者仲間のことが頻繁にでてくるようになるのは文化・文政期（一八〇四～三〇）からで、そのほとんどは若者仲間の取り締まりに関連している。寛政の改革から文化二年の関東取締出役の設置へと在方風俗の取り締まりが強化され、領主側のこうした意図を村内で実現しようとする村役人と、神事・祭礼などで旧来の慣行を維持しようとする惣百姓や若者仲間との対立が顕在化した結果、多くの記録が残されることになったものであろう。

文政の改革の風俗取り締まりにより祭礼が規制され、それに対して若者仲間を中心に村人がさまざまな抵抗をしていたようすは、幡羅《はら》郡中奈良村（熊谷市）の夏祭の神輿巡行をめぐる事件によく表われている。

中奈良村国性寺の境内にある牛頭《ごず》天王宮は、村方に疾病が流行した天明四（一七八四）年四月に勧請されたもので、その年の夏祭から神輿の村内巡行が実施されていた。ところが文政十年には「関東筋御改革之趣旨」、すなわち文政の改革による質素倹約という趣旨から四〇年以上も続いた神輿の巡行が中止された。翌年の夏祭が近づくと、氏子《うじこ》たちから神輿巡行の復活を求める声が強くおこり、改革小組合で検討した結果、巡行の主体を若者から百姓代にかえ、ごく質素にすることでようやく復活することができた。しかし、巡行の当日に若者をまきこんだ争論が発生し、巡行はふたたび中止となってしまった。その後も夏祭が近くなると、若者から神輿巡行の願書がだされたり、村内の病人を祈願すると称して夏祭当日に神輿をもちだそうとするなど、若者仲間を中心に村方の抵抗が続いている。

また、若者仲間と「遊び日」についてみると、文化四年に足立郡吉蔵《きちぞう》新田（川口市）では、若者仲間が勝手に休日を触れだしたため詫状の提出を命じられ、これまでの休日を確認するために再度議定書が結ばれた。農休日は村として管理すべきものであったが、それに若者仲間が口出しをすることは、どの村にもみられた。文政の改革が実施された文政十年六月に伊奈半左衛門役所からだされた触書によると、当時村々では一月ごとに農休日が定められていたが、それ以外の日をあらたに申しあわせて休日とし、もしその日に農業をすると、若者どもが村内の「重立《おもだち》」などと申しあわせて村八分にするなどと難題をふきかける事件がおきていたという。さらに、農休日に村人が寺院などに集まって酒食をし、博奕にたずさわる者もいた。こうした状況に対し、伊奈役所はたとえ休日であっても耕作に手が回らない者は農作業をしてもかまわない、それに対してかれこれいう者がいたらさっそく訴えでるように命じている。

文政の改革の風俗取り締まりのおもな対象とされた若者仲間は、文政十一年四月の法令により禁止され

〔2表〕　幡羅郡妻沼村など27カ村組合の農間商い渡世および諸職人

農間商い渡世 天保9年調査 人数 294 業種 17	居酒屋(87，うち休業中32)，質屋(38)，湯屋(33，うち休業中11)，小間物・荒物(32)，髪結(29，うち休業中10)，穀商売(29)，菓子(10)，煮売(9)，呉服・太物(9)，古着・紙屑(8)，研屋(3)，鮓商(2)，蒲焼(1)，傘拵(1)，傘商(1)，薬種(1)，下駄・足駄拵(1)
農間諸職人 安政4年調査 人数 226 職種 20	綿打(44)，大工(40)，杣取(21)，黒鍬(20)，木挽(19)，桶屋(17)，左官(14)，萱屋根屋(14)，籠屋(9)，瓦師(6)，石工(5)，在鳶(3)，建具屋(3)，畳屋(3)，板屋根屋(2)，指物屋(2)，屋根屋(1)，唐臼師(1)，鍬柄師(1)，経師(1)

『新編埼玉県史』通史編 4 の526～529頁より作成。

た。しかし、そのために若者の規律性がうすれ、足立郡原村（川口市）のように嘉永元（一八四八）年に至り、あらためて若者仲間の議定書を作成している例もある。表面上は禁止されていたとしても、若者仲間の機能はなんらかの形で存続していたようである。

村の商人・村の職人●

文政の改革の目的の一つに、当時の農村社会に広範に展開していた農間余業の実態を把握し、その抑制対策をたてることがあった。近世中期以降、農村社会に浸透した貨幣経済の波は止めどもなく進行し、幕末期の農村は、幕府が理想とした自給自足的な社会からは遠くへだたった存在となっていた。そのことは、文政・天保期（一八一八～四四）に実施された農間余業調査で、村民の二〇～三〇％が農間余業に従事し、農民が身分を変えることなく、実質的に商人あるいは職人となってしまっていたことに端的に示されている。

幕府の農間余業調査は、すでに寛政年間（一七八九～一八〇一）から鷹場を管理する鳥見役により部分的に実施されていたが、関東取締出役がさらに広範囲に統一的な基準で実施するようになったのは、改革の開始された文政十年からである。このときの調査では、各村の全戸数と余業従事者の総数を記載し、さらに風俗取り締まりと関連の深い居酒屋・髪結《かみゆい》・湯屋・煮売《にうり》・大小拵《こしらえ》研屋《とぎや》・腰物類売買の六業種について人名・開業年などを具体的に書き上げさせ、質屋については別帳で報告させた。その後、天保九年九月には六業種についてその後の変化を調べるとともに、業種を二二に増加させて詳細に調査をしている。

2表は幡羅郡妻沼《めぬま》村（熊谷市）など二七カ村組合の農間商い渡世および諸職人を書き出したものである。二七カ村の中心となった妻沼村は、熊谷宿から上野国新田郡（群馬県）への脇往還の継立場で六斎市も立てられた在郷町であった。天保九年九月に関東取締出役が実施した農間余業調査によると、二七カ村の総戸数二〇五二に対して余業者の合計は四九九人、余業率は二四・三％におよんでいた。妻沼村が総戸数二一六に対して余業に従事する者が一〇九と余業率が五〇％に達していたのをはじめ、余業率が三〇％をこえる村が七カ村もあった。このとき農間商い渡世に従事している人数は、表の上段のとおり一七業種に二九四人であった。もっとも多いのは居酒屋で、妻沼村の一六軒を最高に二五カ村に八七軒が分布し、居酒屋のない村は二カ村にすぎなかった。また湯屋や髪結なども二〇カ村前後の村々に存在している。ただし、これらの業種はいずれも風俗取り締まりの直接的な対象となるもので、調査時点では書き上げられた従事者の三分の一程度が「休業中」とされている。このほか従事者の多いのは、質屋や小間物・荒物屋、穀商売などで、それぞれ半数弱の村々に分布し、とりわけ妻沼村・葛和田《くずわだ》村・太田村（いずれも熊谷市）など経済活動の活発な村に集中していた。

天保九年の諸職人の数は、全余業従事者四九九人から商い渡世の二九四人を引いた二〇五人と推定されるが、具体的な内容については記されていない。そこで、一九年後の安政四（一八五七）年に同じ二七カ村で諸職人の調査が行なわれているので、その結果を表の下段にまとめた。これによると、二〇の職種に二二六人が従事しており、職種は専門技術者としての性格の強いものと、農家の副業的なものとにわけられる。専門的な職種としては、大工・左官・萱屋根屋など建築職人が広範囲に分布している。人数的には大工が四〇人と圧倒的に多いが、屋根関係では萱屋根が一四人、板屋根が二人、さらに瓦師六人など材質ごとに分化している。同じ建築関係でも、鳶《とび》や畳屋は少ない。このほか土木普請の専門家である黒鍬《くろくわ》が二〇人もみられるが、これは利根川の普請工事に関連するものであろう。また、桶屋・籠屋など日常生活と密接につながる職人も数多くみられる。一方、農家の副業的な性格の職人としては、綿打《わたうち》が二〇カ村に四四人と圧倒的に多く、杣取《そまどり》や木挽《こびき》なども三分の一以上の村々に存在している。

文政の改革とそれに続く天保の改革の過程で、農村のなかの商人や職人の実態が把握され、居酒屋・髪結・湯屋などは風俗取り締まりの視点からきびしい規制をうけた。しかし、社会全体が貨幣経済の浸透にさらされているなかで、村の商人や職人は農村のなかに確固たる地位を築いていったようである。

2　農村社会への文化の普及

俳諧と生花の流行●

江戸時代の文化活動のなかで、俳諧は諸階層にもっとも広く普及したものといえる。はじめは城下町の武士や町人のあいだでたしなまれていたが、十八世紀半ばの宝暦～天明期（一七五一～八九）ともなると、街道沿いの宿場町や農村にまで浸透していき、地域ごとにさまざまな俳諧の組織がつくられていった。ここでは、それらのなかから代表的な地方俳人といえる鴻巣宿（鴻巣市）の横田柳几《りゅうき》の活動と、県下各地に浸透した春秋庵《しゅんじゅうあん》系統の俳諧について紹介する。

中山道筋の宿場町では、江戸の俳人佐久間柳居《りゅうきょ》の門人宗瑞《そうずい》や鳥酔《ちょうすい》などの足跡が各地で確認され、その影響のもとに頭角を現したのが鴻巣宿の横田柳几であった。柳几は手広く酒造業を営む豪商で、居宅を布《ほ》袋庵《ていあん》と称し各地の俳人と交流を深めていた。五〇年におよぶ俳諧活動は、そのまま諸国の俳人や名所・旧跡を尋ねる行脚の旅でもあった。北は奥州松島から南は九州の筑紫まで、当時としてはほぼ全国に足跡を残し、数多くの紀行文を残した。また柳几は、一定のテーマのもとに各地の俳人から句をつのる撰集にも力をそそぎ、『七時雨《ななしぐれ》』『大和耕作集《やまとこうさくしゅう》』『百花集《ひゃっかしゅう》』という三つの作品を編集・刊行している。なかでも四〇歳代半ばの宝暦十年に刊行した『七時雨』は、名古屋藩の重臣で俳文の名手として知られる横井也有《やゆう》の序文をかかげたもので、柳几の名を諸国に広めた。柳几の門人は、鴻巣市域はもとより、中山道沿いの桶川市・上尾市付近にまで散在していた。安永元（一七七二）年の紀行文『古河《こが》わたり集』巻末には「布袋庵社中」として鴻巣宿内の一五人を含め、近隣一九宿村の都合五一人の名前がみえ、柳几の俳諧活動が広範囲の人々の参加をえて実現していたことがわかる。

この柳几と時代をほぼ同じくして県域に大きな影響を与えた俳人に、信州上田藩の出で江戸に春秋庵を創設した加舎白雄《かやしらお》があった。白雄の撰集『春秋稿』（初編〜五編）によると、足立郡北部の箕田《みだ》・糠田《ぬかた》・吹上・榎戸《えのきど》（ともに鴻巣市）などから二五人、入間郡西部の扇町屋《おうぎまちや》（入間市）、北野（所沢市）、さらに我野《あがの》（飯能市）などからは五〇人に近い投稿者をみることができ、春秋庵の俳諧がこれらの地域に深く浸透していたことをうかがわせる。そして白雄から春秋庵をついだ常世田長翠《とこよだちょうすい》は、中山道本庄宿（本庄市）の豪商で俳諧をよくした戸谷双烏《とやそうう》のもとに一時滞在し、この地域も春秋庵の勢力圏にはいっていった。ほどなく春秋庵は長翠から倉田葛三《かっさん》に引き継がれ、さらに文政元（一八一八）年には入間《いるま》郡馬場村（毛呂山町）の川村碩布《せきふ》が主宰することになった。碩布は文政七年に『春秋稿』（第八編）を刊行するが、そこには毛呂《もろ》・川越・飯能・秩父・小川から児玉・大里両郡にかけて、総数二〇〇人以上の俳人を確認できる。こうした実績を背景に、春秋庵は碩布から児玉郡八幡山《はちまんやま》町（本庄市）出身の久米逸淵《いつえん》にゆずられ、さらに多くの門人を集めて近世埼玉を代表する俳諧結社となった。

つぎに、俳諧とともに近世後期の農村社会に広く普及した文化活動として、生花《いけばな》（挿花《そうか》）をとりあげる。十八世紀の中頃に、立花《りっか》にくらべて手軽にできる生花が京・大坂から江戸に伝えられると、またたくまに近郊の城下町や宿場町などに普及していった。受け入れの主体となったのは、富裕な名主や商人階層とみられるが、日光道中大沢町（越谷市）では浪人者が髪結渡世《かみゆいとせい》をいとなみながら生花の師匠をしていた例も知られる。寛政十一（一七九九）年六月、幕府代官は花会《はなかい》と称して行なう酒肴や座敷浄瑠璃《ざしきじょうるり》・操芝居《あやつりしばい》の興行を、風俗取り締まりの視点からきびしく規制し、その後も同趣旨の触れがくり返しだされている。花会などの寄り合いは、為政者の眼からすれば農民の分をこえた奢侈として取り締まりの対象でしかなかった。しかし、貨幣経済の波に飲みこまれながらも経済的に力をつけてきた村落の上層農民にとっては、日常生活のうえでのあらたな文化の享受であったといえる。生花が積極的にうけいれられるには、それを飾る床の間の普及が必要である。埼玉郡の三カ村に残された明和七（一七七〇）年の農家の間取り調査によると、少なくとも一村に二〜八軒、全戸数の四〜一八％の家に床の間が設置されていた。また、開催された花会は、風俗取り締まりへの対応からか、寺社への奉納という形式をとるものが多かった。生花といえば女性の芸事というのが現在の通念になっているが、この時代の参加者は圧倒的に男性であった。生花にかぎらずこれら文化活動は、寄り合いの場であり、さまざまな情報交換の場ともなっていたのであろう。

こうして江戸近郊の農村社会に急速に浸透した生花は、きわめて多数の流派にわかれていた。たとえば、文化・文政期（一八〇四〜三〇）頃に埼玉郡騎西《きさい》町付近で開催された花会の一枚刷のちらしをみると、主催者は正風遠州《せいふうえんしゅう》流の師匠であるが、参加者はその本家とでもいうべき遠州流、また慈渓《じけい》流・古流など、まさに諸流入り乱れての盛況をみせていた。こうした諸流派のなかで、県域では江戸の貞松斎米一馬《ていしょうさいよねいちま》が遠州流からわかれて創始した正風遠州流の勢力が大きかったようで、各地に関係史料が残されている。文化十一年の正風遠州流「華道社中連名録」には、総勢八四五人の貞松斎門人が記載されている。そのうち江戸以外で居住地の明らかな者三四四人を国ごとにみると、武蔵二二一人、上野四三人、信濃二八人、下野一五人、常陸一〇人などと、武蔵が圧倒的に多い。しかもそれらは、中山道沿いの宿場町である浦和・大宮・熊谷、城下町川越、物資の集散地である松山（東松山市）、寄居《よりい》（寄居町）、吉田（秩父市）など、交通・経済の中心地に集中していた。

正風遠州流の地方門人組織は多数の社中《しゃちゅう》から形成されていたが、そのなかで比較的活動の実態が判明するのが、足立郡片柳村（さいたま市）の守屋巌松斎《がんしょうさい》の社中である。巌松斎の家は代々名主を勤め、父も寺子屋の師匠のかたわら文雅に親しんだ人物であった。巌松斎が生花を志した時期は明らかでないが、文政十年、三八歳の頃には門人の作品集『挿花松之翠《そうかまつのみどり》』を刊行し、「正風花務職」「正風弘祖」と称して独自の門人組織をつくっていた。その拡大過程は、『挿花松之翠』のほか、嘉永三（一八五〇）年に巌松斎の還暦を記念して大宮氷川神社境内に建てられた花塚の碑文、万延元（一八六〇）年の花会の記録『花かゝみ』などにより追跡することができる。それによると、文政十年には門人の八〇％近くが居村を中心とした足立郡南部の村々にいたが、嘉永三年になると門人の数も三倍近くに増加し、地域的にも足立郡北部の桶川宿（桶川市）や吹上村（鴻巣市）、さらには上野国（群馬県）・下総国（千葉県）・江戸（東京都）など遠隔地もかなりみられるようになる。こうした傾向は万延元年にはいっそう進行し、「門葉高弟客席」として嘉永三年の二倍近い四三五人が列記され、江戸および周辺諸国への進出が顕著で、江戸深川八幡前には巌松斎の出張所があった。県域における正風遠州流の勢力は強く、このほか足立郡大芦村（鴻巣市）の秀貫斎や松山在金谷（東松山市）に住んだ晴月斎なども同様の花会の記録を残している。

書物を読む農民●

庶民の教育機関である寺子屋は、幕末期にめざましく普及し、明治以降の近代的な教育をうけいれる素地を形成したといわれる。県域でも、享保期（一七一六〜三六）から文政期（一八一八〜三〇）にかけての約一〇〇年間に開設された寺子屋の数が四〇〇余なのに対し、天保期（一八三〇〜四四）から明治五（一八七二）年の幕末五〇年間に開設されたものは九〇〇以上にのぼっている。師匠についてみると、村役人など農民出身者が僧侶を圧倒するようになっていた。寺子屋では、読み・書き・算盤《そろばん》など、社会生活をするうえで基礎的な能力が養われ、文字を媒介として知識が共有化される社会が形成されてきた。

幡羅《はら》郡中奈良《なかなら》村（熊谷市）の名主で熊谷宿の助郷惣代《すけごうそうだい》を務めた野中家文書のなかに、「万書籍出入留」と題した小さな帳簿がある。これは当家の隠居彦兵衛が、他人に貸したり自分が借りた書物について、貸借の相手・書名・貸借期間などをメモしたもので、当時の農村社会における書物の利用状況を伝える貴重な記録である。記載の期間は主として天保八年から十一年にかけての四年間で、天保の大凶作により農村の疲弊が顕著となり、それへの対応として天保の改革が準備されていた時期にあたる。

〔3表〕 野中家の文書・書籍貸借件数（天保8～11〈1837～40〉年）

天保(年)	貸し出し					借り入れ					おもな文書・書籍
	8年	9年	10年	11年	合計	8年	9年	10年	11年	合計	
政治関係	4	11	4	5	24	4	11	7	3	25	触書
用水・水論	13	20	2	3	38	18	13	4	4	39	
助郷関係	1	2	5	4	12	0	1	9	4	14	熊谷宿助郷関係
産業・経済	1	3	0	0	4	0	0	0	0	0	
災害	4	3	1	0	8	2	0	0	0	2	浅間砂降記・飢饉心得種・時疫救急薬方など
周辺事件	1	0	1	0	2	2	0	0	1	3	
遠方事件	6	1	0	0	7	6	3	0	0	9	大塩の乱関係など
教訓	9	6	1	1	17	1	0	0	0	1	百姓今我話・百姓教訓など
宗教・信仰	3	9	1	4	17	0	0	0	1	1	新四国道の記など
道中記	0	2	1	0	3	0	0	0	0	0	
文学・歴史など	15	12	6	17	50	0	0	2	0	2	太平国恩俚談・大岡記・下総国惣五郎霊神記など
教科書	1	0	2	4	7	1	0	0	0	1	絵本千字分・手本鏡など
合　計	58	69	24	38	189	34	28	22	13	97	

高橋貞喜「幕末期農村における情報収集とその社会的背景」『地方史研究』262号より作成。

「出入留」に記された書物をテーマごとにまとめると、3表のように四年間の貸し出し一八九件、借り入れ九七件となる。貸し出しのなかでは文学・歴史などに区分されるものが五〇件と圧倒的に多いが、四書五経や日本の古典文学は少なく、通俗的な読物、とりわけ「百姓教訓」「御代の腹鼓」など教訓的なものが中心となっている。また、「宗五郎明神」「下総国惣五郎霊神記」など義民佐倉惣《そう》五郎《ごろう》に関する読物が、毎年一件ずつではあるが継続して貸し出されている。佐倉惣五郎については、惣五郎二百回忌の前年となる嘉永四（一八五一）年に、江戸中村座で歌舞伎「東山桜荘子《ひがしやまさくらそうし》」が上演されて大当りをとっているが、それ以前からこうした読物として広く普及していたことがわかる。社会の不安は、また災害や飢饉の記録に人々の関心をむけていた。天保の大凶作直後でもあり、「凶年ちょぼくれ」「き、ん心得種」「飢饉木草喰様弁時病薬方」などと題した同時代の記録や、一〇〇年近く前に関東地方を襲った大洪水の記録「寛保水災記」、五〇年ほど前の浅間山噴火をあつかった「浅間砂降記」などが貸し出されている。このほか同時代の遠隔地での事件としては、大塩平八郎《おおしおへいはちろう》の乱に関する記録が注目される。大坂町奉行所の元与力《よりき》で陽明学者の大塩平八郎が、三〇〇人あまりの同志と挙兵したのは天保八年二月十九日のことであった。野中家では一カ月も経たない三月十二日には石原村（熊谷市）の松屋定八に「大坂来状」を貸し出しているので、こうした情報をいち早く入手していたことがわかる。その後も大塩関係の情報の収集と提供は継続され、四月に三件、五月に四件、九月に一件、さらに翌九年にも三件の貸借記録がある。大塩関係については、貸し出しているだけでなく、村内長慶《ちょうけい》寺の隠居や隣村下奈良村の豪農吉田市右衛門などから借り出して筆写し、みずからの蔵書の充実も図っていた。

こうした通俗的な書物や、他地域で作成され各地に広められた時事的な情報のほかに、中奈良村周辺の村々での用水や助郷・改革組合などに関する文書・記録類も数多く貸借されている。この場合、相手はほとんど村役人に限定されており、野中家の借り入れが多いことが特色となっている。天保八年五月から翌年七月頃までは荒川通奈良堰の出入りがおこり、その関連文書が頻繁に貸借されている。多くは用水組合の役人をしている下奈良村の弥七郎から借り受けて筆写し、なかにはそれを周辺の農村へ貸し出していることもあった。その後天保九年八月からは、一転して助郷関係の記録が目立つようになる。また改革組合村関係では、天保九年九月に周辺村々の質屋の取調書三九冊を村内の弥惣から一括借り受けている。このほか、周辺村々でおこったさまざまな事件の記録がこの「出入留」には記されている。

このように書物の貸借を積極的に行ない、それを記録に残した野中家のはたした役割は、当時の農村における「村役場資料室的機能」、あるいは「『蔵書』の家」などと評価されている。今日の社会でいえば、公共図書館あるいは文書館としての機能が発揮されていたといえる。蔵書・記録の公開がこうした形で行なわれたことは、書物を読む階層が幅広く形成されてきたことを示しており、この「出入留」に利用者として登場する人物のなかには、他の史料から野中家の小作人と推定される者もあるという。利用者の拡大は、寺子屋の普及による読み書き能力の増大に起因していることは当然であるが、それとともに急激に変化していく社会に対応するため、新しい知識・情報を獲得しようとする人々の意識の高まりによるものでもあったといえる。この「出入留」を記した野中彦兵衛は、天保七年に「通俗仮名交百姓要用教諭書」と題し、自分の豊富な生活体験をもとに、この困難な時代を生き抜く術を子供たちに書き残している。おそらく、みずからが丹念に収集した書物を広く公開利用に供したのも、教諭書に書いた内容を具体的に理解してもらうためであったのであろう。

現世利益を求める庶民の信仰●

近世の農民は村外への旅をきびしく制限されていたが、神社仏閣への参詣は例外で、長期間の旅にでて宗教的体験だけでなくさまざまな見聞を広めることができた。その代表的なものが伊勢参宮であり、西国や坂東の観音巡礼《かんのんじゅんれい》であって、県域の村々からもそれらの聖地をめざし多くの村人が旅立っていった。また、四周を山で囲まれた秩父盆地の村々には、西国や坂東の三十三番札所《ふだしょ》とあわせ百観音霊場を構成した秩父三十四番札所が開かれ、江戸からも近いため多くの参詣者を集めていた。とくに一二年に一回の午年開帳は盛大で、札所三十番の所在する白久村《しろく》(秩父市)での調査によると、寛延三(一七五〇)年一月から三月までの参詣客は五万人をこえていたという。そして、こうした膨大な参詣客を受け入れるために、宿屋や茶屋が整備されていった。

また、県域には坂東三十三番のうち九番慈光寺《じこう》（ときがわ町）、十番正法寺《しょうぼう》（東松山市）、十一番安楽寺《あんらく》（吉見町）、十二番慈恩寺《じおん》（さいたま市）の四札所が存在した。これらの観音霊場を結ぶ古い道筋には、現在でも数多くの石の道標が残され、巡礼が盛んであった時代の面影を伝えている。このほか江戸に近い県域では、近世後期になると数多くの信仰の名所ができていた。中山道熊谷宿（熊谷市）の熊谷寺《ゆうこく》子育奴稲荷、秩父郡大滝村（秩父市）の三峰山《みつみねさん》観音院、比企郡松山町（東松山市）の箭弓《やきゅう》稲荷、入間郡黒岩村（越生町）の五大尊《ごだいそん》などは、錦絵《にしきえ》の刷り物にもなっていた。また、秩父札所や善光寺（川口市）など、江戸で出開帳《でかいちょう》をする寺院も多かった。これら観音巡礼や出開帳、信仰の名所は、いずれも現世利益《げんぜりやく》に娯楽性を加味したものである。

蓑山大権現の参道(皆野町)

ここでは現世利益の追求を如実に示すものとして、流行神《はやりがみ》の出現をとりあげてみよう。文政十（一八二七）年頃、秩父郡皆野村（皆野町）の蓑《みの》山に流行神の出現があり、当地の支配者である忍《おし》藩代官所へ提出した詳細な記録が残されている。この流行神騒動の発端となった百姓市五郎の話によると、二〇年ほど前に亡くなった村方円明寺の住職が、ある夜市五郎の夢枕に現われ、こんど「蓑山権現」が遷宮されたので、これを信仰すれば作物も蚕も繁盛すると告げた。その後、文政八年春には廻国の六十六部がきて、蓑山への信仰を促していった。ちょうどその頃、市五郎は蚕も煙草も不作が続いていたので、さっそく蓑山の松の木に神酒を献じ、その根本の土を持ち帰り煙草畑や蚕籠にかけたところ大豊作となった。いつしかこの話が人々に伝わり、文政十年五月頃には遠近から参詣人が群集するようになったという。

代官所ではこの届け出をうけると、村方から見廻り役をだすことを命じるとともに、「蓑山権現」と神号を付してよぶことを禁止したので、その後の記録では「蓑山流行松」と記されている。ついで、同年十一月には、流行松の賽銭《さいせん》を一月ごとにまとめて陣屋に提出するよう命じられた。村方では、見廻りの諸雑費を一人二五〇文と算定し、賽銭から差し引いて上納することを出願した。ちなみに六月末から十一月までの五カ月間の賽銭は一九九貫五九四文にのぼり、延べ三九四人分の諸雑費九八貫五〇〇文を差し引き一〇一貫九四文が上納された。一人平均の賽銭を一〇文としても、参詣者は一万人にのぼることになる。

この流行松は、当時秩父の特産品であった煙草と養蚕の神として、記録に残るかぎりでも文政十二年二月頃まで多数の参詣人を集めた。その間、文政十一年九月に村内の円明寺から「ミの山権現」に関する古文書が発見されたとの届け出があり、その内容を吟味するため村方はたびたび資料の提出を求められた。そこで論点となったのは、今回流行松が出現した場所にかつて「ミの山権現」なるものが実在したかどうかということであった。この吟味の結論は明らかではないが、明治初年の『武蔵国郡村誌』には「箕山社」があり、その後皆野村の椋《むく》神社に合祀された。また、標高五八六・九メートルの山頂近くには蓑山大権現が現存し、地元には文化・文政期（一八〇四〜三〇）頃には、家内安全の守護としてその眷属「お犬様」（おおかみ）を、また養蚕の神として「猫石」を近隣の民家に貸し出し、非常な人気を集め松の大木の根本にあげられた賽銭は、四斗樽一杯にもなったという話が語り伝えられている。

3　幕末の社会と人々

ペリー来航と村々●

江戸近郊の譜代《ふだい》藩である川越藩と忍《おし》藩は、幕末の海防の焦点となった江戸湾の防備を担当した。川越藩は、相模国三浦郡（神奈川県）に分領をもっていたので早くから沿岸防備にかかわっていた。相模沿岸は、文化七（一八一〇）年にいったん会津藩の警備となるが、文政三（一八二〇）年には浦賀奉行所の担当に変わり、小田原藩とともに川越藩も助役を命じられた。その後、天保十三（一八四二）年に幕府の海防体制が本格化すると、江戸湾を囲んで相模沿岸は川越藩、対岸の房総沿岸は忍藩が防備にあたることになった。両藩では多数の藩士を現地に派遣し、陣屋を中心に大砲を配備した台場《だいば》と異国船を発見するための遠見番《とおみばん》所《しょ》などの整備に努めた。弘化四（一八四七）年には、さらに警備を強化するため、相模側に彦根藩、房総側に会津藩が加わり、四藩で江戸湾を警備する体制が整えられた。

こうしたなか、嘉永六（一八五三）年六月三日、那覇《なは》から浦賀に来航したペリーの艦隊は、開国を要求するアメリカ合衆国大統領フィルモアの親書を手渡し、六月十二日に浦賀を去っていった。この世紀の大ニュースは、県域の村々にどのように伝えられたのであろうか。幕領の足立郡新染谷村《しんそめや》（さいたま市）には、浦賀表に渡来した異国船四艘は無事に帰国したので、異国船の噂話などをしていないで安心して農業に励むように命じた廻状が、六月十四日に届いていた。

一方、沿岸警備の先頭に立っていた川越や忍の藩領村々では緊迫した事態を迎えていた。江戸と川越を結ぶ交通の要地新座郡引又町《ひきまた》（志木市）の豪農星野半右衛門の日記には、川越藩の早飛脚がたびたび通過し、六月七～十五日には川越から浦賀にむかって多人数が通行していったことが書き留められている。川越藩領比企郡宮前村《みやまえ》（川島町）の名主鈴木久兵衛は、道中武具方を命じられ村々から徴発した人足を引き連れ七日に川越を出立、九日に相模国走水《はしりみず》（横須賀市）に到着し、久里浜《くりはま》（同）ではアメリカ兵の上陸を見聞し、蒸気船のスケッチも記録に残されている。十二日に異国船が去ると久兵衛らも陣所を引き払い、十六日には無事帰村した。このほか高崎藩領の新座郡野火止《のびどめ》六カ村（新座市）では人足二〇〇人と馬五〇匹、旗本内藤氏の知行地比企郡玉川郷（ときがわ町）では人足と囲石《かこいこく》の準備だけでなく、帯刀を許された名主格の農民には鎧甲の用意が命じられ、葛飾郡平須賀村《ひらすか》（幸手市）を支配していた旗本稲葉氏は異国船がきて万一戦乱となったら妻子を預かるよう村方に命じていた。

　このようにペリー来航を契機に、村方の負担はさまざまな面で増大していったが、なかにはこの「国難」に積極的に対処しようとする動きもみられた。武蔵一宮氷川《ひかわ》神社（さいたま市）では、ペリー来航の報をうけた六月七日から武運長久の祈願を行ない、同年十一月にはさらに神主以下社内の者が仲間議定《ぎじょう》を作成し、異国船が再来航のときには沿岸防御の軍勢に加えてもらえるよう幕府寺社奉行所に出願した。この願書は認められなかったが、将軍から三〇〇石の朱印地《しゅいんち》を拝領していることを根拠に、対外的危機に対して独自の行動をおこしたものといえる。

鈴木久兵衛の記録に載る黒船(鈴木家文書)

さて、来春の再航を予告してペリーが浦賀を去ると、幕府は沿岸警備の強化を進め、八月には品川沖に台場を建設する方針を打ち出した。それにともない、江戸に近い大門宿（さいたま市）周辺の村々には、土嚢《どのう》を築くための明俵《あきだわら》の調達が命じられ、また台場建設のための御用金も多くの村々に賦課された。嘉永六年十一月、いまだ工事は完成していなかったが、幕府は川越藩に第一の台場、会津藩に第二の台場、忍藩に第三の台場の警備を命じた。これにより、川越藩では台場に近い高輪《たかなわ》（東京都港区）に陣屋を新設し、相模沿岸の警備は熊本藩に引き継がれることになっていたが、それが実現される前に二度目のペリー来航となった。

嘉永七（一八五四）年一月十四日、ペリーは七隻の艦隊を擁してふたたび江戸湾外に現れた。引又町の星野半右衛門は、ペリー再来航の情報をすでに十三日に川越商人からえており、翌十四日には高崎藩野火止役所から人馬の調達を命じられ、二十日に出

鉄砲台を打つ鍛冶職人図の大絵馬(川越市幸町金山神社蔵)

立した。また佐倉藩領の横見郡一一カ村では、具足や玉薬《たまぐすり》を運ぶ人足二一三人と宰領五人が、一月十四日に出立し二月二十六日まで一カ月以上の夫役《ぶやく》を勤めた。川越藩領の入間郡赤尾《あかお》村（坂戸市）では、一月十六日に人足一六人と馬二匹が徴発され、二十日に川越出立、相模国大津《おおつ》（横須賀市）の百姓家に分宿して二月十二日まで勤めた。宮前村の鈴木久兵衛は、今度は賄《まかない》方付《かた》として二月一日から二十七日まで高輪陣屋に詰め、異国船や沿岸防備にかかわる数多くの情報を収集し、みずからの手でまとめている。また、異国船の渡来に備え、高島流砲術の鉄砲台をつくった川越城下松郷（川越市）の鍛冶屋万吉は、鍛冶町の金山神社に由来を書きつけた大絵馬《おおえま》を嘉永七年二月に奉納している。

このように、一年近くにわたった異国船騒動は、多くの負担を村々に残したが、一面では人々の目を広い視野に解き放つ契機ともなった。嘉永七年三月三日、ついに日米和親条約が締結され、下田・箱館二港が開かれた。そして、安政五（一八五八）年には日米修好通商条約が結ばれ、本格的な貿易が開始された。賀美郡渡瀬《わたらせ》村（神川町）出身の原善三郎のように、こうした時代の流れに乗り、はじめは荷主として横浜とのあいだを往復していたが、文久三（一八六三）年には江戸本石町《ほんこく》（東京都中央区）に、そして慶応元（一八六五）年には横浜の弁天通に生糸輸出業の店を開き、横浜有数の貿易商になった者もいた。

草莽の志士の活躍●

ペリー来航がもたらした開国、そして尊王攘夷《そんのうじょうい》から倒幕へと進んだ幕末の政治状況のなかで、農村の豪農商や医師・神官などの知識人のなかにはみずからの政治的意思を行動で示そうとする者も現れてきた。幕府のお膝元である関東においても、草莽《そうもう》の志士とよばれたそうした階層の動きは顕著で、おもに下級の脱藩武士の指導のもとに、ときには農民層とも連携をとりながらさまざまな政治活動を展開した。

その代表的な存在として、ここでは大里郡甲山《かぶとやま》村（熊谷市）の豪農根岸友山《ゆうざん》をとりあげる。若くして名主となった友山は、天保十（一八三九）年に百姓が荒川堤の普請工事の不正を追及して川越城下に押し寄せた蓑負《みのおい》騒動に遭遇し、百姓側に立ち江戸十里四方追放の刑に処された。また、放浪の儒者寺門静軒《てらかどせいけん》や国学者安藤野雁《ぬかり》のパトロンとしても知られている。こうした経歴をもつ友山が尊王攘夷派の志士と交流を始めたのは、みずからの回想によると桜田門外の変以前のことという。それを裏付けるように、長州藩では桜田門外の変直後の万延元（一八六〇）年三月晦日に友山と弟仁助を江戸藩邸に招き、外国艦隊との交戦など危急の事態が発生した場合、甲山村の根岸家を江戸藩邸にいる婦女子の避難場所にすることを依頼している。それと同時に、根岸家は産物御用取扱いを命じられ、経済活動の面でも深いつながりをもつことになった。根岸家を長州藩に近づけたのは、長州を脱藩して尊王攘夷運動にたずさわっていた多賀谷勇《たがやいさむ》といわれ、根岸家には文久二（一八六二）年以降と推定される志士の書簡が多数残されている。これらの書簡では必ずといってよいほど根岸家滞在の謝礼をのべ、また友山の出府を促すものも多い。この間の事情を「皆勤王有志ノ人ニシテ、或ハ事ヲ謀ルニ江戸ニ在リテハ幕吏ノ探索厳シキカ故ニ、一時来リ投シテ嫌疑ヲ避クルアリ、或ハ王事ニ奔走シテ貨力已ニ尽キ来リテ衣食旅資ヲ乞フアリ」と友山はのちに履歴書に記している。江戸から一六里ほど離れた武蔵野の片隅に広大な邸宅を構え、

根岸友山

快く志士たちを迎え入れて尊王攘夷論をたたかわす友山の姿を彷彿とさせるものがある。

こうしたなかで、文久三年一月、友山は尊王攘夷の志士清川《きよかわ》八郎が幕臣山岡鉄舟《てっしゅう》などとともに計画していた浪士組に参加することになった。浪士組の任務は上京する将軍家茂《いえもち》の身辺警固であったが、清川は上京したら朝廷に直接尊王攘夷の決意を訴えようと画策していた。清川の誘いをうけた友山は、二月一日ひとまず江戸に着いた。ときに五五歳であった。浪士募集のために遊説していた広島の医者池田徳太郎は、友山の人となりを「草莽中有志之者」「形容ハ弱ク相見へ可申候へ共精神至テ堅固」と同志に伝えている。友山は浪士組の一番組小頭として二月八日に江戸を立った。尊王攘夷の檜舞台京都に着いた一行は、すぐに朝廷の学習院へ攘夷の建白をするなどの行動をおこしたが、横浜に廻船した英国艦隊に備えるという名目で、ほどなく江戸に戻されてしまった。

この文久三年は尊王攘夷運動がピークを迎えた年で、県域でも尊攘激派の挙兵が計画されていた。その一つは、榛沢郡中瀬《なかぜ》村（深谷市）で漢学私塾を開いていた桃井可堂《もものいかどう》を中心に、付近の豪農層や脱藩浪士が尊王のシンボルとして上州新田氏の末裔岩松俊純《いわまつとしずみ》を擁立し赤城山に挙兵しようとしたものであった。しかしこの計画は、挙兵予定の十一月十二日になっても俊純が動かず失敗に終わった。もう一つは、中瀬村の隣村下手計《しもてばか》村（深谷市）の豪農尾高惇忠《おだかあつただ》・長七郎兄弟や血洗島《ちあらいじま》村（同）の渋沢栄一《しぶさわえいいち》などが計画したもので、同じく十一月十二日を期して高崎城を乗っ取り、兵備を整えたうえで横浜の洋館を焼き打ちしようとするものであった。この計画も実行の直前に小高長七郎が京都での尊攘派敗北の報をもたらし中止となったが、惇忠が書いた檄文《げきぶん》の宛先は寄場組合年寄となっており、村役人や農民を視野にいれていたことがわかる。

江戸へ戻った根岸友山も、尊王攘夷の行動を具体化する機会をねらっていた。「自伝草稿」によると、元治元（一八六四）年八月から十月にかけての第一次長州征討の虚をついて、権田直助《ごんだなおすけ》・落合源一郎（直亮）・竹内啓《たけのうちひらく》などと江戸を舞台に挙兵を考えていたようであるが、征長が中断され実現しなかった。

元治から慶応になると、政治的争点は尊王攘夷から倒幕へと移行していった。そうしたなかで、関東の草莽たちが深くかかわった騒動は、慶応三（一八六七）年暮の薩摩藩邸浪士隊事件であった。これは大政奉還直後に倒幕派の志士たちが、江戸の薩摩藩邸に拠り関東地方の攪乱を図ったものである。中心となったのは相楽総三《さがらそうぞう》や落合源一郎などであったが、県域からも権田直助をはじめ竹内啓や友山の門人小川香魚《おがわこうぎょ》・小島直二郎《こじまなおじろう》など二〇人以上が参加していた。友山自身は薩摩藩邸に身を投じなかったが、攪乱戦法の一つとして野州（栃木県）出流山《いずるさん》に挙兵した竹内啓に呼応しようとしていた。このとき、関東取締出役が竹内らの兵をしずめるため農兵取り立てを命じてきた。友山は表面は取締出役の命に従うようにみせながら、自邸の振武所《しんぶ》で育成した五〇人ほどの手勢を連れ熊谷宿まで進んだ。しかしここで、薩長志士と交渉のある危険人物として帰村を命じられ、友山の挙兵計画は頓挫してしまった。

このように武蔵の草莽たちの行動は必ずしも成功しなかったが、揺れ動く幕末社会のなかでみずからの進路を真剣に探究した軌跡といえよう。

武州一揆と維新前夜の社会●

明治維新前夜における農民生活は、開港以降の物価騰貴や、さまざまな政治動向から要請される人足役その他負担の増大により窮乏化の一途をたどっていた。もちろんこれは、農民諸階層を同時に没落させたのではなく、村落内において地主経営を行ない金融・商業活動にたずさわっていた村役人・豪農層は、没落する多数の農民を一方に残しながらますます成長していった。

こうした社会・経済的な状況のなかで、慶応二（一八六六）年六月十三日に入間郡の名栗《なぐり》谷を震源地として、わずか七日間に中山道以西の県域村々を席巻した武州一揆《ぶしゅういっき》が発生した。この一揆の直接的な原因は、天候の不順で蚕や諸作物が不作となり、さらに第二次長州征討にともなう強制的な兵糧米の調達などにより米価が騰貴したことにあった。中山道大宮宿（さいたま市）では同年五月二十日に金一両につき米一斗三升、日光道中粕壁《かすかべ》宿（春日部市）では六月十五日に一斗五升五合から一斗七升五合、越ケ谷《こしがや》宿（越谷市）でも六月七日に一斗一升という異常な高米価となり、米穀を自給できない山間農民や宿場の交通労働者などの生活をおびやかしていた。

六月十三日に名栗谷を発した一揆勢は、翌十四日には麓の飯能村《はんのう》（飯能市）に押し寄せ、多数の穀屋を打ちこわした。飯能村の打ちこわしを契機に一揆勢は四方に分散し、また各地から同時多発的な蜂起が続いた。その結果、武州一五郡・上州二郡をまきこみ、判明するだけでも二〇二カ村、五二〇軒の豪農・村役人が打ちこわされ、参加農民一〇万人といわれる大一揆となった。

一揆勢の組織は、頭取《とうどり》集団ともいうべき指導部を中心に、襲撃対象との折衝にあたる先遣隊および打ちこわし勢とから成り立っていた。短期日のうちに、一揆勢は中山道以西の村々を席巻していくが、その方法にはおよそ三つの形があったという。第一には、周辺村々の貧民層を「人足」という名目で、半ば強制的につぎつぎと一揆勢に組みこんでいくものである。この場合、一揆勢は単なる村外からの侵入者とならず、あらたな村々の貧民層の参加をえて勢力を拡大していけた。第二には、こうして巨大化した一揆勢が数千人を単位とする集団に分割され、おのおのが寄場組合の親村や主要な豪農をめざして打ちこわしを続けていった。第三には、一揆の震源から遠く離れた村々で、同じ社会的・経済的状況におかれた貧民層が

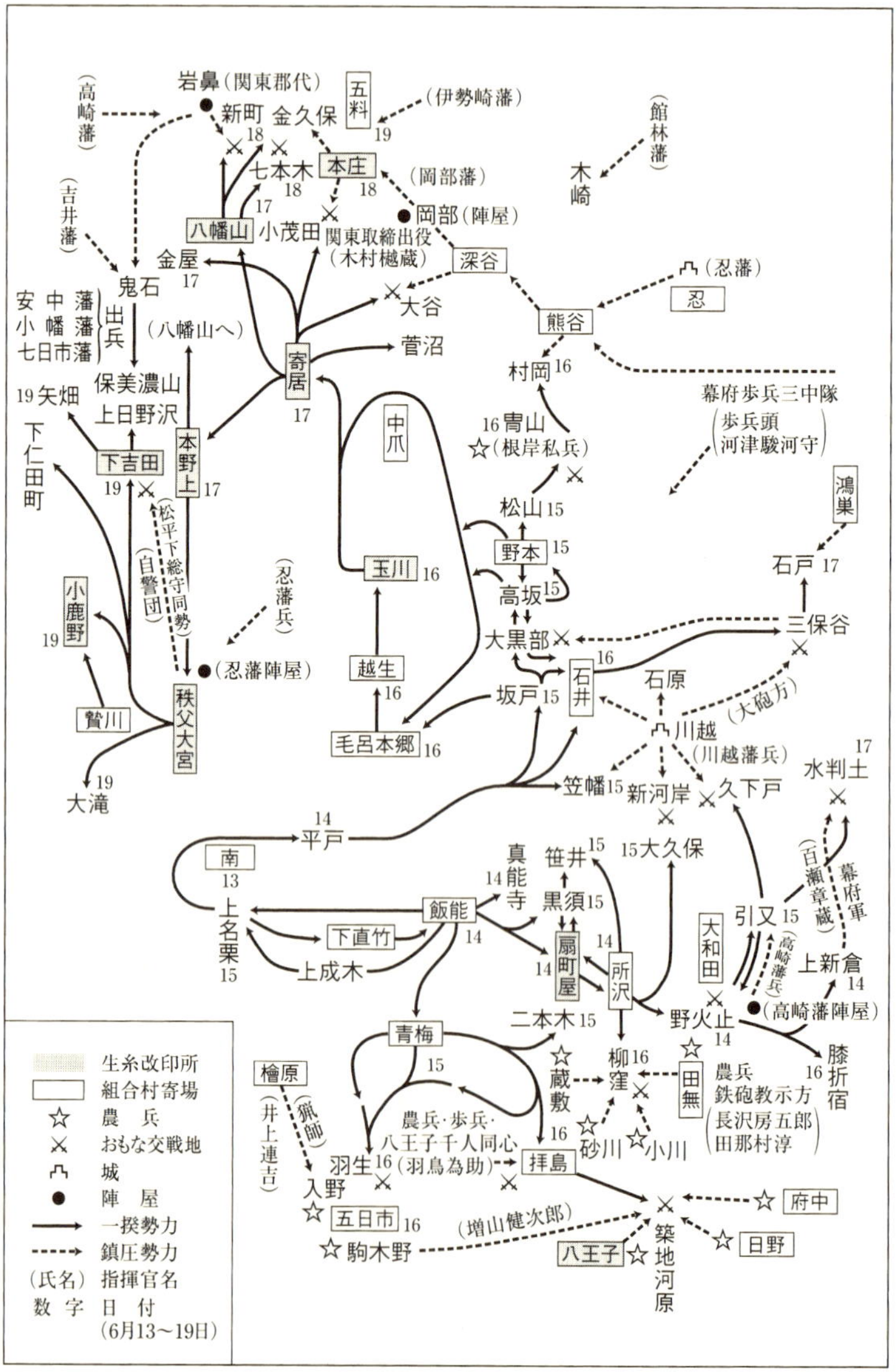

武州一揆の展開図(慶応2年6月13〜19日,『新編埼玉県史図録』より)

一揆勢に呼応して立ち上がる場合である。このような方法でまたたくまに広がった武州一揆は、物価騰貴の元凶として横浜開港場と結びついた豪農商を徹底的に打ちこわしていった。また、穀屋・酒造・高利貸などに対しては、米の安売りや施米《せまい》・施金、質物の無償返還などの要求をつきつけ、その返答によって態度を決定することも多かった。一揆勢の要求を受け入れればその場で請書をとり、一揆勢そのものはつぎの村に移り、要求の実施は村民と豪農との交渉となった。なお、一揆勢の装備は、原則として鉈《なた》・鋸《のこぎり》・斧《おの》・鍬《くわ》など日常生活に使用する道具類を得物《えもの》とし、刀・槍・鉄砲などはもたなかったといわれる。また、一揆中の行動規律もきびしく、金品の奪取、婦女子への暴行などは厳重に禁止されていた。

武州一揆は、開港後の経済変動による富の偏在と、異常な物価騰貴を阻止し、「世直し」「世均《よなら》し」を求める広範な農民闘争であった。一揆そのものは関東取締出役の出動などによりほどなく鎮圧されてしまうが、この打ちこわしに現れた農民のエネルギーに恐怖した豪農商は、各地で組織的な施しを行ない一揆の再発防止を図らざるをえなかった。日光道中の粕壁宿では、武州一揆の前後から窮民の不穏な行動が伝えられ、宿の重立《おもだち》百姓は六・七月の二カ月間に九〇〇両以上の施米・施金をした。しかし事態は改善されず、十一月十四日の夜、女子供を含む窮民多数が宿内の寺院境内に屯集し、「借用」と称して穀商人から半ば強制的に米・味噌などを施行させる事件が発生していた。こうした状況は中山道の大宮宿でも同様で、すでに慶応元年秋頃から「馬役之者」の不穏な行動が記録され、武州一揆の鎮圧直後にも米の安売りを実施し、慶応三年四月には宿方の困窮人や「馬士」たちが氷川神社の神楽殿《かぐらでん》に集まり夫食《ふじき》を要求するなど、不穏な状況が続いていた。

また川越藩では、領内の治安維持を図るため、慶応二年七月二十六日に農兵の取り立てを命じた。それに対し、入間郡大井村（ふじみ野市）周辺の村々では、負担の増大などを理由に江戸藩邸への強訴《ごうそ》をも含む反対運動を組織し、藩の農兵取り立て計画を阻止している。

慶応三年十月、幕府は北関東支配の拠点である上州岩鼻《いわはな》代官所（群馬県高崎市）の補強のため、あらたに羽生《はにゅう》町場（羽生市）で陣屋の建設に着工した。また翌年一月十五日、岩鼻代官所では倒幕軍に対抗するため、高一〇〇石につき一人の割合で銃隊を取り立てることを命じた。しかし、鳥羽《とば》・伏見《ふしみ》の戦いでの幕府軍の敗北もあり、各地の農民は逆に組合村役人の不正を追及するなど強い反発を示し、この命令は撤回された。その際、寄居《よりい》村組合では鎮圧にあたった代官所役人が農民の捕虜になる事件なども発生していた。

こうしたなか、維新政府の東山道《とうさんどう》先鋒総督府は三月九日に熊谷に到着した。忍藩の帰順をめぐって交渉が続けられていた十日夜、数百名の農民が二月二十五日に完成したばかりの羽生陣屋を焼き払い、翌日からは加須《かぞ》・鴻巣《こうのす》・久喜《くき》方面へ一揆勢がくりだし、九〇余村・一三〇軒余が打ちこわされた。また、榛沢郡黒田村（深谷市）では、三月二十七日、御用金の徴収を図ろうと知行地に滞在していた旗本神谷氏が、激昂した農民に竹槍で刺殺される事件もおきていた。こうして幕府の権威は失墜し、新しい時代の扉が開かれていったのである。

8章

近代埼玉の黎明と展開

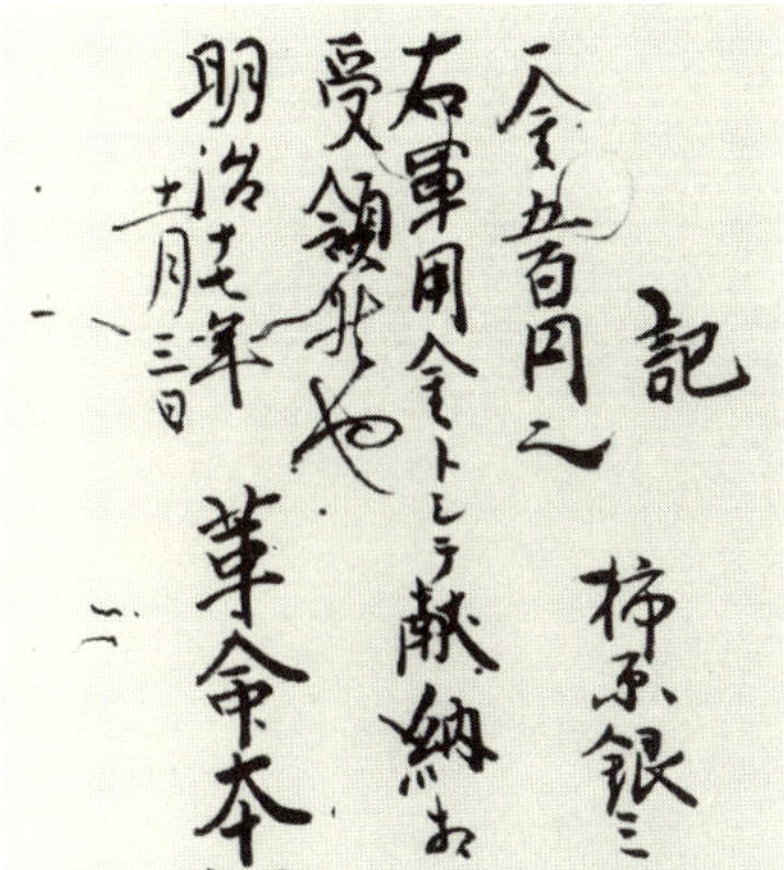
記
一金五百円也　柿原銀三郎
右軍用金トシテ献納相成候ニ付
受領候也
明治十七年
十一月三日　革命本部 印

「革命本部」が発行した軍用金受領書

1 近代埼玉の成立

埼玉の維新と府藩県体制●

鳥羽《とば》・伏見《ふしみ》戦争に勝利した維新政府は、慶応四（一八六八）年二月、東海・東山・北陸三道の東征軍を編成して進軍を開始し、東山・北陸両道軍が中山道を通り、東山道軍は三月十三日板橋に到達した。この間、東山道軍は信州において赤報《せきほう》隊の相楽《さがら》隊を「偽官軍」として処分した。相楽隊は、相楽総三《そうぞう》を総裁とし、権田直助《ごんだなおすけ》（現、毛呂山町出身）、竹内啓《たけのうちひらく》（現、坂戸市出身）ら武州草莽《そうもう》が多数参加した旧薩摩藩邸浪士隊の再結集ともいうべき草莽隊であり、埼玉県地域からも丸橋清らが参加していた。相楽隊の潰滅の後、同四年五月、高麗《こま》郡飯能《はんのう》の地で天野八郎らの彰義《しょうぎ》隊から脱退して結成された振武《しんぶ》軍と新政府軍のあいだで戦闘が展開された。能仁《のうにん》寺に本営をおいた振武軍は、九州の大村・筑前藩兵や、地元の川越・忍《おし》・岩槻《いわつき》藩兵からなる新政府軍に敗北した。振武軍を率いた渋沢成一郎《せいいちろう》・尾高惇忠《おだかあつただ》らは、文久年間（一八六一〜六四）に尊攘運動を行なった草莽の系譜を引き、振武軍の結成にあたっては、天野らの「徳川家の社稷《しゃしょく》を重んじ薩賊を戮滅」するとの主張に対し、「我君（徳川慶喜《よしのぶ》）に死を賜った場合は、君公を迎え日光山に籠もり再挙の一戦をいどむべき」とする慶喜護持の主張をもって脱隊した。

振武軍の敗北直後、新政府軍の参謀関屋健曹《せきやけんそう》らが大里郡甲山《かぶとやま》村（熊谷市）の根岸友山《ゆうざん》を召捕らえた。根岸友山の召捕らえは、関東取締出役として新政府軍に抵抗した渋谷鷲郎をかくまい、武器を預ったという嫌疑であったが、同時に陽に勤王を唱え、陰に佐幕を計ったとみなされた。友山の勤王とは、幕末期に長州藩尊攘派と交流して、同藩の「御国塩其外産物之御用取扱」役を勤め、文久三年に浪士組の一員として上洛し、戊辰《ぼしん》戦争のさなか「吐血論」を著して薩長擁護論をのべた草莽としての軌跡を指している。新政府の一連の武州草莽およびその系譜を引く人に対する処置は、新政府がめざす国民国家の性格と草莽のそれが「尊王」のとらえ方において相異なるものであることを示していた。

江戸をめざす東征軍が進む中山道沿いの鴻巣《こうのす》宿・桶川《おけがわ》宿周辺で、慶応四年二月末に打ちこわしや放火がおこり、東山道総督府と忍藩兵によって鎮圧された。ほぼ時を同じくして二月下旬荒川をはさんで、榛《はん》沢《ざわ》・男衾《おぶすま》・比企《ひき》三郡にまたがる寄居《よりい》寄場組合の三七カ村の農民三〇〇〇〜五〇〇〇人が組合村の大小惣代《そうだい》、寄場《よせば》役人の不正を追及して蜂起した。さらに三月十日、江戸城総攻撃を五日後にひかえて、東山道鎮撫総督岩倉具定《ともさだ》の先鋒である薩・長軍が忍藩周辺の旧幕兵を追討していた最中、幕領であった羽生《はにゅう》陣屋が放火され焼き払われたのに続いて、同日から翌日にかけて羽生宿・久喜《くき》・加須《かぞ》など延九〇余カ村で打ちこわしが展開された。打ちこわされた寄場と寄場役人・村役人・豪農商は約一三〇軒余におよんだ。この打ちこわしは忍藩と薩摩藩兵によって鎮圧された。

新政府軍は、一方で世直しの動きを鎮圧しながら本県域での秩序を確立していったのである。

新政府は江戸城開城後、七月に江戸を東京と改称し、八月に東京奠都《てんと》を公布した。行幸の一行は十月十三日に東京に到着し、十七日に大宮の氷川《ひかわ》神社を「武蔵鎮守勅祭社」とし、行幸するという詔書をだした。行幸は蕨《わらび》宿本陣小休、浦和宿本陣宿泊、大宮宿本陣小休をともなって同月二十八・二十九日に行なわれた。それは「紀典を興し、綱紀を張り、以て祭政一致の道を復」そうというものであり、旧幕府の基盤である東国の民心をおさめ、新政府の存在と、勤王・「祭政一致」の政権として正当性を示すものであった。

江戸城の開城によって新政府の権力基盤が確立してきた慶応四年閏四月、新政府は政体書《せいたいしょ》を発布し、府藩県三治制をしくことを定めた。この体制のもとで、本県域には、川越・忍・岩槻三藩のほかに、藩領として比企郡松山陣屋を本県域の拠点とする前橋藩が五万石の領地をもつなど、本県域を城付きとしない一四の藩の管地があった。一方、旧幕領・旗本知行地は旧代官支配地をもとにした直轄県に編成された。

新政府成立後の直轄県は、関東地方の民政を担当した鎮将府によって任じられた武蔵知県事（忍藩士山田一太夫ら三人）、下総知県事（肥後藩士佐々布貞之丞）の管轄した地域は、その後大宮県・品川県・小菅《こすげ》県・葛飾《かつしか》県にわかれ、同じ時期におかれた岩鼻《いわはな》県・韮山《にらやま》県とあわせ、明治二（一八六九）年段階には六つの主要な直轄県がおかれた。なお、大宮県は明治二年九月浦和県と改称された。

直轄県の地域行政は、浦和県の場合明治三年に従来の改革組合村を改編して御用組合とし、組合の中心地に御用会所を設けて、政府の施策を実施しようとした。葛飾県でも県域の組合村を再編し、中心地を集議村としている。いずれも衆意を吸収して新統治下の行政にあたる姿勢が示されていた。

明治二年六月、政府は版籍奉還を命じた。岩槻藩は、これより先三月に版籍奉還を願い出ており、川越・忍両藩は命令にしたがって土地と人民を奉還した。藩主は藩知事となり、各藩は政府のもとでの行政組織としての性格を強くもつことになった。

埼玉県の成立と進む開化●

明治四（一八七一）年七月、政府は廃藩置県を断行した。廃藩置県と府県制の整備にともない、同年十一月、本県域には埼玉県と入間《いるま》県がおかれた。

埼玉県は、埼玉郡・足立郡・葛飾郡の四八万石余を管轄地とした。埼玉県の県庁は当初県の中心地である埼玉郡岩槻におかれる予定であったが、県の「差問《さしつかえ》之趣有之、当分之間元浦和県之県庁ヲ相用度」との具申により、埼玉県政は引き続き旧浦和県庁を用いて行なわれることになった。

入間県は入間郡以下一三郡、四〇万石余を管轄し、川越に県庁をおいたが、明治六年六月に入間県・群馬県が廃止されて熊谷《くまがや》県が新設され、熊谷に県庁がおかれた。その後、明治八年八月、千葉県から葛飾郡の四三カ村が埼玉県に編入されて区制のもとで第二五区となり、さらに翌九年八月、熊谷県の廃止、旧入間県域と埼玉県との合併によって現在の埼玉県が誕生した。新埼玉県は一六郡、人口約八八万六〇〇人であった。

政府は、全国統治と地方行政区域の統一のため戸籍区を制定し、全国を大区小区にわける戸籍区をおいた。廃藩置県後、戸籍区は行政区に改編され、埼玉県は明治五年三月、全県を二四（のち二五）区にわける区制をしき、入間県は一一大区九四小区の大小区制を採用した。そして、埼玉県には区戸長《くこちょう》を中心とする協議場（区戸長会）、入間県にも協議場、熊谷県には大小区会がおかれ、県内の民権運動の動きや、在地の民費取りたてへの不満を背景にしだいに公選議員による民会設立の気運が高まっていった。そのなかで、新埼玉県では明治十年五月、公選議員で構成する町村会を設置した。

廃藩置県後、西郷隆盛らの留守政府と大久保政権のもとでつぎつぎと近代化の新政策が着手され、当県でもそれに沿い政策の具体化が進んでいった。

明治五年七月、政府は壬申《じんしん》地券を発行し、近代的土地所有の公認を行なった。本県域では壬申地券の確定、発行は必ずしも順調に行なわれなかったが、同六年七月の地租改正法の公布で私的土地所有と税制の確立をはかる事業が着手された。

埼玉県の地租改正事業は明治八年に開始され、「地租改正告諭」「地租改正ニ付人民心得書」「地租改正実地改め方の心得書」を管内に公布して着手された。改正事業は、全国的には遅れて土地測量である地押《じおし》丈量から開始された。丈量の結果は、旧熊谷県域を含めた埼玉県全体で旧反別に対し田が四二・五％増、畑・宅地が二・五％増、全体として一五・七％増となった。引き続き行なわれた地価算定のための作業として、まず土地の地位等級編成を二〇～三〇カ村を単位とする模範村組合方式で実施し、ついで反当り収穫量の査定にはいったが、その過程で、政府は政治的配慮を含む本県の米麦反当り収穫量見込高を示した。県はこれに抵抗し、やや見込高を引き下げて決着した。その後、各村への収穫高の賦課は県に一任することによって進められ、各村の収穫高、地価の取りまとめをへて、田・畑・宅地については明治十一年度に完了した。

この地租改正によって、埼玉県の地租は旧貢租《こうそ》に比べ、田地は減租となったが、畑地その他が大幅な増租になり、合計二・二％の増租となった。このため全国的にも東京府に次ぐ二

地租改正の地押丈量

番目の増租県となった。

土地所有の近代化と併行して、教育制度の近代化も進められた。明治五年八月「学制」が制定頒布され、これをうけて埼玉県・熊谷県はそれぞれ小学規則・小学校掟書を公布し学校制度の確立に着手した。明治九年段階で両県で六四七校の小学校が設立されている。ただ、授業料・教科書代その他学校経費などは父兄負担であったため、児童の就学は当初順調に進まず、明治六年に賉育《ちいく》金制度を設けたが、明治八年段階で埼玉県の就学率は約三七%、熊谷県が約四〇%であった。このため、県では貧しい家庭の児童に対し授業料を免除する一方、同八年に「不就学督促法」を公布して就学率の向上をうながした。その結果、同十二年に教育令にもとづく教育制度となった段階の就学率は男子六四%、女子二一%、さらに小学校令がだされた同十九年には、男子約六八%、女子約三二%に達している。

近代化政策は欧化主義として多様に進められ、食生活では明治十一・十二年頃に浦和・大宮で肉屋・牛鍋屋が営業したし、同三十三年に川口町の永瀬鉄工所に自家発電の電灯がともり、同三十七年には浦和の埼玉電灯株式会社が、翌年には川越電灯が送電をはじめた。また、士族反乱など治安上の必要性から全国的に開設された電信も、本県では、明治十年に浦和・熊谷に、同十三年に本庄に通信分局が開局された。電話は同三十一年に私設電話が、現杉戸町内の北葛飾郡役所と同桜井村のあいだで開通した。

推進される開化政策は、明治五年に公布された太陽暦が、県内でもとくに農村で農事・年中行事などを生活習慣によって旧暦で行なうことが続いたように、当初はとまどいをもってうけとられる場合もあった。西洋医学の導入もそうであった。埼玉県では、同七年の医制の公布にもとづいて翌年医院開設を布達し、同九年埼玉県医学校が開設されたが、同十二年、医学生の養成は東京大学医学部に依頼することを理由に、県会で閉校を決議した。この年三月、コレラが全国的に流行し、埼玉県でも八月に患者が発生した。その際、浦和近郊の中尾村や川口近郊の東本郷村など三十数カ村の農民が、鳶口《とびくち》・竹槍《たけやり》・手槍などを携帯し、県の避病院設置と消毒薬散布などの施策に反対し蜂起した。農民たちは、全国的に流布していた「生肝献上」説が、グラント将軍と県令白根《しらね》多助《たすけ》とのあいだで内約されたなどの流言を信じ、散布薬を毒薬と誤解して恐怖し、患者の自宅療治、避病院の廃止などを要求した。そして中尾村周辺の場合は避病院の設置が撤回され、東本郷村周辺の場合は避病院の廃止を除いて県が要求を認め、鎮静した。

文明開化、近代化の着手された当初の農民は、伝統的精神世界に馴染んでおり、その意識が近代化政策との衝突をおこしたのである。

自由民権運動の展開●

明治七（一八七四）年の「民撰議院設立建白書」の提出をきっかけに全国的に自由民権運動が展開していったが、当県域においても翌八年熊谷県下の熊谷で、豪農・戸長層の石川弥一郎《やいちろう》・長谷川敬助《けいすけ》らによって学習結社七名《しちめい》社が結成された。

以後、明治十五年まで、第二期七名社を含め二九の結社が確認されている。このうち、明治十一年（堀《ほり》越寛介《こしかんすけ》履歴書では九年）に設立された羽生《はにゅう》町の通見《つうけん》社は掘越寛介・中島義三郎らが組織したもので、同十三年三月の国会開設期成同盟の結成を契機とした全国的な国会開設運動の高まりのなかで、二度にわたって同社の保泉《ほいずみ》良輔《りょうすけ》らが国会開設請願書を提出した。二度目の十二月は、同社の保泉と中島が「埼玉県下国会開設願望者総代」として新潟県の山際七司《しちじ》、宮城県の若生精一郎ら一三県二六名とともに太政官に請願活動を行なった。また、明治十三年二月「謀我埼玉県之有志諸君書」で、一致連合して国会開設を請願すべきことを訴えた福田久松《ひさまつ》らは、同年十一月、四郡同胞有志会を組織し、国会期成同盟会と連携して国会開設運動を行なった。北葛飾郡でも如水社《じょすいしゃ》を中心に国会開設を求める行動の準備をしたとされている。続々と結成された民権結社のなかで、いわゆる都市民権派である東京の沼間守一《ぬまもりかず》を社長とする東京嚶鳴《おうめい》社の支社が、埼玉県内の大宮・杉戸・草加・鳩ケ谷におかれ、各地の民権結社と交流しながら活発な演説会を行なったのも特徴の一つであった。

明治十三・十四年当時、埼玉の民権家は各地の演説会や新聞への投稿などで国会開設を主張し、条約改正、文明論など多様な主張を行なった。埼玉の民権家が多く投書を寄せたのは『東京曙《あけぼの》新聞』や本県の矢部忠右衛門《やべちゅうえもん》・大岡育造《いくぞう》が社長・主幹を務めた嚶鳴社の『東京輿論新誌』などであったが、双方に多くの論説を投じた杉山藤次郎は、「今日ノ国会論ハ社会ノ輿論ナリ」(『埼玉自由民権運動史料』)と国会開設を論じ、専制政治・立憲政治・共和政治のうち共和政治の優れていることを主張しつつ、同時に、日本の国体・風俗・人情は欧米と異なり立憲君主制が適当であると主張した。その思想的根底には「人智ノ進マサル幼稚人民ニ参政権ヲ与フルハ恰《あたか》モ三尺童子ニ成人衣ヲ着セシムル者ノ裾ヲ躓顛《ちてん》スルガ如ク議事院ハ愚人ノ集会所ト成」(同前)るという認識があった。こうした社会ダーヴィニズム論的な知識人民権家の特徴は、埼玉県人が国会開設を請願しなければ、埼玉県民は「芋蠋《いもむし》人民ナリ一山百文ナリ」と論じた福田久松が現状社会を「争智世界・併呑社会」(文明国が後進国を支配していく社会)ととらえ、それを実現するためには学士論者(知識人)の立策を必要とすると主張したこととも通じていた。このような特質は、秩父地方以外のほとんどの民権家が秩父事件とかかわることのなかった一因をなしていた。

民権運動の高まりのなかで、明治十三年十一月に第二回期成同盟大会が東京で開かれ、名称を大日本国会期成有志公会と改称するとともに、地方基盤の強化と次回大会への憲法見込案の持参を申し合わせた。現在埼玉県では、民権家の憲法草案は見出されていないが、それに匹敵するものに加藤政之助《まさのすけ》が明治十三年三月に執筆した『日本政略』がある。そこには、責任内閣制と上下二院制の国会、制限選挙による参政権、武器携帯の権利を含む教育・信仰・集会など一四項の人権が規定されていた（鈴木義治「加藤政之助の人と思想」『秩父事件研究顕彰』一〇九・一一〇）。

明治十四年十月の自由党の結成、同十五年三月の改進党の結成によって埼玉県の民権運動はあらたな高揚を迎えた。

明治十五年三月には、熊谷久山寺で自由党埼玉部が通見社・行成社・明巳会・匡進社などの民権家を中心として結成され、部理（理事）に通見社の掘越寛介、幹事に松本庄八、古市直之進を選出した。自由党埼玉部は、本部を掘越寛介の地元の羽生におき、羽生地方部のほか、野口褧《けい》の自由偕進社を母体とする杉戸地方部や、行成社を母体とする行田《ぎょうだ》地方部などがおかれたようであるが、本部の求心力は弱かった。埼玉県の自由党員は、北埼玉郡、とくに加須《かぞ》・羽生周辺、北葛飾郡幸手《さって》近在、北足立郡などに多く分布していた。

一方の改進党系の政党活動は、嚶鳴社系の勢力が強い大宮・浦和・草加など県南部や北葛飾・中葛飾郡、三田派の東洋議政会系民権結社が勢力をもっていた入間郡や県西部地域が中心となって展開し、党員もまた北足立、南埼玉、北・中葛飾、比企郡などに多く分布していた。県内の改進党組織の拡大に当初より中心的役割をはたしたのは、本県のもっとも早い入党者の一人である加藤政之助であったが、以後、県政界の勢力は圧倒的に改進党系議員によって占められ、改進党の黄金時代を現出していった。

以後、明治十七年の自由党解党、立憲改進党の幹部離党、秩父事件の影響などで埼玉の民権運動は衰退した。その後、明治二十年におこった三大事件建白運動と、その後の大同団結運動は本県の政治運動に大きな影響を与えた。明治二十一年以後の本県の大同団結運動の中心は旧自由党勢力であったが、翌二十二年四月自由党再興の思いも秘めて、矢部忠右衛門・斎藤珪次《けいじ》らが埼玉倶楽部《クラブ》を結成した。埼玉倶楽部は、中央の大同団結運動の左派である大同協和会系の政社として、民権運動の系譜を継承していた。埼玉倶楽部は、条約改正建白運動のなかで大隈《おおくま》案が示されると、改進党勢力の条約改正断行論に対抗して条約改正中止の建白を展開していった。そのなかで帝国議会が開会を迎えるのである。

秩父困民党の蜂起●

秩父困民党の蜂起は一〇日間の民衆蜂起であった。困民党組織化の中心となった落合寅市《とらいち》・高岸善吉《たかぎしぜんきち》・坂本宗作《そうさく》らは、蜂起より先、「高利ノ征伐」を行なうため「圧制官吏ヲ断ツ」ことを盟約し、有司専制《ゆうしせんせい》批判を行なっていた。そして、困民党の中核は明治十七（一八八四）年の自由党入党者であり、負債延納運動を指導した。一方、困民党蜂起の際に総理となる田代栄助《たしろえいすけ》は組織への参加にあたって、貧民を救うため一命を棄て万民を救う精神で加盟したと理由をのべている。また、信州から参加した菊池貫平《きくちかんぺい》・井出為吉《いでためきち》は当初、政府の転覆、国会の早期開設を意識していた。秩父の困民党は、これらの潮流を含みながら組織され、蜂起し展開していった。

明治十七年十月中旬、秩父郡下吉田村（秩父市）において、同村の井上伝蔵《でんぞう》のほか田代栄助・加藤織《おり》平《へい》・小柏常二郎・新井周三郎《あらいしゅうさぶろう》・高岸善吉・坂本宗作・落合寅市・門平惣平・井上善作が寄り合い蜂起を決定した。そして、同月下旬の会合で、田代栄助の関東一斉蜂起への期待を理由とする延期論が拒否されるなかで、十一月一日の蜂起が決定された。

秩父困民党の蜂起は、期日を待たず前日に風布《ふうぷ》組および新井周三郎らの金貸会社永保社襲撃で開始された。十一月一日、秩父困民党は下吉田村の椋《むく》神社に結集し、総理田代栄助は、副総理加藤織平以下の組織の役割表を発表したが、組織は、甲・乙大隊長、参謀長、会計長、伝令使、軍用金集方、弾薬方などから構成される「兵ヲ挙クル」、つまり政府・国家との「いくさ」を意識した組織であった。

秩父困民党の運動目標は、困民党の負債延納請願運動の最中の九月七日に田代と坂本・井上・高岸ら八人によって定められた。①高利貸への返済一〇カ年据えおき、四〇カ年賦要求、②県庁への学校費軽減のための三カ年休校要求、③内務省への雑収税減少要求、④村吏への村費減少要求、であった。

秩父困民党は、十一月一日甲隊・乙隊にわかれ、途中下吉田村の高利貸を襲い、上吉田村戸長役場の公証割印帳を焼き棄て、別働隊も高利貸を打ちこわし、人足の駆り出しを行ないつつ小鹿野《おがの》で合流した。ついで、小鹿野町においても高利貸を襲撃して二日に大宮郷（秩父市）にむけ出発し、小鹿坂峠《おがさか》の二三番札所音楽寺《おんがくじ》の梵鐘《ぼんしょう》乱打を合図に「潮ノ涌クガ如ク」大宮郷に乱入した。副総理加藤織平の指揮によって警察署・郡役所・裁判所に侵入して書類を焼き棄て、その後秩父神社に集結した。田代栄助はここを本部とする意向だったとも思われるが、菊池貫平の主張で郡役所を本部とした。そして、長野県から参加した軍用金集方井出為吉が記したと思われる軍用金受領書には、「革命本部」と書かれた（扉写真参照）。

大宮郷においても高利貸攻撃が行なわれたが、放火された者三人、財産を破棄された者一〇人と記録にあるが、うち一軒の場合、家屋・土蔵・建具からほとんどすべての家財が打ちこわされ、金札・貸付証書・質品・槍などが奪い取られた。この高利貸は田代栄助が「非道ノ高利ヲ貪」ったとしたものであったが、一方で同人は、他の高利貸に「我々ハ強テ家屋破壊ヲ好マンヤ」といい、困民党の倫理綱領のとおり私の放火を禁じている。

困民党は、大宮郷に突入するまで、戸長役場などを通した駆り出しを含め、農民への強制参加をくり返した。農民は困民党を借金を片付ける「自由党」として捉えて参加し、一方で「脅迫」を理由に参加した。いずれにしても、農民の参加には村内結合が色濃く反映していた。大宮郷には駆り出し農民を含め一万人ほどが結集したといわれる。

困民党の蜂起に対し、官側は一日に県警本部が憲兵隊の出動を要請し、山県有朋《やまがたありとも》は憲兵隊の出動を決定した。そして四日には秩父周辺に鎮台《ちんだい》兵一大隊、憲兵三小隊のほか警官が配置された。こうした動きに対し、困民党は集団を甲・乙・丙隊にわけて大宮郷の守備体制をとったが、誤報により甲・乙隊は三日朝大宮郷をはなれ皆野《みなの》に移り、乙隊は憲兵隊と銃撃戦を展開した。その後、丙隊の田代も皆野に移った。四日、軍隊と警官隊に包囲された困民党軍は、田代栄助が「運命ヲ俟《ま》タン」、「嗚呼《ああ》残念」の言葉とともに姿を消し、角屋《かどや》の本陣

『団団珍聞』の風刺画「筵の旅籠屋」(明治17年11月15日)

は解体した。ここに、秩父における「戦争」は終息した。なお、田代栄助が姿を消した際、山中にうめた書類のなかに「軍備計画」「地方警備」なる文書があった。筆者は不明であるが、蜂起と展開の過程で到達した、困民党幹部の政治性の高まりをそれは示していた。

本陣解体後、菊池貫平・坂本宗作らは、上吉田村で結集し、貫平を総理として信州転戦を開始した。菊池貫平らは上州山中谷で上州の農民を加え、十石峠《じっこく》をこえて信州にはいったが、東馬流《ひがしまながし》、野辺山《のべやま》高原で高崎歩兵隊・警官との銃撃戦で敗北し、困民党軍の蜂起は幕を閉じたのである。

2 日清・日露の戦争と地域社会

県庁移転問題と県政●

埼玉県会において改進党が絶対多数を占めていた明治二十（一八八七）年三月、吉田清英《きよひで》知事は熊谷《くまがや》町の稲村貫一郎《いなむらかんいちろう》らが作成した願書をうけて、県庁を浦和から熊谷に移転する上申書をひそかに内務省に提出した。その背景には、明治九年の旧熊谷県廃止後も正式決定のないまま、浦和に県庁（熊谷には支庁）がおかれていたことに対する、県北の村々や県北移転派議員の不満と工作があった。

当時、『郵便報知新聞』の記者であり県会議長であった加藤政之助《まさのすけ》がこれを知り、以後、県南派改進党を結集して、移転を浦和宿滅亡の危機ととらえた浦和宿とともに移転反対運動を展開した。県会議員の過半数を占める移転反対派は、知事の上申書、県北派の意見書に対し、一つは「中央熊谷」論に対し、熊谷は県の北隅であること、二つは移転費用の膨大さ、三つに移転による多大の経費は「前年の不祥事秩父《ちちぶ》事件の如きものを再び繰り返す」(青木平八『埼玉県政と政党史』)ことになるなどと主張して反対した。結局、内務省の指令により県庁の浦和据え置きが決定し、その後明治二十三年九月、知事の上申にもとづく勅令《ちょくれい》によって県府の位置を浦和とすることが公布されたのである。

この県庁移転問題は、地域的争いであるとともに、当時の県南派改進党に対する県北の自由党・中立派の対抗という性格をもち、さらに県会多数派として抵抗していた改進党に対する知事の切り崩しの思惑があったとされる。

県庁移転問題にみられた県政の地域間対立と政党の対立は、明治二十四年の硫酸《りゅうさん》事件でも表面化した。同年暮、改進党の県会議員高橋荘右衛門《そうえもん》、根岸武香《ねぎしたけか》ら八人が上野駅から列車での帰途、日暮里《にっぽり》駅付近で暴漢から硫酸を浴びせかけられ、四人の議員が負傷する事件がおきた。当時、県会では熊谷から秩父への新道修築をめぐって、修築派と本庄・秩父道路周辺の利益擁護を主張する非修築派が対立し、前者は熊谷および県南の中立派・改進党、後者は県北の自由党系議員が中心となって対抗していた。この事件は、非修築派に関係する非

埼玉県庁　建物は明治24年の建造。

議員「壮士《そうし》」の煽動によるものといわれている。

明治二十三年の県会議員選挙以降、改進党は退潮のきざしを見せていたが、同二十七年の選挙でついに自由党が逆転して改進党をおさえ、同二十九年の選挙では自由党が過半数を大幅に上回る圧勝をおさめた。この間、自由党勢力は、明治二十六年に自由党埼玉支部を創設し、自由党系政社の結集をはかるとともに、そのもとで北足立倶楽部《クラブ》・唯一倶楽部（入間郡）などの政社が組織され、選挙活動を展開した。

自由党が県会で第一党となった当時、明治三十年暮の県会でふたたび県庁移転問題がおこった。県北出身議員八人はこの県会で、県庁を「中央ノ位置、即チ人民ノ便利ナル場所」におくべきだとする緊急動議を提出した。その際は、粕壁《かすかべ》中学校建設議案をめぐって非自由派勢力の進歩党と同志会の議員が対立したことがあり、県南派の欠席戦術のなかで県庁移転が可決された。移転派・非移転派双方の陳情運動のなかで、知事は県南非移転派を支持し、内務省もまた、埼玉県の県庁移転は他県の同様の問題の処置に困難をきたすとの通達をだし、県庁移転は実現されずに終結した。

なお、県庁移転をめぐる県内の動向は伏流し続け、第二次大戦後の昭和二十三（一九四八）年十月に県庁舎が焼失した際、三度目の政治問題になった。その際は、浦和（現、さいたま市浦和区等）・大宮（現、さいたま市大宮区等）・熊谷の三市が県庁存置・県庁誘致の運動を展開し、当時の西村実造《じつぞう》知事がからんだ日本シルク事件をめぐる紛糾をはさんで、最終的には浦和・大宮両市の争いとなり、県が浦和存置を支持するなかで、浦和存置が県議会で可決され今日に至っている。

日清・日露戦争と地域住民●

明治二十七（一八九四）年五月の朝鮮半島における東学《とうがく》党の農民蜂起をきっかけとする清《シン》国の朝鮮政府へ

の接近と出兵に対し、日本政府は「朝鮮の独立」と「東洋の平和」を名目に宣戦布告した。

戦争開始後、本県の在郷《ざいごう》軍人は三五回にわたる召集令によって、陸軍三九六八人、海軍四人、計三九七二人が召集された。彼らは戦地において、日本軍が旅順《りょじゅん》攻略にあたった際の主力となった第二軍の第一師団および台湾に出兵した近衛《このえ》師団に属した。

戦争が進むなかで、戦事用の馬匹の徴集、軍事公債の募集、軍資金の献納が推進される一方、県内でも連戦連勝の報道が伝えられ、各地で祝捷《しゅくしょう》会や出身兵士慰労会・凱旋《がいせん》式・戦没者慰霊祭などが行なわれた。そこでは「軍人諸士忠勇義烈」が賞讃され士気が鼓舞《こぶ》されたが、同時に幸手《さって》地方の場合の「自尊自豪ノ清廷豚奴首ヲ縮メ尾ヲ巻キ」とか、川越地方の場合の「豚兵」のような例に示される、中国人に対する蔑視観、大国意識が醸成されていった。

戦勝が続くとはいえ、出征兵士の留守家族の家計が困難となる状況にあった。北足立郡の場合、開戦直後の明治二十七年八月から十一月のあいだに扶助が必要な応召《おうしょう》軍人戸数は、応召

日清戦争記念の奉納額（八幡神社）

軍人戸数四七七戸中六九戸を占めていた。こうした出征兵士と留守家庭に対する救護活動を県内各地で中心的にになったのが、明治十九年頃から二十年にかけて各郡ごとに設立された徴兵慰労義会のほか、あらたに設立されていった兵事義会・恤兵《じゅっぺい》会などの組織であり、町村ごとに義捐金《ぎえんきん》の割り当て・徴収を行なっていった。

明治二十八年三月、日清戦争は日清講和条約の締結で終結した。しかし、台湾の領有のため同年五月に日本軍は台湾に出兵し、埼玉県からも多くの兵士が派遣された。そして、島民の抵抗の末に十月に平定したのである。こうして、本県出身兵士のうち二五九人の戦死者・戦病死者をだした日清戦争が終わった。

日清戦争終結の一〇年後、明治三十七年二月に、満州・韓国権益をめぐって対立していた日本とロシアが宣戦を布告し、日露戦争がはじまった。日清戦争が旧式装備（単発小銃）の常備軍による戦争であったのに対し、日露戦争は機関銃などの武器を使用した、政府が「国民戦争」と位置づけた総力戦であった。埼玉県下から動員された予備・後備役、補充兵の数は、動員二七二回で日清戦争の五～六倍にあたる二万二二五四人にのぼった。県内の召集兵は、近衛師団・第一師団と一部が第七師団その他に配属されたが、戦争をつうじての戦死者・病死者は二〇〇〇人をこえた。この戦争に従軍し死亡した軍人・軍属の遺族には、特別賜金が贈られたが、現在のさいたま市浦和区域に含まれる当時の町村はすべて戦死者をだし、うち二村は六人の戦死者を数えた。

戦争遂行にあたって、政府は戦費の財源の多くを内外債に依存したが、五回にわたって発行された国債の募集に県内からの応募額は二二八三万円余におよんだ。また、軍資金の献納、馬匹・車輌の徴発も行なわれたが、馬匹の徴発は日清戦争時に比して約五倍にのぼっている。

多くの出征兵士の留守家族に対する救護も、各町村に設置されていった徴兵慰労義会や、従軍者家族救護組合などを通して行なわれるとともに、地域の近隣住民の扶助を積極的にうながした。

日露戦争では、祝捷会・凱旋軍人歓迎会がいっそう盛大となり、また戦没者の「戦役の碑」も各町村の神社に建てられて、戦争への国民精神の高揚と集中がはかられた。同時に、各町村に風俗矯風《きょうふう》会が設けられ、生活レベルの統制が行なわれ、各地で戦時教育・農事改良などを内容とする戦時講話や通俗講談会・幻灯会が開かれ、国民の戦争への動員・協力体制が深部にまでおよんだ。

日露戦争は、明治三十八年に終結したが、日比谷《ひびや》焼打ち事件にみられるような講和反対運動がおこるなか、県内でも憲政本党埼玉支部・埼玉同志倶楽部などが講和反対の行動を行なっている。

生糸・綿織物と諸産業●

幕末・開港後、明治政府が成立すると、政府の殖産興業政策、とくに輸出促進、輸入防遏、在来産業の育成政策のもとで埼玉県でも産業振興策が進められていった。勧業仮博物館が明治十一(一八七八)年に浦和に設けられたのも、その一例である。

開港以後、輸出産業の中心であった製糸業は、明治初期に本県が農林統計で全国五指にはいる養蚕県であり、木村九蔵《くぞう》が「温暖飼育法」の普及のため明治十年に養蚕改良競進組を設けるなど、その先駆的活動ともあいまって進展していった。

明治十年、高麗《こま》郡上広瀬村(狭山市)の清水宗徳《むねのり》らは、旧埼玉県時代に県が進めた「製糸会社設立告諭並規則」などの施策に応え、県下初の器械製糸会社暢業《ちょうぎょう》社を設立し、続いて秩父郡薄《すすき》村(小鹿野《おがの》町)に水車を動力とする器械製糸場薄製糸社が設立された。以後、松山製糸会社など各地に器械製糸会社が設立されていったが、全般的に経営は不安定であった。

一方、県下で生糸《きいと》生産の圧倒的部分を占めていた座繰《ざぐり》製糸は、製糸家が共同揚返《あげかえし》場を設けて生糸輸出のための品質改良、共同販売の促進をはかった。明治十三年に設立された秩父郡皆野町の竜門《りゅうもん》社の場合、四分社をつくり、揚返問屋としての金融的役割ももつ会社として経営された。

明治十年代の直《じき》輸出の取り組みとして先の清水宗徳らが、県の勧告をうけて、明治十四年に直輸出会社の埼玉県生糸改正会社を設立し、横浜同伸《どうしん》社に委託して海外へ直輸出を行なった。

その後、座繰製糸の品質確保のため、県では明治二十六年に蚕糸《さんし》業取締規則をつくり、業種別組合の設立をうながしたが、製糸組合として最大規模であった薄村の改伸社は同四十一年に一六七の共同揚返場をもつに至っている。また、改伸社の発展と並行して明治三十年代初めに、群馬県の組合製糸である碓氷《うすい》社と甘楽《かんら》社が本県に進出してきた。両社は、児玉・大里・秩父・比企各郡に支部揚返工場を設置し、明治四十四年には両社がそれぞれ三四~三五組を所属させるに至っている。

しかし、一方で日清戦争後、片倉《かたくら》組・茂木《もぎ》組などの信州・横

暢業社（現，狭山市上広瀬） 県下初の器械製糸会社であった。

浜資本による器械製糸工場が、本県の日本鉄道沿線の各地に設立された。そして、日清戦争後、県の製糸業者による器械製糸工場設立の増加とあいまって、日露戦争後は生産量・生産価額ともに座繰製糸を凌駕し、大正期（一九一二～二六）には座繰製糸は衰退の道をたどった。

明治期に「埼玉織物」として全国的に名をはせた、埼玉県の埼玉双子《ふたご》・塚越双子《つかごし》・京桟《きょうざん》などの綿織物生産は、明治二十三年には綿織物・絹織物生産額で全国一位を占めた。本県は、明治後期においても全国五指にはいる綿織物生産地である。その中心地は、青縞《あおじま》の主産地である北埼玉、双子縞の主産地である北足立・入間、白木綿の主産地である南埼玉・北埼玉の各郡であった。

このうち、北埼玉郡は明治中期に生産額が全県の三～五割を占め、明治四十年頃には二五馬力・石油発動機と豊田式機台を設置する武蔵織布合資会社《むさししょくふ》など三～八の「工場」が経営されるに至る。ただし、郡全体では、農家が普通高機《たかばた》などで織る副業による生産額が圧倒的に多かった。また、「行田足袋《ぎょうだたび》」の製造は北埼玉郡の綿織物業と相互関係にあり、青縞を用いて製造された。足袋製造は、明治初期の石底地の使用、明治二十年代のハンドミシンの使用、同四十年代の電力の使用を通して、おもな工程をうけもつ親工場と下請業者によって飛躍的に生産を伸ばしていった。

北足立郡の綿織物業は、江戸時代に塚越村（蕨《わらび》市）で問屋制マニュファクチュアが展開していた。明治期の生産拡大とともに品質改良をせまられ、明治三十五年に双子織物業者による埼玉織物同業組合が、同三十二年に青縞織物業者の埼玉木綿織物産盛同業組合が設けられ、生産拡大をはかっていった。ただし、同郡の場合も同四十二年における工場は八五で、同郡の織物生産者戸数約二五〇〇の三％ほどにすぎず、多くは問屋制家内工業であった。この時期、『職工事情付録一』には、県から報告された北足立郡春岡村

（さいたま市）・入間郡金子村（入間市）などの女工虐待事件について種々記録されている。

日清戦争後の地方銀行ラッシュのなかで、地域産業の進展を背景とした銀行の設立、支店の開設があいついだが、忍《おし》商業銀行の設立、大宮商業銀行の蕨支店開設などもその例であった。

生糸・綿織物のほか、本県の有力生産物であった狭山《さやま》茶は、開港後八王子《はちおうじ》商人によって「八茶」として輸出されたが、明治八年には繁田武平《はんだぶへい》が狭山製茶会社を設立して直輸出を開始し、以後、埼玉県製茶会社に引き継がれた。しかし、その後輸出茶の粗悪さや静岡県清水港が輸出港の位置を占めたことによって不振を招き、明治中頃から生産量が減少していった。

この間、高林謙三《たかばやしけんぞう》は製茶技術の改良に取り組み、明治三十一年に高林式粗揉機を発明した。しかし地元に受け入れられず、静岡県で改良高林式として花開いている。以後、狭山茶は大正期にはいって機械化と品質管理が本格化するなかでふたたび発展していった。

その他、県下の在来産業として秩父・入間地方の絹織物、川口の鋳物《いもの》業、小川の和紙生産など多岐にわたる産業が展開していったが、このうち川口の鋳物生産は、明治七年に永瀬庄吉《ながせしょうきち》が洋式生型《なまがた》法を導入して近代化の緒についた。その後、日清・日露両戦争期の軍需品製造によって飛躍的に発展した。なお、そ

荻野吟子——明治女性の光

嘉永四（一八五一）年、埼玉県幡羅《はら》郡俵瀬《たわらせ》村（熊谷市）に生まれた荻野吟子《おぎのぎんこ》は、明治十八（一八八五）年に当時禁制であった女性の医師開業試験に合格し、三五歳で東京の本郷三組町に産婦人科荻野医院を開業した。彼女は、女性にとって前例のない生き方をみずから切り拓いたのであり、結

❖コラム

婚後の明治二十六年『女学雑誌』の論文（「本邦女医の由来及其前途」）のなかで、みずからの開業について、女医が職業としてはじめて社会的に認知された革命であり、女性の地位向上となるとの意義と自負を記している。

彼女にとって、産婦人科開業の動機はみずからの経験のなかにあった。そのことが、患者への、女性への、そして女性をとりまく社会へむきあう真摯な生き方を決意させ貫かせた。

明治十九年にキリスト教の洗礼をうけ、矢嶋楫子《かじこ》が設立したキリスト教東京婦人矯風会《きょうふうかい》の創立に参加して婦人部長となり、ついで同二十一年にみずから大日本婦人衛生会を設立して、衛生知識の重要性と、家庭における女性の仕事の社会的意義を力説した。さらに婦人の地位向上の思いは、同二十三年に婦人の議会傍聴禁止撤回運動の陳情惣代《そうだい》の一人としての参加ともなった。こうした、博愛的な女性の地位向上への生き方は、同二十七年、クリスチャンの夫志方之善《しかたゆきよし》とともに北海道に渡った後も、同三十年に瀬棚町《せたな》（現、せたな町）で医院を開業し、淑徳婦人会を結成し、そして日曜学校を開設して伝道していったことに引き継がれた。

北海道瀬棚郡の原野で、キリスト教徒による理想郷の建設をめざす夫とともに鍬《くわ》をふるったのは、キリスト教徒としての、また愛をともにする夫婦としての女の生き方として、それを選ばせたのではなかったか。彼女が没したのは、大正二（一九一三）年のことである。

みずからの意志で生きる道を進み、瀬棚町にある顕彰碑の聖句の如く、友のためにみずからの命を損うという博愛と、そして、つねに真実を語れと養女に説いたという真摯な生き方は、彼女を女医、女性の社会運動家の開拓者として輝かせ、生き方のありようを問いかける一生であった。

の生産形態において「買湯制度」「溶解工制度」という半ば封建的な徒弟《とてい》制度を維持しながら生産された。

埼玉県における諸産業の近代化は、それぞれの先進地に比べ、必ずしも早期かつ順調に進んだとはいえなかったが、そのなかで特筆すべきものに明治二十年渋沢栄一《えいいち》らによって設立された日本煉瓦《レンガ》製造株式会社がある。同社の工場はドイツ製の最新式器械を設置した日本初の近代的煉瓦製造工場であり、同二十七年に設立された日本鉄道大宮工場と並ぶ近代的工場であった。

9章

変貌する地域社会と現代埼玉

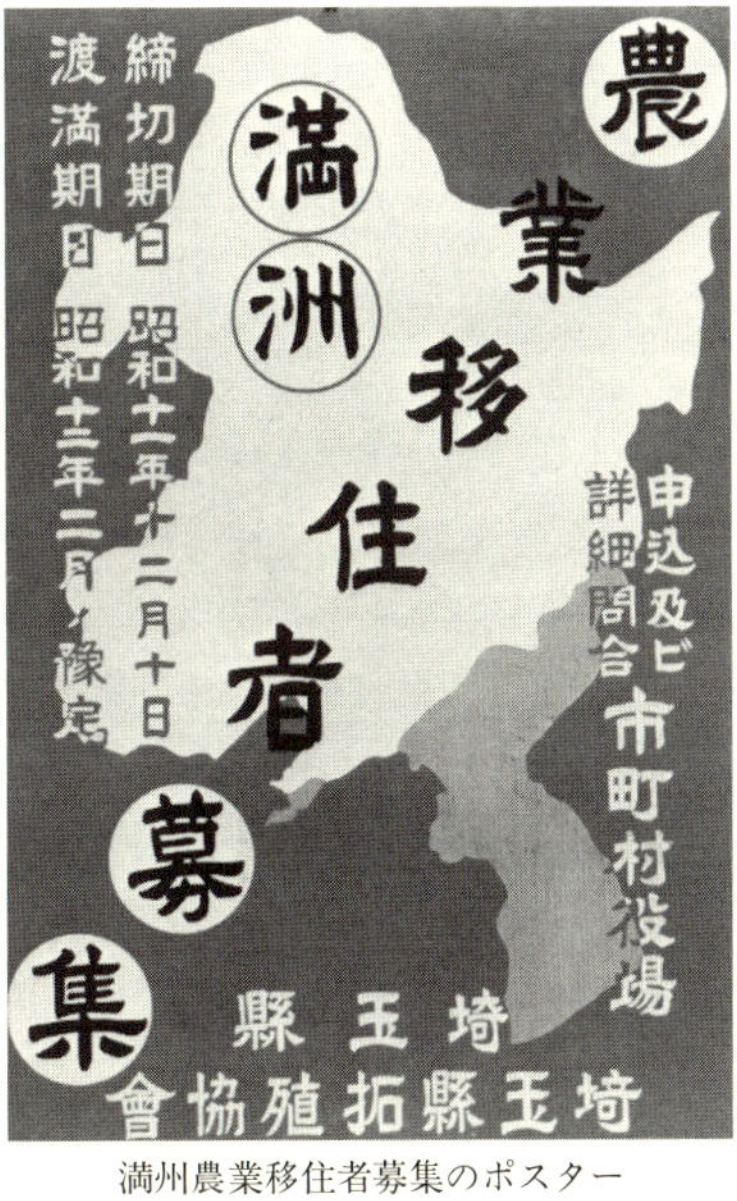

満州農業移住者募集のポスター

1　護憲と大戦と震災と

護憲運動と普選運動●

大正元（一九一二）年十二月、陸軍の二個師団増設要求を拒否した第二次西園寺《さいおんじ》内閣が総辞職に追いこまれた。後継首相には内大臣桂太郎が就任したが、これを契機に憲政擁護・閥族《ばつぞく》打破の運動が高まっていった。

埼玉県では、同年暮に浦和町で立憲国民党・立憲政友会の指導者を招いて、両党派連合の「討閥大演説会」が開催された。以後、県内では政友・国民両党の提携による護憲運動の動きが進み、大島寛爾《かんじ》らの提唱で埼玉憲政擁護会が組織されたほか、川越で三〇〇人が参加した入間《いるま》郡民大会が開催され、また鴻巣《こうのす》・深谷などでも護憲大会が開かれ気運が盛り上がっていった。

これに対し、桂太郎は新党結成計画を打ち出し両党の切り崩しをはかったが、大正二年二月、民衆レベルまで広がった護憲運動のなかで退陣した。後継首相には山本権兵衛《ごんべえ》が就任したが、桂新党の立憲同志会の組織化、成立と山本内閣の登場のなかで、本県政界の分裂・混乱が進むことになった。

政友会系の議員は、本部が山本内閣支持を打ち出すと、北足立倶楽部《きたあだちクラブ》が大島寛爾ら本部支持派の北足立正交会《せいこう》と、批判派の高橋安爾《あんじ》らの有終《ゆうしゅう》会とに分裂した。高橋らは中央から尾崎行雄らを浦和に招いて、山本内閣批判と政友会批判を続け、護憲運動の継続を鮮明にした。しかし、その後大正四年の総選挙の不振と県会議員選挙対策を契機として、同年十月正交会と有終会は合同し幸陽《こうよう》倶楽部を発足させていった。

一方、立憲同志会の成立にともなって、県内で立憲国民党に所属していた衆議院議員は四人中三人が同志会に走った。国民党勢力は、足立同志会が大正二年に国民党支部の維持を決議したように、組織の存続をはかった。しかし、翌三年山本内閣がシーメンス事件で倒れ、国民党脱党者を含む同志会を与党とする第二次大隈《おおくま》重信内閣が成立すると、県内の国民党勢力はこれを支持した。そして、犬養毅《つよし》が同内閣に入閣することを拒否したことに反発し、国民党県支部を解散して非政友組織甲寅《こういん》倶楽部を結成した。さらに、県内政友派の幸陽倶楽部の結成をうけて、大正五年甲寅倶楽部は立憲同志会埼玉支部の結成へと進み、ついで中央で立憲同志会などが合同して立憲憲政会が結成されたのに応じ、同年憲政会埼玉支部に切り替えていった。

こうして、政党が藩閥《はんばつ》と対抗した護憲運動・大正政変の過程と、政党中央の対抗・分裂・再編のなかで、県政界にもその後の立憲政友会と憲政会・立憲民政党との対抗にそった県組織が形成された。

護憲運動の展開のなかで、大正七年、全国の米騒動の発端となった富山県滑川《なめりかわ》町に普通選挙期成同盟会が再興された。以後、全国的に普選運動が広がっていった。同八・九年には友愛会などの労働団体、青年、学生、反政友の政党などの幅広い運動として高揚していった。

県内では、政党政派の動きとして、大正八年十一月に旧有終会のグループが中正《ちゅうせい》倶楽部を結成して、「各地に演説会を開催して普通選挙の宣伝に努むる事」を決議した。また、憲政会も翌十二月に、同党の角田《つのだ》保治《やすじ》・馬場恒吾《つねご》らを招いて浦和において普通選挙宣伝演説会が開かれ、対外硬派、労働者の生活擁護などさまざまな立場から普選要求が叫ばれた。

このほか、比企《ひき》郡に社会改造普通選挙同盟会、川越町に普通選挙期成入間同盟会、秩父地方に秩父同志会などつぎつぎと普選を要求する組織がつくられ、中正倶楽部の主導で埼玉県域の諸組織を連合しようとする動きもみられた。また、皇国青年理想団が「普通選挙の即時実行、青年地位の向上」を掲げて、自動車で県内各地を回る計画も新聞に報道された。

政友会の多数支配と中央・地方の政党間の抗争に代わるあらたな政治をつくりだす制度として期待された普通選挙制度は、大正十四年に第二次護憲運動を進めた護憲三派内閣によって成立した。昭和三（一九二八）年に行なわれた本県の普通選挙制度にもとづく県会議員選挙・総選挙の当選者は、いぜんとして政友会・民政党を主体とし、中立が県会議員一人、代議士二人であった。ただ、両選挙とも新人の立候補者・当選者が多かったことに普選運動の影響が示されていた。また、社会民衆党などの無産政党三党は県会議員選挙に立候補して落選したが、二七五四票を獲得し、予想以上の票数と評された。このこともまた普選運動の所産である。

シベリア出兵と米騒動●

大正三（一九一四）年七月、サラエボ事件を契機として第一次大戦が勃発し、日本は日英同盟を名目として参戦した。

大正六年十一月、連合国側として参戦していたロシアで社会主義革命がおこり、ソビエト政権が成立すると、それに脅威をいだいた米・英など連合国側諸国が革命干渉・反革命支援のために出兵した。日本も同七年八月、寺内正毅《まさたけ》内閣がシベリア出兵を宣言した。それは、満州・内モンゴルの日本権益の安定化などを目的としていた。

大正八年四月、県内の兵が所属する宇都宮の第一四師団熊谷連隊区の第六六連隊が、すでに派遣されていた第一二師団と交代でシベリアに派兵された。

シベリアでは、マルガントウカ付近でのパルチザン掃討戦で本県出身の兵一五人が戦死するなど、各地での戦闘で戦死者が激増するなかで、あいついで県内から補充兵が派遣された。

そうしたなかで、大正九年二月から五月にかけてニコライエフスク（尼港《にこう》）事件がおこった。その際、降伏した日本軍守備隊が、降伏協定を破って反撃し、パルチザンによって軍人・居留民《きょりゅうみん》がほぼ全滅したが、本県出身の兵も多くの死傷者をだし、同時に第六六連隊の新兵が派遣された。日本軍はこの事件の報復措置として北樺太《からふと》を保障領有したが、なんら成果をえないまま、同年第一四師団の兵は帰国した。北樺太の保障領有などに対する諸外国の批判のなかで、日本軍が撤兵したのは大正十一年十月である。

シベリア出兵で戦死した本県の兵士は一二五人とも一六〇人とも、さらに一七一人ともいわれている。

大正七年、幸手《さって》地方の農民は、シベリア出兵を外交上の好機と認識する一方、「前途頗ル危憂ニ堪エサルモノアリ、即米暴動事件ノ如キ之レナリ」と記している。

第一次大戦後、国内は大戦ブームに沸いた。県下では輸出向けの織物や鋳物《いもの》の輸出が急増し、商工業やさらに農業も好況を享受した。しかし、大正七年にはいると米価をはじめ消費者物価が急激に上昇し、庶民の家計を著しく圧迫した。シベリア出兵をみこした米商人の買い占めもこれに拍車をかけた。米騒動後の大正八年に県で行なった調査では、「甘藷《かんしょ》馬鈴薯《ばれいしょ》等各種ノ代用品ヲ使用シ米麦ノ混合食ヲ以テ常食トシ」、「衣服ハ古着ヲ購買スルモノ多シ」とされる貧困者・極貧者が県下世帯数の一割にもおよんでいた。

そうしたなかで、大正七年七月に富山県滑川町の主婦の米積出し阻止行動に端を発し、その後一道三府三九県に広がった米騒動が本県にも波及した。

八月九日、羽生町《はにゅう》（羽生市）で四〇〇〇人の住民が「米価問題町民大会」に集合したのを皮切りに、翌日には大寄村《おおより》（深谷市）の日本煉瓦《レンガ》株式会社の職工一〇〇余人が辞職書に連署して提出し、物価騰貴による生活難を理由に賃上げを要求した。他の職工四〇〇～五〇〇〇人もこれに同調してストライキ体制にはいったが、会社側は賃金の二割増、稼高奨励補給を二倍の一〇円につき七升とする回答を示し解決している。工場労働者の要求行動は大宮町（さいたま市）でもおこった。八月十七日に東京鉄道局大宮工場の職工五〇〇〇余人が付近の公園で集会を開き、同工場の共済団体工友会に対し、積立金三万円の分配を要求した。これより先、工場では同会の基金による米の安売りを開始することにしたが、職工はこれに満足せず、この行動に移ったといわれている。

これと前後して、川越町（川越市）で「不穏」なビラが電柱にはられ、比企郡松山町（東松山市）でも「暴動」「焼払い」の文字が記されたビラがはられた。ついで八月二十七日には、北埼玉郡南河原村で被差別部落民を含む民衆が村役場に押しかけて救済を要求した。また二十八日には、大里郡花園村（深谷市）の農民が村役場に押しかけ、村当局に外米安売りの継続を約束させている。その後、九月二十二日頃、児玉郡若泉村（神川町）で物価高騰のなかでの地主の小作料引下げに反対し、小作人一〇〇余人が地主宅に押しかける不穏な状況がうまれた。

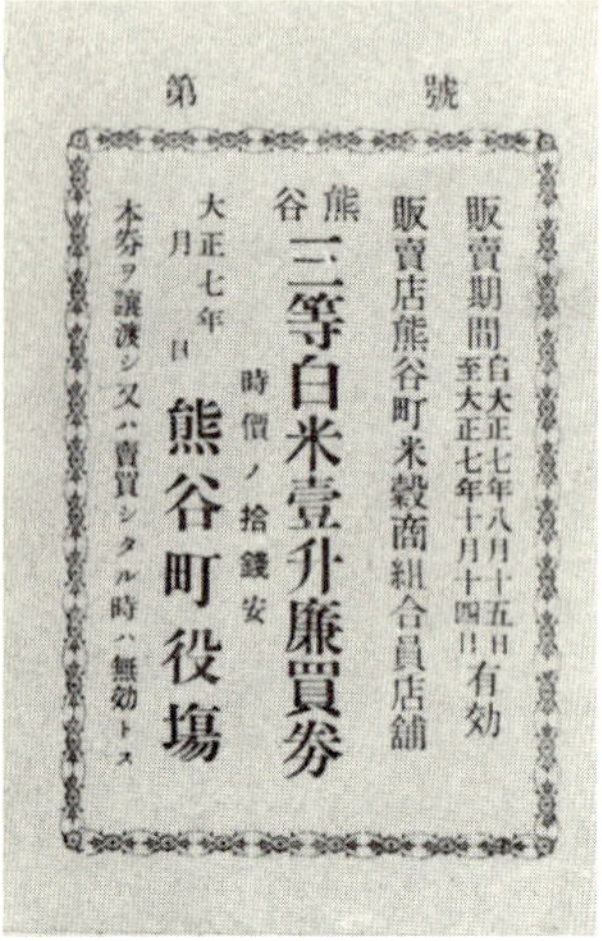
第　號
販賣期間自大正七年八月十五日至大正七年十月十四日有効
販賣店熊谷町米穀商組合員店舗
熊谷 三等白米壹升廉買劵
時價ノ拾錢安
大正七年　月　日
熊谷町役場
本劵ヲ讓渡シ又ハ賣買シタル時ハ無効トス

熊谷町の米廉売券

こうした、生活に苦しむ都市住民・労働者・農民・小作人などの動きに対し、浦和町・熊谷町・川越町をはじめ各地の米穀商が米の廉売策を講じた。行政側も、県が八月に埼玉県臨時救済部を、熊谷町が九月に熊谷町臨時救済会を設置したように官民の早急な救済策がとられた。この結果、本県の米騒動は比較的少なく、またそれにともなう検挙者も一人もなく終息した。

なお、県が米騒動の状況に対する危機意識から計画した埼玉県救済協会は、その後大正八年に設立された渋沢栄一を顧問とする埼玉共済会に発展し、県と産業界有力者による社会事業団体として活動していった。

大震災と朝鮮人の殺害●

大正十二(一九二三)年九月一日正午二分前、相模《さがみ》湾北西部沖を震源地とするマグニチュード七・九～八・二の大地震が一府六県を襲った。埼玉県でも震度六を記録した。県下の被害は、元荒川・古利根川流域の北足立郡南部、南埼玉郡南部、北葛飾郡に集中し、とくに川口町・粕壁町・幸手町が三大被害地とされた。

もっとも被害の大きかった川口町では、三一六棟の鋳物工場が全半壊し、死者一〇人を含む四二人の死傷者をだし、八六二戸の住家が全半壊した。大宮町では、東京鉄道局大宮工場の作業場の一部倒壊によって煙突がくずれ、死者二四人をだす惨事となった。粕壁町では、町並みの家屋が崩壊または傾き、破損し、満足な家屋がほとんどないという被害をうけた。幸手町もまた、三三〇戸余の住家が全半壊し、死者一〇人を含む五〇人の死傷者をだした(『大正大震災誌』)。

全県では、建物の被害戸数・棟数が約七万、死者二一七人、負傷者五一七人と報告されている。

産業的にも甚大な損害をこうむった。川口町などの鋳物業が約一七〇万円、県南部の織物業は約一五二万円、醸造業は約一三〇万円の損害をうけた。また、赤羽・川口間の荒川橋梁などの橋梁が破損したほか、堤防の決壊・破壊は一三三カ所におよんだ。

当時県庁にいた新聞記者が、「スワ地震よと転《ころ》ぶが如く屋外に出づれば、激震殆《ほとん》ど絶え間なく、街路の家屋は或《あるい》は圧し潰され、或は傾き家屋瓦其他の破片四方に飛びて砂《さ》塵《じん》濛々」（『埼玉県政と政党史』）と記したこの震災の被害者に対し、県が川口など七カ所に救護所を、各市町村や団体がそれぞれ救護所を設けて救援にあたった。県内の被害者のほか、東京方面から県内へ続々避難者が流入し、一時二〇万人近くに達し、九月十九日に至ってもなお県内に九万二〇〇〇人ほどが滞留していた。九月十六日に閉鎖した県の救護所で救護した人々は約三〇万人、各市町村などの場合も約一八万〜二四万人に達したとされている。一方、東京への救護、東京在住県人への救援も、食料・飲料水・義《ぎ》捐金《えんきん》などの輸送が行なわれ、日暮里《にっぽり》・滝野川に救護所を開

大震災により全壊した浦和町の民家

設して医療活動も行なわれた。

そうしたなかで、九月二日「在京不逞《ふてい》鮮人ノ群ハ所々ニ放火」、「不穏ノ行動アリ」、「尚本県ニ入込ムヤモ図リ難」し、「町村当局は在郷軍人分会消防手青年団と一致共同して其の警戒に任」(『新編埼玉県史』資料編23) ずべしとの通牒《つうちょう》が町村・関係団体にだされた。この通牒は、戒厳令《かいげんれい》指令部の通牒が県・郡役所を通してだされた公的通知であった。そのため、以後、自重を求める布告などがだされ、根拠のない噂であったにもかかわらず、「朝鮮人が攻めてくる」などの流言蜚語《ひご》となって一気に広まった。幸手地方のある日記には、すでに一日からこの流言が確信的に記されている。

県下の住民が、恐怖心と差別的心情をつのらせるなか、各町村に自警団が組織され「朝鮮人狩り」がはじまった。九月四日、熊谷地域で警官に護送されていた朝鮮人が自警団によって襲撃され、新聞報道では四三人(『かくされていた歴史』では六八〜七九人)が殺された。同日、トラックで移送中の朝鮮人を賀美村(上里町)と神保原《じんぼはら》村(同上)で群衆が襲い、計四二人の朝鮮人が撲殺された。さらに四日夜から五日にかけて、神保原村から引き返してきた一台のトラックに乗っていた朝鮮人と本庄署に収容されていた朝鮮人が群衆によって虐殺され、軍隊が出動した。その他の地域での「朝鮮人狩り」を含め、民族差別による犠牲者の数は、県下で未確認を入れると二四〇人にのぼった。

その後、事件の加害者に対する検挙・裁判が行なわれたが、町村からの減刑嘆願や、裁判が国の外国への対面を顧慮したものであったことを反映して、執行猶予つきの概して軽罪で終結している。

社会運動の高揚●

大戦ブーム、そして深刻な戦後不況のなかで、県内でもさまざまな社会運動が高揚した。大正期(一九一二〜二六）にはいると、鈴木文治《ぶんじ》によって結成された労働組合友愛会《ゆうあいかい》の運動は埼玉県にもおよび、大正四年に川口分会が、翌五年に大宮分会が結成された。しかし、労資協調・修養共済の性格をもつ同会も政府の弾圧をうけ、県内の分会も同七年頃に解体した。

大正期の後半、労働組合中央組織による県内労働者の組織化が急速に進んだ。大正十三年に、北葛飾郡松伏領《まつぶしりょう》村・粕壁《かすかべ》町の醤油工場労働者により総同盟関東醸造労働組合の支部が設置された。さらに大正十四年六月、平方《ひらかた》・鳩ケ谷《はとがや》などの醸造労働組合と草加《そうか》の大阪窯業埼玉工場の組合が総同盟埼玉労働組合を結成し、以後昭和二（一九二七）年、川口の東京鉄工川口支部などとともに総同盟埼玉連合会の結成に至る。

大正十四年日本労働総同盟が分裂し、中央に日本労働組合評議会が結成されたが、埼玉では行田《ぎょうだ》に評議会埼玉足袋《たび》労働組合が結成され、一時組織的後退をへて、昭和二年に評議会埼玉労働組合として再建される。しかし昭和三年、三・一五事件と評議会解散令で解散した。

昭和元年、総同盟は無産政党社会民衆党の結成をめぐって再度分裂し、中央に日本労働組合同盟が結成された。県内ではこれにともなって、組合同盟関東合同川口支部・組合同盟関東紡織労働組合本庄支部が結成された。

大正末から昭和初期に、中央の労働組合組織の分裂のなかで展開した本県の労働運動は、大正十四年の総同盟系の川口町日本麦酒鉱泉株式会社東京工場でのユニオンビール争議、昭和二年の評議会系組合の本山足袋工場など「巡回ストライキ」による行田足袋争議、組合同盟系組合による昭和二年の本庄富士紡争議を代表として、戦後不況、恐慌のなかで闘いが進められた。

農村においても、大戦後の不況、農産物価格の高騰から下落という状況のなかで、農民運動・小作争議

❖コラム

都市と農村の社会運動

大正八(一九一九)年、埼玉県師範学校を辞したばかりの下中弥三郎《しもなかやさぶろう》と師範卒業者を中心にした教員により「新文明を開拓創造せんとする教化運動」団体啓明会《けいめいかい》が結成された。その宣言で、一切の不合理、不自然な組織・慣習・思想を否定すると謳い、デモクラシーの雰囲気を濃く表現した。同会は本部を池袋において機関誌「啓明」を発刊し、講演会を通して教員の全国組織化を進めた。県内でも入間啓明会が組織された。その後、大正九年の大会で、教育の力による社会改造運動を進める方針を決定し、名称を日本教員組合啓明会と改称して、日本初の教員組合が誕生することになった。同会は、教育自治の実現など「教育改造の四綱目」を発表する一方、第一回メーデーに主催団体として参加し、労働組合としての性格を強くし、そのことによって以後組織的活動は衰退していった。

一方、下中弥三郎は、中西伊之助《いのすけ》らとともに、大正十四年農本主義的な主張と、都会を「農民の汗と血の塊を横から奪って生きている」という反都会主義を標傍して、農民自治会の結成をよびかけた。本県出身の石川三四郎《さんしろう》や渋谷定輔《ていすけ》らが結成に参加し、本県では渋谷定輔の指導で農民自治会埼玉県連合会を組織し、反都会主義と非政党的自治制の実現をかかげ、普選の実施にあたって独自の非政党同盟運動を展開し、昭和四(一九二九)年に解散している。

これらの社会運動には、大正デモクラシーの光の部分と、深まる社会的・経済的矛盾の二つが表現されている。

が高揚した。

本県では、大正十年から小作争議が激増し、同年内の小作争議件数は七四件にのぼった。当時の新聞が「其の著しいものは北埼玉郡と之に近い大里郡で、中にも最も早く起ったのは井泉村《いいずみ》」（『東京朝日新聞』一二七六二号）と報じたように、県内では大里・北埼玉・南埼玉・北葛飾郡などで多発した。北埼玉郡井泉村（羽生市）の争議が本県初の小作争議というのは誤報であるが、同村の争議では、七〇〇余人の小作人が小作料三割引き下げ、俵装料支給、奨励米支給などを要求し、地主にうけいれさせている。

当時の小作争議は、産米麦検査や小作人の副業への転換化傾向と労働力不足、そして不況下の高額小作料を背景に展開された。そして、村々に小作人の利益と地位の向上、地主との問題についての一致団結を目的として小作人組合が結成され、地主会と対抗し、小作地返還運動をともなう争議が一つの特徴をなしていた。

大正十一年から同十三年にわたった、渋谷定輔《しぶやていすけ》の参加した入間郡南畑村《なんばた》（富士見市）の争議では、小作会が中小地主に小作料軽減と奨励米支給を認めさせ、ついで大地主との争議に移り、小作地共同返還行動を展開して、小作料永久二斗引き下げをうけいれさせた。また、南畑小作争議と時を同じくして展開された大里郡御正村《みしょう》（熊谷市）の小作争議は、小作人に多くの被差別部落の人々を含んで闘われ、同時に当時の村をめぐる政友派と憲政派の対抗を惹起した特筆すべき争議であった。

全国の被差別部落の人々の解放の声が高まるなかで、大正十一年三月全国水平社が創立された。県下ではその翌月、近藤光《ひかる》らの指導で彼の生家のある北足立郡箕田村《みだ》（鴻巣市）で、全国二番目の地方組織として、成塚政之助《なりづかまさのすけ》を委員長とする埼玉県水平社が設立された。

地域の組織はその後、箕田村水平社や、被差別部落出身のシベリア出兵軍人の名を凱旋記念碑から除外しようとした村当局の差別を糾弾して設立された御正村の水平社など、県内各地に結成された。また、青年そして婦人による埼玉県青年水平社や埼玉県婦人水平社の設立をみるなど、水平社の運動は拡大していった。

また、全国的な水平社運動のなかで活躍した近藤光は、運動論として、労働者・農民・被差別部落民の提携をはかる三角同盟を主張した。それは、県内の小作争議とも結びつき、埼玉県における日本農民組合支部の組織化において、近藤光と埼玉県水平社が主導することにつながったのである。

2　戦争への道

昭和恐慌の嵐●

昭和初期、日本は「恐慌《きょうこう》の時代」に遭遇し、経済的にも社会的にも激動の時期をむかえた。

昭和二（一九二七）年三月十四日の衆議院予算委員会での片岡直温《なおはる》蔵相の失言がきっかけで、全国的に銀行の取り付け騒ぎがおこり、金融恐慌がはじまった。埼玉県では三月十九日に、東京からの進出銀行で県内に八支店をもつ中井銀行が取り付けのため休業した。この中井銀行による金融不安は、数日間のうちに県内に波及し、忍《おし》商業銀行・武州銀行・久喜《くき》銀行・浦和商業銀行・加須《かぞ》銀行・宝珠花《ほうしゅばな》銀行の本・支店がいずれも取り付けにあった。浦和商業銀行では十九日から二十一日までの三日間で五〇万円をこえる預金が引き出された。また、二十一日に久喜銀行と宝珠花銀行が取り付けで休業に追い込まれた。しかし、県内の取り付け騒ぎも三月二十五日までにはいちおう平静を取り戻し、政府も四月に支払猶予令《ゆうよれい》（モラトリアム）の発動などの応急策をとったことから、五月にはいって金融恐慌は一段落した。

この金融恐慌が、県内各地の地場産業に与えた打撃は大きかった。絹織物産地では、原料を仕入れる資金が回らないため、操業短縮や休業が続出し、秩父地方では四月二十六日に各機業家が生産調整のため当分操業を休止することを申し合わせ、三〇〇人余の男女工を帰郷させている。とくに中井銀行支店との取引が大きかった行田《ぎょうだ》の足袋《たび》産地や川口の鋳物《いもの》産地などでは、休業による資金融通面での打撃が大きかった。行田では、足袋の同業組合員が五月の一カ月間、毎日三時間の操業短縮を申し合わせ、川口でも二〇〇余の鋳物工場が毎日操業短縮を実施したため、職工約四〇〇〇人の半数が失業状態にあった。

こうしたなかで、政府は昭和二年三月に銀行法を公布し、金融界の信用を回復するため、中小銀行の整理・合同を促進した。県内には、同年三月段階では普通銀行が三一行あったが、そのうち資本金一〇〇万円以下の銀行は七割を占めていた。それらのなかには「休業状態」「整理中」などの不良銀行も多かったため、同七年末までに主として合併により一一行に整理された。

金融恐慌の後、昭和四年十月のアメリカの恐慌を契機に発生した世界大恐慌が日本を直撃し、翌五年から七年にかけて未曾有の大恐慌をもたらした。県下の工業生産は減少し、中小企業の倒産・休業があいつぎ、工場閉鎖、大量解雇、賃金引下げ、賃金不払いなどが続出した。そのため、多数の失業者をうみだして労働争議も増加し、同五年には戦前最高の一二一件の争議が記録されている。これらの争議は、不況と合理化を反映して、賃金減額反対、解雇反対、解雇手当の支給など消極的・防衛的性格の要求が多かった。また、失業者の集中した川口地方では、救済米の配給や失業対策の演説会なども行なわれた。同五年の第

❖コラム

日米親善使節「青い目の人形」と渋沢栄一

昭和二（一九二七）年、アメリカから日本に一万二七三九体の「青い目の人形」が日米親善使節として送られてきた。

日本人の移民問題を契機に日米関係が悪化の一途をたどるなか、アメリカではギューリック博士が中心となり、日米摩擦の緩和と平和への願いをこめて日本に人形を送ろうという計画がおこった。日本にもこの計画を実現するため協力が依頼されたが、日本政府は、この人形の贈与が政府間の公式なものでないため、受け入れにあたる民間人として渋沢栄一に白羽の矢を立てた。昭和二年二月十九日に渋沢栄一を会長とする「日本国際児童親善会」が設立され、受け入れ体制が整った。

三月三日に明治神宮外苑の日本青年館で人形の歓迎式が行なわれ、埼玉県には一七八体が割り当てられ、県下のおもな小学校や幼稚園に配分された。県庁がある浦和町では、四月四日に埼玉会館で盛大な歓迎会が開かれた。これらの人形には、人形の名前が記入されたパスポートやギューリック博士からのメッセージとともに、アメリカの子供たちからの友情の手紙が添えられていた。

この答礼として、子供たちの拠金でつくられた日本人形が、各県から一体ずつ親善使節としてアメリカに渡った。埼玉県からは、渋沢栄一により「秩父嶺玉子」と命名された人形が送られた。

渋沢栄一は、人形の受け入れの責任者としてばかりでなく、金銭的な面での貢献も大きかった。人形の受け入れや配布などに関する費用のうちの一〇〇〇円のほか、答礼人形をアメリカに送る際の不足額も負担している。

三回メーデーでは、スローガンに「失業者に職（食）を与えろ」などが掲げられている。

失業者は都会から農村に流出したが、恐慌下の農村はこの失業者を吸収する状態になかった。米価をはじめとする農産物価格の暴落は農家経済を破壊し、とくに生糸《きいと》輸出に支えられた養蚕農家は生糸価格暴落によって大打撃をうけ、農民の生活を極度に困難にした。小作《こさく》争議が頻発し、この時期は、大正期に引き続き養蚕地帯・畑作地帯でも小作争議が多くなった。争議の内容も、小作料減免、借金棒引き、小作地引き揚げ反対などの対地主《じぬし》闘争のみならず、電灯料値下げ、肥料代値下げ、税金延納など、生活防衛のための色彩をおびた要求へと拡大した。

こうした農村の救済のため、昭和七年、政府は救農土木事業を打ち出すとともに、自力更生《じりきこうせい》をスローガンにした農村経済更生運動を展開した。埼玉県は、これをうけて昭和八年三月に「経済更生計画樹立指針」を策定し、精神の作興をはじめ、農業経営の改善、負債の整理などの目標をかかげ、その推進を市町村にうながした。このほか、開墾奨励事業や副業奨励事業などさまざまな施策が講じられた。

満蒙開拓の夢と現実●

日本は、昭和六（一九三一）年の満州事変を契機に満州（中国東北部）を侵攻し、翌七年に傀儡《かいらい》国家として「満州国」を成立させ、満州を植民地として実質的に支配下におき、農業移民政策を展開した。農業移民政策の目的には、対ソ戦準備と治安維持という軍事的意味があったが、いま一つの目的は、昭和恐慌によって疲弊した農村の救済のため、農村の過剰人口を満州に移住させることであった。

満州への移住は昭和七年から開始され、当初は在郷《ざいごう》軍人を中心に武装移民として送り出されたが、同十一年に二〇カ年一〇〇万戸移住計画が策定されて開拓移民が本格的に開始された。これにより、本県では同年に全県下を対象として集合移民を募集し、翌十二年六月、先遣隊四〇人を北安省通北県老街基《ろうがいき》に埼玉村開拓団として入植させた。その後、この開拓団の入植者は増え、同十八年末までには一一六戸、四四九人となっているが、入植計画の二〇〇戸にはおよんでいない。

埼玉村開拓団の入植のあと、昭和十八年まで六つの開拓団が満州に渡った。そのうち、昭和十四年度に入植した中川村開拓団は、全国に先がけた村ぐるみの分村移民であった。秩父郡中川村（秩父市）の「満州分村移民計画趣意書」によれば、同村は戸数約六〇〇戸、人口三三〇〇余人、耕地面積三三〇余町歩であったが、全戸数の七割を占める農家のうち自作農として生活できるものは一割にも満たない状況であった。そして今後も人口増加に見合う新規開墾の余地がまったくみこめないことから、分村移民が村の自力更生の最善の方策とされたのである。計画では、過剰農家一〇〇戸と、次三男であらたに分家がみこまれる一〇〇戸の合計二〇〇戸を、昭和十三年と十四年の二カ年に一〇〇戸ずつ分村移民させることになっていた。そして、昭和十三年四月、内地訓練を終えた幹部隊員四七人が先遣隊として満州に渡り、翌十四年二月に三江省樺川県小八浪地区に入植した。そして以後、同十八年末までに全部で一六四戸、六八九人が移住した。

昭和十五年の秩父郡日野沢《ひのさわ》村（皆野町）の開拓団も中川村開拓団と同様、分村移民であったが、同十六年からは児玉郡下の村々、同十七年には寄居《よりい》町近郷の村々でも分郷移民団が編成され、入植した。埼玉県からの移民は、七つの開拓団全体で約三七〇〇人といわれる。

しかし、政府の移住計画は期待どおりには進まず、集団移民とは別に、農村の次三男を対象とした満蒙開拓青少年義勇軍が創設されることになり、昭和十三年から募集が開始された。義勇軍の資格は、数え年一六歳から一九歳までの小学校高等科を卒業した身体頑健な青少年で、各県から選ばれた志願者は茨城県の内原《うちはら》訓練所で三カ月の内地訓練をうけたのち、さらに満州各地の現地訓練所で約三年の訓練をうけ、義勇軍開拓団として北満州の各地に入植した。本県関係の入植地は一六カ所、現地訓練所は一八カ所であった。最初は町村長・学校長の積極的な勧誘で割り当て定員を上回る志願者があったが、現地の悪条件が明らかになるにつれてしだいに志願者が減少し、昭和十四年後半からは定員を下回るようになった。こうして同十三年から十七年までに満州に送り出された義勇軍は、県全体で一三七八人にのぼった。

そして、これら開拓団・義勇軍は、昭和二十年八月のソ連軍侵入という事態に直面して悲惨な運命をたどり、苦難のなかで敗戦を迎えたのであった。

戦時体制と県民生活●

日本は、満州事変を契機に戦時体制に突入し、軍国主義・国家主義の体制づくりが着々と進められた。こうした社会状況のなかで、政党の腐敗を非難し、政党政治撲滅を叫んだいわ

満蒙開拓青少年義勇軍の壮行式（昭和16年，忍町南小学校）

ゆる救国埼玉青年挺身隊《ていしんたい》事件がおきた。それは、昭和八（一九三三）年十一月に埼玉県出身の右翼急進分子が、川越市で立憲政友会総裁鈴木喜三郎《きさぶろう》を暗殺しようとした事件であるが、計画は事前に発覚して関係者全員が逮捕された。また、同十一年におきた二・二六事件では、事件の中心にあった第一師団歩兵第一・三連隊が埼玉県を徴兵区域としていたため、参加した下士官《かしかん》・兵の過半数は本県出身者であった。また、決起した将校のなかにも埼玉県関係者が三人いた。

昭和十二年七月、中国の北京《ペキン》郊外で日中両軍の衝突事件が勃発し、これをきっかけに日本は中国との全面戦争に突入した。戦争の長期化が予想されたため、政府は国民精神総動員運動を展開し、国民の物心両面にわたる協力体制づくりに動き出した。同年十月、埼玉県では中央の運動に対応して、知事を委員長とする国民精神総動員埼玉地方実行委員会を発足させた。翌十三年には県下の市町村ごとに国民精神総動員連盟が組織され、在郷軍人会・青年団・婦人会などの団体が市町村長の指導のもとで総動員された。さらに、住民組織である町内会・部落会・隣組《となりぐみ》も行政補助組織として編成され、その運動の末端をになうことになった。

日中戦争が長期化するなかで、高度国防国家建設を目的とする新体制運動が展開され、既成政党はつぎつぎに解散し、昭和十五年十月に大政翼賛会《たいせいよくさんかい》が発足した。県内でも各政党があいついで解散し、十二月には大政翼賛会埼玉支部が発会し、翌年知事が支部長となった。大政翼賛会の傘下《さんか》に、愛国婦人会と国防婦人会が大日本婦人会として統合され、産業団体と労働組合は大日本産業報国会に改組されるなど、あらゆる団体が新体制のもとに組み入れられた。大政翼賛運動は各市町村支部単位で進められ、市町村や諸団体に対する統制は、精神・生活・生産など、あらゆる分野で強化されていった。

昭和十三年に国家総動員法が公布され、その関連法として賃金統制令、国民徴用令《ちょうようれい》、価格統制令などが制定されて、人と物のすべてが戦争遂行のために統制をうけるようになった。同十五年には砂糖《さとう》・マッチ・木炭《もくたん》が切符《きっぷ》制となり、十六年には米が配給制となった。急速な物資欠乏によって県民生活は日用品・雑貨に至るまで配給制となり、農村には強制的に食糧の供出が割り当てられた。また、金属回収、貯金の割り当ても町会・隣組をつうじて徹底された。金属回収の対象は門柱・空缶《あきかん》にまでおよんでいた。

昭和十六年十二月の太平洋戦争の開始により、県民は根こそぎ戦時体制に動員されていった。戦時経済下で、繊維などの民需工場の軍需工場化が進められる一方、出征兵士の増大で人手が足りなくなった農村や労働力不足の軍需工場には町会・隣組をつうじて民間人が、また学校からは学生・生徒が、それぞれ勤労奉仕として動員された。

昭和十七年には県と市町村の連絡を強化するため、県下七カ所に地方事務所が設けられた。翌十八年には、戦時体制に即応するため市制・町村制が改正され、国―県―市町村―町内会・部落会という縦系統の意思伝達体制が確立した。また自治体の強化・充実のため市町村の合併・統合がはかられ、同十六年末には五市・三三七町村であった市町村の数は、同十九年四月には五市三〇二町村となった。

預貯金吸収、金融統制強化のための銀行合同も行なわれ、政府の「一県一行主義」の推進下で昭和十八年四月には四つの銀行が合併して埼玉銀行（現埼玉りそな銀行）が発足し、その後、三つの貯蓄銀行が合併して、同十九年三月には一県一行となった。また、新聞統制によって一県一紙を目標に新聞の整理統合が行なわれ、同十九年十月には埼玉新聞社が発足して、県下唯一の日刊新聞を発行した。

昭和十七（一九四二）年四月十八日、アメリカ航空母艦ホーネットから飛び立ったB25双発爆撃機一六機が、東京・名古屋・神戸に対する空襲を決行した。これは日本本土に対する初空襲であると同時に、埼玉県に対する初空襲でもあった。一六機のうちの一機が埼玉県上空に飛来し、日本ディーゼル工業川口工場および南埼玉郡潮止《しおどめ》村（八潮市）の日本煉瓦《レンガ》製造潮止工場付近に爆弾を投下した。川口工場では死者一二人、重軽傷者八八人がでた。

昭和十八年の後半になると、戦局が悪化し、日本本土への本格的空襲がさけられない情勢になり、日本国内では空襲にそなえて対策づくりが急がれた。翌十九年一月、政府は国策として都市の軍事施設・工場・住宅を地方に強制的に疎開《そかい》させることにした。

埼玉県は、首都に近接しているため、早くから多くの軍用施設がおかれていたが、さらに兵器廠・被服廠・糧秣廠《りょうまつしょう》などが県内にぞくぞくと疎開してきた。また、大宮市に中島飛行機大宮工場が新設されるなど、多数の軍需工場が新設された。さらに空襲の激化による軍需工場の被害をさけるため、山麓《さんろく》にトンネルを掘って工場とする地下工場化も進められた。これには多数の朝鮮人などが使役され、さまざまな悲劇をうみだした。

一方、本県の地は、交通も至便で食糧も比較的豊かだったので、東京からの疎開人口が殺到した。県では当初、もっぱら疎開者の受け入れに取り組んだが、昭和十九年二月になると「都市疎開にたいする住宅供出運動指針」にもとづき、川口市などでは建築物の撤去にも取り組むに至った。したがってその地域の住民は、空襲にあうことなくして住居をうばわれたのである。

また、県では政府の方針をうけ、昭和十九年四月に「罹災者避難埼玉県実施要綱」を定めた。それにもとづき、空襲で家を失った東京都の避難民を本県にも収容することにし、各市町村ごとに罹災者受け入れの割り当てなどが定められた。

昭和十九年六月からB29による本土爆撃がはじまるが、七月にサイパン島が米軍に占領されて飛行場が建設されると、日本本土はB29の航続距離内にはいり、爆撃機の来襲が本格化した。そのため、この実施要綱は、現実の意味をもつことになったのである。多くの罹災者が県に受け入れられ、食糧および生活物資の配給・救護をうけた。その結果、埼玉県の人口は、同二十年八月には前年にくらべて約四五万人、約三割の増加をみている。とくに県東部から県北部にかけての人口増加が顕著であった。そして罹災者・疎開者の県内への大量流入は、県内の食糧事情の悪化や生活物資の不足に拍車をかけ、県民生活を圧迫した。

昭和十九年十一月、東京が空襲をうけたが、その際に南埼玉郡八幡《やわた》村・潮止村にも焼夷《しょうい》弾《だん》が投下された。以後、終戦に至るまで、埼玉県内は約四〇回の空襲をうけ、各地に大きな被害をだした。同二十年五月までは、東京空襲と密接にから

熊谷空襲の焼跡に立つ子供

んで、とくに県南部の工場地帯が爆撃されたが、六月からは大里《おおさと》・比企《ひき》郡下の部隊駐留地へと爆撃対象は広がった。空襲のなかでもっとも被害が大きく、しかも米軍によって埼玉県が「第一攻撃目標」とされた唯一の空襲は、昭和二十年八月十五日未明に行なわれた熊谷爆撃であった。この日、約八〇機のB29による爆撃は午前〇時二十三分に開始され、一時三十九分までの七六分間に四〇〇〇ポンド爆弾六発と焼夷弾八〇四九発が投下されたが、焼夷弾の総量は約五八一トンであったという。そのため市街地面積の七四%が罹災し、全戸数の四〇%が焼失した。また同市の人口の二八%にあたる一万五三九〇人が罹災し、二六六人が死亡した。

こうして熊谷市の罹災者は、廃墟のなかで夜を明かし、その日の正午、敗戦を伝える昭和天皇の放送を聞いたのである。つまり、日本に対する最後の空襲が熊谷爆撃であった。

3 変貌する地域社会と課題

戦後改革と経済復興●

熊谷《くまがや》空襲の惨劇があけた昭和二十(一九四五)年八月十五日正午、朝霞《あさか》町の陸軍予科士官学校生が川口市の東京放送所を占拠したり、児玉町にあった飛行隊の戦争継続の動きはあったが、満州事変以来続いていた戦争が天皇の詔勅《しょうちょく》でようやく終わった。それまで電灯をおおっていた黒い布がはずされ、電球の光が目にまぶしかった。その一方で、食糧難と史上はじめての他国による占領という不安が、戦後まもなくの人々の心を大きくとらえていた。

そのなかで、戦争の時代には押しこめられていた「平和」「民主主義」の言葉が社会の表にでてきた。当時の新聞に「川越地区民主連盟結成」とか、「民主生活実現へ——各層代表の懇談会（川口）」、「小作地の解放叫ぶ——横瀬《よこぜ》村に自治研究会」などの見出しをみることができる。

一方、占領軍の県下への進駐が昭和二十年九月から開始された。同年十一月には、大宮市の旧片倉製糸所に第七九軍政部と憲兵司令部がおかれ、その後、埼玉軍政部として浦和に移り、県政や県民生活にかかわる広範な分野への指導・助言を行なった。同時に占領軍は、連合国軍最高司令長官マッカーサーの指示にもとづき、富士重工・片倉工業などの三〇工場を基本賠償物件として接収を指定した。また、県内一八カ所の元日本軍施設も接収され、たとえば米軍基地のジョンソン飛行場などとして使用された。そして諸施設が、占領軍の宿舎・娯楽施設などとして接収された。

昭和二十一年四月には、満二〇歳以上の者が選挙権をもち、婦人参政権が認められた新選挙制度のもとで総選挙が実施された。その結果、公職追放の影響の少なかった自由党が圧勝

シベリアからの復員兵士（昭和23年5月，上野駅）

した。翌二十二年四月の県会議員選挙では、浦和市の白土としゑがトップ当選したのをはじめ、各地の市町村会議員選挙でも浦和市で一位を含む二名が、北葛飾《かつしか》郡八代村でも二位で一名が当選するなど、女性の市町村会議員が誕生した。しかし、選挙権をえたばかりの女性の政治的意識はまだ低く、女性の棄権率は各種選挙において男性のほぼ二倍であった。

「憲法より米」といわれるきびしい食糧難の時代であった。そうしたなかで、物資の適正配給をはかるため、繊維製品・家庭日用品配給協議会が熊谷市に結成されたりした。また、県の指導で甘藷《かんしょ》・馬鈴薯《ばれいしょ》・米・麦などの供出が精力的に進められた。

食糧窮迫のなかで、大宮駅前に闇市《やみいち》が立った。大宮駅で浮浪者狩りが行なわれ、老人・子供たちが収容所に送られた。列車は「買出列車」「荷物列車」とよばれ、八高《はちこう》線で高崎行きの下り列車が脱線転覆し、国鉄はじまって以来の大惨事がおこった。それには定員の四倍以上の乗客が乗っていたという。昭和二十二年二月のことである。

戦後改革の一環として、戦時教育の排除と否定が実施され、教育勅語の否定、御真影《ごしんえい》の返還や奉安殿《ほうあんでん》の撤去が行なわれた。そして、新教育制度として昭和二十二年に六・三制がスタートし、ついで翌年、新制高等学校がうまれた。こ

衣料配給に並ぶ人々（昭和24年，さいたま市）

の新教育制度のなかで、川口市が進めた新しい社会科の教育「川口プラン」のような戦後教育の息吹を示したものも現れた。

農村では、占領軍の指導で、第二次農地改革が進められ、昭和二十三年末までに、小作地の買収は五万四九八四町歩、売渡し地は未墾地を含め五万五〇〇〇町歩の実績をあげた。同二十三年一月、それまでの農業会に代わる民主的な組織として、あらたに農業協同組合が大宮市大砂土《おおさと》などで結成された。

埼玉県の工業は軍需から民需に転換して大きく発展し、昭和十七年に全国一二位だった工業生産額は同二十一年には九位となり、関東では東京都、神奈川県につぐ地位を獲得した。業種としては機械器具工業の比率が高いが、ほかよりも早く復興したのは伝統的な絹・綿織物・足袋《たび》・被服などの産業であった。しかし、それらの産業は同二十四年のドッジ＝ラインによって深刻な不況に陥り、それを抜け出すことができたのは、朝鮮戦争による特需によってである。

労働者たちは、昭和二十一年にはいると、ストライキから一歩進めた「生産管理闘争」を行なうようになった。メーデーにつぐ勤労者の記念日として、一一年ぶりに共同組合デーが同年七月六日に行なわれたが、そのスローガンは「危機突破は民主管理で」というものであった。「経営参加」などをめざしたのである。この年の「生産管理闘争」は、同年三月のライト自動車粕壁《かすかべ》工場ではじまり、十月の東洋時計上尾《あげお》工場の闘争に至るまで九件ほど記録されている。とくに東洋時計の争議は死者をだすほどの流血争議となったため、生産管理戦術は違法であるとの検事総長談話などもだされ、全国からも注目を浴びた。

首都圏埼玉の都市と農村●

朝鮮戦争の特需による埼玉県の工業の復興と発展は、昭和二十六（一九五一）年に県知事を先頭に各市町村が工場誘致政策を積極的に展開したことで、よりいっそう促進された。その結果、進出企業に三年間にわたり奨励金を交付する「埼玉県工場誘致条例」が制定され、本田技研白子《しらこ》工場をはじめとする従業員一〇〇人以上の工場が各地に誘致された。市町村も条例を制定し、たとえば与野市の古谷《ふるや》製菓をはじめ、多くの工場が積極的に誘致された（県は同三十年四月に条例を廃止）。こうした政策にともなって、工業生産構造に変化がおこってくる。すなわち昭和二十五年に全体の六割強を占めていた軽工業の比率は一〇年後には三割弱となり、重化学工業と逆転する。また工業の進展とともに、同三十年頃から公害が現れてきた。工場廃水による飲料水の汚染、雑魚が浮かぶ川、臭気、騒音、工場の地下水利用による地盤沈下など、各地でさまざまな被害状況が報告された。公害反対を訴える住民たちの請願運動などもおこってきた。埼玉県は東京への通過県でもあり、昭和四十年代以降、光化学スモッグが増大し、交通事故件数では全国の上位を占めた。中高層建築の増加にともなって日照権も問題化していった。

朝鮮戦争の特需、ベトナム戦争の特需などによる好況の一方、戦争の激化は基地問題を表出させることにもなった。たとえば昭和二十五年から一〇年間に一四機の航空機墜落事故がジョンソン基地周辺でおこっており、死者もだしている。また同三十三年九月には、基地警備についていた米兵が走行中の西武電車に銃を発砲し、武蔵野音大生が死亡するという事件（ロングプリー事件）もおこっている。ベトナム戦争時には、傷病兵を東京都立川市から朝霞市の野戦病院に移送するため、ヘリコプターが頻繁に飛び交い、騒音が小中学生の授業を妨害した。基地に隣接する朝霞市立朝霞第一中学校からは、外柵フェンス越しに傷病兵の姿が見えていた。基地周辺には歓楽街ができ、「日本の上海《シャンハイ》」と俗称された。

昭和三十五年頃から県内にサラリーマン層の宅地が増大した。県全体では昭和二十一年に約一・八万町歩だった宅地は、同五十年には約四・六万町歩に増加している。田畑は昭和二十一年が約一五・八万町歩であったのが、五十年には約一三・四万町歩と減少し、農業人口も二十五年に約五〇万人であったものが、三十五年に約四〇万人、五十年には約二〇万人と激減している。埼玉県は、農業県から工業県へと移行したのである。昭和四十五年、五十年、産業別就業人口構成は、第一次産業が一四・七%、第二次産業が四一・六%、第三次産業が四三・七%となっている。農村では過疎化が進んでいった。

地域社会の変貌と文化活動●

昭和四十七(一九七二)年の県知事選挙では革新系の畑和知事が当選し、それまで二七年ものあいだ続いてきた保守県政が崩れたが、県議会のなかに占める与党議員の数は七四議席のうちの一八議席だけという少数与党であった。京都府・東京都・大阪府・沖縄県につぐ革新県政の誕生で、横浜市・川崎市・東京都を結ぶ革新京浜ベルトが北上した。工場進出や宅地造成などにともなう人口急増のなかでの、県民意識の変化を背景にしたものと思われる。

そうしたなかで、たとえば高校増設要求の高まりがみられ、県高校教育振興協議会は昭和五十一年十二月に、五十三年度からの三年間に県立高校二五校の新設と既設校一〇校分の拡大を答申した。その結果、各地に多くの新設高校がつくられた。

昭和三十九年頃から川越市・狭山《さやま》市・草加市・八潮市・入間市などに工業団地が造成され、鉄道・道路などの輸送手段の整備拡充が進められた。一方、それにともなって自然環境や文化遺産の破壊が問題とされ、「開発」を中心とした行政の功罪が問われてきた。新聞は「新都市計画のトバッチリ　県文化財逆境に泣く」などと、文化財が開発優先の犠牲となる状況などを報じている。

また、光化学スモッグの発令回数は全国一とされ（昭和五十五年『埼玉県環境白書』）、あるいは「綾瀬川は全国で一番汚い川」（建設省五十一年十月発表）などといわれて、環境悪化は加速度的に進行した。買い漁られた土地に産業廃棄物などの投棄が行なわれ、狭山丘陵などでは宅地分譲・墓地造成などが進み、資材置場も増加していった。そうしたなかで、雑木林の伐採を制限し、オオタカのいる自然を守るために、ナショナルトラスト運動に学んだ農民・市民たちの手で、緑を守る運動などが進められていった。平成九（一九九七）年四月頃からあらたにダイオキシン問題が浮上し、朝霞市や所沢市の周辺では焼却炉の操業停止などが行なわれた。

五期二〇年にわたる畑県政の後、平成四年七月に土屋県政がスタートした。そして「埼玉中枢都市圏構想・基本構想（さいたまYOU　And　Iプラン）」をもとに、環境・福祉に重点をおいた五九施策が新規にもりこまれ、同六年一月に「埼玉県五カ年計画」が発表された。そして大宮市と与野市にまたがる広大な旧国鉄操車場跡地に「さいたま新都心」が建設され、浦和市・与野市・大宮市などの合併構想が政令指定都市問題と関連して論議されている。

さらに近年、生活環境を守るだけではなく、生活環境や文化をより豊かにしようという住民の取り組みもみられた。首都圏のベッドタウンに移り住んだ新住民と旧住民がともに町の歴史を学びあい、町に誇りをもち、愛着をもって主体的に地域の発展に参加していくという動きである。その一例として、平成九年十一月に北川辺町（現、加須市）で上演された創作劇「北川辺を救った田中正造《しょうぞう》」の取り組みなどがある。町役場の職員を中心に新旧住民が協力して、脚本・演出・俳優・大小道具などすべて町民の手づくりで行なわれたものである。そこには歴史を学ぶとともに歴史に参加していく人々の姿がみられる。

あとがき

昭和四十六（一九七一）年に旧版『埼玉県の歴史』が刊行された当時、コンパクトにまとめられた信頼できる内容の埼玉県の通史はほとんど皆無の状態であったから、同書はまさに渇望の書であったといっても過言ではない。しかも、原始・古代から近代・現代に至るまで、原稿はすべて小野文雄氏の単独執筆であったというのも、また驚異である。それからほぼ三〇年近くへた現在でも、同書の内容はもちろん有効であり、埼玉県の歴史に関する手ごろな入門書であり、基本的な文献であるという同書の役割は、なお維持されていると考える。

しかしその間、埼玉県における歴史研究をめぐる状況や環境は大きく変化した。たとえば『新編埼玉県史』全三八冊（通史編七冊、資料編二六冊、別編五冊）をはじめ、県内の多くの市町村で自治体史（市町村史）の編纂・刊行が活発に進められ、それぞれの地域の歴史が掘り起こされてきた。しかも、それらの多くは史（資）料編の刊行にも重点がおかれたので、さまざまな史（資）料が人々の共有財産として容易に利用できるようになった。また考古学的な面でも、多くの遺跡の発掘調査が積み重ねられ、それまでとは比較にならないほど豊富な知見を得ることができた。あるいは文書館・博物館・資料館などの諸施設の充実もめざましいものがある。そしてそうしたことを背景として、埼玉県における歴史研究は飛躍的に発展し、多くの成果をうみだしてきたのである。

今回、山川出版社から新版『埼玉県の歴史』の企画についてお話をいただいたとき、そうした成果を盛り込んだ新しい『埼玉県の歴史』をつくる機会であると考え、お引き受けすることにした。ただし、専門分化が著しい現在では、旧版のような単独執筆はとうてい不可能であるから、各分野で活躍している信頼できる専門家と相談し、分担執筆の形で本書の編集・刊行に取り組むことにした。

本書の構成でいえば、分担執筆の担当はつぎのとおりである。

風土と人間—田代脩、1・2章—塩野博、3・4章—田代脩、5〜7章—重田正夫、8・9章—森田武

なお、付録および9章のうち2については兼子順氏（埼玉県立博物館）、3については鈴木義治氏（浦和市立高等学校）にそれぞれご協力をいただいた。記して感謝申し上げたい。

完成した原稿を一読してみると、テーマのとらえ方や文章の書き方などに、他県とはいささか印象が異なる面があるが、執筆者それぞれの考えを尊重して、基本的には各自の原稿をそのまま生かすことにした。

本書は、本来、もっと早く刊行する予定であったが、一部の原稿が停滞したために刊行が大幅に遅延し、山川出版社の編集部などに多大なご迷惑をおかけする結果になってしまった。深くお詫び申し上げる次第である。

一九九九年三月

田代　脩

栃木県
茨城県
千葉県
東京都
足利市
栃木市
下野市
岩舟Jct
あしかが
両毛線
佐野市
岩舟町
とちぎ
小山市
おやま
水戸線
真岡鉄道
太田市
東武伊勢崎線
結城市
筑西市
大泉町
邑楽町
館林市
板倉町
谷中湖
野木町
鬼怒川
関東鉄道
下妻市
千代田町
明和町
こが
八千代町
熊谷市
羽生市
はにゅう
加須市
古河市
東北新幹線
東北自動車道
くまがや
行田市
くりはし
五霞町
境町
鴻巣市
東北本線
高崎線
くき
常総市
久喜市
幸手市
坂東市
こうのす
荒川
東武東上線
吉見町
久喜白岡Jct
南埼玉郡
白岡町
北葛飾郡
杉戸町
宮代町
利根川
東松山市
北本市
北足立郡
伊奈町
野田市
比企郡
桶川市
蓮田市
かすかべ
坂戸市
川島町
上尾市
春日部市
東武野田線
守谷市
鶴ヶ島Jct
鶴ヶ島市
川越市
西区
北区
見沼区
岩槻区
松伏町
高市
かわごえ
大宮区
おおみや
さいたま市
越谷市
吉川市
つくばエクスプレス
川越線
中央区
浦和区
緑区
武蔵野線
常磐自動車道
入間川
狭山市
関越自動車道
ふじみ野市
桜区
川口Jct
東京外環自動車道
流山市
西武新宿線
富士見市
南区
みなみうらわ
三郷市
柏市
入間郡
三芳町
志木市
蕨市
川口市
草加市
江戸川
入間市
所沢市
新座市
朝霞市
戸田市
八潮市
美女木Jct
ところざわ
清瀬市
和光市
板橋区
あかばね
荒川
松戸市
東村山市
北区
足立区
鎌ケ谷市
武蔵村山市
東久留米市
練馬区
葛飾区
東大和市
豊島区
荒川区
市川市
はいじま
立川市
小平市
西東京市
いけぶくろ
台東区
墨田区
国分寺市
武蔵野市
中央線
中野区
文京区
うえの
昭島市
新宿区
しんじゅく
小金井市
三鷹市
杉並区
千代田区
中央区
江戸川区
国立市
たちかわ
府中市
とうきょう
江東区
船橋市
日野市
渋谷区
しぶや
調布市
港区
浦安市
三番瀬
多摩市
稲城市
狛江市
世田谷区
目黒区
しながわ
多摩区
品川区
多摩川
町田市
川崎市
高津区
大田区
東京港
横浜線
麻生区
青葉区
宮前区
中原区
中央区

新版県史シリーズ 全47巻

1 北海道の歴史
2 青森県の歴史
3 岩手県の歴史
4 宮城県の歴史
5 秋田県の歴史
6 山形県の歴史
7 福島県の歴史
8 茨城県の歴史
9 栃木県の歴史
10 群馬県の歴史
11 埼玉県の歴史
12 千葉県の歴史
13 東京都の歴史
14 神奈川県の歴史
15 新潟県の歴史
16 富山県の歴史
17 石川県の歴史
18 福井県の歴史
19 山梨県の歴史
20 長野県の歴史
21 岐阜県の歴史
22 静岡県の歴史
23 愛知県の歴史
24 三重県の歴史
25 滋賀県の歴史
26 京都府の歴史
27 大阪府の歴史
28 兵庫県の歴史
29 奈良県の歴史
30 和歌山県の歴史
31 鳥取県の歴史
32 島根県の歴史
33 岡山県の歴史
34 広島県の歴史
35 山口県の歴史
36 徳島県の歴史
37 香川県の歴史
38 愛媛県の歴史
39 高知県の歴史
40 福岡県の歴史
41 佐賀県の歴史
42 長崎県の歴史
43 熊本県の歴史
44 大分県の歴史
45 宮崎県の歴史
46 鹿児島県の歴史
47 沖縄県の歴史

田代　脩　たしろおさむ

1938年，栃木県に生まれる
1965年，東北大学大学院文学研究科博士課程中退
現在　埼玉大学名誉教授
主要著書　『日本の中世－その社会と文化』（共著，梓出版社，1983年），『図説埼玉県の歴史』（共著，河出書房新社，1992年）

塩野　博　しおのひろし

1942年，埼玉県に生まれる
1965年，國學院大學文学部史学科卒業
前埼玉県立博物館館長
主要著書　「北武蔵の古墳」『図説埼玉県の歴史』（分担執筆，河出書房新社，1992年），「埼玉古墳群・川田谷古墳群」（東京新聞編集局編・坂詰秀一監修『古墳を歩く』学生社，1993年），『埼玉の古墳　全5巻』（さきたま出版会，2004年）

重田　正夫　しげたまさお

1948年，埼玉県に生まれる
1972年，東京教育大学文学部史学科日本史学専攻卒業
前埼玉県立文書館副館長
主要著書・論文　「近世後期地方華道の展開過程」（『埼玉県立博物館紀要』第19号，1994年），『江戸時代人づくり風土記11　埼玉』（分担執筆，農文協，1995年）

森田　武　もりたたけし

1941年，山形県に生まれる
1972年，東北大学大学院文学研究科博士課程単位取得退学
元埼玉大学教授
主要著書・論文　『埼玉自由民権運動史料』（共編著，埼玉新聞社，1984年），「武州における文久3年の草莽の活動と思想」（『埼玉大学紀要・教育学部』44巻1号，1992年）

埼玉県《さいたまけん》の歴史《れきし》　　県史　11

1999年6月15日　第1版第1刷発行　　2015年12月25日　第2版第3刷発行

著　者　田代《たしろ》脩《おさむ》・塩野《しおの》博《ひろし》・重田《しげた》正夫《まさお》・森田《もりた》武《たけし》
発行者　野澤伸平
発行所　株式会社　山川出版社　　〒101-0047　東京都千代田区内神田1-13-13
電話　03(3293)8131(営業)　03(3293)8135(編集)
http://www.yamakawa.co.jp/　　振替　00120-9-43993
印刷所　図書印刷株式会社　　製本所　株式会社ブロケード
装　幀　菊地信義

ISBN 978-4-634-32111-3

付　　録

■ 索　引

● あ 行

● か 行

● さ　行

●ま　行

● や　行

● ら・わ行

■ 年　　表

年　代	時　代	事　　項
3万年前頃	旧石器時代	局部磨製石斧の使用が始まる(藤久保東第二遺跡・末野遺跡など)。
2万年前頃		ナイフ形石器の使用が始まる(打越遺跡・砂川遺跡など)。
1万2000年前頃		細石器の使用が始まる(白草遺跡など)。
1万2000年前	縄文草創期	土器・弓矢の使用が始まる(小岩井渡場(わたつぱ)遺跡・前原遺跡など)。
	早期	竪穴住居が出現(宮林遺跡・打越遺跡)。
5000年前	前期	貝塚が盛んにつくられる(関山貝塚・水子貝塚など)。
	中期	大規模な環状集落がつくられる(将監塚・古井戸遺跡など)。
	後期	低地での生活が始まる(寿能泥炭層(じゅのうでいたんそう)遺跡・後谷遺跡など)。
3000年前	晩期	呪術的な道具が多くつくられる(赤城遺跡・雅楽谷(うたや)遺跡など)。
B.C.300	弥生前期	弥生文化が伝わる(四十坂遺跡・白幡中学校内遺跡など)。
B.C.100	中期	環濠集落や方形周溝墓がつくられ始める(池上遺跡・小敷田遺跡など)。
A.D.200	後期	水田耕作が安定し，集落の数が増えだす(中里前原遺跡群など)。
A.D.300	古墳前期	古墳がつくられる(鷺山古墳・熊野神社古墳など)。
A.D.400	中期	長坂聖天塚(しょうでんづか)古墳などつくられる。
		稲荷山古墳出土の鉄剣に辛亥(471)年の金錯銘があり，ヲワケがワカタケル大王に仕えたことがみえる。
A.D.500	後期	大型前方後円墳が出現(埼玉古墳群・野本将軍塚古墳など)。
		横穴式石室が出現(北塚原古墳群・黒田古墳群など)。
		群集墳が各地に出現(大久保古墳群・若小玉古墳群など)。

西暦	年　号		事　　項
534	安閑	元	閏 ***12***- 笠原直使主(かさはらのあたいおみ)，同族小杵(おき)と武蔵国造職を争う。
633	舒明	5	この年，物部兄麻呂を武蔵国造とする。
645	大化	元	***8***-*5* 東国の国司を任命する。
684	天武	13	***5***-*14* 渡来の百済人23人を武蔵国におく。
687	持統	元	***4***-*10* 渡来の新羅人22人を武蔵国におく。
690		4	***2***-*25* 渡来の新羅人12人を武蔵国におく。
703	大宝	3	***7***-*5* 引田祖父(ひけたのおおじ)，武蔵守に任じられる(武蔵守の初見)。
704	慶雲	元	***5***-*16* 武蔵国の飢饉を救済する。
708	和銅	元	***1***-*11* 秩父郡，自然銅を献上。
715	霊亀	元	***5***-*30* 武蔵など坂東6カ国の富民1000戸を陸奥国に移住させる。
716		2	***5***-*16* 下総・駿河など7カ国の高句麗人1799人を武蔵に移し，高麗郡をおく。
733	天平	5	***6***-*2* 埼玉郡の新羅人53人，金姓を賜わる。

756	天平勝宝 8	***7-8*** 高麗福信，従四位上・武蔵守として正倉院文書にみえる。
757	天平宝字 元	***3-9*** 高麗福信，造東大寺司に緑青616斤を献上。
758	2	***8-24*** 渡来した新羅人74人を武蔵に移し，新羅郡をおく。
759	3	***12-4*** 武蔵国で900町余の隠没田が巡察使により勘検される。
760	4	***4-28*** 渡来の新羅人131人を武蔵国におく。
761	5	***1-9*** 武蔵・美濃両国の少年各20人に，新羅征討のために新羅語を習わせる。
764	8	***9-18*** 入間郡出身の物部広成ら，恵美押勝の反乱を愛発関で破る。
766	天平神護 2	この年，武蔵国氷川神に神戸 3 戸を設置。
767	神護景雲 元	***12-6*** 丈部不破麻呂ら 6 人，武蔵宿禰の姓を賜わる。***12-8*** 不破麻呂，武蔵国造となる。
768	2	***3-1*** 武蔵国乗瀦・豊島の 2 駅，下総国井上・浮島・河曲の 3 駅に中路に准じて馬10疋を常置させる。***7-11*** 物部広成ら 6 人，入間宿禰の姓を賜わる。
769	3	この年，入間郡の大伴部赤男，奈良西大寺に私財を献上。
770	宝亀 元	***10-25*** 足立郡の采女武蔵家刀自，従五位下に昇進。
771	2	***10-27*** 武蔵国，東山道から東海道に所属替えとなる。
775	6	***10-13*** 武蔵など坂東 4 カ国の兵士を出羽に派遣。
788	延暦 7	***3-3*** 坂東の兵士 5 万人余を陸奥国多賀城に派遣。***3-21*** 入間広成ら，征東副使に任命。
792	11	***6-14*** 武蔵国に健児105人をおく。
796	15	***11-21*** 武蔵など 8 カ国の民9000人を陸奥に移す。
818	弘仁 9	***7-*** 武蔵など坂東 6 カ国に大地震。
830	天長 7	***2-11*** 武蔵国の空閑地220町を勅旨田とする。
833	10	***5-11*** 多摩・入間郡の郡界に悲田処を設置。
834	承和 元	***2-17*** 幡羅郡の荒廃田123町を冷然院に充てる。
837	4	***10-26*** 埼玉郡壬生氏の天台座主円澄没す。
841	8	***2-8*** 武蔵国の田507町を嵯峨院に充てる。***5-7*** 男衾郡榎津郷の壬生福正，息子 2 人の調庸前納を請い，許可される。
843	10	***5-8*** 那珂郡，戸口増加により，小郡から下郡に改められる。
845	12	***3-23*** 壬生福正，武蔵国分寺七重塔再建を申請し，許可される。
859	貞観 元	***1-27*** 武蔵国の氷川神の神階を進め，従五位上となる。
860	2	***3-7*** 円仁，武蔵国の正税穀400斛を賜わる。
861	3	***11-16*** 各郡に検非違使 1 人をおく。
867	9	***8-20*** 武蔵国の駒牽が行なわれる。
869	11	***11-19*** 武蔵国の氷川神が正四位下となる。
871	13	***3-3*** 安倍小水麿，大般若経を書写(のちに慈光寺に奉納)。
875	17	***5-10*** 武蔵など 4 カ国の兵士，下総の俘囚の反乱鎮圧に派遣。
878	元亀 2	***6-21*** 出羽の夷俘の反乱により，武蔵の精兵30人に待機を命じる。***9-29*** 関東諸国に大地震。***12-2*** 氷川神が正四位上となる。***12-8*** 秩父神が正四位下となる。
900	昌泰 3	この年，武蔵国に強盗が蜂起する。
903	延喜 3	***8-13*** 秩父牧の駒牽が行なわれる。
919	3	***5-23*** 武蔵国，前武蔵権介源任の濫行を報告。

931	承平　元	11-7 小野牧が勅旨牧となる。
933	3	4-2 朱雀院秩父牧(秩父郡石田牧・児玉郡阿久原牧)が勅旨牧となる。
939	天慶　2	2- 武蔵権守興世(おきよ)王・武蔵介源経基と足立郡司武蔵武芝との間の紛争を平将門が調停する。3-3 源経基，平将門・興世王の謀反を訴える。12-19 平将門，下総国にあって新皇を称する。
940	3	2-14 平将門，藤原秀郷らと戦い下総国幸島郡で敗死する。
960	天徳　4	10-2 検非違使・源満仲ら，平将門の子を捜索。
1083	永保　3	9- 源義家，清原武衡父子らと合戦，坂東武者が義家に従う(後三年の役)。
1113	永久　元	3-4 坂東5カ国の国司，内記太郎を殺害した武蔵横山党を追討。
1155	久寿　2	8-16 源義平，比企郡大蔵館で叔父義賢を殺す。
1156	保元　元	7- 保元の乱に，斎藤実盛・庄家長・岡部忠澄・金子家忠ら，源義朝に属し戦う。
1159	平治　元	12- 平治の乱に，猪俣範綱・熊谷直実・足立遠元ら，源義朝に属し戦う。
1180	治承　4	8-26 畠山重忠・河越重頼ら，平家方に属し，源氏方の相模国衣笠(きぬがさ)城を攻める。10-4 重忠・重頼ら，源頼朝に帰順。12-14 武蔵国住人，本知行地主職を安堵される。
1182	寿永　元	8-12 河越重頼の妻，源頼家の乳母となる。
1184	元暦　元	1-3 源頼朝，大河土(おおかわど)御厨を伊勢豊受大神宮に寄進。4-26 源義仲の子義高，入間河原で討たれる。6-5 平賀義信，武蔵守となる。9-14 河越重頼の女，源義経に嫁すため上洛。
1185	文治　元	11-12 河越重頼・下河辺政義，義経の縁者のため所領を没収される。
1189	5	6-29 源頼朝，奥州合戦の戦勝祈願のため，比企郡慈光寺に愛染明王像を奉納。
1192	建久　3	11-25 熊谷直実，久下直光との相論で頼朝の面前で対決，のち出家する。
1193	4	2-9 畠山重忠，幕命で丹党と児玉党の争いを調停する。11-19 幕府，埼玉郡鷲宮に神馬を奉納。
1195	6	7-16 源頼朝，平賀義信の武蔵の国務をほめる。
1199	正治　元	11-30 武蔵国の田文が完成。
1203	建仁　3	9-2 比企能員，北条氏に誅される。10-27 武蔵国の御家人，北条時政に忠誠を誓う。
1205	元久　2	6-22 北条時政，畠山重忠父子を謀殺する。
1207	承元　元	3-20 武蔵守北条時房，武蔵国内の荒野開発を命じられる。
1208	2	9-14 熊谷蓮生坊(直実)，京都東山の草庵で没す。
1210	4	3-14 武蔵国の田文が作成され，国務の条々が定められる。5-14 畠山重忠の後家，所領などを安堵される。
1212	建暦　2	2-14 武蔵守北条時房，郷々に郷司職を任じる。
1213	建保　元	5-7 安達時長，和田合戦の功で幡羅郡長井荘を賜わる。5-17 式部大夫重清，大河戸御厨八条郷を賜わる。10-18 武蔵国の新開田の実検が行なわれる。
1221	承久　3	5-22 北条泰時，武蔵武士らを率いて京に出発する(承久の乱)。6-15 後鳥羽院降伏の院宣を藤田能国が読む。8-2 幕府，足立郡矢古

		宇郷を鶴岡八幡宮に安堵。***9***-*6* 熊谷直時，安芸国三入荘地頭職に任じられる。
1226	嘉禄 2	***4***-*10* 河越重員，武蔵国留守所総検校職に任じられる。
1230	寛喜 2	***1***-*26* 執権北条泰時の公文所で，太田荘の荒野開発を議す。
1232	貞永 元	***2***-*26* 幕府，榑沼(くれぬま)堤修築を地頭に命じる。
1235	嘉禎 元	***7***-*6* 幕府，熊谷氏一族の争いを裁き，資直を大里郡西熊谷郷などの地頭職とする。
1241	仁治 2	***10***-*22* 幕府，武蔵野の水田開発のことを議す。
1243	寛元 元	***3***-*12* 鳩谷重元，足立郡鳩谷郷地頭職のことを幕府に直訴。
1247	宝治 元	***6***-*5* 大河戸重隆・春日部実景ら，三浦泰村の乱に加担し鎌倉で自害(宝治合戦)。
1269	文永 6	***3***-*2* 仙覚律師，比企郡北方麻師宇郷で『万葉集注釈』を著す。
1271	8	***9***-*13* 小代重俊の子息ら，蒙古襲来に備え肥後国の所領に下向を命じられる。
1281	弘安 4	閏 ***7***-*11* 児玉繁行ら，異賊警護のため子息を安芸国の所領に差し下し，長門国の軍陣に属すことを命じられる。
1285	8	***11***-*17* 霜月騒動の自害者注文のなかに足立直元らの名がみえる。
1293	永仁 元	この頃，足立郡佐々目郷，大乗経料所などとして鶴岡八幡宮に寄進される。
1296	4	***11***-*20* 吉見義世，謀反の罪により斬首される。
1331	元弘 元	***9***-*5* 後醍醐天皇討伐に多数の武蔵武士が参加。
1333	正慶 2 (元弘 3)	***5***-*12* 武蔵武士らを従えた新田軍と幕府軍が久米川で戦う。***12***-*12* 後醍醐天皇，法華寺に綸旨を与え寺領を安堵。
1335	建武 2	***7***- 北条時行の軍勢，久米河・女影(おなかげ)原で足利直義軍を破る（中先代の乱)。***8***-*27* 足利尊氏，足立郡佐々目郷を鶴岡八幡宮に寄進。***12***- 河越・高坂氏ら，新田義貞に属し，足利尊氏軍と箱根で戦う。
1336	3 (延元 元)	***3***-*22* 春日部重行，後醍醐天皇から下総国下河辺荘春日部郷などの地頭職を安堵される。***12***-*11* 足利直義，安保光泰に安保郷などの所領を安堵。
1337	4 (2)	***12***-*13* 北畠顕家，利根川で足利軍を破り，23日に鎌倉を占領。
1338	暦応 元 (3)	***5***-*22* 越生四郎左衛門尉，北畠顕家を和泉国堺で討つ。
1350	観応 元 (正平 5)	***8***-*9* 安保直実，武蔵守護高師直から足立郡大窪郷を宛て行なわれる。
1351	2 (6)	***12***-*19* 足利尊氏方に属した高麗経澄，足立郡羽禰蔵で足利直義方の難波田九郎三郎を破る。
1352	文和 元 (7)	閏 ***2***-*28* 足利軍，新田義宗らを小手指原・高麗原で破る。
1353	2 (8)	***7***-*28* 足利基氏，入間川に着陣。
1358	延文 3 (13)	***10***-*10* 新田義興，武蔵国矢口渡しで討たれる。
1359	4	***11***-*28* 関東執事畠山国清，武州白旗一揆・平一揆らを率いて入京。

	(正平14)	
1362	貞治 元 (17)	2-21 足利基氏，畠山国清ら誅伐のため，平一揆らを伊豆へ差し向ける。
1363	2 (18)	8-26 足利基氏，上杉憲顕の執事復帰に反対する宇都宮氏綱・芳賀高名と入間郡苦林野(にがばやしの)・比企郡岩殿山で戦い，芳賀氏を破る。
1368	応安 元 (23)	2-5 平一揆，鎌倉府にそむき河越館に籠城する(平一揆の乱)。6-17 上杉憲顕，河越館を攻略。
1370	3 (建徳 元)	2-9 上杉朝房・畠山基国ら，武蔵北部で新田氏残党を討つ。
1380	康暦 2 (天授 6)	9-19 関東管領上杉憲方ら，小山義政を降伏させ，大里郡村岡に陣す。
1381	永徳 元 (弘和 元)	12-12 小山義政，足利氏満に降伏。
1388	嘉慶 2 (元中 5)	9-16 足利義満，東国を遊覧。
1400	応永 7	12-20 足利満兼，入間郡内の地を鶴岡八幡宮に寄進する。
1416	23	10-2 上杉禅秀の乱に際し，児玉党・丹党などは禅秀方に，南一揆らは足利持氏方に同心する。
1417	24	1-9 上杉憲基，武蔵などの兵を率いて相模川辺で上杉禅秀を破る。
1438	永享 10	8-16 鎌倉公方足利持氏，関東管領上杉憲実討伐のため武蔵府中へ出陣（永享の乱)。10-19 上杉憲実，上野国を発し武蔵国分倍河原へ出陣。
1441	嘉吉 元	4-16 幕府軍，結城城を攻略（結城合戦)。
1454	享徳 3	12-27 足利成氏，上杉憲忠を鎌倉で謀殺(享徳の乱始まる)。
1455	康正 元	1-21 足利成氏，分倍河原で上杉憲顕・長尾景仲らを破る。6-16 幕府方，成氏を攻め下総国古河へ走らす(古河公方)。12-6 成氏，騎西城の上杉憲信・長尾景仲らを攻める。
1456	2	2-10 足利成氏，埼玉郡鷲宮大明神に戦勝を祈願。9-17 成氏，榛沢郡岡部原で上杉方を破る。
1457	長禄 元	4- 扇谷上杉持朝が河越城，太田資清(道真)が岩付城，太田資長(道灌)が江戸城を取り立てる。6-23 幕府，渋川義鏡を武蔵国へ派遣。
1469	文明 元	この年，太田道真，河越城に宗祇らを招き連歌会を催す(河越千句)。
1477	9	1-18 長尾景春，児玉郡五十子（いかっこ）の山内上杉顕定らを攻める(長尾景春の乱)。
1478	10	7-18 太田道灌，男衾郡鉢形城を攻略し長尾景春を逐う。
1482	14	12- 享徳の乱終結（都鄙(とひ)の和睦)。
1486	18	7-26 扇谷上杉定正，家宰太田道灌を相模国糟屋館で殺害する。10- 聖護院門跡道興准后，武蔵国を巡覧する。
1488	長享 2	6-18 上杉顕定と上杉定正，比企郡須賀谷原で戦う。
1492	明応 元	2-2 太田道真，入間郡越生(おごせ)で没す。
1504	永正 元	9- 河越城に拠る扇谷上杉朝良，北条早雲の支援で，山内上杉顕定・古河公方足利政氏連合軍と武蔵各所で戦う。
1524	大永 4	1-13 北条氏綱，江戸城を奪取。扇谷上杉朝興，江戸城を逐われて河越城に逃れる。

1535	天文	4	***10***-*13* 北条氏綱，河越城の上杉朝興を攻める。
1537		6	***7***-*15* 北条氏綱，河越城を攻略。***7***-*23* 北条氏綱・氏康，足立郡佐々目郷を鶴岡八幡宮に安堵。
1538		7	***2***- 北条氏綱，下総国葛西城を攻略し，ついで岩付城に太田資正を攻める。
1545		14	***9***- 扇谷上杉朝定，山内上杉憲政・古河公方足利晴氏の支援をうけて河越城を包囲。
1546		15	***4***-*20* 北条氏康，夜戦で河越城を救う。上杉朝定戦死(河越夜戦)。
1552		21	***2***- 北条氏康，安保氏の児玉郡御嶽城を攻略，北武蔵へ進出。
1554		23	***11***-*7* 北条氏康，古河城を攻略し足利晴氏を捕らえる。
1555	弘治	元	この年，北条氏康，河越・松山周辺を検地する。
1556		2	***3***-*5* 太田資正，鴻巣大行院に上足立三十三郷の伊勢熊野先達衆分檀那職などを安堵。
1560	永禄	3	***5***-*27* 足利晴氏，関宿で没す。***6***-*12* 久喜甘棠院(かんとういん)で晴氏の葬儀が行なわれる。
1561		4	***3***- 上杉謙信，小田原城を攻める。
1562		5	***1***-*29* 北条氏康，岩付の太田資正攻撃のため下足立に出兵。***10***- 北条氏康・武田信玄連合軍，岩付太田方の比企郡松山城を包囲。
1563		6	***2***-*4* 北条・武田連合軍，松山城を攻略。
1564		7	***7***-*23* 太田氏資，北条氏康と通じ父資正を岩付城から逐う。
1566		9	***10***-*21* 太田氏資，足立郡玉林坊に下足立三十三郷の年行事職を安堵。
1567		10	***8***-*23* 太田氏資，上総国三船台合戦で討死する。***11***-*1* 鉢形城主北条氏邦，榛沢郡下の開墾を命じる。
1569		12	***3***-*13* 武田信玄，関宿の梁田晴助に武蔵出兵を請う。***6***- 北条氏康，上杉謙信と和議(越相同盟)。***9***-*10* 武田信玄，鉢形城を攻める。
1571	元亀	2	この冬，北条氏政，武田信玄と和睦（越相同盟破綻)。
1574	天正	2	***11***-*7* 上杉謙信，関宿・羽生城を支援。閏***11***- 北条氏政，羽生城を攻略。
1576		4	***6***-*13* 鉢形城主北条氏邦，軍法を定める。***8***-*10* 聖護院門跡，越生山本坊に秩父六十六郷熊野参詣諸先達職を安堵。
1578		6	***4***-*7* 北条氏，比企郡三保谷郷を検地。
1582		10	***6***-*19* 北条氏直・氏邦，神流川(かんながわ)で滝川一益と戦う。
1588		16	***1***-*5* 北条氏照，入間郡茂呂大明神の梵鐘を徴発。***1***-*8* 氏照，高麗郡篠井観音堂の山伏に小田原への軍役を命じる。
1590		18	***5***-*21* 豊臣方の浅野・木村の軍が岩付城を攻略。***6***-*7* 石田三成らの軍，忍城の水責めを開始。***6***-*14* 前田・上杉の軍，鉢形城を攻略。***7***-*5* 小田原城落城。***7***-*16* 石田三成・浅野長吉ら，忍城を攻略。***8***-*1* 徳川家康，江戸入城。***9***-*7* 松平家忠・牧野康成ら，伊奈忠次から知行書立を与えられる。
1591		19	***6***-*6* 伊奈忠次，小室陣屋に移る。***11***- 徳川家康，由緒ある寺社に領地朱印状を発給する。
1594	文禄	3	この年，利根川の会の川通りを川俣で締め切る。
1596	慶長	元	***8***-*19* 伊奈忠次，徳川家康の命で大宮氷川神社社殿を再建。
1597		2	***8***-*8* 北条氏邦，加賀国金沢で没す。

1602	慶長	7	6- 中山道に伝馬制をしく。
1604		9	2- 伊奈忠次，備前渠《びぜんきょ》を開削。3-15 徳川家康，大宮氷川神社に社領を加増(計300石となる)。7- 諸道に一里塚を築く。
1609		14	5- 聖護院門跡，入間郡越生山本坊ら本山派修験先達に年行事職を安堵。
1610		15	この年，忍藩が川俣関所に番士をおく。6-13 代官頭伊奈忠次没す。
1612		17	5-28 徳川家康，曹洞宗法度を制定し，越生龍穏寺などを関三箇寺と定める。
1613		18	12-1 徳川家康，川越喜多院の寺領を加増(計500石となる)。
1616	元和	2	8- 幕府，利根川筋の川俣・栗橋などを定船場と定める。
1617		3	3-23 久能山から日光へ移葬する家康の遺骸が川越に着く。
1618		4	この年，伊奈忠治，赤山領を賜わる。
1621		7	この年，伊奈忠治，新川通や赤堀川を開削。
1623		9	10- 長徳寺寒松，キリシタン竹子屋権七郎女房の助命を老中へ懇願。
1624	寛永	元	この年，栗橋関所に番士4人がおかれる。
1628		5	10- 幕府，江戸近郊に鷹場を設置。この年，岩槻藩領村々で総検地(～7年まで)。
1629		6	この年，伊奈忠治，荒川の瀬替えを実施。八丁堤を築き，見沼を溜井とする。
1631		8	この年，大里郡寄居に四・九の市が開設される。
1633		10	2-13 尾張・紀伊・水戸の徳川御三家，鷹場を賜わる。この頃，寛永の地方直し。3-23 幕府，六人衆(のちの若年寄)設置。松平信綱らが就任。
1637		14	11-27 忍藩主松平信綱，島原の乱鎮圧のため出陣。
1638		15	1-28 川越城下大火。
1639		16	1-5 松平信綱が川越藩主，阿部忠秋が忍藩主となる。
1640		17	6-15 川越仙波東照宮再建，正遷宮。
1641		18	この年までに伊奈忠治，江戸川を開削。
1643		20	この年，秩父大滝栃本関に麻生加番所を設置。この頃，川越城下の町割り整備始まる。
1648	慶安	元	この年，川越藩は入間・比企・高麗郡村々で検地を実施。家光，諸国の寺社に領地朱印状を交付(～2年まで)。
1649		2	この頃，『武蔵田園簿』作成される。
1653	承応	2	6-27 関東郡代伊奈忠治没す。8- 川越藩主松平信綱，野火止新田を開き，これまでに50数軒が入植。
1654		3	この年，赤堀川を再掘，利根川を鬼怒川に付け替える。
1655	明暦	元	3-20 この頃，川越藩，安松金右衛門に命じ野火止用水を開削。
1656		2	この年，児玉郡渡瀬村でキリシタン探索が行なわれ，6人が捕わる。
1657		3	2-7 岩槻藩主阿部定高，越ケ谷御殿の江戸城二の丸移築を命じられる。
1658	万治	元	1- 埼玉郡柳生村でキリシタン10人が捕わる。
1660		3	この年，関東郡代伊奈忠克，葛西用水を開削。
1662	寛文	2	3-16 川越藩主松平信綱没す。この年，野火止用水を宗岡村まで引き，「いろは樋管」できる。

1663	寛文	3	この年，岩槻平林寺を新座郡野火止に移す。
1667		7	***6**-12* 足立郡三室村の氷川女体神社，前年の大宮氷川神社に続いて忍藩主阿部忠秋が奉行となり修理造営。***11**-11* 本庄宿大火。
1669		9	***11**-2* 幕府勘定組頭妻木頼熊ら，武蔵野の開発可能地の調査結果を報告。
1670		10	***11**-25* 妻沼町大火。
1675	延宝	3	この年，江戸町人加田屋助右衛門，足立郡片柳に入江新田を開発。
1678		6	この冬，大宮氷川神社神主氷川内記，紀州鷹場での捕鳥により追放刑。
1690	元禄	3	***2**-* 関八州の廻米津出し河岸・運賃を定める。県域16河岸を記載。
1693		6	***6**-* 幕府，御三家の鷹場を収公。
1694		7	***1**-7* 川越藩主松平信輝，下総国古河へ転封。柳沢吉保が川越に入封する。この年，県域の中山道宿駅に大助郷の村々を指定(日光道中は元禄9年)。
1696		9	***5**-1* 川越藩，三富新田を開発。
1697		10	***7**-* 元禄の地方直し(元禄検地)。
1704	宝永	元	***8**-4* 利根川・荒川など大水。
1705		2	***4**-* 忍城下大火。
1707		4	***11**-23* 富士山噴火，関東降灰。
1711	正徳	元	***12**-26* 本庄宿大火。
1713		3	***6**-* 忍藩，秩父大宮郷に絹の市日を定める。
1714		4	***11**-29* 幕府，中山道を通る大名を金沢・高田など30藩とする。
1716	享保	元	***8**-* 幕府，江戸周辺の鷹場を復活。
1717		2	***8**-16* 関東大風雨，二郷半領・松伏領に被害。
1719		4	この年，葛西用水の上川俣村に元圦を設け，幸手領用水を開く。
1723		8	***8**-8* 元荒川筋岩槻領で大洪水。***9**-* 利根川大洪水。
1725		10	***2**-4* 蕨宿大火。この年までに，県域の幕領村々で年貢定免法を実施。この年，中山道・日光道中の宿駅の大助郷が定助郷となる。
1727		12	***9**-* 見沼溜井の開発が始まる(翌年2月完成)。
1729		14	***8**-* 幕府，関東に菜種栽培を奨励。
1730		15	***8**-* 忍城下大火。***6**-25* 利根川上流一本木河岸など河岸場争論裁許。
1731		16	***5**-* 見沼通船堀完成。この年，川越藩が扇・寺尾など5河岸の問屋株を公認。
1732		17	***4**-* 関東一円で凶作により米価暴騰。***11**-15* 秩父大宮郷大火。
1735		20	***9**-* 児玉郡渡瀬村でキリシタン類族調べ。
1741	寛保	元	***3**-15* 幕府，青木昆陽に秩父・多摩郡の古文書を採訪させる。
1742		2	***7**-27* 雨が続き8月初めにかけて未曾有の大洪水。***10**-6* 幕府，諸藩に堤防修理を命じる。
1743		3	***5**-* 長州藩毛利氏，利根川堤修築を記念し，埼玉郡鷲宮神社へ石灯籠を奉納。
1749	寛延	2	この年，忍藩秩父領の村々，年貢上納期限変更などに反対して箱訴。***12**-8* 本庄宿大火。
1751	宝暦	元	***3**-* 入間郡南永井の名主ら，上総国から種いもを入手し甘藷栽培。
1752		2	***7**-* 忍藩秩父領の村々，年貢増徴に反対して一揆。
1756		6	***5**-21* 岩槻藩主永井直陳，美濃国加納へ転封し，上総国勝浦から大岡

			忠光が入封。
1760	宝暦	10	この年，鴻巣宿の俳人横田柳几《りゅうき》が撰集『七時雨』を刊行。
1762		12	閏4- 高麗郡岩淵村など田安領村々，年貢増徴に反対し箱訴。
1764	明和	元	この年春，平賀源内，那賀郡猪俣村で火浣布を製作。閏12- 明和の伝馬騒動，武蔵・上野・下野・信濃の農民が増助郷免除を要求し蜂起。29日桶川宿で鎮撫。
1765		2	1- 入間・高麗・比企・足立・埼玉郡内で打ちこわし発生（伝馬騒動の余波）。
1767		4	4-28 鴻巣宿大火。閏9-15 川越の秋元凉朝，出羽国山形へ転封。上野国厩橋の松平朝矩が川越に入封。
1768		5	11- 那賀郡広木村など14カ村，浪人対策の組合村を結成。
1772	安永	元	10- 平賀源内，秩父郡中津川で鉄山開発を出願。
1774		3	この頃，幕府は河岸場吟味を実施し，新河岸を公認。
1775		4	2-1 大宮宿大火。4- 平賀源内，秩父山中で炭焼を開始。11- 平賀源内，荒川通船を完成。11- 上利根川14河岸問屋組合を結成。
1781	天明	元	8-16 武蔵・上野に6月設けられた端物糸真綿貫目改所を廃止。
1783		3	7-5 浅間山大噴火，6～8日降灰，このため大被害。10-14 高麗郡一橋領17カ村で年貢増徴反対一揆。この年，幡羅郡下奈良村吉田宗敬ら，私財で救恤する。
1784		4	6- 葛飾郡幸手宿正福寺境内に義賑窮餓之碑建つ。8-20 草加宿大火。
1785		5	この年，心学者大島有隣，葛飾郡大島村に恭倹舎を開設。
1786		6	7-12 大風雨，利根川・荒川筋洪水。権現堂川・元荒川筋でも破堤し被害大。
1787		7	5- 岩槻町で打ちこわし発生。11-8 本庄宿大火。
1791	寛政	3	7- 鴻巣宿助郷村々が諸物価・奉公人給金の抑制などを出願する。
1792		4	3-9 関東郡代伊奈忠尊改易。
1794		6	3- 川口善光寺の開帳で，参詣の荒川渡船転覆し，けが人多数出る。
1798		10	7-6 久喜藩主米津通政，出羽国長瀞へ転封。
1799		11	3-15 児玉南柯，岩槻に遷喬館を開く。
1801	享和	元	7-2 蕨宿大火。
1802		2	7-1 県下洪水。権現堂堤・備前堤など決壊。
1803		3	3- 久喜町に郷学遷善館開設。亀田鵬斎が江戸から招かれる。
1805	文化	2	6- 幕府，関東取締出役を設置。
1810		7	この年，『新編武蔵風土記』の編さん開始。
1813		10	3-19 小川和紙仲間，江戸問屋を訴える。
1814		11	5-13 幕府測量方伊能忠敬ら，秩父地方を測量。
1819	文政	2	この年，塙保己一『群書類従』正編刊行。
1820		3	12- 幕府，川越藩などへ相模国沿岸警備を命じる。
1823		6	3-24 忍藩主阿部正権が陸奥国白河に転封となり，松平忠尭が伊勢国桑名より入封。
1824		7	9- 入間郡馬場村の俳人川村碩布《せきふ》，『春秋稿』第八編を刊行。
1825		8	2-16 川越城下大火。7-7 足立郡塚越村の高橋新五郎，高機を考案。
1826		9	3-15 小谷三志，二宮尊徳の請で下野桜町陣屋で不二道を説く。3- 大島有隣，忍藩秩父領で心学を講話。忍藩，藩校進修館を桑名から移

			すため，芳川波山を儒者に迎える。12- 足立郡植田谷領4カ村の農民，領主伊奈氏の用人の不正を訴え出る。
1827	文政	10	2- 幕府，関東全域に改革組合村の設定を命じる。5- この頃から，秩父郡皆野村に「蓑山流行松」がはやりだす。8-12 川越藩，藩校博喩堂を開設。この年，足立郡片柳村の生花師匠守屋巌松斎，『挿花松之翠』を刊行。
1832	天保	3	1-21 渡辺崋山，幡羅郡三ケ尻村の地誌『訪瓺録』を著す。この頃から佐藤信淵，足立郡鹿手袋・三室，葛飾郡二郷半領に約15年滞在。
1833		4	9-28 葛飾郡幸手宿で米屋など打ちこわし。この年，幡羅郡下奈良村の吉田宗敏，5000両を救恤のため献金。この頃，新座郡膝折村で水車伸銅業が始まる。
1834		5	6- 埼玉郡騎西領各地で打ちこわし。12- 幕府，関東諸国へ菜種栽培を奨励。
1836		7	8-21 岩槻城下で施米を要求して打ちこわし。10- 埼玉郡久喜町で打ちこわし。
1837		8	5- 足立郡大間村の福島貞雄，『瞻民録』を著す。
1838		9	8- 関東取締出役，農間余業調査を実施。
1839		10	2-12 荒川堤普請をめぐり大里郡下10カ村で蓑負騒動がおこる。
1842		13	8-3 幕府，川越藩に相模，忍藩に房総の沿岸警備を命じる。10-17 岩槻藩，川口の鋳物師へ大砲鋳造を発注。
1844	弘化	元	この年，川越版の『日本外史』を開版。
1845		2	6-5 佐藤信淵，足立郡鹿手袋村の永堀家で『養蚕要記』を著す。7-30 脱獄した高野長英，足立郡大間木村・土呂村に潜む。12- 川越藩郡奉行安井政章が川島領大囲堤工事を完成。
1846		3	2-2 忍城下に伝兵衛火事。本庄宿大火。7-25 高島秋帆，大里郡岡部藩陣屋に幽閉。
1853	嘉永	6	6-3 ペリー浦賀に来航，川越藩領村々では夫役の徴発。6-23 忍藩，間引き対策として幼児養育料の支給を秩父領で始める。8-6 岡部藩陣屋に幽閉中の高島秋帆の禁固をとく。11-14 幕府，川越・忍藩の房総警備を免じ，品川沖台場防備を命じる。
1854	安政	元	8-20 幕府，岩槻藩に上総・安房の沿岸警備を命じる。
1855		2	10-2 江戸大地震。この年，渋沢宗助，『養蚕手引抄』を刊行。
1860	万延	元	この年，寺門静軒，妻沼に両宜塾を開く。
1861	文久	元	11-13 皇女和宮降嫁の行列が中山道を下向，この日桶川泊。
1863		3	11- 榛沢郡中瀬村桃井可堂，下手計(しもてばか)村小高惇忠などの挙兵計画が挫折。
1864	元治	元	6-9 幕府，忍・岡部藩などに天狗党討伐を命じる。
1866	慶応	2	5-25 忍藩，京都警護を命じられる。6-13 名栗谷から打ちこわし発生。武蔵国・上野国へ波及(武州一揆)。10-3 入間郡下に農兵新設反対の強訴。10-27 川越藩主松平直克が上野国厩橋(前橋)へ転封，陸奥国棚倉から松平康英が川越へ入封。11-14 日光道中粕壁宿で窮民の施行要求行動。
1867		3	10- 関東郡代木村勝教，埼玉郡羽生町場に陣屋設置を命じる。
1868	明治	元	3-9 東山道先鋒総督岩倉具定，熊谷宿へ到着。3-27 榛沢郡黒田村

			で旗本殺害事件おこる。3-10 羽生陣屋焼き払いから，久喜・加須などに打ちこわしが波及。5-23 飯能戦争で振武軍敗れる。6-19 山田政則，武蔵知県事に就任。10-17 大宮氷川神社，武蔵国鎮守勅祭社となる。10-28 明治天皇，氷川神社へ親拝。
1869	明治	2	1-28 大宮県設置。9-29 大宮県を浦和県と改称。
1870		3	1- 浦和県，浦和宿(鹿島台)に開庁。3- 蕨郷学校開校。11-1 天皇，大宮氷川神社へ行幸。
1871		4	5-14 大宮氷川神社が官幣大社，秩父神社・川越氷川神社が県社となる。7-14 藩を廃し，忍・岩槻・川越の各県をおく。11-13 埼玉県令に野村盛秀，入間権参事に小笠原幹任命される。11-14 浦和県・岩槻県・忍県を廃し，埼玉県設置，県庁の位置を岩槻とする。川越藩を廃し，入間県を設置，県庁の位置を川越町とする。12-24 埼玉県庁を浦和に開く。
1872		5	3-22 入間県，蚕種大総代を任命。5- 東京・高崎間に中山道郵便馬車が開業。8-17 埼玉県庁内に埼玉裁判所を開設。9-18 埼玉県，第１回協議場を開く。
1873		6	1- 埼玉県，学校改正局を開設。2-7 河瀬秀治，群馬県令兼入間県令に任命される。6-15 入間県・群馬県を廃し，熊谷県設置。県庁を熊谷宿におく。10-17 埼玉県，売淫禁止令を布達。
1874		7	4-10 埼玉県，瞰(ち)育金制度を設ける。6-22 埼玉県，学校改正局を師範学校と改称。
1875		8	8-30 下総国葛飾郡金杉村ほか42カ村を千葉県から埼玉県に移管。
1876		9	1-18 埼玉県，医学校を開校。8-21 熊谷県管轄の武蔵国分を埼玉県に併合。12-11 浦和書籍館を県立学校構内に開設。
1877		10	4- 木村九蔵，養蚕改良結社「競進組」を設立。5-24 町村会仮規則布達。9- 県下にコレラ大流行。10-1 浦和・熊谷に電信分局設置(東京・新潟間の通信開始)。
1878		11	5-15 第八十五国立銀行，川越町に設立(12-17 開業)。9-21 浦和宿で県立勧業博物館開場式。9- 北埼玉郡の掘越寛介，本県初の政社「通見社」を羽生町に創設。11-29 山林原野を除き，県下の地租改正事業完了。
1879		12	3-17 管内の区制を全廃し，郡制を施行。4- 県域に９郡役所を設置。6-25 初の通常県会，小学師範学校で開会。
1880		13	4- 掘越寛介ら国会開設請願。
1881		14	10-20 県内学区(364学区)を定める。
1882		15	2-24 自由党埼玉部結成。4-2 埼玉県改進党結党。6-30 中・小師範学校が合併し，県立師範学校と改称。9-1 日本鉄道会社，第１区線(現高崎線)起工式を川口で挙行。
1883		16	2- 比企郡松山周辺で陸軍特別大演習が行なわれ，のち恒例となる。7-28 日本鉄道第１区線上野・熊谷間が開通。
1884		17	7-14 連合戸長役場位置・所轄町村名を布達。10-31 秩父事件おこる。11-14 競進社，養蚕技術の伝習所を開設。
1885		18	3-4 知事の管内巡視規則制定，知事管内を巡視(のち，19，20，22，23，24，26，27年に実施)。3-16 東北線大宮駅開設。7-16 日本鉄

		道の大宮・宇都宮間が開通。***9***-*22* 大宮氷川公園が開園。
1887	明治　20	***10***-*22* 渋沢栄一ら，日本煉瓦製造株式会社を設立。
1888	21	***5***- 陸軍管区制定され，県下は第1師管麻布・高崎・本郷大隊区に分属。
1889	22	***4***-*1* 県下に町村制施行。40町369村となる。
1890	23	***4***-*18* 貴族院多額納税者議員互選者名簿を告示し，埼玉選挙区で1人を互選させる。***7***-*1* 第1回衆議院議員選挙を実施(自由3，改進2，その他3人当選)。***8***-*23* 県下大洪水，利根川・荒川堤防多数決壊。***9***-*25* 県庁位置を北足立郡浦和町とする勅令公布。
1891	24	***10***-*20* 県師範学校生徒同盟休校，118人中110人退学処分で騒ぐ。***12***-*14* 熊谷・秩父道開設をめぐる硫酸事件がおこる。
1892	25	***11***-*18* 県会，久保田知事・有田警部長不信任を可決。***11***-*25* 内務大臣より県会解散を命じられる。
1893	26	***3***-*17* 入間郡川越町で大火。
1894	27	***12***-*10* 日本鉄道大宮工場開業。
1895	28	***3***-*21* 川越鉄道の東村山(久米川)・川越間開業。
1896	29	***8***-*1* 県下で郡制実施。***10***- 埼玉県第1(浦和)，第2(熊谷)尋常中学校が開校。***12***-*1* 県熊谷測候所，観測業務を開始。
1897	30	***4***-*1* 県，府県制を実施。***8***- 県下で赤痢大流行，県告諭をだす。***9***-*13* 衆議院議員補欠選挙(3・5区)で自由・進歩両党対立激化，乱闘事件発生。***12***- 鉄工組合第二支部を日本鉄道大宮工場に結成。
1898	31	***3***-*6* 埼玉農工銀行が創立総会，7月開業。***5***-*13* 北埼玉郡川辺・利島両村民，鉱毒被害免租地公権存続を県に誓願。***5***-*24* 埼玉県農会発足。***11***-*2* 上武鉄道株式会社(現秩父鉄道)設立。
1899	32	***8***-*27* 東武鉄道伊勢崎線北千住・久喜間が開業。***11***-*12* 日本鉄道大宮工場労働者の大宮労働倶楽部が結成される。
1900	33	***3***-*7* 入間郡下農民1000人，荒川対岸堤防取崩請願のため県庁に押しかける。***3***-*16* 埼玉県高等女学校を設置，4月開校。
1901	34	***3***-*19* 女子師範学校を高等女学校に併設。***5***-*2* 片倉組(のち片倉製糸紡績会社)工場，東京千駄ケ谷から大宮町に移転。***10***-*7* 上武鉄道の熊谷・寄居間が開業。
1902	35	***1***-*7* 県立甲種熊谷農業学校設立認可(明治36年3月31日県立熊谷農学校と改称)。***5***- 日本鉄道大宮工場で労使協調親睦団体「工友会」結成。***8***-*10* 第7回衆議院議員選挙，全県1区大選挙区制で実施(政友会6，憲政本党2，無所属1人当選)。***7***- 愛国婦人会埼玉県支部結成。
1903	36	***11***-*8* 熊谷小谷田製糸工場女工121人，待遇改善ストライキ。
1904	37	***3***-*8* 日露開戦で県予算30%減額。
1906	39	***4***-*16* 川越電気鉄道の川越・大宮間が開通。***11***-*1* 日本鉄道東北本線・高崎線が国有となる。
1908	41	***1***-*10* 県立川越染織学校学則を公布。
1910	43	***1***-*25* 正丸峠開削案をめぐり，政友会県支部分裂。***8***-*2* 利根川・荒川筋堤防決壊し大水害，死者324人。***9***-*19* 粕谷義三ら，埼玉治水会を創立。

1911	明治	44	***2***-*11* 児玉郡秋平村が地方改良優良村となる。***4***-*5* 所沢飛行場が開設。***12***-*29* 蚕業取締所を県下7カ所に設置。
1912	大正	元	***11***-*14*～*20* 陸軍特別大演習が入間郡川越町を中心に行なわれ，大正天皇が行幸。
1913		2	***3***-*25* 県立原蚕種製造所を大里郡熊谷町に設置。
1914		3	***5***-*1* 東武東上線池袋・川越間が開通。***11***-*6* 本県非政友派団体の甲寅倶楽部発足。
1915		4	***4***-*9* 県米穀検査規則公布(***7***-*20* 施行)。***4***-*15* 武蔵野鉄道の池袋・飯能間が開通。***8***- 友愛会川口分会結成。
1916		5	***2***-*9* 総武鉄道，大宮・粕壁間など乗合バス運行認可。***4***-*23* 甲寅倶楽部解散，立憲同志会埼玉支部設立。***5***-*15* 県製糸産業組合会創立。
1917		6	***2***-*15* 初の東京埼玉連合治水大会開催，荒川第2期工事速成を決議。***10***-*24* 狭山茶が全国製茶品評会で第1位となる。***12***- 大落古利根川改修工事に対する下流民の反対激化。
1918		7	***5***-*13* 生糸販売組合連合会「埼玉社」結成。***8***-*9* 県下初の米騒動が北埼玉郡羽生町で発生。***8***- 高崎連隊所属の県内兵士，シベリア出兵。***11***-*6* 武州銀行が浦和町に創立。
1919		8	***4***-*10* 財団法人埼玉共済会設立し，福利委員制実施。***6***-*22* 県織物同業組合連合会発会式。***8***-*4* 全国初の教員組合「啓明会」結成。***11***-*15* 大落古利根川改修工事起工式。
1920		9	***1***-*30* 入間郡川越町に県立蚕業学校を設置(***4***-*1* 開校)。***10***-*1* 第1回国勢調査，県人口131万9533人。
1921		10	***3***-*5* 県養蚕組合連合会創立。***5***-*26* 石川三四郎ら，大里郡熊谷町で社会主義結社「朔風会」結成。***11***-*8* 浦和高等学校創立。
1922		11	***4***-*14* 埼玉県水平社創立大会。***5***-*11* 埼玉県商工会連合会設立。***12***-*1* 入間郡川越町が市制施行。
1923		12	***1***-*30* 秩父郡秩父町に秩父セメント株式会社創立。***4***-*1* 郡制廃止実施。***4***-*30* 大里郡御正村の小作争議で児童同盟休校。***9***-*2* 震災による東京からの避難者の救護所を，北足立郡草加・川口・蕨に設置。***9***-*3*～*5* 県内各地で，朝鮮人多数虐殺される。
1924		13	***4***-*15* 日本農民組合埼玉県連合会創立。
1925		14	***6***-*1* 日本労働総同盟埼玉支部(埼玉労働組合)発会式。***7***-*10* 東武東上線池袋・寄居間全線が開通。***11***- 農民自治会埼玉連合会結成。***12***-*1* 日本労働評議会東京合同労働組合川越支部結成。
1926	昭和	元	***3***-*5* 総同盟東京鉄工組合川口支部結成。***5***-*1* 埼玉小作人組合創立。***6***-*5* 日本労働組合評議会埼玉産業労働組合結成。***7***-*1* 郡役所廃止。***10***-*1* 埼玉県自作農創設維持委員会会則公布。***11***-*6* 埼玉会館開館式。
1927		2	***3***-*19* 中井銀行休業，県下銀行へ取り付け騒ぎ波及。***11***-*20* 日本労働総同盟埼玉支部連合会結成。
1928		3	***1***-*25* 県会議員選挙(普選法による初選挙)。***4***-*11* 唐沢堀開削に反対し，大寄村役場閉鎖・児童200人同盟休校。***5***-*1* 県下第1回メーデー，北足立郡川口町で開催。
1929		4	***1***-*24* 社会民衆党埼玉県連合会結成。***2***-*10* 日本大衆党埼玉県支部

			連合会結成。
1930	昭和	5	*7-15* 入間郡福岡村で火薬工廠設置反対大会開催。*12-25* 日本教育労働者組合埼玉県支部結成。*12-27* 本庄・深谷の公娼が廃止され，全国2番目の廃娼県となる。
1931		6	*3-16* 日本農民組合埼玉県連合会が結成。*8-31* 県下第1次赤化教員検挙。*12-28* 大里郡吉見村で県下初の地主組合創立発会式。
1932		7	*2-* 川口地区の共産党員を大量検挙。*8-2* 社会大衆党県連合会結成。*9-1* 京浜東北線大宮・赤羽間電化祝賀会を挙行。
1933		8	*11-13* 救国埼玉青年挺身隊事件発生。*12-17* 愛国農民同志会が川口市で創立総会。
1934		9	*4-1* 日本車輌蕨工場操業開始。*4-9* 大宮氷川公園内の埼玉招魂社(現護国神社)鎮座招魂祭執行。
1935		10	*12-1* 熊谷陸軍飛行学校が大里郡三尻村に開校。*12-21* 南埼玉郡越ケ谷町で国民健康保険類似組合「順正会」発会式。
1936		11	*2-29* 二・二六事件に関し，本県出身兵士の父兄ら，知事に請願書提出。*10-* 県国防婦人会連合会結成。
1938		13	*2-11* 総同盟埼玉労働組合，産業協力大会を開催。
1940		15	*4-15* 県産業報国会連合会結成。*7-22* 国鉄川越線大宮・高麗川間全線が開通。*12-12* 大政翼賛会県支部結成。
1941		16	*3-1* 県青少年団結成。*10-31* 陸軍予科士官学校が市ケ谷から北足立郡朝霞町へ移転。
1942		17	*2-11* 県翼賛壮年団結成。*4-1* 浦和連隊区司令部設置。*4-6* 大日本婦人会県支部結成。
1943		18	*7-1* 県内4銀行合併し，埼玉銀行開業。
1944		19	*10-16* 県内新聞社を統合，埼玉新聞社創立。
1945		20	*5-31* 国民義勇隊県本部結成。*8-14* 午後11時30分頃，熊谷市大空襲。*9-14* 米陸軍第43師団，元熊谷陸軍飛行学校に進駐。*11-1* 大宮市片倉工業大宮工場内に埼玉軍政部開設。
1946		21	*1-27* 日本労働組合総同盟埼玉県連合会結成。*2-7* 埼玉県労働組合協議会創立。*10-24* 東洋時計上尾工場で争議おこる。
1947		22	*2-25* 八高線列車転覆事故発生。*4-1* 六・三制実施で県下に新制中学校誕生。*9-13～15* キャスリン台風。死者84人。
1948		23	*3-7* 新警察制度発足。*10-25* 埼玉県庁舎焼失。*11-1* 県教育委員会発足。
1949		24	*1-15* 初の成人式，埼玉会館で挙行。*3-18* 知事西村実造ら，日本シルク疑獄事件で警視庁に召喚。*5-31* 国立埼玉大学設置。
1950		25	*9-7* 北足立郡朝霞町，町村として全国初の「売春取締条例」施行。*10-23* 県下のレッドパージ開始。
1951		26	*10-1* 福祉事務所を県下8カ所に設置。
1952		27	*1-1* 県工場誘致条例公布。*4-1* 国鉄高崎線電化。*7-22* 埼玉県文化財保護条例公布。
1953		28	*1-15* 全国総合開発のモデルとして荒川総合開発計画決まる。*3-9* 埼玉県労働組合評議会(県評)結成。*8-8* 全駐労埼玉地区本部朝霞支部，全国に先がけて人員整理反対闘争宣言。

1954	昭和	29	***7***-*1* 埼玉県警察本部設置。
1955		30	***10***-*15* 県庁舎・県会議事堂落成。
1956		31	***4***-*8* 社会党県連左右統一大会開催。***6***-*15* 自由民主党県支部連合会結成大会開催。***9***-*30* 県下の町村合併，18市39町52村となる。
1957		32	***3***-*5* 県内初の有料橋上江橋が開通。***10***-*19* 原水爆禁止埼玉県協議会結成。
1958		33	***4***-*14* 東北本線大宮・宇都宮間が電化。***12***-*20* 県教委，勤評闘争で2597人を処分。
1959		34	***4***-*30* 市町村長選挙で，浦和・与野・大宮市に初の革新系市長誕生。***7***-*17* 自治会館が浦和市に落成。
1960		35	***4***-*28* 志賀坂峠トンネル開通式。***5***-*24* 大洞第一発電所完工式。***7***- 県内初の大規模団地・上福岡市上野台団地で入居開始。
1961		36	***7***-*25* 県商工会館が大宮市に落成。
1962		37	***5***-*30* 県下初の地下鉄乗り入れ，東武線北越谷駅で開通式。
1963		38	***3***-*14* 国道17号バイパス宮原・鴻巣間が開通。***5***-*1* 狭山事件おこる。
1964		39	***8***-*25* 荒川取水堰が完成，武蔵水路通水式挙行。***10***-*10* オリンピック東京大会のサッカー(大宮)，ボート(戸田)，クレー射撃(所沢)，馬術・ライフル・近代5種(朝霞)を県内で開催。
1965		40	***10***-*1* 第10回国勢調査で県人口300万人を突破。
1966		41	***5***-*27* 新埼玉会館の落成。***8***-*4* 三国峠の中津川林道開通。
1967		42	***5***-*31* 県営三峰観光道路開通式。***9***-*17* 第22回国体夏季大会を川口・戸田市で開催。埼玉県，初の総合優勝を飾る。***10***-*22* 国体秋季大会を上尾市中心に開催。
1969		44	***5***-*18* 埼玉大学，三派系全学連により封鎖。
1970		45	***7***-*1* 埼玉県公害防止条例施行。
1971		46	***10***-*15* 埼玉県自然保護条例公布。***11***-*14* 埼玉百年記念式典。県民の日制定。
1972		47	***7***-*2* 知事選挙，初の革新知事畑和当選。
1973		48	***3***-*13* 国鉄の順法闘争中に上尾事件おこる。***6***-*29* ジョンソン基地全面返還。
1974		49	***7***-*22* 国営武蔵丘陵森林公園の開園式。
1975		50	***3***-*28* 県自然環境保全地域の指定。
1977		52	***2***-*1* 県人口500万人突破。***11***-*16* 国立婦人教育会館が嵐山町にオープン。
1978		53	***9***-*19* 稲荷山古墳出土の鉄剣に115文字の金象嵌銘を確認。
1979		54	***10***-*2* 埼玉・メキシコ姉妹州提携。
1980		55	***7***-*17* 関越自動車道の東松山・前橋間開通。
1981		56	***8***-*11* 県行政改革推進会議設置。
1982		57	***6***-*23* 東北新幹線大宮・盛岡間が暫定開通。
1983		58	***6***-*1* 県情報公開制度発足。
1984		59	***4***-*1* 県立伊奈学園総合高校開校。
1985		60	***3***-*14* 新幹線，上野乗り入れ。***3***-*26* 中枢都市圏構想基本計画まとまる。
1986		61	***3***-*3* 埼京線，新宿乗り入れ。

1987	昭和	62	***4****-30* 県人口600万人突破。***10****-3* 花と緑の祭典「グリーンハーモニーさいたま'87」，大宮市で開幕。
1988		63	***3****-19* '88さいたま博覧会，熊谷市で開幕。***4****-8* 県産業文化センター「ソニックシティ」開設。
1989	平成	元	***11****-17* 埼玉県労働組合連合会(埼労連)結成。***12****-16* 日本労働総連合会の新連合埼玉結成。
1990		2	***4****-1* 伊奈の県民活動総合センターの一部がオープン。
1991		3	***4****-1* 埼玉銀行が協和銀行と合併し，協和埼玉銀行(現埼玉りそな銀行)となる。
1992		4	***11****-1* 東京外郭環状道路三郷・和光市開通。
1994		6	***10****-1* 彩の国さいたま芸術劇場オープン。
1995		7	***4****-1* 副知事が3人制になり，はじめて女性副知事誕生。
1996		8	***1****-* さいたま市出身の宇宙飛行士若田光一，スペースシャトルに搭乗し宇宙飛行。***12****-21*「民主党埼玉」設立。
1998		10	***4****-23* 雁坂トンネル開通。
1999		11	***11****-16* 合角ダム完成。***12****-2* 川越市の蔵造りの町並みが重要伝統的建造物群保存地区に指定。
2000		12	***5****-1* 浦和市・大宮市・与野市が合併し「さいたま市」誕生。***5****-5*「さいたま新都心」が街開き。
2001		13	***3****-28* 県内初の地下鉄「埼玉高速鉄道線」開業。
2002		14	***6****-2* サッカーのワールドカップが「埼玉スタジアム」で開幕。***8****-1* 県人口700万人突破。
2003		15	***2****-1* IT産業の拠点施設「SKIPシティ」が街開き。***4****-1* さいたま市が政令指定都市に移行。***8****-31* 民主党を離党し立候補した上田清司，県知事選に初当選。
2004		16	***9****-10* 第59回国民体育大会「彩の国まごころ国体」(埼玉国体)が開催。
2006		18	***2****-1* 町村合併で県内自治体数が71となる。

■ 沿革表

1．国・郡沿革表

（2010年8月1日現在）

国名	延喜式	和名抄	吾妻鏡その他	郡名考・天保郷帳	郡区編制	現在	
						郡	市
武蔵	大《をほ》里《さと》	於保佐止	大里	大《をほ》里《さと》	大里	大里《おおさと》郡	熊谷市・深谷市
	男《を》衾《ふすま》	乎夫須万	男衾	男《を》衾《ふすま》	男衾		
	幡《は》羅《ら》	原	幡羅	幡《はた》羅《ら》	幡羅		
	榛《はん》沢《さは》	波牟佐波	榛沢	榛《はん》沢《さは》	榛沢		
	児《こ》玉《たま》	古太万	児玉	児《こ》玉《たま》	児玉	児玉《こだま》郡	本庄市
	賀《か》美《み》	上	賀美 加美	賀《か》美《み》	賀美		
	那《な》珂《か》	——	那珂	那《な》賀《か》	那珂		
	秩《ちち》父《ふ》	知々夫	秩父	秩《ちち》父《ふ》	秩父	秩父《ちちぶ》郡	秩父市
	入《いる》間《ま》	伊留末	入間 入東 入西	入《いる》間《ま》	入間	入間郡	川越市・所沢市・飯能市・狭山市・入間市・ふじみ野市・富士見市・坂戸市・鶴ヶ島市・日高市
	高《こ》麗《ま》	古末	高麗	高《こ》麗《ま》	高麗		
	比《ひ》企《き》	比岐	比企	比《ひ》企《き》	比企	比企郡	東松山市
	横《よこ》見《み》	与古美 吉見	横見	横《よこ》見《み》	横見		
	埼《さい》玉《たま》	佐伊太末	埼玉 崎玉 埼西 埼東	埼《さい》玉《たま》	北埼玉	北埼玉郡	行田市・加須市・羽生市
					南埼玉	南埼玉郡	さいたま市（岩槻区）・春日部市・越谷市・久喜市・八潮市・蓮田市
	新《にひ》座《くら》	爾比久良	新座	新《にい》座《ざ》	新座	（東京都）	
	足《あ》立《たち》	阿太知	上足立 下足立	足《あ》立《だち》	北足立	北足立郡	川口市・さいたま市・鴻巣市・上尾市・草加市・蕨市・戸田市・鳩ヶ谷市・朝霞市・志木市・和光市・新座市・桶川市・北本市

武蔵					南足立郡	(東京都区内)	
(下総)	葛《かと》餝《しか》	加止志加	葛西 葛飾	葛《かつ》飾《しか》	南葛飾郡		
					北葛飾郡	北葛飾郡	三郷市・幸手市・吉川市
下総				葛《かつ》飾《しか》	中葛飾郡		
					東葛飾郡	(千葉県)	
					西葛飾郡	(茨城県)	

＊葛飾郡は，古代・中世には下総国に属し，近世初期には庄内古川の右岸地域が武蔵国に編入された。

2．市・郡沿革表

(2012年3月1日現在)

さいたま市

平成13年5月1日　浦和《うらわ》市（明治22年4月1日町制施行，昭和7年4月1日北足立郡木崎村・谷田《やだ》村を編入，昭和9年2月11日市制施行，昭和15年4月17日北足立郡三室《みむろ》村・尾間木《おまぎ》村を編入，昭和17年4月1日北足立郡六辻《むつじ》町を編入，昭和30年1月1日北足立郡大久保村・土合《つちあい》村を編入，昭和34年4月1日北足立郡戸田《とだ》町と境界変更，昭和37年5月1日北足立郡美園村の一部を編入）・大宮《おおみや》市（明治22年4月1日町制施行，昭和7年4月1日北足立郡木崎村の一部を編入，昭和15年11月3日北足立郡大宮町・日進《にっしん》村・三橋村・大砂土《おおさと》村・宮原村が合併，市制施行，昭和30年1月1日北足立郡指扇《さしおうぎ》村・馬宮《まみや》村・植水《うえみず》村・片柳村・七里《ななさと》村・春岡村を編入），与野《よの》市（明治22年4月1日町制施行，昭和33年7月15日市制施行）が合併，さいたま市となる

平成15年4月1日　政令指定都市に指定，9つの行政区が発足

平成17年4月1日　岩槻《いわつき》市（明治22年4月1日町制施行，昭和29年5月3日南埼玉郡岩槻町・川通《かわどおり》村・柏崎村・和土《わど》村・新和《にいわ》村・慈恩寺《じおんじ》村・河合《かわい》村合併，岩槻町設置，昭和29年7月1日市制施行）を編入，岩槻区を設置

川《かわ》越《ごえ》市

明治22年4月1日　町制施行

大正11年12月1日　入間郡仙波《せんば》村を編入，市制施行

昭和14年12月1日　入間郡田面沢《たのもざわ》村を編入

昭和30年4月1日　入間郡芳野村・古谷《ふるや》村・山田村・南古谷村・高階《たかしな》村・福原村・名細《なぐわし》村・霞ケ関村・大東村を編入

熊《くま》谷《がや》市

明治22年4月1日　町制施行

大正12年4月1日　大里郡肥塚《こいづか》村を編入

昭和２年４月１日　北埼玉郡成田村を編入
昭和７年４月１日　大里郡大幡《おおはた》村を編入
昭和８年４月１日　市制施行
昭和16年１月１日　大里郡佐谷田《さやだ》村を編入
昭和16年４月10日　大里郡玉井村・大麻生《おおあそう》村・久下《くげ》村の一部を編入
昭和29年４月１日　北埼玉郡中条村を編入
昭和29年11月３日　大里郡三尻村・別府村・奈良村を編入
昭和30年１月１日　大里郡吉岡村を編入
昭和30年９月30日　北埼玉郡太井村大字太井を編入
昭和30年10月１日　行田市大字池上・下川上を編入
平成17年10月１日　熊谷市・大里郡大里町（昭和30年１月１日吉見村・市田《いちだ》村が合併し大里村設置，平成14年４月１日町制施行）・妻沼《めぬま》町（大正２年４月１日妻沼村・弥藤吾《やとうご》村が合併，昭和30年１月１日妻沼町・秦村・長井村・男沼《おぬま》村・太田村が合併）が合併
平成19年２月13日　大里郡江南《こうなん》町（昭和30年１月１日，御正《みしょう》村・小原村が合併，江南村となる，昭和60年11月１日，町制施行）を編入

川口《かわぐち》市
明治22年４月１日　町制施行
昭和８年４月１日　北足立郡横曽根村・青木村・南平柳《みなみひらやなぎ》村を編入，市制施行
昭和15年４月１日　北足立郡鳩ケ谷町・新郷《しんごう》村・芝村・神根《かみね》村を編入
昭和25年11月１日　旧鳩ケ谷町を分離
昭和31年４月１日　北足立郡安行《あんぎょう》村を編入
昭和32年５月１日　旧安行村の一部を分離
昭和37年５月１日　北足立郡美園《みその》村の一部を編入
平成23年10月11日　鳩ケ谷市（明治22年４月１日町制施行，明治34年４月１日北足立郡北平柳村を編入，昭和15年４月１日川口市へ編入，昭和25年11月１日川口市から分離，昭和42年３月１日市制施行）と合体

行田《ぎょうだ》市
明治22年４月１日　町制施行，成田町・行田町・佐間村が合併して忍《おし》町となる
昭和12年４月１日　北埼玉郡忍町・長野村・星河村・持田村が合併
昭和24年５月３日　市制施行，行田市となる
昭和29年３月31日　北埼玉郡須賀村・荒木村・北河原《きたがわら》村を編入
昭和29年７月１日　北埼玉郡埼玉村を編入
昭和30年７月20日　北埼玉郡星宮村を編入
昭和30年９月30日　北埼玉郡太井村大字棚田・門井《かどい》を編入
昭和31年４月１日　北足立郡吹上町大字堤根《つつみね》・樋上《ひのうえ》，下忍《しもおし》の一部を編入
昭和32年３月31日　北埼玉郡太田村を編入
昭和61年10月１日　北埼玉郡川里村大字北根《きたね》の一部を編入
平成18年１月１日　北埼玉郡南河原村《みなみがわらむら》（明治22年４月１日村制施行）を編入

秩《ちち》父《ぶ》市

明治22年4月1日　町制施行，大宮郷を大宮町と改称

大正5年1月1日　秩父町と改称

昭和25年4月1日　市制施行

昭和29年5月3日　秩父郡原谷《はらや》村・尾田蒔《おだまき》村を編入

昭和29年11月3日　秩父郡久那《くな》村を編入

昭和32年5月31日　秩父郡高篠村・大田村を編入

昭和33年5月31日　秩父郡影森町（昭和31年9月30日影森村・浦山村合併，町制施行）を編入

平成17年4月1日　秩父市・秩父郡吉田《よしだ》町（昭和3年11月1日町制施行，昭和31年8月1日吉田町・上吉田村が合併）・大滝《おおたき》村（明治22年4月1日村制施行）・荒川《あらかわ》村（昭和18年2月11日白川村・中川村が合併）が合体

所《ところ》沢《ざわ》市

明治22年4月1日　町制施行

昭和18年4月1日　入間郡松井村・富岡村・小手指《こてさし》村・吾妻村・山口村を編入

昭和25年11月3日　市制施行

昭和30年4月1日　入間郡柳瀬村・三ヶ島村を編入

飯《はん》能《のう》市

明治22年4月1日　町制施行

昭和18年4月1日　入間郡精明《せいめい》村・元加治《もとかじ》村・加治村・南高麗《みなみこま》村を編入

昭和29年1月1日　市制施行

昭和29年4月1日　大字野田・仏子《ぶし》，新光《しんこう》の一部を分離

昭和31年9月30日　入間郡原市場村・東吾野《ひがしあがの》村・吾野村を編入

平成17年1月1日　入間郡名栗《なぐり》村（明治22年4月1日村制施行，大正10年7月1日秩父郡より入間郡に編入）を編入

加《か》須《ぞ》市

明治22年4月1日　町制施行

昭和29年5月3日　北埼玉郡加須町・不動岡町（昭和3年11月1日町制施行）・三ツ俣村・礼羽《らいは》村・大桑《おおくわ》村・水深《みずぶか》村・樋遣川《ひやりかわ》村・志多見村が合併，市制施行

昭和32年1月1日　北埼玉郡大越村を編入

平成22年3月23日　北埼玉郡騎西《きさい》町（明治22年4月1日，町制施行，昭和18年4月1日，北埼玉郡騎西町・種足《たなだれ》町・田ケ谷町・鴻茎《こうぐき》村・高柳村が合併，昭和21年4月30日，旧5カ町村に分離，昭和29年10月1日，北埼玉郡騎西町・種足村・田ケ谷町・鴻茎村が合併，昭和30年3月20日，北埼玉郡高柳村を編入）・北川辺《きたかわべ》町（昭和30年4月1日，北埼玉郡川辺村・利島村が合併，北川辺村となる，昭和46年1月1日，町制施行）・大利根《おおとね》町（昭和30年1月1日，北埼玉郡東村・原道村・元和村・豊野村が合併，大利根村となる，昭和46年1月1日，町制施行）と合体

本《ほん》 庄《じょう》 市

明治22年４月１日　町制施行

昭和29年７月１日　児玉郡本庄町・藤田村・仁手《にって》村・旭村・北泉《きたいずみ》村が合併，市制施行

昭和32年７月18日　児玉郡共和村の一部を編入

平成18年１月10日　本庄市・児玉郡児玉町（明治22年４月１日町制施行，昭和30年３月20日児玉郡児玉町・金屋村・秋平村・本泉村が合併，昭和32年７月18日児玉郡共和村を編入）が合体

東松山《ひがしまつやま》市

明治22年４月１日　町制施行

昭和29年７月１日　比企郡松山町・大岡村・唐子《からこ》村・高坂《たかさか》村・野本村が合併，市制施行し東松山市となる

春 日 部 市《かすかべし》

明治22年４月１日　町制施行，粕壁《かすかべ》町となる

昭和19年４月１日　南埼玉郡粕壁町・内牧《うちまき》村が合併，春日部町となる

昭和29年７月１日　南埼玉郡春日部町・豊春《とよはる》村・武里村，北葛飾郡幸松《こうまつ》村・豊野《とよの》村が合併，市制施行

平成17年10月１日　春日部市・北葛飾郡庄和《しょうわ》町（昭和29年７月１日北葛飾郡川辺村・南桜井村・富多村・宝珠花《ほうしゅばな》村が合併，昭和35年11月３日北葛飾郡杉戸町大字木崎・芦橋・倉常を編入，昭和39年４月１日町制施行）が合体

狭《さ》 山《やま》 市

昭和29年７月１日　入間郡入間川《いるまがわ》町（明治24年町制施行）・入間村・堀兼《ほりかね》村・奥富《おくとみ》村・水《みず》富《とみ》村・柏原村が合併，市制施行し狭山市となる

羽《は》 生《にゅう》 市

明治22年４月１日　町制施行

昭和29年９月１日　北埼玉郡羽生町・新郷《しんごう》村・須影《すかげ》村・岩瀬村・川俣村・井泉《いいずみ》村・手子《てこ》林《ばやし》村（昭和18年２月１日手子林村・中島村が合併）が合併，市制施行

昭和34年４月１日　北埼玉郡千代田村（昭和30年１月１日三田ケ谷《みたがや》村・村君《むらきみ》村が合併）を編入

鴻《こう》 巣《のす》 市

明治22年４月１日　町制施行

昭和29年７月１日　北足立郡鴻巣町・箕田《みだ》村・田間宮《たまみや》村・馬室村・笠原村が合併

昭和29年９月30日　北足立郡常光《じょうこう》村を編入，市制施行

平成17年10月１日　北足立郡吹上《ふきあげ》町（昭和９年４月29日町制施行，昭和29年７月１日北足立郡吹上町・小谷村が合併，昭和30年９月30日北埼玉郡太井村大字北新宿《きたしんしゅく》を編入，昭和30年10月１日北足立郡吹上町・北埼玉郡下忍《しもおし》村が合併，昭和31年４月１

日大字堤根・樋上・下忍の一部を分離）・北埼玉郡川里《かわさと》村（昭和29年３月31日北埼玉郡共和村・屈巣《くす》村・広田村が合併）を編入

深《ふか》　谷《や》　市

明治22年４月１日　町制施行

昭和30年１月１日　大里郡深谷町・明戸《あけと》村・幡羅《はたら》村・大寄《おおより》村・藤沢村が合併，市制施行

昭和30年10月１日　大里郡岡部村大字伊勢方・宿根《しゅくね》を編入

昭和48年４月１日　大里郡豊里村（昭和29年11月３日八基《やつもと》村・新会《しんかい》村が合併，豊里村となり，昭和30年１月１日豊里村・中瀬村が合併）を編入

平成18年１月１日　深谷市・大里郡岡部《おかべ》町（昭和30年１月１日岡部村・榛沢《はんざわ》村・本郷村が合併，昭和43年12月１日町制施行）・川本町（昭和30年２月11日武川村・本畠《ほんばたけ》村が合併，昭和52年２月11日町制施行）・花園町（昭和58年６月１日町制施行）が合体

上《あげ》　尾《お》　市

明治22年４月１日　町制施行

昭和30年１月１日　北足立郡上尾町・原市《はらいち》町（大正２年４月１日原市町・瓦葺村が合併）・平方《ひらかた》町（昭和３年11月１日町制施行）・大谷村・上平《かみひら》村・大石村が合併

昭和31年４月２日　北足立郡桶川町に大字井戸木の一部を編入

昭和33年７月15日　市制施行

草《そう》　加《か》　市

明治22年４月１日　町制施行

昭和30年１月１日　北足立郡草加町・谷塚《やつか》町・新田《しんでん》村が合併

昭和30年８月１日　北足立郡川柳《かわやぎ》村を編入

昭和31年９月28日　南埼玉郡八条村大字立野堀《たてのぼり》を編入

昭和32年５月１日　川口市の一部を編入

昭和33年11月１日　市制施行

越《こし》　谷《がや》　市

明治22年４月１日　町制施行

昭和29年11月３日　南埼玉郡越ケ谷町・大沢町（明治22年４月１日町制施行）・桜井村・新方《にいがた》村・増林《ましばやし》村・大袋《おおぶくろ》村・荻島村・出羽《でわ》村・大相模《おおさがみ》村・蒲生《がもう》村が合併，越谷町となる

昭和30年11月１日　北足立郡草加町大字伊原・上谷《うわや》・麦塚を編入

昭和33年11月３日　市制施行

蕨《わらび》　　市

明治22年４月１日　町制施行

昭和34年４月１日　市制施行

戸《と》田《だ》市

昭和16年6月1日　町制施行

昭和32年7月20日　北足立郡美笹《みささ》村（昭和18年4月1日美谷本《みやもと》村・笹目村が合併，昭和19年2月11日内間木《うちまぎ》村の一部を編入）を編入

昭和34年4月1日　大字堤外《ていがい》・松本新田，曲本《まがもと》・内谷《うちや》の各一部を分離

昭和41年10月1日　市制施行

入《いる》間《ま》市

明治22年4月1日　町制施行，豊岡町となる

昭和31年9月30日　入間郡豊岡町・金子村・宮寺村・藤沢村，西武町（昭和29年4月1日元加治村・東金子村が合併）大字小谷田《こやた》・新久《あらく》・狭山ケ原が合併，武蔵町となる

昭和33年10月14日　入間郡元狭山村大字狭山台・二本木の一部を編入

昭和41年11月1日　市制施行，入間市となる

昭和42年4月1日　入間郡西武町を編入

朝《あさ》霞《か》市

昭和7年5月1日　町制施行，北足立郡膝折《ひざおり》村を朝霞町と改称

昭和30年4月1日　北足立郡朝霞町・内間木村が合併

昭和33年4月1日　大字宮戸の一部を分離

昭和42年3月15日　市制施行

志《し》木《き》市

明治22年4月1日　町制施行

昭和19年2月11日　北足立郡志木町・内間木村・宗岡村，入間郡水谷村が合併，志紀町となる

昭和23年4月1日　旧内間木村・旧宗岡村・旧水谷村を分離，志木町となる

昭和30年5月3日　北足立郡志木町・宗岡村が合併，足立町となる

昭和45年10月26日　市制施行，志木市と改称

和《わ》光《こう》市

昭和18年4月1日　北足立郡白子《しらこ》村・新倉《にいくら》村が合併，大和町となる

昭和45年10月31日　市制施行，和光市と改称

新《にい》座《ざ》市

明治22年4月1日　町制施行，大和田町となる

昭和30年3月1日　北足立郡大和田町・片山村が合併，新座町となる

昭和45年11月1日　市制施行

桶《おけ》川《がわ》市

明治22年4月1日　町制施行

昭和30年1月1日　北足立郡桶川町・加納村が合併

昭和30年3月10日　北足立郡桶川町・川田谷《かわたや》村が合併
昭和31年4月1日　北足立郡上尾町大字井戸木《いどぎ》の一部を編入
昭和45年11月3日　市制施行

久喜《くき》市
明治22年4月1日　町制施行
昭和29年7月1日　南埼玉郡久喜町・太田村・江面《えづら》村・清久《きよく》村が合併
昭和46年10月1日　市制施行
平成22年3月23日　南埼玉郡菖蒲《しょうぶ》町（明治22年4月1日，町制施行，昭和29年9月1日，南埼玉郡菖蒲町・小林村・三箇《さんが》村・栢間《かやま》村・大山村大字上大崎が合併）・北葛飾郡栗橋《くりはし》町（明治22年4月1日，町制施行，昭和19年4月1日，北葛飾郡栗橋町・静《しずか》村・豊田村が合併，昭和24年10月1日，旧3カ町村に分離，昭和32年4月1日，北葛飾郡栗橋村・静村・豊田村が合併）・鷲宮《わしみや》町（昭和8年4月1日，町制施行，昭和30年1月1日，南埼玉郡鷲宮町・北葛飾郡桜田村が合併）と合体

北本《きたもと》市
昭和18年2月11日　北足立郡石戸《いしと》村・中丸村が合併，北本宿《きたもとじゅく》村となる
昭和34年10月31日　北本村と改称
昭和34年11月3日　町制施行
昭和46年11月3日　市制施行

八潮《やしお》市
昭和31年9月28日　南埼玉郡八幡村・潮止《しおどめ》村・八条村が合併，八潮村となる
昭和39年10月1日　町制施行
昭和47年1月15日　市制施行

富士見《ふじみ》市
昭和31年9月30日　入間郡鶴瀬村・南畑《なんばた》村・水谷村が合併，富士見村となる
昭和39年4月1日　町制施行
昭和47年4月9日　市制施行

ふじみ野市
平成17年10月1日　上福岡《かみふくおか》市（昭和35年11月3日町制施行，昭和47年4月9日市制施行）・入間郡大井《おおい》町（昭和41年11月3日町制施行）が合体，ふじみ野市となる

三郷《みさと》市
昭和31年9月30日　北葛飾郡東和《とうわ》村・彦成《ひこなり》村・早稲田村が合併，三郷村となる
昭和39年10月1日　町制施行
昭和47年5月3日　市制施行

蓮田《はすだ》市

昭和９年10月１日　町制施行，南埼玉郡綾瀬村を蓮田町と改称
昭和29年５月３日　南埼玉郡蓮田町・黒浜村・平野村が合併
昭和47年10月１日　市制施行

坂《さか》戸《ど》市

明治29年12月10日　町制施行
昭和29年７月１日　入間郡坂戸町・三芳野村・勝呂《すぐろ》村・入西《にっさい》村・大家《おおや》村が合併
昭和51年９月１日　市制施行

幸《さっ》手《て》市

明治22年４月１日　町制施行
昭和29年11月３日　北葛飾郡幸手町・行幸《みゆき》村・上高野《かみたかの》村・吉田村・権現堂川《ごんげんどうがわ》村が合併
昭和30年１月１日　北葛飾郡桜田村大字中川崎・下川崎を編入
昭和30年４月１日　北葛飾郡八代村，豊岡村大字西関宿・中島・花島・槙野地《まきのじ》を編入
昭和61年10月１日　市制施行

鶴《つる》ケ《が》島《しま》市

昭和41年４月１日　町制施行
平成３年９月１日　市制施行

日《ひ》高《だか》市

昭和30年２月11日　入間郡高麗川村・高麗村が合併，日高町となる
昭和31年９月30日　入間郡高萩村を編入
平成３年10月１日　市制施行

吉《よし》川《かわ》市

大正４年11月１日　町制施行
昭和30年３月１日　北葛飾郡吉川町・三輪野江《みわのえ》村・旭村が合併
平成８年４月１日　市制施行

北《きた》足《あ》立《だち》郡

伊《い》奈《な》町《まち》　昭和18年７月15日　北足立郡小針村・小室村が合併，伊奈村となる
　　　　昭和45年11月１日　町制施行

入《いる》間《ま》郡

三《み》芳《よし》町《まち》　昭和45年11月３日　町制施行
毛《も》呂《ろ》山町《やままち》　昭和14年４月１日　入間郡毛呂村・山根村が合併，毛呂山町となる
　　　　昭和30年４月１日　入間郡毛呂山町・川角《かわかど》村が合併
越《お》生《ごせ》町《まち》　明治22年４月１日　町制施行
　　　　昭和30年２月11日　入間郡越生町・梅園村が合併

比《ひ》企《き》郡

滑《なめ》川《がわ》町《まち》　昭和29年11月3日　比企郡福田村・宮前村が合併，滑川村となる
昭和59年11月3日　町制施行

嵐《らん》山《ざん》町《まち》　昭和30年4月15日　比企郡菅谷村・七郷村が合併，菅谷村となる
昭和42年4月15日　町制施行，嵐山町と改称

小《お》川《がわ》町《まち》　明治22年4月1日　町制施行
昭和30年2月11日　比企郡小川町・八和田《やわた》村・竹沢村・大河《おおかわ》村が合併
昭和31年1月1日　大里郡寄居町大字西古里の一部，比企郡滑川町大字和泉の一部を編入

ときがわ町　平成18年2月1日　比企郡都幾川《ときがわ》村（昭和30年2月11日平村・明覚《みょうかく》村・大《おお》椚《くぬぎ》村が合併）・玉川《たまがわ》村（明治22年4月1日村制施行）が合併，ときがわ町となる

川《かわ》島《じま》町《まち》　昭和29年11月3日　比企郡中山村・伊草村・三保谷村・出丸《でまる》村・八ツ保村・小見野村が合併，川島村となる
昭和47年11月3日　町制施行

吉《よし》見《み》町《まち》　昭和29年7月1日　比企郡東吉見村・南吉見村・西吉見村・北吉見村が合併，吉見村となる
昭和47年11月3日　町制施行

鳩《はと》山《やま》町《まち》　昭和30年4月15日　比企郡今宿《いまじゅく》村・亀井村が合併，鳩山村となる
昭和57年4月1日　町制施行

秩《ちち》父《ぶ》郡

横《よこ》瀬《ぜ》町《まち》　昭和30年2月11日　秩父郡横瀬村・芦ヶ久保村が合併
昭和59年10月1日　町制施行

皆《みな》野《の》町《まち》　昭和3年11月1日　町制施行
昭和18年9月8日　秩父郡皆野町・国神《くにかみ》村・日野沢村・金沢村・三沢村・大田村，白鳥村大字下田野が合併，美野町となる
昭和21年12月1日　旧6カ町村に分離，下田野地区は皆野町に編入
昭和30年3月1日　秩父郡皆野町・国神村・日野沢村・金沢村が合併
昭和32年3月31日　秩父郡三沢村を編入

長《なが》瀞《とろ》町《まち》　昭和15年2月15日　町制施行，秩父郡野上町となる
昭和18年9月8日　秩父郡樋口村，白鳥村大字井戸・岩田，風布《ふうっぷ》の一部を編入
昭和47年11月1日　長瀞町と改称

小鹿野町《おがのまち》　明治22年4月1日　町制施行
昭和30年4月1日　秩父郡小鹿野町・長若村が合併
昭和31年3月31日　秩父郡小鹿野町・三田川村・倉尾村が合併
平成17年10月1日　秩父郡小鹿野町・両神《りょうがみ》村（明治22年4月1日村制施行）が合併

東秩父村《ひがしちちぶむら》　昭和31年8月1日　秩父郡大河原村・槻川《つきがわ》村が合併，東秩父村となる

児《こ》玉《だま》郡

美《み》里《さと》町《まち》　昭和29年10月1日　児玉郡東児玉村・松久村・大沢村が合併，美里村となる
昭和59年10月1日　町制施行

神《かみ》川《かわ》町《まち》　昭和29年5月3日　児玉郡丹荘村《たんしょうむら》・青柳村が合併，神川村となる
昭和32年5月3日　児玉郡渡瀬村を編入
昭和62年10月1日　町制施行
平成18年1月1日　児玉郡神川町・神泉村《かみいずみ》（昭和29年9月1日阿久原村・矢納村合併）が合併

上《かみ》里《さと》町《まち》　昭和29年5月3日　児玉郡神保原村・七本木村・長幡《ながはた》村・賀美《かみ》村が合併，上里村となる
昭和46年11月3日　町制施行

大《おお》里《さと》郡

寄《より》居《い》町《まち》　明治22年4月1日　町制施行
昭和18年9月8日　大里郡桜沢村・秩父郡白鳥村大字金尾・風布《ふうっぷ》の一部を編入
昭和30年2月11日　大里郡寄居町・用土《ようど》村・折原《おりはら》村・鉢形《はちがた》村・男衾《おぶすま》村が合併

南《みなみ》埼《さい》玉《たま》郡

宮《みや》代《しろ》町《まち》　昭和30年7月20日　南埼玉郡百間《もんま》村・須賀村が合併，宮代町となる

白《しら》岡《おか》町《まち》　昭和29年9月1日　南埼玉郡篠津村・日勝《ひかち》村，大山村大字柴山・下大崎・荒井新田が合併，白岡町となる

北《きた》葛《かつ》飾《しか》郡

杉《すぎ》戸《と》町《まち》　明治22年4月1日　町制施行
昭和30年2月11日　北葛飾郡杉戸町・高野村・堤郷《ていごう》村・田宮村が合併
昭和31年1月1日　北葛飾郡八代村大字戸島の一部を編入
昭和32年7月17日　北葛飾郡泉村（昭和30年4月1日桜井村，豊岡村大字目沼・木津内・宮前・鷲巣・木野川を合併）を編入
昭和35年11月3日　大字木崎・芦橋・倉常《くらつね》を分離

松《まつ》伏《ぶし》町《まち》　昭和30年4月20日　北葛飾郡松伏領村・金杉村が合併，松伏領村となる
昭和31年4月15日　松伏村に改称
昭和44年4月1日　町制施行

■祭礼・行事

(2010年8月1日現在)

〔1月〕

1　鷲宮《わしのみや》の催馬楽神楽《さいばらかぐら》　➔久喜市鷲宮・鷲宮神社(東武伊勢崎線鷲宮駅下車)
国指定重要無形民俗文化財。関東地方に広く分布する江戸神楽の源流といわれ，催馬楽が神楽歌に取り入れられていることから土師《はじ》一流催馬楽神楽と称する。舞は12曲からなり，演劇的な要素の少ない素朴な神楽舞を主体としたもので，古式をよく残している。2月14日，4月10日などにも神楽殿で奉奏される。

3　喜多院のだるま市　➔川越市小仙波町・喜多院(JR川越線・東武東上線川越駅，西武新宿線本川越駅下車)
川越大師の初大師として境内にだるま市がたち，大小の縁起物だるまが売られる。新年の初詣をかねて多数の人が無病息災・諸願成就を願って厄除け護摩に参る。

3　元三大師のだるま市　➔児玉郡神川町二ノ宮・大光普照寺(JR高崎線本庄駅，バス鬼石行新宿下車)
年の始めの初大師。群馬方面のだるま商人が境内いっぱいに市を開く。初詣をかねて児玉郡・大里郡・秩父郡や群馬県から多くの人が厄除け護摩に参る。

15　橋詰のドウロク神焼き　➔秩父郡小鹿野町河原沢・橋詰(秩父鉄道秩父駅，バス小鹿野車庫行小鹿野町役場前乗換え，坂本行橋詰下車)
県指定無形民俗文化財。川原で行なわれる正月の火祭り行事。青竹と麦わらを使い円錘形の小屋を組み，集めた門松・しめ縄などの正月飾りを中に積み，その中に自然石のドウロク(道陸)神を入れ，火をつけ燃やす。この火で焦がした木刀を家の玄関に供えると，家に魔物が入りこまないという。

15　南大塚の餅つき踊り　➔川越市南大塚・西福寺(西武新宿線南大塚駅下車)
県指定無形民俗文化財。帯とき祝いの餅つき行事であったが，戦後は成人式の祝い行事となった。つき手が，3～8人ぐらいで大杵と小杵で臼の縁をたたいたり，曲芸風のつき方をしたり，踊りながら餅をつく。さらに隣りの菅原神社まで臼をひきずりながら餅をつき，参拝する。

15　萩日吉《はぎひよし》神社のやぶさめ　➔比企郡ときがわ町西平・萩日吉神社(JR八高線明覚駅，町営バス西平下車)
県選択無形民俗文化財。木曽義仲の旧臣と伝えられる旧大河村と旧明覚村の氏子が奉納する2頭立ての流鏑馬《やぶさめ》行事。祭礼当日未明，両地区から行列が出発，神社で朝的の後，宿回りをし，午後に本的の奉納を古式にのっとり行なう。3年に1度の行事。

〔2月〕

3　三峰神社のごもっともさま　➔秩父市三峰・三峰神社(秩父鉄道三峰口駅，バス秩父湖行大輪下車，ロープウェー山頂駅)

節分に行なわれる追儺祭の行事。年男の「福は内」という声にあわせて，年男の介添人が手にしていた60〜70cm の当り棒を前方に突きだしながら「ごもっともさま」と叫び，参詣者も和して同様の仕草をする。県内に例のない独特の祭事。

10・11　梅宮神社の甘酒祭　➡狭山市上奥富・梅宮神社(西武新宿線新狭山駅下車)
県指定無形民俗文化財。頭屋の引き継ぎにともなう古い饗宴形式を残す祭。10日は宵宮で，座揃式があり，トウジとよばれる祭り当番が自家製の甘酒をふるまい，参会者が謡曲を斉唱する。その後，残酒の座となる。11日は本祭で，拝殿で新旧の祭り当番が頭渡しの儀式を行ない謡曲をうたう。

11　老袋《おいぶくろ》の弓取式　➡川越市下老袋・氷川神社(JR 川越線・東武東上線川越駅，バス川越シャトル東コース下老袋下車)
県指定無形民俗文化財。手製の弓で的をうち，その年の天候や作物の豊凶を占う行事。甘酒祭，弓取式，とうふさしの３行事からなり，氏子の分担によって古式を伝えている。

25　出原《いでわら》の天気占い　➡秩父郡小鹿野町薄・諏訪神社(秩父鉄道秩父駅，バス小鹿野車庫行小鹿野町役場前乗換え，日向大谷口行出原下車)
県指定無形民俗文化財。氏神の神前でシトギを供えて行なう年占いの行事。手製の桃枝の弓で的を射ち，その年の天候や作物の豊凶を占う。２名が１組となり，３組交代で行なわれる。

〔３月〕

3　椋《むく》神社の御田植神事　➡秩父市蒔田・椋神社(秩父鉄道秩父駅，バス小鹿野行府坂入口下車)
県選択無形民俗文化財。１年間の農作業の無事安全を祈る予祝神事。境内を神田に見立てて白丁姿の氏子が，田起こしから，坪割り・苗代かき・籾まき・田植えなどの行事を行なう。代かきには実際の馬が登場し，田植えには田植え歌も歌われる。

〔４月〕

3　オヒナゲエ　➡秩父郡小鹿野町河原沢・日向耕地(秩父鉄道秩父駅，バス小鹿野車庫行小鹿野町役場前乗換え，坂本行日向下車)
県指定無形民俗文化財。河原で子供たちが粥を炊いて食べながら祝う雛祭りの行事。河原沢川の河原に石囲いをつくり，ひな様を飾り，子供たちが粥をつくり，１月遅れの雛祭りをする。

3　坂戸の大宮住吉神楽　➡坂戸市塚越・住吉神社(東武東上線坂戸駅下車)
県指定無形民俗文化財。江戸の里神楽の古様を神社の氏子によって代々相伝され，伝承してきたもの。神楽は一曲一座形式で，22座ある。なかでも「種蒔きの庭」は毎年奉納され，天狗と道化のやりとりは親しみ深いものとなっている。２月23日，11月23日などにも奉納される。

4　秩父神社の御田植神事　➡秩父市番場町・秩父神社(秩父鉄道秩父駅または

西武秩父線西武秩父駅下車)
県選択無形民俗文化財。その年の豊作を祈願して行なわれる予祝神事。境内に御田代(神田)をつくり，白丁姿の氏子が田すき，田かき，ついで種蒔き，田植えの所作をする。この時に田植え歌を歌う。田植えが終わって切り餅がまかれ，これを拾って苗代に入れると，稲がよく実るといわれる。

11　老袋《おいぶくろ》の万作　➔川越市下老袋・氷川神社(JR川越線・東武東上線川越駅，バス川越シャトル東コース下老袋下車)
県指定無形民俗文化財。県西部を代表する万作。内容は万作芝居と万作踊りで構成される。踊りは，下妻踊りを主体とし，伊勢音頭を加味したもので，手拍子・手ぬぐい踊り・杖踊りなどがある。段物と称する芝居には，「焼山峠」「お玉ケ池」などがある。

12　小鹿野の歌舞伎芝居　➔秩父郡小鹿野町小鹿野・小鹿神社(秩父鉄道秩父駅，バス小鹿野車庫行小鹿野下車)
県指定無形民俗文化財。旧天王座の流れをくむ大和座の系統をひく地芝居。演目に「熊谷陣屋」「太功記」「義経千本桜」などがあり，3月6日の般若，12月15日の飯田の鉄砲祭りなどでも演じる。

第2日曜日　大野の送神祭　➔比企郡ときがわ町大野・大野神社(JR八高線明覚駅，バス竹の谷行大野下車)
県選択無形民俗文化財。フジの花に乗せて作神を迎える行事と疫病送り・虫送りが複合した行事。竹と紙・麻ひもを材料にした神輿を中心に，氏子たちが先にフジの花の造花をつけ「大野送神祭」などと大書した紙旗を持ち行列をつくり，村中を進み，悪霊を神輿に封じこめ，村境から送り出す。

第3日曜日　白久《しろく》の人形芝居　➔秩父市白久・豆早原《ずさはら》区公民館(秩父鉄道白久駅下車)
県指定無形民俗文化財。二人遣いの人形芝居。1人が人形を支えて頭を操り，もう1人が竹串で人形の手を操るので，串人形ともいう。「御所桜堀川夜討」「朝顔日記」などの演目を義太夫節で演じる。秩父札所30番法雲寺の縁日に上演される。

〔5月〕

3・5　庄和の大凧あげ　➔春日部市西宝珠花・江戸川堤(東武伊勢崎線・野田線春日部駅，バス関宿中央ターミナル行大凧会館前下車)
国選択無形民俗文化財。その年の男子の誕生を祝い，健やかな成長を祈願する凧あげ行事。明治10(1877)年頃から上町・下町でそれぞれ一つずつ大凧をあげるようになったという。各町の若衆が，縦15m，横11m，重さ約800kgの大凧をつくり，江戸川の堤防上であげる。

3・4　塚越の花祭り　➔秩父市上吉田・熊野神社(秩父鉄道秩父駅，バス小鹿野車庫行小鹿野町役場前乗換え，長沢行上吉田下車)
県指定無形民俗文化財。子供たちが野山の花で美しい花御堂をつくり釈迦の誕生を祝う行事。フジの花を添えるので「藤祭」ともいう。3日地元の小学

生は，熊野神社で花御堂をつくり，夜お籠りをし，翌4日朝，裏山にある薬師堂まで花御堂を運びあげ，誕生仏に甘茶をかけて祈る。

5　玉敷神社の神楽　➔加須市騎西・玉敷神社(東武伊勢崎線加須駅，バス鴻巣行騎西1丁目下車)

県指定無形民俗文化財。江戸神楽の系統で，埼玉県の代表的神楽の一つ。正能地区の氏子が父子相伝で伝えてきたもので，一社相伝の古式を守り，一曲一座形式の17座の舞を伝える。演劇的なものもみられるが，神楽舞を主体としたものである。2月1日，7月15日，12月1日にも奉納。

〔6月〕

30　茅《ち》の輪《わ》くぐり　➔さいたま市大宮区高鼻町・氷川神社(JR 京浜東北線大宮駅下車)

夏の悪疫よけと健康を祈願する行事。チガヤで大きな茅の輪をつくり，神橋の中央に設けられ，茅の輪には白い和紙の人形が下がる。参拝者は8の字を描き輪をくぐり，人形にふれ罪穢を祓い，神社にお参りする。

〔7月〕

15　下《しも》間《ま》久《く》里《り》の獅子舞　➔越谷市下間久里・香取神社(東武伊勢崎線大袋駅下車)

県指定無形民俗文化財。県東部の代表的獅子舞で，近隣の獅子舞はほとんどこの獅子舞からの伝授と伝えられる。雨下無双角兵衛流と称し，太夫獅子・中獅子・女獅子の3頭が腰鼓を打ちながら勇壮に舞う。村回りや辻切りなどが行なわれ，祈禱獅子の形態をよく保持している。

第3土曜日　やったり踊り　➔春日部市大畑・香取神社(東武伊勢崎線武里駅下車)

県指定無形民俗文化財。夏祭りの夜半に境内で奉納される弥勒踊り。夜8時すぎ，50名余の若衆が，万灯《まんどう》を中心に笛・太鼓にあわせて舞い踊る。踊りには，手踊りと扇子踊りがあり，単調だが念仏調の哀愁を帯びた歌にのって，動作の大きい男性的な舞いが繰り広げられる。

中旬の日曜日　平方のドロインキョ　➔上尾市平方・八枝《やえだ》神社(JR 京浜東北線大宮駅または高崎線上尾駅，バス平方行終点下車)

県選択無形民俗文化財。牛頭天王の夏祭りで，「いんきょ」という総ヒノキの神輿を担いで，氏子の家を練り歩くもの。氏子の家々の庭に水をまき，泥の中で神輿を前後左右にころがし，その後，泥だらけになった神輿を橋の上から放り投げ，川の中で洗い清める。夕暮れになると，神輿を山車にして町内を巡行する。

19・20　秩父神社の川瀬祭り　➔秩父市番場町・秩父神社(秩父鉄道秩父駅または西武秩父線西武秩父駅下車)

秩父神社の祇園祭と各町内の氏子祭が習合した夏祭り。笠鉾・山車がでて，町内を引き回される。20日には御輿の御神幸が神社から荒川・竹鼻《たけのはな》の河原に設けられた斎場に至り，川瀬神事が行なわれる。その後，御輿は川に入って豪快にもみあう。

20～22　熊谷うちわ祭り　➔熊谷市熊谷・八坂神社(JR高崎線・秩父鉄道熊谷駅下車)

八坂神社の例大祭で，祭りの当日に，各商店でうちわを配るので「うちわ祭り」の名がある。12台の飾りたてた山車・屋台が，熊谷囃子にのって，市内の目抜き通りを練り歩く。

24　北川崎の虫追い　➔越谷市北川崎・北川崎神社(東武伊勢崎線せんげん台駅下車)

県選択無形民俗文化財。稲の害虫を追い払うための行事。麦わらを竹芯に巻きつけた長さ5mほどの大松明を持ち，太鼓や鉦をたたき，「稲の虫ホーイホイ」と大声で叫びながらあぜ道を行進し，村境でお焚上げをする。

29日前後の日曜日　猪鼻の甘酒祭　➔秩父市白久・熊野神社(秩父鉄道三峰口駅下車)

県選択無形民俗文化財。夏の悪魔祓いの行事。祭り前日にカッコミ番が神社に集まり，大樽に甘酒をつくる。当日には神社境内で若者がこの甘酒を飲み，かけあい，大樽が空になると樽を境内中ころがし，最後にその樽を池に放りこみ，若者もとびこむ。勇壮で秩父の夏の名物として知られる。

〔8月〕

第1土曜日　玉淀の水天宮祭り　➔大里郡寄居町・玉淀河原(JR八高線・秩父鉄道・東武東上線寄居駅下車)

昭和初期に地元有志が，名勝玉淀の発展を願って始めた祭。夜7時すぎ，神輿の行列が玉淀河原に下り，暗くなった荒川に御座船と「ぼんぼりちょうちん」をつけた5艘の船が不夜城のように浮かぶ。対岸の鉢形城跡からは仕掛け花火が次々と打ちあげられ，夜の玉淀河原をいろどる。

第1日曜日　脚折《すねおり》の雨乞い　➔鶴ケ島市脚折・白鬚《しらひげ》神社(東武東上線若葉駅下車)

県選択無形民俗文化財。4年に1度行なわれる雨乞い行事。竹と麦ワラで長さ36m，重さ3tの巨大な龍蛇をつくり，町民が担いで1㎞ほど離れた雷電池に行き，池の中でもむ，勇壮な行事。

15　猪俣の百八灯　➔児玉郡美里町猪俣・堂前山《どうぜんやま》(JR八高線・秩父鉄道・東武東上線寄居駅，バス本庄行猪俣下車)

国指定重要無形民俗文化財。武蔵七党の猪俣小平六範綱の霊を慰める行事という。堂前山の尾根にある108個の塚に，夜7時すぎ火が次々にともされる。また，花火も打ちあげられる。行事は7歳から19歳までの青少年が運営し，土地の盆行事にもあたる。

15　船玉祭　➔秩父郡長瀞町長瀞・長瀞岩畳(秩父鉄道長瀞駅下車)

明治時代の末期，川下りの船頭たちが水神を祭り，水上安全を祈願したのが始まりといわれる。夕暮れ近く，御輿が長瀞岩畳の祭場に着き，2艘の船屋台はたくさんのぼんぼりをともし，川面を上下する。船屋台の渡御が終わると，灯籠が荒川に流され，対岸から仕掛け花火が打ちあげられる。

18日前後の日曜日　下中条の獅子舞　➔行田市下中条・治子《ちこ》神社(秩父鉄道武州

荒木駅下車)
県指定無形民俗文化財。県北部を代表する獅子舞。法眼・中獅子・後獅子の一人立ち三頭獅子。多数曲形式で，北部系統の特色を示す「鐘巻」の曲を伝える。付属芸能として棒術がある。

18　原馬室《はらまむろ》の獅子舞　➔鴻巣市原馬室・観音堂(JR高崎線鴻巣駅下車)
県指定無形民俗文化財。県中央部を代表する獅子舞。法眼・女獅子・後獅子の一人立ち三頭獅子で，一曲形式。棒術が盛んで35種の演目がある。行列が庭入りし「四方固め」の舞の後，棒術が披露され，この後，獅子舞が行なわれる。

〔9月〕

15　古谷本郷のほろ祭り　➔川越市古谷本郷・古尾谷八幡神社(JR川越線南古谷駅下車)
県指定無形民俗文化財。11・12歳の男子の成長を祝う元服行事。顔を化粧し，武者姿をした男子が，ほろとよばれる花を担いで，神社からお旅所までの道中を六方《ろっぽう》とよばれる独特の足どりで進む。左右に大きくほろがゆれながら進む姿が美しい。

15　笹久保の古式土俵入り　➔さいたま市岩槻区笹久保・八幡神社(東武野田線岩槻駅，バス東川口駅行和土下車)
県指定無形民俗文化財。子供の健やかな成長と豊作を祈願して隔年に行なう行事。小学生以下の33人が参加し，土俵場で祭典を行なった後に古式土俵入りを奉納する。化粧まわしを付け，年下の舞手の技・手合《てあい》・亀能《かめのう》の技による土俵入りが行なわれ，その後相撲が行なわれる。

〔10月〕

10　椋《むく》神社の龍勢《りゅうせい》　➔秩父市下吉田・椋神社(秩父鉄道皆野駅，バス上吉田行吉田下橋下車)
県指定無形民俗文化財。秋の例大祭に奉納される龍勢花火打ちあげの神事。神前でお祓いをうけた30本の龍勢が，早朝から夕方までかかって打ちあげられる。長さ20m以上にも及ぶ龍勢は，高いやぐらから発射され，白い煙を吹きだしながら高度200～300mにも達する。

14　閏戸《うるいど》の式三番　➔蓮田市上閏戸・愛宕《あたご》神社(JR宇都宮線蓮田駅，バス菖蒲行上閏戸下車)
県指定無形民俗文化財。愛宕神社の秋祭りに常設舞台で演じられる県の代表的な農民芸能。宝永年間に復活し，伝承されている。翁・千歳・三番が鼓と地謡にあわせて舞う素朴な三番叟。

第3土曜日(14・15日が土日の場合は同日)　川越氷川祭りの山車行事　➔川越市宮下町・氷川神社(JR川越線・東武東上線川越駅または西武新宿線本川越駅下車)
十数台の山車が町内を引き回される豪華な祭り。川越藩主松平伊豆守信綱が創始したと伝えられる。山車は，上層の鉾に翁や弁慶など人形が飾られる。

また，山車には近在からの囃子手が乗りこむ。中台(王蔵流)，今福(芝金杉《しばかなすぎ》流)の囃子は，神田囃子の系統で，行事は国指定，山車は県指定無形民俗文化財。

14・15　入曾《いりそ》の獅子舞　➔狭山市南入曽・金剛院，入間野《いるまの》神社(西武新宿線入曽駅下車)

県指定無形民俗文化財。勇壮活発な舞で入間地方の典型的獅子舞。黒獅子・赤獅子・金獅子の一人立ち三頭獅子。曲目は少数形式で2庭，「前狂い」と「後狂い」にわかれる。華麗な獅子舞で，笛・歌ともリズムがよい。

15・16　浦山の獅子舞　➔秩父市浦山・昌安寺，大日堂(秩父鉄道秩父駅，バス浦山大日堂行終点下車)

県指定無形民俗文化財。秩父地方を代表する獅子舞。口に刀をくわえた獅子の勇壮な舞いで知られる。とくに，大日堂の境内で舞われるものは「願ザサラ」とよばれ，獅子が祈願に来た人の願をうける。

21　鈎上《かぎあげ》の古式土俵入り　➔さいたま市岩槻区釣上・神明神社(東武野田線岩槻駅，バス東川口駅行釣上下車)

県指定無形民俗文化財。神社の秋祭に子供たちが奉納する古式土俵入り。小学生の男子24人が化粧まわしを身につけ，神社の土俵場に練りこみ，行司の合図で小役・手合・三役の土俵入りの後，祭文が唱えられる。

〔11月〕

2・3　本庄まつり　➔本庄市千代田・金鑚《かなさな》神社(JR高崎線本庄駅下車)

本庄総鎮守の秋季例大祭の付け祭り。市内を引き回される山車は，精巧な彫り物が施され，明治10年から20年代にかけてつくられたもの。山車の最上部には，スサノオなどの等身大の人形が据えつけられ，囃子はさんてこ囃子・屋台囃子という。3日の大祭には，御輿の渡御や神楽も奉納される。

3　出雲伊波比《いずもいわい》神社の流鏑馬《やぶさめ》　➔入間郡毛呂山町岩井・出雲伊波比神社(JR八高線毛呂駅または東武越生線東毛呂駅下車)

県選択無形民俗文化財。八幡太郎義家が奥州征伐の帰途，神社に冑を納め，石清水八幡の神霊を祀って流鏑馬を始めたと伝える。祭馬3頭で朝的・夕的の2回の流鏑馬を奉納。それぞれの馬が3カ所の的にむかって全力疾走し，3回の騎射を行なうもので，古式の形を残していて珍しい。

19　有氏《ありうじ》神社の盤台祭り　➔児玉郡神川町下阿久原・有氏神社(JR高崎線本庄駅，バス神泉総合支所行渡戸橋下車)

県指定無形民俗文化財。子孫繁栄・安産を祈願する頭屋制の祭り。氏子の若者16人が六尺ふんどし一丁の姿で，赤飯を入れた盤台を神輿のようにもみ，観衆に赤飯を投げつける。その赤飯を食べると，子宝が授かり，難産よけになるという。

23　金谷の餅つき踊り　➔東松山市上野本・氷川神社(東武東上線東松山駅下車)

県指定無形民俗文化財。7歳の帯解き祝いや米寿などに行なってきた餅つきが芸能化したもの。神社の氏子たちが，ももひきに半てん，腹がけ，鉢巻姿

で，踊りながら餅をつき，仕上げる。仕上げでは，十文字・早づきなどの曲づきが行なわれる。

〔12月〕

2・3　秩父祭りの屋台行事と神楽　➔秩父市番場町・秩父神社(秩父鉄道秩父駅または西武秩父線西武秩父駅下車)
国指定重要無形民俗文化財。秩父妙見様の例大祭として知られ，日本三大曳山祭りの1つとされる。祭りは毎年12月1日から6日にかけて行なわれるが，2日には笠鉾と屋台6台が市内を引き回され，屋台歌舞伎も行なわれる。3日の晩には，お旅所への御神幸があり，祭りのクライマックスとなっている。

10　氷川神社の大湯祭《だいとうさい》　➔さいたま市大宮区高鼻町・氷川神社(JR 京浜東北線大宮駅下車)
十日市《マチ》として知られる。氷川神社参道には酉の市が開かれ，縁起物の熊手などを商う露店が並ぶ。神社では，10日に先だって7日に湯立て神事，10日当日は福迎えの神事が行なわれ，翌11日には後斎(直会)がある。

12　調《つき》神社の十二日市《マチ》　➔さいたま市浦和区岸町・調神社(JR 京浜東北線浦和駅下車)
新年の福迎え行事として行なわれる大歳の市祭。調神社境内や中山道には露店が並び，多くの参詣人でにぎわう。社務所では，福をよぶ「カッコメ」という小さな熊手が参詣人に授けられる。

14・15　飯田八幡神社の祭り　➔秩父郡小鹿野町飯田・八幡神社(秩父鉄道秩父駅，バス小鹿野車庫行小鹿野町役場前乗換え，坂本行飯田下車)
県指定無形民俗文化財。豊猟祈願の祭り。参道の両側に並ぶ鉄砲の空砲の中を，2頭の神馬が石段を駆けあがることから，通称「鉄砲まつり」といわれる。大名行列，御輿の川瀬神事，屋台曳行があり，境内の屋台で歌舞伎も上演される。祭りの構成に古い型がよく残されている。

＊開催日は変更されることがあります。

■ 参考文献

【埼玉県における地域史研究の現状と課題】

埼玉県では，1928(昭和3)年から1951年にかけて『埼玉県史』全7巻と資料集である『埼玉叢書』全3巻が刊行されている。第二次世界大戦後には，町村合併にともなう市町村史編纂事業の進展や，文化財保護強化にともなう事業の進展，学校教育の社会科における郷土学習の要請などにより，地域史研究が活発化し，史料の掘り起こしも進んだ。

こうしたなか，県規模の地域史の研究団体も，戦前から活動している埼玉県郷土文化会に加え，埼玉地理学会・埼玉県地方史研究会・埼玉考古学会などが設立され，研究発表会や機関誌の刊行など活発に活動している。また，市町村にもさまざまな地域史研究団体がつくられている。

研究団体の活動でとくに注目されるのは，埼玉県地方史研究会の活動で，散逸の危機に直面する古文書などの調査を積極的に行ない，県立文書館の設立に大きな役割をはたした。県立文書館は，明治時代から現代までの埼玉県庁引継文書をはじめ，県内各地の旧家や団体から寄贈・寄託された膨大な資料を保存・公開するなど，地域史研究の中心的役割も担っている。

戦後の地域史研究の進展のなか，1960年代後半になると，県下各地の市町村で資料集に重点をおいた自治体史編纂が盛んになった。県でも，1972年に『新編埼玉県史』の編纂事業が開始され，1990(平成2)年の完了までに通史編7冊，資料編26冊，別編5冊と，『2・26事件と郷土兵』などの別冊5冊を刊行した。また，大部のため資料編に収録できなかった近代の県政史料や刊行後あらたに発見・確認された史料を『埼玉県史料叢書』として継続刊行している。このほか県では，『荒川総合調査報告書』『中川水系総合調査報告書』『埼玉県行政史』『さいたま女性の歩み』『埼玉人物事典』など，地域史研究の基本となる編纂物を刊行している。

博物館・資料館も1960年代後半以降，県内各地に建設されるようになった。1969年に埼玉県立さきたま資料館，1971年に埼玉県立博物館が設立され，その後，歴史，民俗，美術，自然・科学，産業・技術など多方面にわたる博物館などが数多くつくられ，現在，埼玉県博物館連絡協議会に加盟しているものだけでも75館園ある。これら博物館などでは，資料などの保存・公開だけでなく，調査・研究を通じて地域史研究に大きく寄与している。

考古学の分野でも，1960年代後半以降，開発にともなう遺跡の発掘や史跡の整備が盛んに行なわれ，研究も大きく進んだ。また，文化財の基礎調査も大きく進展している。1969年の民家調査を最初に，県内の歴史的建造物の全県的な調査が実施され，その後，仏教美術品・板石塔婆・中世石造遺物・民俗などの調査も実施されて基礎的データが整えられた。古文書では1973年からの古文書緊急調査をうけ，1977年に古文書所在確認調査を実施，全県的な古文書の所在が確認された。それに続き，寺院や神社に所蔵されている古文書類の調査も行なわれている。市町村でも，こう

した全県的な調査や自治体史の編纂などを契機に，独自の調査を進めたところも数多くある。

今後は，新発見される資料ばかりでなく，いままでの調査等で収集もしくは所在を把握した資料・情報などを整理・保存し，多様な研究に利用できるよう基盤整備をより一層充実させていくことが課題である。とくに近現代資料の保存と利用は，大きな課題となっている。

【県　　史】
小野文雄『埼玉県の歴史』　山川出版社　1971
小野文雄編『図説埼玉県の歴史』　河出書房新社　1995
川越市立博物館『常設展示図録』　川越市立博物館　1991
行田市郷土博物館『常設展示解説図録』　行田市郷土博物館　1988
埼玉県編『新編埼玉県史』全38冊　埼玉県　1979-90
埼玉県編『荒川総合調査報告書』全５冊　埼玉県　1987-88
埼玉県編『中川水系総合調査報告書』全３冊　埼玉県　1992-93
埼玉県警察史編さん委員会編『埼玉県警察史』１・２　埼玉県警察本部 1974-77
埼玉県教育委員会編『埼玉県教育史』全７冊　埼玉県教育委員会　1968-77
埼玉県教育委員会編『埼玉県市町村誌』全20冊　埼玉県教育委員会　1972-80
埼玉県蚕糸業協会編『埼玉県蚕糸業史』　埼玉県蚕糸業協会　1960
埼玉県同和教育歴史教材編集委員会『埼玉の部落－歴史と生活－』　同編集委員会　1997
埼玉県立博物館編『さいたまの名宝』　埼玉県立博物館　1991
埼玉県立博物館『展示総合案内』　埼玉県立博物館　1991
埼玉県立文化会館編『埼玉県人物誌』上・中・下　埼玉県立文化会館　1963-65
村本達郎『埼玉県新誌』　世界書院　1959
吉本富男編『さいたま歴史街道』　埼玉新聞社　1990

【辞典・年表】
『埼玉郷土史辞典』　埼玉新聞社　1966
『埼玉史料辞典』　埼玉新聞社　1968
大村進・秋葉一男編『郷土史事典11　埼玉県』　昌平社　1982
小野文雄監修『埼玉大百科辞典』全５巻　埼玉新聞社　1974-75
小野文雄・吉本富男・大村進編『角川日本地名大辞典11<埼玉県>』角川書店　1980
小野文雄監修『日本歴史地名大系11　埼玉県の地名』　平凡社　1993
埼玉県教育委員会編『埼玉人物事典』　埼玉県　1998

【市町村史】
(市史)

上尾市教育委員会編『上尾市史』既刊10冊　上尾市　1992-
朝霞市教育委員会市史編さん室編『朝霞市史』全２冊　朝霞市　1989-95
入間市史編さん室編『入間市史』全８冊　入間市　1981-94
岩槻市教育委員会市史編さん室編『岩槻市史』全19冊　岩槻市　1980-85
浦和市総務部市史編さん室編『浦和市史』全16冊　浦和市　1974-91
大宮市史編さん委員会編『大宮市史』全12冊　大宮市　1969-89
桶川市史編集室編『桶川市史』全９冊　桶川市 1982-91
春日部市教育委員会社会教育課編『春日部市史』全13冊　春日部市　1978-95
加須市史編さん室編『加須市史』全５冊　加須市　1981-86
上福岡市教育委員会・市史編さん委員会編『上福岡市史』全７冊　上福岡市教育委員会　1997-2002
川口市史編さん室編『川口市史』全11冊　川口市　1978-88
川越市史編纂室編『川越市史』全15冊　川越市　1968-86
北本市教育委員会生涯学習課市史編さん室編『北本市史』全７冊　北本市教育委員会　1987-94
行田市史編纂委員会編『行田市史』全３冊　行田市　1958-64
久喜市史編さん室編『久喜市史』全８冊　久喜市　1986-92
熊谷市史編さん室編『熊谷市史』　熊谷市　1984
鴻巣市市史編さん調査会編『鴻巣市史』全11冊　鴻巣市　1989-2006
越谷市史編さん室編『越谷市史』全９冊　越谷市　1972-82
坂戸市教育委員会編『坂戸市史』全12冊　坂戸市　1980-92
幸手市教育委員会市史編さん室編『幸手市史』全12冊　幸手市教育委員会　1994-2003
狭山市編『狭山市史』全10冊　狭山市　1982-95
志木市総務部市史編さん室編『志木市史』全12冊　志木市　1981-90
草加市史編さん委員会編『草加市史』全10冊　草加市　1985-2001
秩父市誌編纂委員会ほか編『秩父市誌』全３冊　秩父市　1962-74
鶴ヶ島市史編さん室編『鶴ヶ島市史』全12冊　鶴ヶ島市　1982-92
所沢市史編さん委員会編『所沢市史』全13冊　所沢市　1979-92
戸田市史編さん室編『戸田市史』全８冊　戸田市　1981-87
新座市教育委員会市史編さん室編『新座市史』全５巻　新座市　1984-87
蓮田市教育委員会市史編さん係編『蓮田市史』全11冊　蓮田市教育委員会　1997-2004
鳩ヶ谷市編『鳩ヶ谷市史』全12冊　鳩ヶ谷市　1981-92
羽生市史編集委員会編『羽生市史』全３冊　羽生市　1971-76
飯能市史編集委員会編『飯能市史』全14冊　飯能市　1976-88
東松山市史編さん課編『東松山市史』全８冊　東松山市　1981-86
日高市教育委員会・市史編集委員会編『日高市史』(『日高町史』改称) 全８冊　日高市　1989-2000
深谷市史編さん会編『深谷市史』全２冊　深谷市　1969-80

富士見市教育委員会編『富士見市史』全９冊　富士見市　1984-94
本庄市史編集室編『本庄市史』全４冊　本庄市　1975-97
三郷市史編さん委員会編『三郷市史』全９冊　三郷市　1990-98
八潮市史編さん委員会編『八潮市史』全12冊　八潮市　1981-89
与野市教育委員会市史編さん室編『与野市史』全13冊　与野市　1980-95
和光市編『和光市史』全６冊　和光市　1981-88
蕨市編『新修蕨市史』全５冊　蕨市　1991-95

(町村史)
荒川村誌編さん委員会編『荒川村誌』全４冊　荒川村　1977-83
大井町史編さん委員会編『大井町史』全９冊　大井町　1985-89
大里村史編さん室編『大里村史　通史編』　大里村　1990
大滝村誌資料調査委員会編『大滝村誌資料編』全11冊　大滝村　1971-87
小鹿野町誌編集委員会編『小鹿野町誌』　小鹿野町　1976
小川町教育委員会町史編さん係編『小川町の歴史』全15冊　小川町　1997-2003
越生町史研究会『越生の歴史』全３冊　越生町　1991-93
神川町教育委員会編『神川町誌』全２冊　神川町　1989-92
上里町史編集専門委員会編『上里町史』全４冊　上里町　1992-98
川里村教育委員会編『川里村史』全３冊　川里村　1994-2001
川島町ほか編『川島町教育史』全２冊　川島町　1978-91
川本町編『川本町史　通史編』　川本町　1989
騎西町史編さん室編『騎西町史』全11冊　騎西町教育委員会　1985-2005
北川辺町史編さん委員会編『北川辺町史　史料集』全15冊　北川辺町　1977-94
江南町史編さん委員会編『江南町史』全10冊　江南町　1995-2004
児玉町史編さん委員会編『児玉町史』全５冊　児玉町　1990-2002
白岡町教育委員会町史編さん室編『白岡町史』全３冊　白岡町　1990-92
玉川村教育委員会編『玉川村史』全２冊　玉川村　1991
都幾川村史編さん委員会編『都幾川村史資料』全17冊　都幾川村　1990-2000
長瀞町史編さん室編『長瀞町史』既刊３冊　長瀞町　1991-
名栗村史編纂委員会編『名栗村史』　名栗村教育委員会　1960
滑川村企画財政課編『滑川村史』全２冊　滑川村　1984
花園村編『花園村史』補追再版　花園村　1978
吹上町史編さん会編『吹上町史』　吹上町　1980
美里町史編纂委員会編『美里町史　通史編』　美里町　1986
皆野町誌編集委員会編『皆野町誌』全９冊　皆野町　1980-88
三芳町史編さん委員会ほか編『三芳町史』全５冊　三芳町　1986-94
妻沼町誌編纂委員会編『妻沼町誌』　妻沼町　1977
毛呂山町史編さん委員会編『毛呂山町史』　毛呂山町　1978
横瀬町誌編さん委員会編『横瀬町誌　人と土』既刊４冊　横瀬町　1989-

吉田町教育委員会編『吉田町史』　吉田町　1982
吉見町町史編さん委員会編『吉見町史』全2冊　吉見町　1978-79
寄居町教育委員会社会教育課編『寄居町史』全4冊　寄居町　1983-87
嵐山町史編さん委員会編『嵐山町史』　嵐山町　1983
嵐山町博物誌編さん委員会編『嵐山町博物誌』既刊4冊　嵐山町　1997-
両神村史編さん委員会ほか編『両神村史』既刊7冊　両神村　1986-
鷲宮町編『鷲宮町史』全9冊　鷲宮町　1980-87

【考古・古代】

金井塚良一ほか『シンポジウム古代東国と大和政権』　新人物往来社　1982
金井塚良一編『日本の古代遺跡31　埼玉』　保育社　1986
金井塚良一編『前方後円墳の消滅－畿内政権の東国支配を探る－』　新人物往来社　1990
金井塚良一・原島礼二編『古代を考える　東国と大和王権』　吉川弘文館　1994
行田市教育委員会編『酒巻古墳群　昭和61年度～昭和62年度発掘調査報告書』　行田市教育委員会　1998
埼玉県県史編さん室編『埼玉県古代寺院跡調査報告書』　埼玉県　1982
埼玉県県史編さん室編『埼玉県古式古墳調査報告書』　埼玉県　1986
埼玉県立さきたま資料館編『池守・池上』　埼玉県教育委員会　1984
埼玉県立さきたま資料館編『埼玉県古墳詳細分布調査報告書』　埼玉県教育委員会　1994
埼玉県立さきたま資料館編『将軍山古墳＜史跡埼玉古墳群整備報告書＞』　埼玉県教育委員会　1997
埼玉県立歴史資料館編『埼玉の古代窯業調査報告書』　埼玉県立歴史資料館　1989
埼玉県教育委員会編『埼玉稲荷山古墳』　埼玉県教育委員会　1980
佐伯有清編『古代を考える－雄略天皇とその時代－』　吉川弘文館　1988
鈴木靖民『古代国家史研究の歩み－邪馬台国から大和政権まで－』　新人物往来社　1980
高橋克壽『歴史発掘⑨　埴輪の世紀』　講談社　1996
戸沢充則・笹山晴生編『新版古代の日本8　関東』　角川書店　1992
平川南『よみがえる古代文書－漆に封じ込められた日本社会－』　岩波書店　1994
森田悌『日本古代の耕地と農民』　第一書房　1986
森田悌『古代の武蔵　稲荷山古墳の時代とその後』　吉川弘文館　1988
森田悌『古代東国と大和政権』　新人物往来社　1992
柳田敏司・森田悌編『渡来人と仏教信仰－武蔵国寺内廃寺をめぐって－』　雄山閣出版　1994

【中　世】

石井進『鎌倉武士の実像』　平凡社　1987

伊藤一美『武蔵武士団の一様態－安保氏の研究－』　文献出版　1981
小和田哲男『後北条氏研究』　吉川弘文館　1986
埼玉県教育委員会編『埼玉県板石塔婆調査報告書』　埼玉県　1981
埼玉県教育委員会編『埼玉の館城跡』　国書刊行会　1987（復刻）
佐藤博信『古河公方足利氏の研究』　校倉書房　1989
佐藤博信『中世東国の支配構造』　思文閣出版　1989
杉山博編『豊嶋氏の研究』　名著出版　1974
杉山博『戦国大名後北条氏の研究』　名著出版　1982
千々和到『板碑とその時代』　平凡社　1988
貫達人『畠山重忠』　吉川弘文館　1952
野口実『坂東武士団の成立と発展』　弘生書林　1982
萩原龍夫『江戸氏の研究』　名著出版　1977
福島正義『武蔵武士－そのロマンと栄光－』　さきたま出版会　1990
前島康彦編『太田氏の研究』　名著出版　1975
安田元久『武蔵の武士団－その成立と故地をさぐる－』　有隣堂　1984
渡辺世祐・八代国治『武蔵武士』　有峰書店　1971（復刻）
渡辺世祐『関東中心足利時代之研究』　新人物往来社　1971（復刻）

【近　世】
新井博『川越市今福の沿革史』　川越市今福菅原神社氏子会　1975
和泉清司『徳川幕府成立過程の基礎的研究』　文献出版　1996
岩上進『幕末武州の青年群像』　さきたま出版会　1991
内野勝裕『櫺寮碩布と春秋庵をめぐる人々』　まつやま書房　1986
小野文雄『武蔵国村明細帳集成』　同書刊行会　1977
小野文雄『蠹書虫断想』　埼玉新聞社　1994
大熊孝『利根川治水の変遷と水害』　東京大学出版会　1981
大舘右喜『幕末社会の基礎構造』　埼玉新聞社　1981
大舘右喜『幕藩制社会形成過程の研究』　校倉書房　1987
岡村一郎『川越の城下町』　川越地方研究会　1972
岡村一郎『川越夜船』　川越地方研究会　1972
小澤弘・丸山伸彦編『図説　江戸図屛風をよむ』　河出書房新社　1993
柿原謙一『秩父地方郷土史雑考』　秩父郷土史研究会　1993
柿原謙一『秩父地域絹織物史料集』　埼玉新聞社　1995
川越市立博物館『街割から都市計画へ－絵地図でみる川越の都市形成史－』　川越市立博物館　1998
近世村落史研究会編『武州世直し一揆史料』1・2　慶友社　1971-74
黒須茂監修『江戸時代人づくり風土記11　埼玉』　農山漁村文化協会　1995
黒田日出男『王の身体　王の肖像』　平凡社　1993
小出博『利根川と淀川』　中公新書　1975

小林甲子男『埼玉俳諧史の人びと』　さきたま出版会　1991
児玉幸多校訂『阿部家史料集1　公餘録（上)』　吉川弘文館　1975
埼玉県秩父織維工業試験場編『秩父織物変遷史』(復刻版)　埼玉県立浦和図書館　1992
斉藤貞夫『川越舟運』　さきたま出版会　1982
桜沢一昭『草の根の維新』　埼玉新聞社　1982
城福勇『平賀源内の研究』　創元社　1976
鈴木進ほか『江戸図屛風』　平凡社　1971
竹内理三編『増補続史料大成19　家忠日記』　臨川書店　1981
秩父札所の今昔刊行会『秩父札所の今昔』　同刊行会　1968
地方史研究会編『河川をめぐる歴史像－境界と交流－』　雄山閣　1993
利根啓三郎『寺子屋と庶民教育の実証的研究』　雄山閣　1981
永井啓夫『寺門静軒』　理想社　1966
中島秀亀智『平賀源内と中島利兵衛』　さきたま出版会　1981
沼口信一『私訳寒松日暦　全』　私家版　1977
本間清利『利根川』　埼玉新聞社　1978
本間清利『増補新版関東郡代－伊奈氏の系譜－』　埼玉新聞社　1983
本間清利『御鷹場』　埼玉新聞社　1981
本間清利『日光街道繁盛記』　埼玉新聞社　1975
美里町教育委員会編『武蔵国児玉郡関村兵内供養補修工事報告書』　美里町　1991
村上直編『論集　関東近世史の研究』　名著出版　1984
山田忠雄『一揆打毀しの運動構造』　校倉書房　1984

【近代・現代】

青木平八『埼玉県政と政党史』(復刻版)　埼玉県立浦和図書館　1986
朝日新聞浦和支局編『昭和史のなかの埼玉』　朝日新聞浦和支局　1975
井出孫六『秩父困民党』　講談社　1979
井上幸治『秩父事件』　中央公論社　1968
井上善治郎『まゆの国』　埼玉新聞社　1977
老川慶喜『埼玉の鉄道』　埼玉新聞社　1982
小山博也・池田信ほか『埼玉県の百年』　山川出版社　1990
小山博也『明治政党組織論』　東洋経済新報社　1967
小山博也『埼玉県政と知事の歴史的研究』　新興出版社　1996
関東大震災五十周年朝鮮人犠牲者調査追悼事業実行委員会編『かくされていた歴史－関東大震災と埼玉の朝鮮人虐殺事件－』　日朝協会埼玉県連合会　1974
埼玉県編『目でみる埼玉百年』　埼玉県　1971
埼玉県編『埼玉県行政史』全4冊　埼玉県　1987-90
埼玉県編『さいたま女性の歩み』全2冊　埼玉県　1993
埼玉県議会史編さん委員会編『埼玉県議会史』既刊13巻16冊　埼玉県議会　1956-

埼玉県議会史編さん委員会編『埼玉県議会百年史』　埼玉県議会　1980
埼玉県近代史研究会編『埼玉近代百年史』上・下　誠美堂　1974
埼玉県社会経済総合調査会編『埼玉県金融史』　埼玉県社会経済総合調査会　1982
埼玉県総務部地方課編『埼玉県市町村合併誌』上・下　埼玉県　1960-62
埼玉県体育協会編『埼玉県体育史』1・2　埼玉県体育協会　1964-78
埼玉県秩父繊維工業試験場編『秩父織物変遷史』(復刻版)　埼玉県立浦和図書館　1992
埼玉県土地改良事業団体連合会編『埼玉県の土地改良』　埼玉県土地改良事業団体連合会　1977
埼玉県農地復興会議ほか編『埼玉県農地改革の実態』　農地委員会埼玉県協議会　1949
埼玉県商工部編『埼玉県商工略史』　埼玉県　1953
埼玉県部落解放運動史編纂委員会編『埼玉県部落解放運動史』　部落解放同盟埼玉県連合会　1984
埼玉県労働部労政福祉課編『埼玉県労働運動史』全5冊　埼玉県　1965-86
埼玉新聞社編『歴史と人と－埼玉の近代史から－』上・下　埼玉新聞社　1976
埼玉新聞社編『写真集　埼玉の昭和』　埼玉新聞社　1990
大日本孝道宣揚会編『秩父織物工業組合史』(復刻版)　埼玉県立浦和図書館　1991
中沢市朗編『秩父困民党に生きた人々』　徳間書店　1977
韮塚一三郎『埼玉の女たち』　さきたま出版会　1979
史の会編『昭和史の埼玉－激動の60年－』　さきたま出版会　1987
毎日新聞浦和支局編『埼玉の明治百年』上・下　毎日新聞浦和支局　1967-68
見沼代用水土地改良区編『見沼代用水沿革史』　見沼代用水土地改良区　1957
見沼代用水土地改良区編『見沼土地改良区史』全2冊　見沼代用水土地改良区　1988
森田武編『明治・大正・昭和の郷土史　埼玉県』　昌平社　1982

【民　俗】
浅見清一郎『秩父の祭りと信仰』　有峰書店　1967
井上善治郎『関東の歳事習俗－埼玉県の歳事習俗』　明玄書房　1975
倉林正次『埼玉県民俗芸能誌』　錦正社　1967
倉林正次・倉林美千子『埼玉の民俗歳時記』　さきたま出版会　1980
国土地理協会編『ふるさとシリーズ3　埼玉のまつり』　埼玉県　1988

■ 図版所蔵・提供者一覧

見返し表　埼玉県立博物館
裏上　埼玉県立埋蔵文化財センター
裏下　埼玉県立埋蔵文化財センター
裏左　埼玉県立さきたま資料館
口絵1上　埼玉県立さきたま資料館
下　埼玉県立さきたま資料館
口絵2上　岡部町教育委員会
下　埼玉県立埋蔵文化財センター
口絵3　慈光寺・都幾川村教育委員会
口絵4・5　埼玉県立博物館
口絵6上　次原満・川越市立博物館
下　加藤智彦・埼玉県立文書館保管『加藤家文書』2200
口絵7上　林信行・埼玉県立文書館保管『林家文書』7021
下　川鍋巌・埼玉県立文書館保管『川鍋家文書』4
口絵8上　深谷市教育委員会
下　埼玉県
p.7　浦和市教育委員会
p.11　浦和市教育委員会
p.13右　埼玉県立埋蔵文化財センター
p.13左　財団法人埼玉県埋蔵文化財調査事業団
p.15　埼玉県立埋蔵文化財センター
p.21　富士見市立考古館
p.24　埼玉県立埋蔵文化財センター
p.25　埼玉県立埋蔵文化財センター
p.26上　埼玉県立埋蔵文化財センター
p.26中　大宮市立博物館・埼玉県立文書館
p.26下　東京国立博物館
p.29上　埼玉県立さきたま資料館
p.29下　埼玉県立埋蔵文化財センター
p.32　蓮田市教育委員会
p.33　埼玉県立さきたま資料館
p.35右　美里町教育委員会
p.35左　桶川市熊野神社・埼玉県立博物館
p.36右　埼玉県立さきたま資料館
p.36左　埼玉県立さきたま資料館
p.40右　埼玉県立さきたま資料館
p.40左　埼玉県立博物館
p.44右　金井塚良一・埼玉県立文書館
p.44左　埼玉県立埋蔵文化財センター
p.46　美里町教育委員会・埼玉県立埋蔵文化財センター
p.49　行田市教育委員会
p.51　鴻巣市教育委員会
p.52　東松山市教育委員会・埼玉県立歴史資料館
p.60右　川越市教育委員会
p.60左　所沢市教育委員会
p.69　鳩山町教育委員会
p.71　寄居町教育委員会
p.75　埼玉県立歴史資料館
p.76上　平沢寺・埼玉県立博物館
p.76下　与野市教育委員会
p.81　埼玉県立博物館
p.87　熊谷正雄・埼玉県立文書館
p.88　埼玉県立博物館
p.93　鶴岡八幡宮・埼玉県立文書館
p.95　諸岡勝
p.107　新田陽子(福井市立郷土歴史博物館寄託『正木文書』)・埼玉県立文書館
p.110　知恩院・埼玉県立文書館
p.112　江南町教育委員会
p.115　甘棠院・埼玉県立博物館
p.119　龍穏寺・埼玉県立博物館
p.123　道祖土武・埼玉県立文書館保管『道祖土家文書』6
p.124　氷川女体神社・浦和市教育委員会
p.125　行伝寺・川越市立博物館
p.127　富士見市教育委員会
p.129　氷川女体神社・浦和市教育委員会
p.137　埼玉県立博物館
p.140　埼玉県立埋蔵文化財センター
p.143　熊野那智大社・埼玉県立文書館
p.147　慈光寺・都幾川村教育委員会
p.149　阿部正靖・学習院大学史料館保管『阿部家文書』
p.151　本光寺・名古屋市博物館
p.161　中山謙二郎・埼玉県立文書館
p.165〜167　国立歴史民俗博物館
p.171　国土地理院

p.182　森田洋・埼玉県立文書館保管『森田家文書』494
p.187　岩田豊人・埼玉県立文書館
p.189　榎本寿々子・川越市立博物館
p.191　個人蔵・埼玉県立博物館
p.202　老川光夫・埼玉県立文書館保管『老川家文書』463
p.216　美里町教育委員会
p.221　埼玉県立博物館
p.240　皆野町教育委員会
p.243　鈴木庸夫・埼玉県立文書館保管『鈴木(庸)家文書』5322
p.244　金山神社・川越市立博物館
p.246　林信行・埼玉県立文書館保管『林家文書』7655
p.253　秩父市立図書館
p.258　松本利雄・埼玉県立文書館
p.267　『埼玉県写真帖』大正10年
p.269　八幡神社
p.272　宮内庁書陵部
p.277　株式会社電通
p.282　熊谷市立図書館・埼玉県立文書館
p.284　『埼玉県北足立郡大正震災誌』
p.294　戸ケ崎恭治・埼玉県立文書館
p.298　佐藤憲史・埼玉県立文書館
p.300　埼玉新聞社(昭和23年撮影)
p.301　埼玉新聞社(昭和24年撮影)

敬称は略させていただきました。

紙面構成の都合で個々に記載せず，巻末に一括しました。所蔵者不明の図版は，転載書名を掲載しました。万一，記載洩れなどがありましたら，お手数でも編集部までお申し出下さい。